日耳曼文化谱系下的德国

多维度比较思辨分析

吕 律◎著

吉林文史出版社
JILIN WENSHI CHUBANSHE

图书在版编目（CIP）数据

日耳曼文化谱系下的德国：多维度比较思辨分析 /
吕律著. —长春：吉林文史出版社，2021.11
　　ISBN 978-7-5472-8093-5

　　Ⅰ.①日… Ⅱ.①吕… Ⅲ.①德国-概况②随笔-作
品集-中国-当代 Ⅳ.①K951.6②I267.1

中国版本图书馆 CIP 数据核字（2021）第 191136 号

日耳曼文化谱系下的德国：多维度比较思辨分析
RIERMAN WENHUA PUXIXIA DE DEGUO DUOWEIDU BIJIAO SIBIAN FENXI

著　　者／吕　律
责任编辑／高冰若
封面设计／顽瞳书衣
出版发行／吉林文史出版社
地　　址／长春市福祉大路出版集团 A 座　　　　邮　　编／130118
网　　址／www. jlws. com. cn
印　　刷／廊坊市海涛印刷有限公司
开　　本／710mm×1000mm　16 开
字　　数／334 千
印　　张／21
版　　次／2022 年 1 月第 1 版　2022 年 1 月第 1 次印刷
书　　号／ISBN 978-7-5472-8093-5
定　　价／88. 00 元

前　言

　　我是吕律，1976 年出生，年过不惑。德国是我曾经停留过的地方，我在那里一共学习工作生活了七年（1998 年到 1999 年在海德堡大学，2000 年到 2001 年在图林根大学，2001 年到 2006 年在慕尼黑大学），那段岁月中有短暂的人在旅途看世界的经历，更多的是图书馆里的枯灯静读。2006 年我回到北京工作生活，以教书翻译和编辑写作为生，从书本和电脑手机上看世界。

　　生活时有重复时有新奇。回想德国往事，有些人，有些事，需要记下来，很多往事对于今日仍有教益和指导。

　　我 2006 年从德国回国后，2007 年到 2010 年在北师大外语学院公外部任教，上的是德语初级课和英语课，有些对初级德语教学的想法，觉得可以记录下来，以飨同行和学生。我 2012 年以来，在北外培训学院多语种部当德语教师，上过很多课，大多是初级德语 A1、A2 课程，也有些心得。

　　为了辅助教学，从 2017 年 2 月 23 日开始，我开始在我的微信公众号"律一德语学习室（lvlvgerman）"上写文章，坚持每日一篇（除了个别天数错过），用一些德语和英语表达来介绍人文社科和自然科学的初级通识知识，也作为我的上课备用材料。只可惜现在德语培训行业面授课程不多，但是能用免费网络平台的形式惠及更多的外语学习者，也是一件乐事，所以我一直在写。

　　三年多坚持不懈地写作，我迄今已经在我的微信公众号上写了一千多篇文章，文章写多了，我就想挑选一部分，汇成集子出版，作为纪念。

　　还有，2018 年 4 月到 6 月，我在北外培训学院的一个德语培训项目中上过一门德国国情和世界关系课程，我备课很辛苦，看了很多材料，做了很多课件，现在也想把我当时的所思所想所汇成的课件和思路再提炼一下，放在我的这本书中。

如果我这本书能为外语初级学习者提供一些初级的通识知识，让外语学习者开阔些眼界并提高些认知，那就是最好不过的了。

我这本书分为三大部分：德国篇、多国篇和比较篇。在第一部分德国篇里，我介绍德国的方方面面。第二部分多国篇里，我介绍世界的方方面面以及它们和德国的历史渊源。第三部分里我介绍德国和世界的关系。每一篇我都会标明我在我微信公众号"律一德语学习室（lvlvgerman）"的写作时间，读者可以看到我与时俱进的写作思路。同时，因为有些文章我写的时间比较早，其中的一些数据我也与时俱进，有所更新。

一般认为影响欧洲最重要的三大因素是：古希腊和古罗马文明，基督教的发展还有日耳曼民族的战士文化（以日耳曼人入侵罗马开始）或者工业革命的开启。

日耳曼人、斯拉夫人和凯尔特人这三大人种，在古罗马时期，由于连年征战，纯种的古罗马人早已不知所踪。如今，日耳曼人构成西方文明和西方民族的主体。从5世纪开始，他们的后裔及其建立的各个国家给西方世界带来了持续的、摧枯拉朽的、不破不立的决定性影响，对世界的影响也是非常非常大。

欧洲是世界的一部分，所以，我选取一些角度，从德国的定位和影响，从日耳曼文化在世界的定位和影响，来看看世界，看亚洲，看欧洲，看美洲，看大洋洲，看非洲；看天文，看地理，看海洋，看陆地。看这个一百三十多亿年宇宙中沧海一粟地球的分分合合，看这个46亿年地球上的生生死死，打打闹闹，悲欢离合，繁荣衰落。7年的德国学习和生活赋予我凌厉透彻的洞察力，还有条理清晰的思辨分析。可以提供给您一个不一样的看世界的角度。

各国各城，各种特点：亚洲的中国、日本、斯里兰卡，欧洲的德国、英国、法国、西班牙、意大利、希腊、乌克兰、瑞士，横跨欧亚大陆的俄罗斯，还有美洲的美国、智利、秘鲁、玻利维亚、巴西、阿根廷，非洲的埃及等。坐在家中，就有看不完的世界生活。

资源、交通、教育、央行、货币、国债、图书、期刊、通识知识树、粮食、登月、卫星、地铁高铁、地下管道、输油输气、疫苗、单兵作战设备外骨骼、棉花、节能建筑等，字在笔端，写不尽的世界万象。

我这本书分为"德国篇""多国篇"和"比较篇"，每部分以一篇篇小文章构成，自有其内在脉络，偏向随笔和科普性质，都是人文社科和自然科学的初级通识知识，不是我的专业学术论文，所以我写得比较粗浅，我挑选了一些重要视角，提出一些重要问题，旨在提供给读者更多更全的看德国与世界的关系的角度，从而更好地了解德国这个国家，了解德国与世界的关系，还有我们这个世界。

这本书是我历经十几年的思考，用时三年的辛勤成果，2020 年 3 月完稿，4 月和 5 月我进行了多次修改，补充了很多内容，也尽量做到与时俱进。但是因为我书稿中写到的领域众多，难免个别地方可能会有疏漏，还请各领域的读者朋友多多指教，探讨国别和区域研究的新方式，新思维。

希望我"通俗而有力量"的文字能让更多人对德国这个国家的表象和深刻感兴趣，从而产生更多系统全面的探究兴趣和乐趣。

当然，我最要感谢的就是我的父母吕兴良和孙宜霞，没有他们的大力支持，我这本书不可能顺利出版。这本书是我送给自己四十四岁生日的礼物，更是送给我父母结婚四十五周年的礼物。在此向我亲爱的父母亲表示最诚挚的谢意。

吕　律

2020 年 5 月 2 日

目　录

一　德国篇

（一）综述部分

1. 我们时刻在语言的框架里生活 ……………………………………… 1

2. 一个德国人从生到老的权利和义务 ……………………………… 4

3. 德国联邦议会七十年，都在讨论什么主题？ ………………… 10

4. 德国的两次启蒙进程与通识教育 ……………………………… 13

5. "日耳曼"和"德意志" ……………………………………………… 21

（二）德国生活系列

1. 海德堡大学最奢侈的课 …………………………………………… 25

2. 在德国被罚款 ……………………………………………………… 26

3. 德国的图书馆 ……………………………………………………… 28

4. 典型的德国教授（一） ………………………………………… 29

5. 典型的德国教授（二） ………………………………………… 31

6. 在德国的省钱方式 ……………………………………………… 33

7. 学习工具 …………………………………………………………… 36

8. 典型的德国教授（三） ………………………………………… 37

9. 在德国听课 ………………………………………………………… 38

10. 典型的德国教授（四） ………………………………………… 41

11. 海德堡大学的学生（一） ……………………………………… 42

12. 典型的德国教授（五） ………………………………………… 44

13. 海德堡大学的学生（二） ·················· 46

14. 典型的德国教授（六） ·················· 48

15. 对德国水的记忆 ·················· 50

16. 典型的德国教授（七） ·················· 53

17. 近二十年前的科隆狂欢节 ·················· 54

18. 德国人最常用的姓名 ·················· 57

19. 德国人和古汉语 ·················· 60

20. 在德国安装电话和第一次使用手机 ·················· 63

21. 德国面包 ·················· 66

22. 德国的大米饭 ·················· 67

23. 德国牛奶 ·················· 69

24. 典型的德国教授（八） ·················· 70

25. 不怕冷的德国人 ·················· 72

26. 德国的民役和志愿服务以及残障学生 ·················· 74

27. 在慕尼黑大学作报告的斯皮瓦克 ·················· 78

28. 什么是跨文化能力？ ·················· 80

29. "吸血鬼"传说真相和德古拉大公 ·················· 83

30. "幸存者偏差"和第六次物种大灭绝 ·················· 86

31. "终身学习"概念的起源 ·················· 90

32. 石头记 ·················· 91

33. "燃烧"的石头——德国国石琥珀 ·················· 93

34. 慕尼黑的一个书店 ·················· 94

35. 德国的科普杂志和著名的科普书籍 ·················· 95

36. 德语中的专业期刊和学术论文 ·················· 97

37. 语言转变和语言学转向 ·················· 98

38. 德国的智能家居 ·················· 100

39. 瑞士军刀 ·················· 102

40. 欧洲民族学很重要 ·················· 103

41. 德语审校 ·················· 105

42. 文学理论 ·················· 106

43. Holocaust 是什么意思？ ···················· 108

44. 德国的"莱茵大营" ···························· 109

二　多国篇

（一）综述部分

1. "人类纪""负人类纪"以及人类所处的"地质时代" ··········· 112

2. "七大洲五大洋"和"各种气候带" ··············· 113

3. 全球变暖和"小冰河时期" ··········· 116

4. 浅谈天文学和星占术 ··············· 121

5. 日全食、日环食、日全环和日偏食 ··············· 124

6. 世界语言分布 ··············· 125

7. 什么是世界视角？ ··············· 127

8. G7、G8 和 G20 都包括哪些国家？ ··············· 128

9. 中亚五国和中东欧十七国 ··············· 130

10. 内陆国及拥有"海军"的内陆国 ··············· 131

11. 《季风帝国》《草原帝国》《海洋帝国》《拉丁美洲被切开的
血管》 ··············· 134

12. 大战略，战略史，战略思维 ··············· 135

13. 欧盟是联邦、邦联还是国家联盟？ ··············· 136

14. 欧洲历史上的"大饥荒" ··············· 137

15. 三大进化论 ··············· 139

16. 经济周期理论有哪些？ ··············· 141

17. 牛市和熊市 ··············· 144

18. 黑天鹅和反脆弱理论 ··············· 145

19. 人工智能和本体论 ··············· 146

20. 理性和有限理性 ··············· 148

21. 人工智能与情绪世界——为什么需要研究"情绪"？ ··············· 150

22. 什么是哲学问题和人工智能哲学问题？ ··············· 152

（二）世界部分国家

1. 西班牙的这些名人 ……………………………………………………… 154
2. 法国的"沉默的大多数"的"喧嚣" ………………………………… 157
3. 英法美的"失序" ……………………………………………………… 162
4. 德法新条约 ……………………………………………………………… 163
5. 意大利的"可视化图像"和"罗马问题" …………………………… 164
6. "America"（美洲）这个名称的由来 ……………………………… 168
7. 巴黎圣母院的劫难！ ………………………………………………… 169
8. 希腊的"固执" ………………………………………………………… 172
9. 巴赫金和乌克兰 ……………………………………………………… 175
10. 斯里兰卡的"眼泪" ………………………………………………… 176
11. 中国几个重大区域发展战略 ……………………………………… 177
12. 西方视角下的"四大发明" ………………………………………… 179
13. 威尼斯的"绝望" …………………………………………………… 182
14. 秘鲁和智利在"鸟粪战争"前后 ………………………………… 186
15. 巴西的"地位提升" ………………………………………………… 190
16. 阿根廷的"过去和现在" …………………………………………… 194
17. 俄罗斯的"东方性和西方性" …………………………………… 198
18. 埃及的法老 ………………………………………………………… 205

三　比较篇

（一）综述部分

1. 浅谈"智库"和"皮书" ……………………………………………… 207
2. 浅谈系统思维和系统科学 …………………………………………… 210
3. 浅谈科学精神和批判思维 …………………………………………… 212
4. 浅谈系统论、控制论和信息论 ……………………………………… 213
5. 浅谈混沌理论是什么？ ……………………………………………… 217
6. 浅谈全球化、逆全球化和全球主义 ………………………………… 218
7. 浅谈民族主义和乡土主义 …………………………………………… 220

8. 浅谈区域主义、中心主义和联邦主义 ⋯⋯⋯⋯⋯⋯⋯ 221

9. 浅谈建制主义和建构主义 ⋯⋯⋯⋯⋯⋯⋯⋯⋯⋯⋯ 222

10. 浅谈自由贸易和贸易保护主义 ⋯⋯⋯⋯⋯⋯⋯⋯⋯ 224

11. 浅谈人类学的意义与影响 ⋯⋯⋯⋯⋯⋯⋯⋯⋯⋯⋯ 225

12. 浅谈"松散社会"和"紧密社会" ⋯⋯⋯⋯⋯⋯⋯⋯ 227

13. 通识教育两本书籍 ⋯⋯⋯⋯⋯⋯⋯⋯⋯⋯⋯⋯⋯⋯ 228

14. "兰花专业"和"薄荷专业" ⋯⋯⋯⋯⋯⋯⋯⋯⋯⋯ 229

15. 慕课和后慕课时代 ⋯⋯⋯⋯⋯⋯⋯⋯⋯⋯⋯⋯⋯⋯ 231

（二）各领域比较部分

粮食、矿产、能源部分 ⋯⋯⋯⋯⋯⋯⋯⋯⋯⋯⋯⋯⋯⋯ 233

小麦的起源和杜兰小麦 ⋯⋯⋯⋯⋯⋯⋯⋯⋯⋯⋯⋯⋯ 233

经济部分 ⋯⋯⋯⋯⋯⋯⋯⋯⋯⋯⋯⋯⋯⋯⋯⋯⋯⋯⋯ 236

1. 中美德的造墙和拆墙运动 ⋯⋯⋯⋯⋯⋯⋯⋯⋯⋯⋯ 236

2. "全球六大央行"和"全球央行"简单比较 ⋯⋯⋯⋯ 238

3. "股市"的来源及德语表达 ⋯⋯⋯⋯⋯⋯⋯⋯⋯⋯⋯ 241

4. 从塔勒到欧元 ⋯⋯⋯⋯⋯⋯⋯⋯⋯⋯⋯⋯⋯⋯⋯⋯ 243

5. 浅谈人民币的国际化 ⋯⋯⋯⋯⋯⋯⋯⋯⋯⋯⋯⋯⋯ 248

6. 浅谈"指数"的概念和几个相关指标 ⋯⋯⋯⋯⋯⋯ 251

教育部分 ⋯⋯⋯⋯⋯⋯⋯⋯⋯⋯⋯⋯⋯⋯⋯⋯⋯⋯⋯ 254

1. 德语中一些关于"教育"的名言 ⋯⋯⋯⋯⋯⋯⋯⋯ 254

2. 通识教育联盟大会和中美德俄日英"知识树" ⋯⋯ 256

（三）交通和传播部分

1. 媒介理论先驱伊尼斯和麦克·卢汉 ⋯⋯⋯⋯⋯⋯⋯ 260

2. 传播学的含义和类型 ⋯⋯⋯⋯⋯⋯⋯⋯⋯⋯⋯⋯⋯ 261

3. 全球海底电缆一览 ⋯⋯⋯⋯⋯⋯⋯⋯⋯⋯⋯⋯⋯⋯ 263

4. 什么是陆地基站？ ⋯⋯⋯⋯⋯⋯⋯⋯⋯⋯⋯⋯⋯⋯ 263

5. 中美德日法英等国"城市地下管线"和"综合地下管廊"

比较 ⋯⋯⋯⋯⋯⋯⋯⋯⋯⋯⋯⋯⋯⋯⋯⋯⋯⋯⋯⋯ 266

6. 中美俄德匈英法日印等国地铁比较 ……………… 270

7. 中美俄德日英法印等国高铁简单比较 ……………… 272

8. 中美欧等国家及大洲天然气管道运输简单比较 ……………… 279

9. 新能源汽车的发展历程和"无人驾驶" ……………… 282

（四）城市规划和绿色建筑部分

1. 城市规划和进城"相对论" ……………… 285

2. 中美德日绿色节能建筑评价标准和政策简单对比 ……………… 287

（五）航天航海部分

1. 1421，中国发现了美洲？ ……………… 292

2. 机器人、火箭和星辰大海 ……………… 293

3. 人类何时开始尝试用电波和"外星人"联系的？ ……………… 296

后　　记 ……………… 299

部分外文推荐书目和参考资料 ……………… 308

一　德国篇

（一）综述部分

1. 我们时刻在语言的框架里生活

（写于 2017 年 11 月 23 日和 2019 年 7 月 29 日）

智人（Homo Sapiens）的迁徙之路是我们语言落地生根之路。

我们从一出生，就不断在探索和表达这个世界。而表达、听、说、读、写是其中最为重要的方式。随着历史上人类的迁徙和南征北战，语言也随着人类的步伐，走向了人生生存的所在地，而且生根发芽，一荣一枯，不断地随着人类的生长发生着变化。一门语言就好似一棵大树，不断地生发新枝，也在不断地枯萎。随着智人（Homo Sapiens）的迁徙之路，我们的语言萌芽也落地生根。

所以语言有生死之分，有活语言和死语言之别。我们的语言也在与时俱进，不断生长，吸收外来语的可用之处，抛弃掉一些"无用"之处。德语这门严谨的比较古老的语言，也在不断尝试着说得更简洁，所以，在 21 世纪的今天，在科技大发展，出生就面对"网络"的"网络原住民"青少年群体及成人的德语口语中甚至发展出一种新的语言表达（Vong-Sprache），一种从网络语言发展而来的对一些冗繁表达的简化形式，甚至形成了自己的语言数据库，容量大到具有成为一本字典的可能性。所以，一门语言的创新能力有多强，具有多大潜力，真是不可想象。

但是千变万化，乔姆斯基（Chomsky）所提出的"普遍语法"（Universalgrammatik）还是有一定适用基础。这种人类语言习得的"先天派"理论认为人的语言能力是与生俱来的。但是也有比较多的专家对此表示质疑。克拉申（Krashen）的二语习得理论提出了"输入理论"，在这几十年来也备受推崇，强调不同语境下的可理解性输入，为人类大脑提取规则创造最好的条件。包括以下假设：悉得-学得差异假设（The Acquistion Learning Hypothesis）、自然顺序假设（The Natural Order Hypothesis）、监控假设（The Monitor Hypothesis）、输入假设（The Input Hypothesis）、情感过滤假设（The Affective Filter Hypothesis）。

所以缺乏语言材料输入的情况，即人类生长的极端例子，比如因缺乏语言输入环节，脱离人类社会而长大的狼孩等极端例子，就不符合乔姆斯基的"语言先天获得"的普遍语法规律了。但这种情况太极端。绝大多数在社会生活中逐渐成长起来的社会人，其思维方式及其变化还是有一定规律和框架而循，可以借鉴乔姆斯基的"普遍语法"的理论。这也就是来自天南海北的，不同国家的人，坐在一起，具备基本沟通可能性的基础。而不同语言之间的沟通和转换就格外重要。前一阵，看新闻，功能非常强大的口语及笔译翻译器已经出现，而且不断在发展，非常方便。向致力于这一行业的科技工作者致以诚挚的谢意。我很久以前用过 google 翻译器，实在不够方便，更不够准确。但现在这些翻译器的发展已经足以应对很多语言之间的转换问题了。虽然如此，但翻译器的出现并不意味着我们"人"不需要学习外语了。熟悉了解语言的发展规律和发展路径，借助机器和人工智能的帮助，达到人机协作，我们的外语才会越学越好。

语言是交流工具，而全世界常用语言超过 7000 种。全部需要学吗？不需要。英语、汉语、法语、俄罗斯语、西班牙语、德语、葡萄牙语、阿拉伯语、日语、印地语按照使用范围、人数、国家影响力等各种因素是最常被使用的语种。德语是其中之一，是非常重要的一门语言，也是传说中"比较难"的一门外语。德语一词——Deutsch，其词根来源于日耳曼语中的人民（thiodisk）这个单词，意思是这是一种被老百姓使用的语言。德语属于日耳曼语族的西支。日耳曼语族包括：西支——英语、德语（在德语基础上衍生了依地语和卢森堡语）、荷兰语、弗拉芒语（也有学者认为弗拉芒语只是荷兰语的一种方言）；北支——斯堪的纳维亚诸语言（瑞典语、丹麦语、挪威语和冰岛语）；东支——哥特语（已消失）。

但是它远没有传说中的那么难，只要能够创造小组学习或者课堂学习的环境，即具备充分和他人互动的前提，了解德语学习的规律和秩序，充分利用我们学习我们的母语以及学英语的经验，从多路径学习——借助人工智能的发展，包括线上线下，充分激发自己学习德语的兴趣，做到熟能生巧，灵活运用，而其中最最关键的是要勤奋，就能达到事半功倍的效果。请大家牢记下面这几个德语单词，就把握住了学好德语的关键。

　　Ordnung 秩序→素质的提高和团体配合

　　　　↓ ↑

reif 成熟的——Regel 规律，规则

　　　　　　Erfahrung 经验

　　　　　　Interesse 兴趣，好处

　　　　　　Flei 勤奋

还有，教育过程需要培养的基本能力（Elementarkompetenzen der Bildung）：知识（Wissen），思考（Denken），交流（Kommunizieren）。

有了这些准备和能力，学习一门新的外语——德语就会举一反三，融会贯通，轻松有趣。

那么，德语是门什么样的语言？它就是全世界语言大家庭中的一员，是生机勃勃，时刻在成长，而又具备严谨性和规范性的成熟稳重而又不失灵活性的重要语言。掌握好规律，学好它，它就是我们的良师益友，能打开更多的门窗让我们看世界。

"学习"在德语中是 lernen，英语中是 learn。"Spur, Bahn, Furche"，是"循迹前行，一直往前"之意。学有涯，而知无涯，以有涯逐无涯，怠矣。

作为《新汉德词典》再版参编审校人员之一，我深深感到我们传统的字典编撰形式在词汇收纳和数据库建设方面，实在是不如机器。语言的学习，语言的规范和语言的进化对于我们母语学习者而言都是终身之责，更何况对于外语的学习呢？大量的语料是基础，不论是粗浅地了解一些皮毛还是深入学习一门语言。

德语中"语言"是"Sprache"。费尔迪南·德·索绪尔（Ferdinand de Saussure，1857—1913）是结构主义语言学的开创者，他分析语言的解构，把语言纳入符号学的范畴，并把语言分为"语言"和"言语"，还有"能指"和"所指"。

索绪尔出生在瑞士的日内瓦，他的祖父和父亲都是矿物学家，受家庭

影响，索绪尔很早就掌握了多种外语，并培养了自然科学的研究思维方式。他中学时代就开始学习梵语，后来用一篇研究梵语的论文获得了博士学位。

索绪尔一生并没有出版过很多著作，因为其语言观的超前性，在他所处的时代，他的语言学观点并不占主流，这让他很郁闷。索绪尔在澳大利亚去世后，他的普通语言学课程被他的两位学生整理出版。这本书 1916 年出版后，成为结构主义语言学的扛鼎之作，为多个研究领域带来了深刻的影响，对后世语言学研究发展的影响非常大。索绪尔也因此被称为"结构主义之父"。他对罗兰巴特、拉康和创立结构人类学研究的列维斯特劳斯的影响就更不用说了。

索绪尔的著作《普通语言学教程》（*Grundfragen der allgemeinen Sprach-wissenschaft*），也是迄今为止经典的语言学教材。

我推荐一本由德国著名的语言学教授 Hans Juergen Heringer 所著的《索绪尔语言学》（*Linguistik nach Saussure*）。书中既有对索绪尔语言学的介绍和分析，也有对其的评价和提出的相应语言学问题，值得一看。

2. 一个德国人从生到老的权利和义务
（写于 2018 年 4 月 10 日和 2020 年 4 月 17 日）

我是不折不扣的中国人，但是德国留学生活的七年时间，又让我了解了很多异国生活以及思维方式。不同国家，不同民族，不同文化的人的生活方式和思维方式，应该都是以不同的载体铭刻下来并体现出来。所以今天，先了解一下一个德国人，以法律形式固定下来的，从出生前到七十岁的权利和义务。

我国古语称"人生七十古来稀"，但是在现代社会，医疗水平和现代人生活水平的提高，人类的寿命已经大大提高。七十不再是古来稀，而是还年轻得很。

按照 2017 年的世界各国家人口平均寿命统计数据，德国人的平均年龄已经达到了 81 岁，超过世界平均人口寿命 10 年。我们国家人口平均寿命也达到了 76 岁，在我国"北上广深"特大城市，人口的平均寿命还要更高，已经接近发达国家的人均寿命。但是整体而言，我们国家在提高人均寿命的道路上还要加油——从个人的健康意识，良好生活习惯的培养到国民医疗条件以及护理水平各个方面。

以下是一个德国人从出生前到七十岁的权利和义务（编译自 wikipedia 相关词条）：

受精卵：防止还未出生的孩子从着床开始终止妊娠。

开始分娩：在刑法中，开宫分娩镇痛的使用被视为"生命开始的重大事件"。

分娩完成：法律行为能力开始。不具备商业能力（直至过完 7 周岁）。无行为能力犯罪（直到过完 7 周岁）。享有受照顾、受教育和与父母双方相处的权利。

赡养权（Unterhaltsrecht）的第一阶段（按照杜塞尔多夫表格 Duesseldorfer Tabelle 规则金额规定）。媒体的年龄限制（需要遵守 USK 和 FSK 规定)[①]：

半岁时：从男童 6 个月开始，对其进行的割礼只可由医生进行，而不再由宗教团体特别训练的人进行，即使该宗教团体在没有医生的情况下具备相同能力进行割礼。

年满一岁：	有权利上幼儿园。
年满 3 岁：	有权利上幼儿园。终止对在没有安装安全带的车辆（汽车除外）内载运的禁令。
年满 5 岁：	姓名变更时需要后续声明（通过法定监护人）。
年满 6 岁：	接受上小学义务教育（以各联邦州的具体规定为准）。开始赡养法中的第二年龄阶段。媒体的年龄限制（按照 USK 和 FSK 的规定）。能参加最晚到晚上 8 点钟的电影活动。
年满 7 岁：	允许有限商业活动。民法规定的有限刑事行为能力。
年满 8 岁：	允许骑自行车使用行车道和自行车道。
年满 10 岁：	开始过失交通肇事罪负有限刑事行为能力。有义务骑自行车使用行车道和自行车道。

---

① USK：德国软件分级系统（Unterhaltungssoftware Selbstkontrolle）主要针对电子游戏产品。
FSK：德国电影年龄分级系统（Freiwillige Selbstkontrolle der Filmwirtschaft）主要针对电影产品的年龄分级。

续表

年满 12 岁：	有条件地信宗教（不违背孩子的意愿变化），开始赡养法的第三年龄阶段。媒体的年龄限制（FSK 和 USK）。12 岁后终止儿童保育津贴（Kinderpflegekrankengeld）。 儿童护照的最长期限。停止给 150 厘米以下的儿童使用儿童座椅的义务。停止在驾驶时儿童坐在汽车后座的义务，如果没有安全带或无法安装儿童座椅。打火机和火柴供应禁令结束（仅巴伐利亚州）。
年满 13 岁：	小规模雇用儿童是可以的。
年满 14 岁：	达到接受刑罚的年龄，包括根据《违反秩序法》规定的罚款程序，但适用《青年法院法》。不再是性犯罪保护条例意义上的儿童（防止性虐待的特别保护）。完全信教自由。自行决定更名。在监护权（Sorgerecht）裁决时的法院听证义务。参加看电影活动最晚到 22 点。在培训或雇佣关系的框架下，在有授权的有权持有武器者的监督下，处理武器和弹药。可使用已经测试的刺激性气体喷射设备。
年满 15 岁：	全面禁止就业禁令。具有社会法（Sozialrecht）行为能力。可持有轻便摩托车驾驶执照。一般义务教育被认为是按照年龄而言已终止，职业培训是可能的。
年满 16 岁：	有限的婚姻成熟期（免于婚姻禁令）。具备订立遗嘱的能力。获得出生登记。持有身份证或者其他证件的义务。同意死后切除器官的权利。社会保障中的积极投票权。下萨克森州、北莱茵–威斯特伐利亚州、施莱斯维格–荷尔斯泰因州、柏林、梅克伦堡–沃波默恩州、萨克森–安哈尔特州、巴登–符腾堡州和图林根州的积极地方选举。不来梅、勃兰登堡和汉堡的积极地方选举和公民选举权（州议会）。在餐厅、舞蹈和电影活动最晚到 24 点。酒精供应禁令终止。媒体的年龄限制（按照 FSK 和 USK 的规定）。可获取驾驶执照 A1、AM、L、T。终止对违反提供照料或教育义务的刑事保护。部分终止对受保护人以及青年人的性虐待和促进未成年人性行为的刑事保护；但是部分保护到 18 岁。可以获取滑翔机许可证。
年满 17 岁：	具备预先指定监护人和同意保留（Einwilligungsvorbehalt）安排的可能性。有人陪同下可驾驶小汽车。为欧盟内外旅客进口免税商品（烟草、酒精）。达到服兵役年龄。

年满 18 岁：	成年。完全商业能力和对各政府部门具有刑事行为能力。开始履行与成年相关的其他规定。有效建立医嘱的能力。联邦议院和州议会（仅在黑森州为主动投票权，从 21 岁起才具有被动投票权）的主动和被动投票权（仅在黑森州为主动投票权，从 21 岁起才具有被动投票权）、可作为市政代表参加欧洲议会选举、企业理事会或职工代表会选举。社会保障中的被动投票权。终止对未成年人的保护规定，例如根据《保护未成年人海牙公约》。在刑法中具备作为成年人的地位（按照成年人刑法受到惩罚）。结束不受限的赡养权利和普通职业教育义务（在巴伐利亚州要直到 21 岁）。按照 UVG（从 2017 年 7 月 1 日开始）停止赡养费的预先支付。媒体的年龄限制（按照 FSK 和 USK 的规定）。可获得驾驶执照 A2、B、BE、C1、C1E、C、CE。取消对 T 类驾照的限制。可使用武器或弹药。可拥有武器许可证。结束青年保护条款（结束烈酒的出售禁令。结束公共场合对烟草制品和吸烟的禁令。可在凌晨 24 点后进入餐厅、迪斯科舞厅和电影活动。可进入夜酒吧和夜总会。允许进入对青年有危险的活动和企业并待在对青年有危险的地方。可出席游戏厅和参加赌博）。兄弟姐妹间同床共枕罪的开始。进入赌场（在巴登符腾堡和巴伐利亚州只有在年满 21 岁才允许）。允许进入日光浴室。烟火物品的排放和处理（第 4 类、第 P2 类和第 T2 类，仅在年满 21 岁后进行）。可在巴伐利亚州参选市长和州委员会，可在萨克森州参选市长。结束对受保护人和青年人的性虐待和未成年人性行为的刑事保护；在一定程度上，对受保护人和青年人的性行为的保护在年满 16 岁就已结束。结束对盗窃未成年人和贩卖儿童的刑事保护。
年满 21 岁：	成年后负全部刑事责任。黑森州议会的被动投票权。作为已婚人士可申请领养孩子的最低年龄（另一配偶 25 岁）。可通过青年事务处（Jugendamt）获得赡养事宜咨询及赡养诉求证明的年龄限制。增加赡养权利的结束。青年援助年轻成年人的通常年龄限制。失业时获取儿童福利金权利的最高年龄。可获得 D1、D1E、D、D 类驾驶执照。担任火车驾驶员的最低年龄。允许进入赌场赌博（取决于各联邦州，部分已经从 18 岁开始就允许）。可以参选萨克森-安哈尔州和图林根州市长和县长。

年满 23 岁：	申请保留德国国籍和通过亲子关系取得德国国籍的最高年龄。失业时申请家庭保险的最高年龄。在一些联邦州（如下萨克森州，市政宪法法，北莱茵-威斯特伐利亚州）参选市长或县长。
年满 25 岁：	最低申请收养年龄（单身或已婚，如果另一方至少 21 岁）。可选为陪审员、义务工人或社会法官的资格。允许参选名誉行政法官。在培训时申请家庭保险的最高年龄。德国社会法典（SGB）II 规定的某些福利待遇的年龄限制：根据与他们同住一个家庭的父母的需要进行估算，但住房费用、培训或工作的特别资助除外。领取儿童福利金的最高年龄。青年和学徒代表资格的最高年龄。可在一些联邦州参选市长，如巴登-符腾堡州和勃兰登堡州。省略要求官方或专家证书或专业心理能力证书才能首次颁发拥有和获取某些枪械的许可证。未经批准行医的最低年龄。
年满 26 岁：	参选联邦公务员中青年和学徒代表资格的最高年龄。
年满 27 岁：	以前是被任命为终身工作人员的最低年龄。2009 年 4 月 1 日通过设定《公务员地位法》（BeamtStG：Beamtenstatusgesetz）取消这一最低年龄。年轻人和培训人员参加公共服务的最高年龄。领取儿童福利金（截至 2006 年）和孤儿抚恤金的最高年龄。按照年社会法典（SGB VIII）第八部的规定，年轻成年人（junge Volljaehrige）领取福利的最高年龄。可参选施莱斯维格-荷尔斯泰因州的市长或县长选举。可参选萨克森州县长选举。
年满 30 岁：	学生健康保险最高年龄。开始有资助参加培训的一般年龄限制。在巴登符腾堡州当选为县长。
年满 35 岁：	可参选联邦共和国最高法院法官选举。可参选前德意志民主共和国国家安全局文件的联邦代表专员。可参选德国联邦议院的军官代表选举。可参选巴登符腾堡州州长（按照巴登符腾堡州宪法第 46 篇第一段第二句）。申请硕士课程培训补助金的最高年龄。
年满 40 岁：	可参选法院的选举。可参选联邦总统选举。可参选巴伐利亚州长。
年满 45 岁：	在紧张和防御情况之外，德国男性公民可提前结束兵役的年龄。一般来说，被任命为终身工作人员的最高年龄。
年满 50 岁：	如果必须，可领取失业救济金 I 最长 15 个月。

续表

年满 55 岁:	提前退休。在防御状态下终结培养妇女参与民事服役。获得免税金额的前提条件。获得优惠的前提条件。如果必要,可领取失业救济金 I 最长 18 个月。
年满 58 岁:	如果必要,可领取失业救济金最多 2 年。
年满 60 岁:	重度残疾人可提前领取退休养老金。严重残疾的公务员官员可申请退休。在一些联邦州,如北莱茵威斯特法伦州和联邦服务局是消防员的退休年龄。拒绝接管监护权。公证人的最高年龄。在局势紧张和防御情况下结束男子义务兵役的年龄。
年满 62 岁:	参选勃兰登堡市长选举的最高年龄。一些联邦州如北莱茵威斯特法伦州的警察退休年龄。职业军人的年龄限制。
年满 63 岁:	重度残疾人可获取养老金而无养老金减少的年龄。长期参保人提前获取退休养老金,可能会面临养老金减少的情况。失业保险的保险自由。北莱茵威斯特法伦州的严重残疾公务员退休年龄,其他公务员可申请退休的年龄。
年满 65 岁:	特别长期的参保人员领取养老金的年龄限制。1946 年前出生的人可以获取失业保险的保险自由。1947 年后出生的人领取养老金的通常年龄与提高法定退休年龄限制平行,逐步提高到年满 67 岁退休。 社会救助需求增加 17%。在一些联邦州,如巴登-符腾堡州、巴伐利亚州或萨克森州、莱茵兰-普法尔茨州、萨克森-安哈尔特州、图林根州,当选市长或县长的最高年龄。
年满 66 岁:	(从 2024 年开始) 1958 年后出生的人口领取养老保险的年龄限制。
年满 67 岁:	1964 年后出生者的法定退休年龄限制。1964 年后出生的公务员的退休年龄。黑森州市长或县长选举的最高年龄。
年满 70 岁:	担任陪审员职务的最高年龄。公证工作的最高年龄。

3. 德国联邦议会七十年，都在讨论什么主题？

（写于 2019 年 9 月 10 日）

从经济角度，德国属于"莱茵兰资本主义"（Rheinischer Kapitalismus）是法国经济学家阿尔伯特（Michel Albert）1991 年在其著作《资本主义反对资本主义》（*Kapitalismus vs. Kapitalismus*）一书中提出的新概念。指的是以德国、荷兰等国家为代表的社会市场经济（soziale Marktwirtschaft），与英美为代表的政府较少卷入的盎格鲁萨克森资本主义相对立，是一种更为有效，劳资关系更为稳定的资本主义形式。

从政治角度，德国属于联邦制国家。2019 年是德国联邦议会（Bundestag）成立七十周年。这七十年的历史进程中，德国联邦议会在各个时间阶段，最常讨论的主题都有哪些？我昨天看新闻，看到德国《时代》（*Zeit*）上的总结非常好，我一一加以解释：

20 世纪 50 年代：

——舒曼计划（Schumann-Plan）：也被称为莫内-舒曼计划，是 20 世纪 50 年代初，在法国外交部长罗伯特·舒曼（Robert Schuman, 1886—1963）和法国外交家让·莫内（Jean Monnet, 1888—1979）的推动下，筹备经济一体化的起步措施，是欧洲超国家一体化进程的开始，成立的欧洲煤钢联盟是后来的欧共体和现在的欧盟的前身。

——外贸问题（Aussenhandelsfragen）。

——苏联占领区（Sowjetzone）。

——萨尔区（Saargebiet）。

——占领区费用（Besatzungskosten）。

20 世纪 60 年代：

——中等阶级问题，中产阶级问题（Mittelstandsfragen）。

——欧洲共同市场（EWG：Europöische Wirtschafts Gemeinschaft，German-European Common Market）。

——关税税则（Zolltarif）。

——电信事业，通信技术，通信工程（Fernmeldewesen）。

——肯尼迪回合（Kennedy-Runde，Kennedy Round）：肯尼迪回合是指1964 年 5 月到 1967 年 7 月，由当时的美国总统肯尼迪发起的，并在关税及贸易总协定主持下，由 50 多个主要来自欧洲共同体市场地区和美国等国家和地区在日内瓦举行的第六次多边关税减让谈判过程。谈判主要围绕着关税，农产品，非关税壁垒和发展中国家等问题，进行了三年多。

20 世纪 70 年代：

——1972 年缔结的《两德基础条约》（*Grundvertrag：Der Vertrag über die Grundlagen der Beziehungen zwischen der Bundesrepublik Deutschland und der Deutschen Demokratischen Republik*）：预示着当时东西德关系开始逐渐缓和。

——经济景气补助（Konjunkturzuschlag）。

——社会自由派（Sozialliberale）：德国自 20 世纪 60 年代形成的社会自由联盟。

——纪尧姆丑闻（Guillaume）：20 世纪 70 年代初德国政坛的一起震惊世界的政治丑闻：时任西德总理的维利·勃兰特在大选获胜利后得以连任，但此后不到两年，因其助手君特·纪尧姆（GünterGuillaume）被揭露为东德间谍，勃兰特被迫辞职。

——四国协定（Viermaechteabkommen）。

20 世纪 80 年代：

——欧洲共同体（EG）。

——环境保护（Umweltschutz）。

——零解决方案，零点方案（Nullloesung）：这一词汇是德国 1981 年年度词汇。指的是 1981 年 11 月 18 日美国总统里根就裁减美苏中程导弹问题提出的一项建议：如果苏联拆除其全部针对西欧的 SS-20、SS-4 和 SS-5 导弹，美国准备取消它在西欧部署 572 枚潘兴 Ⅱ 导弹和陆基巡航导弹的计划，从而使美苏在欧洲都没有中程导弹，达到"零"的水平。这项建议被西方称为"零点方案"。

——北约双重协议（Doppelbeschluss）：北约于 1979 年通过的"双重决议"——即一面在欧洲部署中程导弹，一面同苏联谈判，1983 年开始实施。

——星球大战计划（SDI: Strategic Defense Initiative，或者 Star Wars Program）：是美国在 1980 年代研议的一个反弹道导弹军事战略计划，该计划源自美国总统罗纳德·里根在冷战后期（1983 年 3 月 23 日）的一次著名演说。2019 年 1 月，美国总统特朗普在五角大楼发布新版《导弹防御评估报告》，提出将大力扩展导弹防御系统，被称作"星球大战"2.0 版。

20 世纪 90 年代：

——托管局（Treuhandanstalt）：德国统一过程中，德国成立了一个"国有资产托管局"，简称托管局，专门负责处理前民主德国的国有企业经营和改制问题。

——护理保险，照料保险（Pflegeversicherung）：德国法律要求所有的德国公民和在德国长期居住的外国居民必须参加医疗保险（Krankenversicherung）和长期护理保险（Pflegeversicherung），后者是 1995 年引入的新保险形式，被称为德国保险体系中的第五大支柱。

——两德统一协定（Einigungsvertrag）：1990 年 10 月 3 日是两德的统一日。

——科索沃（Kosovo）：指 20 世纪末在欧洲爆发的科索沃战争。

——德国磁悬浮列车系统（Transrapid）：这是一种德国的磁悬浮列车，由德国西门子（Siemens AG）和蒂森克虏伯（Thyssen Krupp）的合资公司 Transrapid International 研制并投入商业使用。

21 世纪第一个十年：

——欧盟（EU）。

——生态税，又被称为环境税，绿色税（Oekosteuer）：德国从 1999 年 4 月开始征收生态税。

——联邦机构（Bundesagentur）：是指德国联邦层面上的各国家机构，如联邦劳工局（Bundesagentur für Arbeit），德国职介中心，相关网址为 www.arbeitsagentur.de。

——气候保护（Klimaschutz）。

——哈茨，哈茨方案（Hartz）：德国前大众人事部总监彼得·哈茨（Peter Hartz）在 20 世纪末期施行的大众人事和工作时长的改革成果显著，被德国媒体誉为德国劳工市场的革命家。在施罗德出任德国总理后，他任命哈茨对整个德国劳动市场进行全面的改革，推出了哈茨方案（Hartz-Konzept），指德国政府于 2002 到 2005 年逐步推行的针对失业人口调整救济内容，培训和促进再就业的社会改革方案，对德国经济的复苏起到了重要作用。由"哈茨"还产生了一些新词汇，如 hartzen，指"靠救济金生活"。

21 世纪第二个十年：
——互联网（Internet）。
——最低工资（Mindestlohn）：德国 2015 年引入最低工资法。
——能源转变，能源转向（Energiewende）：德国的能源结构的转型，以及美国页岩气革命带给世界的能源格局变化。
——女兵（Soldatinnen）。
——德国另类选择党党团（AfD-Fraktion）。

4. 德国的两次启蒙进程与通识教育

（写于 2018 年底到 2019 年 3 月和 2020 年 1 月 19 日）

前几篇我介绍了马克斯·韦伯，还有马克思和恩格斯与韦伯，以及与舍夫勒之间的可能联系，19 世纪中后期和 20 世纪之初那段时间，是德国以及欧洲极为动荡、变革极为剧烈的时期，我就是想借此提出一个很重要的视角，把一些重要的历史人物放在更为广阔的历史大环境下去阐释和理解，做些比较，挺有意义。

在教育领域的洪堡兄弟，威廉·冯·洪堡（Wilhelm von Humboldt，1767—1835）和亚历山大·冯·洪堡（Alexander von Humboldt，1769—1859）是马恩和舍夫勒之前一个时代的德国教育家、自然科学家和地理学家，前者是德国的教育改革家，后者是百科全书式的自然科学家。

在时空空间上，他们和马克思、恩格斯及舍夫勒也有交集，但是地理空间上，他们是否有过交往，我目前不知道。从年龄上说，韦伯是他们的后辈，但是思想上的影响和继承的痕迹是可以看到的。

洪堡兄弟是德国 18 世纪启蒙运动的领军人物，这种启蒙思想的理性化和科学内核被马克思和恩格斯继承和实践体现，在韦伯对如何对工具理性和价值理性之间进行平衡的拷问之后，一部分新马克思主义者在 20 世纪中期的德国的教育领域又掀起了一次再启蒙运动。

昨天我收到了刊载我这篇在 2019 年 3 月就写完，历经艰辛快一年才问世的刊登了一部分论文的样刊。还有一部分内容会发在另一期刊上。

我在这篇论文中详细介绍的这两次德国启蒙运动和理性化进程，即使是对我国的高等教育的通识教育也是具有一定的启迪和借鉴性的。感兴趣的可以了解一下德国 18 世纪和 20 世纪中期的纷繁复杂的思想界中的纷繁的人物，他们推动了德国教育的发展和相对均值的大众精英化教育的双轨发展。德国从 18 世纪到 20 世纪中期是一段思想繁复，同时也充满革新创新精神和兼容并蓄的学习精神的发展时段。

那么通识教育是什么？德国的两次启蒙进程有何重要启示？我详细介绍一下。

General education（通识教育）这个概念从欧洲古典教育观中的自由教育和博雅教育延伸而来，1829 年被首次提出并广泛争论。在我国，对"通识教育"这一概念的定义一直有争议，但基本涵盖了欧美国家对通识教育概念——liberal arts（博雅艺术），liberal education（博雅教育），general education（通识教育），Allgemeinbildung（德语：通识教育）等的各种理解，综合起来，即以具有学以成人的全人思想为目标，对人类以及人类创造的价值观及社会现象形成的各领域的知识具有通透的认知并能助力自身的职业生涯，对其的运用应贯穿一个人终身的整体教育过程，是作为提升整体民族素质、思考力、视野和构建完整知识及认知图谱的强有力基础。通识教育作为终身学习的引导性方针是培养一个人具备迅速掌握瞬息万变的社会的新领域知识，而且不盲从的能力。

欧洲的启蒙运动发轫于 18 世纪，高举理性和科学的旗帜，祛除宗教和迷信之误，兴起于人文领域，在教育领域引领并逐步扩展了兴起于古典时代自由教育及博雅教育的内涵和外延，衍生出今日通识教育的丰富内涵。而 20 世纪中期后启蒙运动在欧美的复兴，又催生出一批对深化人类社会发展以及人类塑造的理论基础，对通识教育的提升和重塑提供了充分有力的新理论背景。在如今人工智能大发展的第四次工业革命阶段和后人类时代，启蒙运动始终未停止。发展人类多元及整体智能，系统全面看待世界，祛除非理性的迷雾和树立科学理性的人类观、人类社会观和自然观依旧是在可持续发展理念的前提下踯躅前进。

（1）18世纪和20世纪两次启蒙运动中的理性化进程和可持续化理念

启蒙理念的可持续性可从康德、阿多诺和福柯代表的三种不同的启蒙观加以了解。启蒙运动源自人类对自身不甚满意的生存现状的改善要求，发扬现代性的优势，扬弃现代性的弊端，核心是对理性及科学精神的重视和实施，已发展为一个现代性的典范概念。而通识教育这一概念的提出和兴起是启蒙运动的结果和发扬。

康德从一开始就把启蒙理解为社会的、智慧的以及科学的纲领，在1784年就假定了一种把启蒙作为现代性的示范态度："启蒙运动就是人类脱离自己所加之于自己的不成熟状态"，并号召"要用勇气运用你自己的理智！这就是启蒙运动的口号！"

在18世纪反封建、崇尚科学理性的启蒙运动时代，启蒙的可持续性发展已经非常明确，即理性和科学的可持续可更新及可发展性。德国人冯卡洛维茨1713年首次在其关于造林一书中提出了"可持续性使用"这个概念。不仅在林业，在整个社会领域都需要"可持续性发展"，即具备一种培育并面向未来同时不能涸泽而渔的发展眼光和模式。19世纪，马克思和恩格斯延续了对启蒙大潮推动力的发展，对社会进行了更深入客观理性的剖析，从而逐步发展出马克思主义辩证统一的科学理性的世界观和唯物主义哲学观。而20世纪中期新马克思主义代表之一哈贝马斯认为启蒙是未竟的事业。与其一脉相承的"百年树人"通识教育政策的长期实施政策准则正是体现了可持续性的重要性。

德国高等教育自洪堡以来，启蒙带来的整体理性化进程让教研合一的教育理念开创了现代大学的迅速崛起进程，但一开始，德国学制安排上体现出在自由教育中的各专业无严格学制和学时要求等方面的部分非理性因素，这既体现了德国教研合一在实施过程中的独立性，但另一方面也有为了学术而学术的过于专业化和脱离实际等巨大缺陷。工具和价值目标的难以统一困惑着几百年来的德国教育改革者，也在不断促进教育改革的进程。韦伯在其著作中对理性化进程的剖析和对工具理性和价值理性的阐释，在部分程度上也强调了育人过程中对工具和价值之间进行平衡的历史困惑和矛盾纠结，以及如何对这两种理性之间进行平衡的未来展望。

自19世纪始，先是美国向英德借鉴教育理念，如纽曼的理性大学观，然后是德国在"二战"后先是被迫向英美借鉴教育理念，同时保持了贯通于整个大学学习过程的通识教育，逐步被动或主动地吸收了英美国家的教育特色，并自 20 世纪中期始，历经思想界和科学界的巨大思想冲击带来通识教育理念的改革和转变。充分体现了"兼容并蓄"的理念。迄今，与英美大学通识教育最不同的是，德国的大学通识教育一直秉承与专业教育融合的特点，基本涵盖了个人专业教育的全过程。

20 世纪中期，著名德国教育家克拉夫基承接夸美纽斯、康德、阿多诺等人及其在不同启蒙运动阶段因素思想的精华部分，在"二战"后的 20 世纪六七十年代对德国教育制度的改革以及提出强调教师教育的重要性起到了重要作用。

与德国新马克思主义理论不同的是，福柯对启蒙的理解是一种"对现有的意志、权威和对理智的使用之间的关系的改变"。这种启蒙观和德国新马克思主义社会批判论对 20 世纪 60 年代发轫于法国并弥漫整个欧洲的五月运动进行了深刻剖析和反思，促进了德国高校的加速改革及对通识教育的进一步重视及对其通融性和价值理性的强化。

阿多诺在 20 世纪 60 年代，针对当时的德国普及通识知识中出现的缺陷提出了一个批判性概念——"半教育理论"。这一概念最初是对不完整教育的贬低称谓。阿多诺则用这一概念指出当时通识教育具有的缺陷及肤浅性，即其仅作为实现自我目标及适应社会的工具，而缺少一种对社会状况的批判性投射以及对自我人生现实的持续性跃迁与自我升值。对当时通识教育中普遍出现的强调实用主义而忽视价值导向而导致的社会"无方向感"做出了严厉的批评，对几十年前韦伯的担忧和批评做出了回应。

"二战"之后的世界是重塑规则和全球秩序的时代，在德国教育领域也体现出教育理念的重塑。其核心正是部分建立在阿多诺等人对社会"启蒙"中教育理念重要作用的重塑上。而 21 世纪以来，人类面临的也是一个世界规则和全球秩序重塑的时代。通识教育理念的改革在启蒙的可持续性发展前提下也是迫在眉睫。以马克思主义中国特色化为思想基础的中国特色社会主义为基础，我国通识教育是迫在眉睫而又面向未来的教育，需要强化以可持续的启蒙发展为根基，打牢价值基础的根基。

（2）当代启蒙运动中通识教育的现代理论基础

现代启蒙运动离不开系统论、控制论和信息技术的兴起和其在社会各领域实践的成功，以及全球化中"全球本土化"理论的成功实践经验。现代性问题的解决及现代性弊端的克服，均需要现代启蒙运动中 21 世纪理性化进程中的新理论基础的配合和加强，与通识教育的发展互相促进，起到人类思想理性化起伏颠簸进程中的定心石作用。

这也构成当前在逆全球化潮流中始终以坚持全球化发展为主流的国家的社会治理以及全球治理中的重要理论背景。而通识教育所培养的知识关联和认知通融同样也是国家治理及全球治理理念的核心，即以全球化视野和中国本土化的融合为结合点。

雅思贝尔斯在其出版于 1923 年的《大学的理念》一书中，对通识教育的全人理想做了细致的阐释；1931 年在《时代的精神状况》一文中提到"星际化"："对于技术及经济问题，所有问题都似乎变得星际化"。自 20 世纪 80 年代中期始，德国出版的大量书籍中开始出现 Globalisierung（全球化）这个单词，并开始广为人知。

每个民族的个性与全球化的现实共性在冲突和矛盾之后又衍生出了新的趋势，即"全球本土化"趋势——立足本土，眼望世界。

德国全球化研究专家曼弗雷德·朗（Manfred Lange）阐释了 glocal（全球本土化的）一词，Glocalization 和相应的德语词汇 Glokalisierung 出现，即"全球本土化，全球地方化"，用全球化思想进行本土化操作。而教育育人领域更是需要用全球本土化的视角来配置教育理念，以规避全球化带来的问题，这已构成现在及未来通识教育的大趋势。

20 世纪中期兴起的计算机技术和人工智能研究和实践的大背景加速了文理工兼容的步伐。智能时代的通识教育会加强系统性、整体性及打通文理工之间壁垒的力度，发挥人类的创造力和潜能，达到专通兼备的人才培养目标：以开放系统并全面整体的扩展视域来完善个人的知识结构，是现代公民身处这个纷繁复杂而又时常简单粗暴的世界中需要掌握的通识技能。

德国社会学家卢曼的社会系统论将社会复杂诸现象纳入一个宏大的系统，认为 20 世纪后半期启蒙运动的核心就是揭示、解释并化解社会复杂结构中的复杂性，其《社会学启蒙》一书迄今仍旧非常有意义。维纳的控制论里，人不再是被视为万物的主宰，人和机器的地位在一定程度上是等同的。

卢曼具有争议性但是突破性的观点承接新马克思主义的社会批判理论和

启蒙可持续性观点，重塑了社会观察视角，改变了人类认识自身和世界的认知观念。尤里安·尼达－吕梅林（Julian Nida-Rumelin）和埃瑟（Hartmut Esser）等德国学者对理性决策论的探讨也对这三论中的部分结论做出了一定的扩展和解释，对理性化进程中的系统建构和重塑提出了部分具有辩证和批判思维的理论。

而具体到对个体的分析上，1916 年德国心理学家施太伦（William Stern 1871—1938）提出了"智商"（IQ）这一重要概念，20 世纪 70 年代耶鲁大学的心理学家罗伯特·斯滕伯格曾经提出三元智力理论（分析性智力、创造性智力、实践性智力）。而 20 世纪 80 年由在哈佛任教的德裔美国认知心理学家加德纳提出多元智能理论。虽然不少持有"整体智能观"的专家学者对其理论的缺乏实证性经验提出了不少批评，但是这种人类智能的多元观测角度在教育领域提出了通识教育和专业教育的差异及其各有侧重的重要性，及学校教育要平衡通识教育以及学生兴趣之间的问题。其与整体智能理论相结合，对人类智能的多元化和整合化提出了理论支撑以及系统论、信息论和控制论在育人和融通发展中的可实现依据。

启蒙所强调的理性精神与科学精神在可持续的去昧过程中促使现代系统科学的形成和发展，以平衡全球化浪潮中出现的偏激片面的非理性因素，强化全球本土化中理性和科学为中心也是为了更好了解从而遏制人类自身和群体具有破坏力的非理性因素。

（3）理性化进程助力通识教育中的未来问题解决策略

在现代以系统科学助力理性化进程的教育时代，从宏观而言，目前依旧存在很多问题：如知识图谱和认知系统在日新月异的社会发展中迭代的天花板问题，基础学科的瓶颈突破问题以及理性化进程的玻璃幕墙问题等。从全球看，人类及其思维发展目前处于危险的十字路口，有走向反智、反精英、反理性潮流的危险。所以，通识教育的历史作用在今天要与作为现代化核心的以理性化和科学为特点的现代启蒙更为紧密地联系在一起。

而从以学校为代表的微观而言，今天的启蒙要求的是：更深刻和辩证地看待理性和科学在通识教育设计过程中的潜能和作用。并且在教育过程中对韦伯提出的具有超凡魅力和感召力的"卡里斯玛权威"和"卡里斯玛日常化"概念辩证看待，即在通识教育实施过程中，精英化教育和大众化教育如何协调和发展，如何从如今的大众普及教育走向大众精英化教育？

从而从整体上提升全民族的文化素质和思维深度，避免乌合之众的非理性行为。

所以，思政教育的重要性再怎么强调均不为过。德国马克思主义的兴起和新马克思主义的发展对我国中国特色社会主义中马克思主义的中国化进程的启示，强调了一个民族具有共同价值观文化观和世界观的重要性，尤其在当前全球化的时代，立足本民族，放眼全球化，具备全球本土化的能力是每一个新时代公民应该具备的基本素质，而这需要通识教育的改革和推进以及助力。

在人工智能助力教育的科学工具理性前提下，构成通识教育几大核心板块需要在社会系统论的引导下，格外加强：哲学（以思政为基础），经济，科学，历史，人文艺术，外语等板块。

塑造全人，提升民族整体素质，培养全球眼光，塑造理性化进程所必需的建构多元化整体智能，打通文理之间的壁垒，充分激发人的创造性，增强通识与专业之间的融通是新时代以理性化为根基的新启蒙新教育的主要任务。

从教材和教学层面，加深本科生课程的难度和深度，尤其是外语专业学习的课程深度及难度，在通识教育的框架下，前提是全面提升教材的宽度和广度以及教师的授课深度、广度以及维度。各大学的通识书目推介不仅要进图书馆，更要进教材、进课堂、进头脑，成为不论是母语授课还是外语课程中的教授材料及背景知识。而社会系统论思想，控制论，和信息论三论作为新兴学科已经从边缘走向中心，成为构建更为完善通识课程和教育模式的几个新理论基础，它们打通了文理学科的界限，将自然社会及人类社会进一步融合，有助于以系统的眼光看待世界，并且将个人与世界其他生物以及人工智能时代的机器本身置于同等对待的视野，已经构成了通识教育的一部分重要的理论背景。

其中，思想政治理论教育的重要性毋庸置疑，既具备了中国特色，是中国所有大学的通识教育课，也是衔接了德国启蒙理性化思潮发展出的马克思主义思想在中国的再发展和本土化。

而通识教育的普及和通识意识的培养应发挥其在人类启蒙过程中及理性化进程中的奠基石作用，能起到消除偏见及克制人类社会发展过程中非理性化进程的恶化可能性。

人类思想发展过程是理性化进程与非理性化进程的博弈，而启蒙这一基于科学和理性的思维特点以通识教育的全民普及为基石，使人类思维具备遏制诸如乌合之众的泛滥抑或个体的非理性盲从的能力，并构成好的可不断进行自我强化的路径依赖，从而对个体以及社会国家的发展起到正面反馈，使之进入良性循环。

康德和新马克思主义代表人物如哈贝马斯和阿多诺等德国哲学家，及其后续者如社会系统论的开创者和《社会学启蒙》的著作者卢曼，对其所处时代的启蒙理性化进程的梳理、重塑、警示和反思，起到了对德国在各个时代矫正时代问题的正向作用。其中，阿多诺的"半教育"理论是对20世纪中期弥漫当时德国的"社会虚无观"的非理性萌芽的警示，对我国目前现代化社会中的普遍面临的价值通识教育困境也有部分预警作用。在现代，信息论和维纳的控制论与卢曼的复杂社会系统论这三论的迅速发展提供了在教育领域实现通识教育改革的最佳机遇，即理性化进程中的科学化和系统化因素前所未有的加强。但同时也要避免过度理性化的危险，避免陷入"理性化陷阱"。

良好的教育是帮助一个人在未来的生活中更成功地寻求自己的幸福并将其与社会国家的命运连接在一起的最佳途径。而通识教育是助力人类社会的理性化进程以及扩展民族国家自信以及具备"知己知彼"整体化全球治理视野的良好方式。

要以深受启蒙思想家影响的马克思主义为理论根基的中国特色社会主义思政教育作为坚实后盾，开展结合实际的思想政治理论必修及选修课，扩展视野，打实基础，作为树干，串起一系列系统化的核心课程模块的枝丫，借助人类思想史和文化史、科技史、艺术史等领域的思想结晶，在每一门课上都贯穿着对学生视野的尽可能最大化扩展，以及对学生人生观、价值观和世界观的培养和塑造，从而努力规避并克服现代性中物质相对丰富时代普遍存在的现代性弊端如"过度注重物质""无方向感"，乃至"虚无感"，以及布热津斯基所宣称的"奶头乐"等过度娱乐化及肤浅化危险倾向。

每一门课都应该是通识课和通识思政课，即具备覆盖和贯通专业教育的价值和认知基础，同时思政教育的可衔接和认知通融特点必须要得以加强。

5. "日耳曼"和"德意志"

（写于 2020 年 4 月 29 日）

德意志（Deutsch）和日耳曼（Germanoi）有区别吗？我今天简单介绍一下。

"日耳曼"究竟是个什么概念？和"德意志"一样吗？

"Germanoi"（日耳曼）一词的词源尚无定论，一般认为是由高卢语的"ger"（临近）和"mani"（人）组成。还有一种观点认为这一词在凯尔特语中是"吵闹的"意思，还有学者认为这一词是由日耳曼语中的"ger"（枪，矛），和"manni"（人）组成。

"日耳曼"在古代指的是日耳曼人所居住的地区，之后在近代的一些语言中，如英语、希腊语、意大利语和俄语中，被保留用作对继承了日耳曼民族主体的国家"德国"的称呼。

日耳曼人是一些语言、文化和习俗相近的民族和部落社会的总称。这些民族从公元前 2 千年到大约公元 4 世纪生活在欧洲北部和中部，他们四处迁移，从黑海到波罗的海，从莱茵河到伏尔加河，遍布欧洲。

最早使用"Germanoi"（日耳曼人）这个词的是希腊历史学家波希多尼（Poseidonios，前 135—前 51 年），他也被称为罗德岛的波希多尼，是古希腊斯多葛派哲学家、政治家、天文学家、地理学家、历史学家和教育家，被视为通才。他大概在公元前 80 年第一次使用这个单词，也许他是在与中欧一个至今无法考证的小民族接触时听到这个词并把它用来称呼所有的日耳曼民族。日耳曼人自己称自己为日耳曼人的可能性非常小。

在罗德岛的波希多尼去世这一年，公元前 51 年，恺撒的书《高卢战记》（*Commentarri de Bello Gallico, Ein Bericht ueber den Gallischen Krieg*）中描述了在担任高卢行省省长时遇到的种种事件，其中他用了日耳曼人这个名称，他把所有莱茵河以东的民族统称为日耳曼人。

罗马历史学家塔西佗（Tacitus，55？—117），是个很少记录自己生活的人，他雄辩，爱从政，爱写历史，但是不爱写自己，所以迄今为止，他的名字和出生年份都是个在学术界争论不休的事。但他很有可能是雄辩的凯尔特人的后代，在罗马帝国之前，凯尔特人一直占据着高卢地区（拉丁语

Gallia，法语 Gaule），并以善于雄辩而闻名。

公元 98 年，塔西佗写了一本描述当时罗马帝国以外的日耳曼部族起源和分布的人种学和民族学著作——塔西佗的《日耳曼尼亚志》（*De Origine et situ Germanorum*，*Die Germania*），在书中他描述了当时的日耳曼部族从最接近罗马帝国的部族，到波罗的海沿岸的部族，讲述了他们的法律，风俗，地理等情况。

塔西佗在其著作中描述的是到公元 1 世纪前的日耳曼民族。他们与南方的罗马帝国分布在欧洲的不同地方，与罗马人征战不断。

在北德和斯堪的纳维亚生活的日耳曼人的部落可以分为：

北日耳曼人（后来演化成丹麦人，瑞典人，挪威人和冰岛人）；

西日耳曼人（易北河日耳曼人后来逐渐演化成巴伐利亚人，北海日耳曼人后来形成盎格鲁–撒克逊人/英格兰人，莱茵河畔的日耳曼人后来演进成黑森人和法兰克人等）；

东日耳曼人（包括波罗的海的哥特人，汪达尔人和勃艮第人）。

之后呢？

在公元 4 到 7 世纪，因为匈人（Hunnen）入侵欧洲大陆以及饥荒等各种原因，触发了一连串的民族迁徙运动（Völkerwanderung），包括东哥特人、西哥特人、汪达尔人（Vandalen）、勃艮第人（Burgunden）、伦巴底人、法兰克人和其他日耳曼人以及斯拉夫等欧洲北方部落被迫西迁，导致西罗马帝国受到连番侵扰而灭亡，这在历史上被称为"蛮族入侵"（the Barbarian Invasions）。

公元 410 年，亚拉里克一世（德语 Alarich I，法语 Alaric I，拉丁语 Alaricus I，约 370—约 410 年）领导的西哥特蛮族军队攻陷罗马城。

民族大迁徙时日耳曼人在高卢，意大利，西班牙和不列颠创建了许多短暂的王国，一些日耳曼人甚至一直迁徙到非洲北部（汪达尔人）。在他们新的家乡他们与当地人混居，所建立的国家有：西哥特王国，汪达尔王国，勃艮第王国，英格兰王国，东哥特王国，法兰克王国，伦巴底王国等。这些王国有的消失得无影无踪，有的顽强地生存了下来，形成了目前部分国家的主体民族。

公元 5 世纪罗马陷落后，欧洲开始经历长达 1000 年的中世纪，一直到 15 世纪文艺复兴，整个欧洲到处都是日耳曼人后裔的身影，之后也是。日耳曼人分布在广袤的现代欧洲和美洲。他们历史上对人类社会，对整个世界带来的巨大冲击与巨大贡献，需要了解。

那么，"Deutsch"（德意志）这个概念又是怎么回事呢？

从狭义上说，德意志指的是日耳曼人中使用德语的人，以及德意志裔人。德意志民族是日耳曼人的主体后裔。

"德意志"一词来源于古德语"diot"一词，意为"人民"，最早见于公元 8 世纪，是指生活在法兰克王国东部的日耳曼部落所讲的方言。diutis 也出现在拉丁语中，公元 860 年第一位姓名可考的日耳曼诗人 Otfried 在其拉丁文写的一部方言著作中，提到了 theodiscus，说这是法兰克方言。

德意志作为一个民族，代表了现在德国人的民族属性，日耳曼作为一个民族群体或者民族集合，是德意志民族的古时来源。

罗素（Bertrand Arthur William Russell，1872—1970）是英国哲学家、数学家、逻辑学家、历史学家、文学家，分析哲学的主要创始人，世界和平运动的倡导者和组织者，他与怀特海合著的《数学原理》对我昨天介绍的探索神经网络的开山之人麦卡洛克和瓦尔特-皮茨影响巨大。在谈及欧洲文明时，罗素曾经说过：希腊文化、基督教和工业文明是西方文明的三大支柱。

近年来，写了《极简欧洲史》（*Die kürzeste Geschichte Europas*）的约翰·赫斯特（John Hirst）从文化、信仰和种族上认为影响欧洲的最重要的三大因素是：古希腊和古罗马文明、基督教的发展还有日耳曼民族的战士文化（以日耳曼人入侵罗马开始）。

他"描述了这三大元素如何彼此强化，又相互对立，最终形塑为欧洲文明的内核"。这三大因素彼此融合、借鉴、发展，形成了今天的欧洲。

罗素和赫斯特所说，其实殊途同归。

15 世纪开始的文艺复兴，16 世纪开始的欧洲宗教改革，17 世纪的欧洲科技革命带来的第一次工业革命和工业文明，18 世纪开始的欧洲思想启蒙，这其中，都包含着日耳曼各民族对理性、科学和进步的不懈追求。其中，马丁·路德（Martin Luther，1483—1546）是 16 世纪欧洲宗教改革（Protestant Reformation）倡导者，基督教新教路德宗创始人。欧洲宗教改革运动打破了天主教的精神束缚，为西欧资本主义发展和多元化的现代社会奠定基础，因而西方史学界直接称之为"改革运动"（Reformation）。而新教伦理所提倡的节俭，鼓励人们通过勤奋劳动获得财富，把个人在尘世中完成所赋予他的义务当作一种至高无上的天职等品质，是 500 多年后韦伯在《新教伦理和资本主义精神》中总结的新教伦理和资本主义精神的核心。

赫斯特认为法国、英国等国家，都属于日耳曼民族。德国作为民族国家的出现，在欧洲国家中很晚，要到 1871 年。但理性思辨，顽强能战的日耳曼民族的主要继承主体民族德国，一直是欧洲发展历程中的一个主要力量，让欧洲历史"更像是德意志与日耳曼合成的历史"。

日耳曼人、斯拉夫人和凯尔特人（凯尔特人后裔以红发为主要特征之一，目前是欧洲的少数人口），在古罗马时期，这三大人种一起曾被罗马人并称为欧洲三大蛮族，但是在连年征战之后，纯种的古罗马人早已不知所终。但迄今为止，一个黑发的欧洲白人依旧很容易让人相信他的祖上有古罗马的血统。

如今，日耳曼人构成西方文明和西方民族的主体。作为历史上的蛮族之一，从公元 5 世纪开始，他们的后裔及其建立的各个国家给西方世界带来了持续的，摧枯拉朽的，不破不立的决定性影响，对世界的影响也是非常非常大。

从语系上而言，日耳曼语系，拉丁语系和斯拉夫语系构成印欧-日耳曼语族的三大分支。

赫斯特的这本书在亚马逊德国上有德译本，中译本十年前就出版了。值得一看。

（二）德国生活系列

时间过得太快了，我 1976 年出生，一晃我已年过四十，说得文绉绉一点儿，时间就如白驹过隙，时不我待，我被拖着前行，眼看着自己的身形越来越臃肿，脸上的肉也抗拒不了地心引力的强大力量了。所以说四十不惑，世事见多了，不会轻易喜悲。另外一个变化，就是上了年纪，开始喜欢回忆了。这么多年，学的德语，吃饱饭，吃好饭是绰绰有余了。所以谢谢我曾经的德国学习生活，算是我对第一次踏上这个陌生而又似乎熟悉的国度至今近二十年的一个纪念吧。想了想，就叫我的德国生涯系列吧。取生有涯，而知无涯之意。

这几十篇文章我描述的是我七年德国学习生活（1998 年到 1999 年在海德堡大学，2000 年到 2001 年在图宾根大学，2001 年到 2006 年在慕尼黑大学）的感受，从生活中了解德国。

1. 海德堡大学最奢侈的课
（写于 2017 年 8 月 17 日）

从我初上讲台，迄今为止，已经近二十年了。我见过各种各样的学生，也上过各种各样的课。而我又是一个很爱学习的人，所以我也听过各种各样的课，见过各种各样的老师。这几天，翻出二十年前的笔记和日记本，虽然寥寥几句，也没几篇内容，但还是让我想起了我这几十年上过的最奢侈的一次课。

我 1998 年第一次去德国，是系里的交流项目，很光荣的事，至今我还记得我一个土包子第一次到了德国的震惊之感，各个方面的。我当时是去德国的海德堡大学教初级汉语课，挣工资，而且业余时间还可以在其他系里听课，听讲座。一周上几次汉语课，其余时间去德语系听课，听讲座，泡图书馆。周末还可以参加外事处的外国学生郊游活动，日子过得不错。

有一天我在汉学系里开设的学期课程中看到一个开课说明，写道：Dr. habil. Lang-Tan 老师开一个研讨课 Lyrik der Tangzeit（唐代诗歌）。是一名印尼华侨老师，嫁给德国人，在德国生活了二十多年，据目测已经五十多岁了，在汉学系教授诗歌。让人难堪的是：我是唯一的一名学生。当时我 22 岁，学习了十几年，但这么高的待遇我还没有遇到过：一师对一生。老师讲得不错，挺有收获。我决定上这门课。

这样"奢侈的"教学过程我还从未碰到过，觉得有点难过，心想是学生们对这种纯粹的中国文化介绍课程缺乏一定的兴趣，还是这位老师刚取得教授资格，开的新课，学生不多？不管怎样，我听听还是不错，全德语阐释唐诗，很有意思，和看中文有些不一样的地方。这个老师是个很努力的人，还托我回国帮她去北大图书馆（我不是北大本科毕业的，但当时是可以进北大图书馆查资料的）查一些诗歌资料。感念这位在德国努力奋斗的华侨老师，虽然生活应该无忧，但是始终在学习中国文化，并且把中国文化介绍给德国学生。不知道后来选课情况怎样。我有幸参与了这种一对一的课堂。因为印象实在深刻，所以写出来与大家分享。我们面临的是一个讲速度的社会，优哉游哉地谈诗论道，应该是在解决了温饱问题之后吧。西方如此，东方亦然。

我想，不知道当时，那位老师看着我这个唯一的学生，而且还是个旁听生，在听她几十年的心血结晶，内心做何感想，是欣慰还是难过。一个人努力学习几十年的成果，究竟需要多少听众？有幸我曾经做过这位老师的听众，而且是很好的听众，希望这位老师健康幸福。她讲的诗歌都是我早就耳熟能详的，但用德语阐述和解释，启发了我，让我在二十出头的时候，就知道，这世界不缺知识，缺的是看问题的角度和容量。另外一点就是，一个人在任何年龄段，都要学习，有效学习。

2. 在德国被罚款

（写于 2017 年 8 月 24 日）

我 1998 年第一次去德国，一年交流，等到第二次去德国是 2000 年的事了，这一待就在德国待了 6 年多。这次我是在图林根和慕尼黑大学念书。

相比海德堡和图林根，慕尼黑（München）可真是德国的"巨无霸"城市。德国的大学是没有围墙的大学，和城市的建筑街道融为一体。没有非常明显的标志。学生宿舍（Studentenheim）更是遍布全市各个地区，通常离上课的校园区很远。所以交通（Verkehrsverbindung）就成了个头疼问题。作为学生而言，可以买学生车票，月票一个月也要几十欧元。就那时的条件而言，这几十欧元换成人民币，让人着实心疼。于是，我买了一辆二手自行车通勤。

骑自行车是从小就会的基本技能了。所以驾轻就熟，而且慕尼黑的自行车道的标识非常清晰，而且自行车道和机动车道之间一般有隔离带或者绿化带，还是相当安全的。所以每天单程不到一个小时的车程，坚持下来，除了发现晒黑了点外，好处真不少：身体结实了不少，而且，最关键的是省钱！又省钱又锻炼身体，所以骑得越发起劲。自行车兼具买菜车的功能。真是省了不少时间和精力。

德国的纬度高，天黑得晚。有一次我听讲座（Vorlesung）回宿舍晚了，天色已暗。因为出门在外求学，安全意识还是很强的，极少晚上回宿舍。这次，刚骑上我的自行车，才发现，天黑，而我的自行车没有车灯，照不清自行车道的轮廓。好在还有路灯，不至于漆黑一片。但心里还是忐忑，惴惴不安地只想快点赶回宿舍。为什么？是害怕路上不安全吗？有点。还有什么？路上没人，也害怕；路上有人，更害怕。

就在一头细汗地往宿舍赶时，突然，面前窜出来两个阴影，把我的自行车拦住了，吓得我差点从车上滚下来，定睛一看，是两位身穿制服的警察。他们在旁边的机动车道上查违章，拦了一辆汽车开罚单。和我何干？为什么拦我？我脱口而出一句："怎么了？为什么拦我？"

一位警察和蔼可亲地说："您的自行车上没有装车灯。晚上骑车，很危险。要罚款。""要罚款？！"我脑袋嗡嗡响。人穷志短，我也和蔼可亲起来。"为什么要罚款呢？我很遵守交通规则的。"昏暗的灯光下，一位警察大叔迅速地挥笔疾书，另一位警察大叔循循善诱，继续说："骑自行车，必须要安装车灯。晚上骑车，必须要开亮车灯。这样为了保障自身安全，也是为了他人安全。自己佩戴反光条也可以。总之，要给车道上的人有所提示。"原来这样，原来我一直在危险骑行，虽然极少在晚上骑车，但是车灯和反光条还是应该准备的。好吧。

于是，我心悦诚服地接过了我人生中的第一张违章罚单，并按照罚单指示，在指定期限内去某个指定机构交了罚金。具体钱数我不记得了。真奇怪，现在回想起来，我还牢牢记得我捏着罚单去交钱的情景，但钱数我却不记得了。这不应该是我这个穷困地数着钱过生活的留学生忘记的呀。应该是这巨大的文化冲突给我带来的心理冲击掩盖了我对具体钱数的在意吧。

另外，德国警察大叔在递给我罚单之后，还嘱咐我，一定要推着自行车走回去，天黑不要骑行，危险。于是，在昏黄的路灯下，我百感交集地推着我的自行车，走在回宿舍的路上。直到进了宿舍门，喝了口水，才平复了自己的紧张情绪。

我骑车历史不短，自认挺会骑车，从未出过危险。但是骑自行车而被罚款，人生第一遭，教训深刻。这是一位年轻的留学生从一个规则意识欠佳、洋溢着忽视甚至漠视自身以及他人的安全的集体潜意识的环境中，进入一个规则意识强，处处提示自己和他人："我们的安全最重要"的集体潜意识的环境，上的重要一课。

所以，感谢这些慕尼黑心细如发的道路建设者和规则制定者，他们对自行车道的良好设计，对罚款制度的严格执行，让我还有其他人在慕尼黑的骑行生涯，平平安安，毫发无损。还有一个规定，在德国乘坐地铁公交一定要自觉买日票，月票。骑自行车的话，要佩戴好各种安全设备和警示设备。不仅为自己，也为他人。

回北京后，我很少骑自行车了。不为别的，就为我自己。现如今，我走在北京的大街上，看着来来往往的单车、机动车、货车，看着社会新闻里惨不忍睹的车祸现场，我禁不住手心冒汗，脑袋嗡嗡响。是有些地方欠缺了吧？有些东西被漠视了吧？有些悲剧应该能被避免吧？增加些安全意识，应是人生第一课吧。

3. 德国的图书馆

（写于 2017 年 9 月 7 日）

我一共在德国待了七年，最喜欢去也是最熟悉的就是图书馆。大概是因为母亲曾在图书馆工作的原因，我对图书馆的感情很复杂，一方面觉得这是知识的堆积处，是汗牛充栋之地，另一方面看着部分有可能一辈子都没有被借阅几次的书籍，不禁有此处是知识的坟墓之地的感受。但是，不管如何，我对图书馆的喜爱甚于他处。因为我是一个爱读书的人。

海德堡大学图书馆

北京的北图，就是我到北京上大学之后常去的地方，流连忘返，不知道在那里看了多少书，是北京最喜爱的地方之一。

到了德国，一切安顿好之后，办了图书证，更是开心得不得了。都知道德国人爱看书，那么他们的图书馆呢，更是大得出奇，像迷宫一样，让人赞叹不已。下面给大家介绍一下海德堡大学图书馆、慕尼黑大学图书馆、德国巴伐利亚州立图书馆和慕尼黑市立图书馆，是我在德国海德堡

慕尼黑大学图书馆

大学一年，图宾根大学一年，慕尼黑大学五年最常去以及最喜欢的图书馆。

海德堡大学是德国最古老的大学，建立于 1386 年。海德堡图书馆内一共藏有 618 万多册的书籍。图书馆二层是中世纪的部分图书展，可以一览其究竟。

巴伐利亚州立图书馆

慕尼黑大学图书馆建立于 1573 年，前身为建立于 1473 年的艺术家图书馆。现有 480 多万册图书及音像资料。

巴伐利亚州立图书馆 1558 年建立，建立伊始是作为宫廷图书馆。馆内现有藏书 1 千万多册。

慕尼黑市立图书馆建立于 1843 年，现有 287 万多册书籍及音像资料。

慕尼黑市立图书馆

图宾根大学图书馆建立于 1499 年，现有约 360 多万册书籍。

还有海德堡大学德语系和汉学系图书馆、慕尼黑大学德语系和汉学系图书馆，都是看书的好地方。感谢我在这么多的图书馆里度过了我读书时光的一段，而且这读书时光是一辈子的事，只是有时换种形式和载体。它们都给我留下了美好的印象，虽然偶有感触，觉得书太多了，冒出这辈子也看不完的念头。但是还是希望，有朝一

图宾根大学图书馆

日，我的书能够立在这种图书馆的某个角落，即使落满尘埃也不要紧。这是最好的将有涯化为无涯的方式之一。

4. 典型的德国教授（一）

（写于 2017 年 9 月 10 日）

又到了一年一度的教师节了。我家里人很多都是教师，在我小时候的印象中，教师这个职业是灰色暗淡的服饰，常年吃粉笔灰形成的咳嗽声，职工食堂里愁眉不展的队伍，和每月捉襟见肘的家庭经济情况，还有家里

无处不在，堆积如山的图书和杂志报纸。我在长大，我也看着我的老师们长大，所幸，他们的暗淡服饰逐渐变得有色彩，食堂里除了些寒暄，也逐渐多起些偶尔涨工资的喜讯。

就这样，1993 年我到北京上了大学，大学校园还是那样，甚至比中学校园还要逼仄，初学一门新外语的惶恐和紧张让人无暇关注这些，天天就是图书馆、教室和偶尔帮门房阿姨值班看书的长明灯。大学的老师和蔼可亲，像对待自己的孩子那样对待我们学生，让大家对初学一门新外语的紧张情绪缓解了不少。所以大家都学得还不错。勤奋努力的我稀里糊涂地度过了我的大学时光，对北京这座大城市的了解大概还不如一些游客了解得多。所幸的是，辛苦的付出总有回报，我又晕晕乎乎地去了德国。

我在德国求学时，遇到了很多和蔼可亲的德国老师，他们温文尔雅，对外国学生非常友好。和我遇到的中国老师不同的是，他们不会像对待孩子那样对待自己的学生，而是言必称"您"，让人感觉自己真是大人了，肩膀上的分量沉甸甸的。

在德国上大学，教授们都很繁忙，如果学生有问题，需要向教师咨询，就会等待每周一次或两次的答疑时间（Sprechstunde）。每到开学前，教授均会把本学期的答疑时间告知选课同学，然后每星期张贴在办公室的门上，时间安排得非常紧密，分给每个学生的答疑时间基本也就十分钟到二十分钟。所以，如果在学习过程中，有问题，同学之间彼此沟通，解决不了的问题再去询问老师。

我的博士生导师普塔克教授（Prof. Dr. Roderich Ptak）是慕尼黑大学汉学教授（遗憾，后来我因为家庭原因，中途回国了），是位和蔼可亲的中年人，对中国文化充满了热爱，古文造诣很不错，让我这个中国学生都会偶尔汗颜。这位德国老师的答疑时间，总是大门敞开，外面的同学也听得到老师和里面咨询学生的交流。

我念书的时候，汉学这门专业还是一般，算是冷门专业，所以，在教授办公室外等待答疑的时候，我也不幸听到了德国学生的抱怨，一位德国学生辛苦学了汉学专业和经济，以为很好找工作，结果并没有。所以和教授聊聊自己的困惑。

十几年过去了，我相信现在应该不是这样了。孔子学院在德国遍地开花，大概有二十多个，学汉学和汉语的外国人越来越多，有很多充满热情，对中国文化充满好奇和钻研精神的德国人。我也教过一年对外汉语啊，印象深刻，记忆犹新。

我的这位德国博士生导师是我留德印象最深刻的老师，专业好，人品佳。感谢我在德国念书碰到了这么好的老师。

教师节了，给这些从小到大教授过我的老师们说声"节日好！"这不仅是太阳底下最光辉的职业，也是最辛苦的工作之一。我 1998 年第一次走上讲台，深有感触。劳心劳力，结果未必可嘉。但愿望总是好的，希望这个职业成为天底下最幸福的职业之一。

5. 典型的德国教授（二）
（写于 2017 年 9 月 11 日）

我在德国硕士学的主专业是日耳曼语言文学，博士阶段的主专业是汉学。我的硕士论文导师莫尔腾副教授（PD. Erich Meuthen）是一位非常和蔼可亲的德国老师，确切而言，是一位奥地利人，我的一篇关于东德女作家克里斯塔·沃尔夫（Christa Wolf）的作品分析，其中夹杂着各种复杂的理论铺垫，老师给了我很高的分数和评价，我很得意，因为我的得分比我的德国同学都要高得多。这是回顾历史。为什么今天想起这位和蔼可亲的老师来了？一是因为教师节，二是，现在想想，他就是我这一阵的榜样。为什么？听我说来。

2017 年的夏天，我在北京疲于奔命地上课挣钱，感叹于它的令人叹为观止的庞大和各区城市建设的差距。因为一个临时找我上课的德语培训基地在房山，这一阵，我除了在北外培训学院上课，还要每星期不定期从昌平沙河高教园家中赶到房山，为一些 10 月份即将出国的学生做一些简单的德语培训。

17 岁起，我除了国外求学的 7 年，都在北京这座庞大的城市学习生活，但生活学习的范围是那么狭小，以至于这次的奔波把我给吓着了。我平时从昌平家里去北外学校教课，单程也就 30 来公里，公交地铁下来还可以接受，偶尔打车百十来块钱，也不是很奢侈，毕竟人总有累得动弹不得的时候。可这个暑假里，如果在这个房山基地有德语培训课程，我就要每天奔波两百公里往返，在这个城市里，对于没有汽车的我，这实在是件头疼至极的事。要不一半上课费给了没有安全保障的出租车（出租车的后排没有安全带，这是我百思不得其解的事，究竟是为什么?)，要不单程三四个小时的公交地铁外加打黑车，要不就是没有安全保障和时间保障的滴滴顺风车。

所以我想起我这位奥地利老师了。深深感到，无论在世界的任何角落，谋生都是一件多么不容易的事。我这位老师，是奥地利人，我在慕尼黑期间，选了一次这位老师的课，觉得课很有意思，后来决定把学期论文（Semesteratbeit）扩展一下，作为自己的硕士论文（Magisterarbeit）。课余他给我们在座的学生们聊起家里的生活，颠覆了德国老师不苟言笑的刻板印象，是很接地气的一位老师。

这位老师家住在维也纳，妻子不工作，家中两个女儿，都上大学了。也就是说，很久以来都是一个人工作，养活四口人。每次上课，这位老师都要从维也纳赶到慕尼黑，长途跋涉，出国来上课，出国来上课，我再重复一遍，每星期如此，这是需要多大的毅力啊。老师非常节俭，永远都是一套深色西装，从来没见换过，不知道是不是有多套。但脸上总是满足的笑容，而且有一天，快结课前兴高采烈地给我们说起来，终于买了一套独幢房子，不用住公寓了，忙着搬家，忙极了；谈起自己的两个上大学的女儿，也是很骄傲的样子。

不知道当时我的那位奥地利老师多大了，看样子五十多，快退休了，他心满意足于终于有了一套自己的独幢房子了，并情不自禁地和学生们分享自己的喜悦（拥有一套自己的独幢房子，这基本上是德国中产的毕生梦想。我经常看到一些鸡汤文说什么德国人爱租房。不是他们爱租房，是在年轻时根本买不起，尤其在慕尼黑或维也纳这样的大城市）。我的那位德国博士导师，家住在慕尼黑郊外，经济条件应该好些，应该已经买了一套独幢房子了，也是每天火车通勤，从慕尼黑的十几环到城里大学上班，节俭朴素地也总是一身不变的衣服。

所以想想很感慨，我们眼中的具有体面职业的发达国家老师们，教书研究，行政事务，各种焦头烂额的事情之后，还有衣食住行这样的人生俗事，关注的和我们哪里不一样呢? 哪件事是容易的呢? A、B 这两个拉丁文中的字母被恭恭敬敬地放置于字母表的前两位，它们就是牛头和房子的化身，是人类最朴素的梦想："食有肉，居有屋"的体现。人类历史历经沧桑，这个朴素理念从未变过。对于某些人而言，可能就体现为肉吃得多些，频繁些，房子住得大些。

将教师这一职业称为"太阳底下最光辉的职业"的是夸美纽斯。康德说过，"人是唯一需要教育的动物"。大家都需要被教育，只不过教师是其中在某方面教育得比较好的，普遍而言。我从1998年走上讲台，迄今为止，见过无数的学生，从最初的充满教学热情也慢慢转变为例行公事，但这些话总时不时地刺痛我，提醒我，告诉我，这份职业和别的职业不一样，需要些更多的耐心，永远有热情。

我这位奥地利老师的身影给我留下了深刻的印象，他是万千身负"光辉职业"，执着前行在养家糊口的道路上的普通老师中的一个，只不过换了个地方，身处发达的德国和奥地利。不知道这位老师在从一个国家到另一个国家奔波求生或者实现自己理想职业追求的目标的过程中，咬牙坚持过没有，有没有情绪低落的时候？这种长路漫漫的人生，以理想始，以世俗终的人生路径，让人有百感交集的感触。

想想，我已经比我的这位老师幸运得多，我2008年的时候就半啃老半靠自己在北京买下了属于自己的房子（对于大部分中国人而言，独幢房子是想也不敢想，我这里说的房子指的就是公寓套房，一个小小的鸽子笼），然后2010年底收房入住至今。而且我孤身一人，无家庭拖累，或者说是一人家庭，养活我自己就好。但是我也有父母要赡养。肩上的担子也不轻。所以，在这教师节里，我想起我这位友好和蔼的奥地利老师，他也是我的榜样。除了专业方面的教诲，人品佳外，还因为一点：不畏惧距离，或为家庭，或为理想，值得钦佩。这样的人很多，佩服，因为自己为了谋生，在克服距离上，实在有些畏难情绪。

想到以后各大学校会越搬越远，交通问题是个大问题啊。人要习惯距离。虽然人工智能的发展，教学方式的改变，让距离变得不那么可怕，但是还是要习惯它，努力克服它，大不了就咬咬牙，能困难到哪里去呢？

6. 在德国的省钱方式

（写于2017年9月19日）

德国的学习生活是比较拮据的，在我那个年代。有人可能会问，每天有牛奶面包鸡蛋和香肠吃，有什么苦的呢？的确，除了肉，水果蔬菜吃得少，吃上比国内学校食堂好，因为鸡蛋牛奶面粉和大米很便宜，反正我是先瘦再胖，胖起来就瘦不下去了。

为什么是先瘦呢？很简单。在德国主要靠自己做饭，而这做饭过程对于当时的我而言，还是要适应一阵的。并且德国的厨房是没有抽油烟机的。所以按照中国人的习惯，如果炒菜居多的话，油烟会比较大，非常不好，也就很少用了，多是蒸煮、下面条。这样，先是受困于自己的做饭手艺，饿了一阵，技艺熟练之后，就噌噌地胖了起来。再加上骑车锻炼，风吹日晒，那就是黑胖黑胖的。但那时，再胖也就九十多斤。

这是做饭，自己做要省钱得多。居住上，学生宿舍如果可以和同胞分担房租，宿舍费用也会省下来很多。所以，在我那个年代，我每月衣食住行的所有费用加起来，两百多欧元就够了。听起来有点不可思议。也说明欧元的购买力有多强大。

行上，不多说了，可以自行车通行，走自行车道，安全又锻炼身体。这些我之前已经介绍过了。下面重点讲讲学习和一个德国的特色市场：二手市场。

在学习方面，德国老师开课前会给大家一个书单，尤其在研讨课上课之前。书单上罗列出这一学期需要看的书，长长的一串，很大的阅读量。这些书通常可以在图书馆借到，学校图书馆要是没有，州立图书馆肯定有。这样就给学生们省了很多钱，要是想保留书的内容作为资料呢？买太贵了，一般就是复印。所以在学校图书馆办张复印卡，就可以了。喜欢买书，可以去旧书店看看，很多很好的旧书，几乎白送，而且图书馆也有送旧书的时候。

德国的二手市场，也就是旧货市场，是个淘些新奇玩意儿的好地方。这些旧货市场的信息一般都会在每周的免费报纸上登出来，如果留心一下，会发现一些很有趣的物品。对于我来说，当时初来乍到，还是觉得挺新鲜的。有的旧货市场其实就是家庭周末集市，把自家不用的东西摆出来交易。而有的旧货市场，就是商人以此为生在售卖了。要有鉴别。偶尔转转，还是挺有意思的。比如一些有特色的工艺品，摆设都很具欧洲风格，但是做学生的我一般没有这种闲钱，一般不会考虑。当时同在德国留学的大学同学送了我一盒旧邮票，就是同学在二手市场买的。有各个国家的旧邮票，票面精美，倒真是增长见识的好方式。但这要好好淘。一般没有那时间。还有可以淘老唱片、CD，都是很不错的东西。看自己的经济预算，一般我是舍不得买的。倒是买了一些新的唱片。为什么呢？因为当时网络在线音乐已经兴起，只有真正喜欢的CD，才舍得掏钱在市场和商店买。

除此之外，我还捡过"垃圾"。怎么这样惨？其实也没有。看这"垃圾"指的是什么。一句话说得好，这世上本没有垃圾，只有放错位置的资源。在德国扔垃圾是有严格规定的。垃圾桶分为各种颜色，分门别类地放置各种废弃物。而大型家具和一些家居摆设都是要在特定时间丢弃在特定位置的，如果有需要的人，就可以在垃圾车来搬运前搬走。所以幸运的我，在宿舍楼下捡过一个被丢弃的真皮单人小沙发，还有一个非常好的晾衣架。质量上乘，却被放置在垃圾桶旁边，让我这个从发展中国家来的学生一是心疼，深感这就是经济实力啊，这样的东西在国内要卖很贵（在我那个年代）；二是感到幸运，还是物尽其用吧：我长那么大，还没有坐过那么好的沙发啊，在德国却是随手扔掉的东西。

德国的生活经历深刻地影响了我的购物观。所以，至今，人到中年，我身穿几十块人民币的衣服，十几块钱的鞋子也是落落大方，坦荡自信，而且从不剩饭。

这一阵，我这一个1998年第一次去德国的"老"留学生，开始回首往事，记下曾经的留学生活的点点滴滴，算作对我一段人生的记载。只要有时间，我还会不断写点儿。因为身处教育培训行业，能看到这些年汹涌澎湃的出国潮始终未减。时代不同了，现在的留学生在海外过得怎么样，生活上不知道了，与我多年前估计不可同日而语。但是经常会看到一些中国留学生在国外遇险或负面的新闻消息，这些新闻令人唏嘘。无论身在何处，安全是第一位的。国外不是天堂。德国有很多值得我们学习的地方，但我们要冷静客观地看待"他者"，有冷静客观的审视态度，刻苦努力的学习态度，友好平和的相处心态，还有自我保护的安全意识。

出国的确会令人成长，令人学到很多东西。有句话说得好，没有见过世界，谈何世界观呢？就怕世界见过了，还是没有培养起世界观。有感于前一阵看到的新闻，而且这样的新闻有增多之势：一位花费父母几百万的英语国家留学生，回国想找几千块钱的工作，在电视上却连最简单的英语自我介绍也是错误百出。这样一种看世界的方式，是不是有些过于昂贵了？

所以，有心想出国的学生，一定要在国内把外语基础打扎实了：好好学习，出国之后才会生活学习一切顺利。苦口婆心的真理啊。

7. 学习工具

（写于 2017 年 9 月 21 日）

我在德国留学时，年代比较早，学习的时候都用什么学习工具呢？最常见的就是大本的字典和图书馆的专业资料。所以每天就是泡在图书馆里。大本的字典太沉，而出国能托运的行李也就二十公斤。所以即便自己再喜欢的字典也就能带个一两本，电子字典当然更好。

扯远点儿。说起出国带的东西，充足实用的衣物鞋子是必须的，在我那个年代。毕竟还是想能节省点就节省点。而且我个头不高，在当时国内女生里面也算矮个子了。虽然后来我不得不在德国买了几件衣服，也是大得出奇，不很合身。

还有电饭煲转换插头是必带的，出门在外，穿暖吃饱最主要，所以这种做饭的工具也是占据了行李的相当一部分空间。还有一些用以思乡之物，往往是一些中式调料和方便携带的食物，比如我那时有一次去德国就带了一些方便面，真香啊。还记得在德国宿舍里煮方便面的扑鼻香气。

这是插曲，不必多说，还是说说学习的工具。字典和电脑是必备的工具。大部头的字典不好携带，或者最多只能携带一两本，视行李箱的大小和自己的需要而定。那么在德国怎么充分利用学习工具，让自己的学习生活游刃有余呢？

在德国学生宿舍，至少我那时读书的海德堡、图宾根和慕尼黑三个地方，住的学生宿舍都还没有安装网络。当时，并不是所有的德国的学生宿舍都有上网条件。现在应该好多了。在我那时，除了充分利用学校图书馆的计算机网络寻找自己想找的学习资料外，就是泡图书馆。图书馆里的字典和工具书是最常用的学习工具。当然还有网络上也有学习资料。但是上网不方便，就不是很常用。这是我一个"老"留学生回忆的往事。当年的学习条件并不艰苦，但是毕竟不如现在方便。

现在学外语真是方便多了，专业学习方面的资料更是浩如烟海。可以充分利用随身携带的手机，当然还有广泛使用的电脑网络。我自己用智能手机比较晚，2014 年底才买了第一个智能手机，之前用的就是最古老的按键式手机，相当落伍。所以很长时间都不方便和同学联系。我 2014 年第一次用上了智能手机小米手机，真是爱不释手，相见恨晚。2017 年升级换代，用上了苹果手机，更是喜欢得不得了。天天握在手里，捧在手里，成了媒体和网络天天抨击的低头族。但是真正是心甘情愿。手机里可以下载众多的 APP，帮助我们的学习工作和生活。

推荐一个好用的德语学习工具，就用随身携带的手机就能使用，非常方便："每日德语听力"手机应用，非常好的德语学习工具。里面的专辑分类里，有德国之声慢速和常速，有 Tagesschau，ZDF heute，Deutschlandfunk，还有众多热门媒体的音视频。有各种学习资源和电影电视。

8. 典型的德国教授（三）

（写于 2017 年 9 月 29 日）

我的德国学习生活（1998 年到 1999 年，2000 年到 2006 年），令我记忆犹新。之前我已经简单介绍了我在德国的博士生导师，我的硕士生导师：一位是汉学教授，高瘦和蔼可亲，一位是德国文学副教授，身材中等，也是非常和蔼可亲。他们在我的德国求学年代，为我树立了榜样，无论是治学态度，方式方法，还是人品教品，都令我终生难忘。

我 2006 年回国后，曾经在我的课堂上，对我自己的学生说过，我最为钦佩的老师就是我的德国博士生导师，学问好，关心学生，会多国语言，而且对中国，对中国学生很友好。我也曾希望自己能掌握多门语言，可惜惭愧，实在是心有余而力不足。

这是两位对我而言，在我求学过程中非常重要的德国老师。希望他们身体健康，生活幸福美满，学术多有建树，硕果累累。

今天，讲讲我的另一位德国老师：一位日耳曼语言学老师奥本黑德（Oppenrieder），他一头金灰色的头发，总是笑眯眯的。为什么想起这位老师？因为我自己学习文学语言学。当时国内教我的老师已经很好，很有学问了，我自己也学得不错，挺自信的。到了德国，听这位老师的课，我犹如当头挨了一棒，晕晕乎乎，总而言之一句话，听不懂。这位老师讲课有些口音，我听起来有些吃力，再加上本来就是充斥了各种语言学概念的课程，再加上老师列出来的书单。挺打击人的。

怎么办呢？没办法，好好学！我泡在图书馆里，把语言学方面的书籍几乎翻了个遍。功夫不负有心人。最后学期论文的成绩很不错。在德国读文科的硕士和博士学位，要有一个主专业（Hauptfach），两个副专业（Nebenfach），都要修满一定的学分（Schein），然后参加考试，在一定的期限内写论文——Magisterarbeit（文科硕士论文）、Dissertation（博士论文），获得学位。

学习是漫长的过程，lernen（学习）一词，就其词源而言，本身就是"路径"的意思。也就是说，这是一条漫长，有可能崎岖的无止境之路。但是沿途的风景令人目不暇接，令人心驰神往，更令人收获满满。所以，坚持，而且要会在坚持中寻求改变。

这位德国老师给我留下了深刻的印象，我非常感谢他，他的谆谆教导让我对这门学科产生了浓厚的兴趣。送大家一句维特根斯坦（Ludwig Wittgenstein）的名言：语言的界限就是你世界的界限（Die Grenzen meiner Sprache sind die Grenzen meiner Welt）。

那么学什么语言呢？最重要的就是母语。再就是自己喜爱的，或者能对自己的兴趣爱好和职业有所帮助的外语。学得越多，你看到的世界越大。在哪里学？在家庭，在学校，在社会。尤其要珍惜青年时代在学校的学习时光。

学校是赋予人成长机会和自我塑造机会的地方，珍惜它，和那里面的好老师。好老师是可遇而不可求的。只有在老师的帮助下，教育能达到三个最基本的能力：知识（Wissen），思考（Denken）和交流（Kommunikation）。它们相辅相成，为我们成为既能融入集体，又能独立思考的完整的人而努力，最终让我们成为大写的"我"（ich）。

9. 在德国听课

（写于 2017 年 11 月 18 日）

国内开学很久了，我松弛的神经也已经紧绷了很久。北京的大街小巷里，上课的上课，上班的上班。路上的行人各忙其所。伴着冷风阵阵，上班的人潮每天在交通要道上，地铁，公交上潮起潮涌，透露着这个城市的庞大与无奈。现在作为在北京教德语的我，这寒风阵阵的日子，让我想起了十几年前在德国留学时德国的天气。

德国的天气一进入九月份，就开始凉意飕飕。而且阴雨绵绵，空气总是湿漉漉的。只有在六七八月份，珍贵的阳光才会多很多。所以德国人对阳光的热爱是我们不可想象的。现在已经是冬天了，德国的天气更是寒冷。这是开场白。

德国的冬天，屋外寒风凛冽的时候，室内以及公交地铁也非常暖和，暖气很足。在我出国那个年代，第一次看到德国学生宿舍里可调节挡位以便节能的暖气时，真是惊讶得合不拢嘴，那是 1998 年，距今近 20 年了。现在我们国内的新建筑基本都安装了这种可以调节的暖气。我现在在家里写这篇文章，我家里的暖气片就是可以调节的，这是德中两国生活水平在硬件上不断接近的一个表现吧。

今天说说我当年在德国的听课。除了专业课，其他课也可以免费旁听，只要你感兴趣。和老师说明之后，老师很愿意。虽然室外寒风凛冽，但是室内温暖如春。所以经常能见到德国学生厚外套一脱，里面穿的就是短袖 T 恤。这样的反差在国内见不到。所以既然室内这么暖和，像我又是那么好学爱宅的人，那就多听听课吧。我在德国所学的专业是日耳曼语言文学、语言学和汉学。是纯纯文科专业。但是在德国慕尼黑大学的语言科学系（Sprachwissenschaftliche Fakultät），也有一些偏理科的课程，比如有一天我发现了一门计算机语言学（Computerlinguistik）这门课，去听过一次，一头雾水，听不懂，落荒而逃。在德国我听过很多课，感兴趣就可以写学期论文（Semesterarbeit），修学分（Schein），还可以旁听很多课，只要时间允许，自己感兴趣。

我 1976 年出生，现在四十多岁了。回想起我在德国的听课过程，还是挺有感触。选课非常自由，要求也非常高，对学生的自觉性和参与性的要求都是很高。为什么提起这个话题？昨天"听书"，有些感触，在目前第四次工业革命浪潮的席卷下，社会的发展可称"一步千里"，自动驾驶、城市大脑、医疗影像和智能语音等领域的智能化将给我们的生活带来巨变，而我们身处其中，这种智慧生活的到来我们要做好准备。

人工智能已经融入我们生活的各个环节。未来学家丹尼尔·平克说过，未来掌握以下六种技能的人会生活得更好：设计感，讲故事的能力，整合事物的能力，共情能力，会玩儿，能找到人生的意义感。也就是说，能将人文和科技交融的职业，有极强跨界整合能力的人，会和高速发展的人工智能相处得更好，能凭借技术的力量更深入地理解人，发展人，而不会被人工智能取代。在十多年前的德国纯文科专业里，就已经有很多理科的课程，只是我很遗憾听不懂。

　　而在我们国家，看新闻，现在从小学阶段就要求设置科学课，有了解人工智能的课程，而在中学阶段，文理科已经不分家了，不划分文科生理科生了，增加课程的综合性。这是我前几天看新闻才知道的，真是孤陋寡闻了。所以我写的那篇文科生理科生的文章有些落伍了。而到了大学阶段，现在大学对学生的综合学习能力，适应迅速发展社会的能力，跨界能力要求也是非常高。像我这样的二十年前就已经走上讲台的德语教师，更是保持终身学习的理念才能与时俱进。

　　在人生的学习过程中，有些知识会落伍，有些知识会更新，但是人的认知能力是可自我更迭，永不落伍。所以知识的叠加和认知的跨越是学生们从小到大，必须要不断自我强化，自我完善的，再加上人类比机器出色得多的沟通能力，还有什么好畏惧的呢？我中学物理化学学得不好，所以在分科的时候选了文科。1993 年我大学选了纯文科专业，而且是纯语言专业。一直挺遗憾的。所以作为技术崇拜者和爱好者，我一直希望技术迅猛发展，极大方便人类生活，让我这样的懒人受益，而现实也的确如此。现在离得开智能手机，电脑，智能家电的人不多了吧？

　　昨天我刚学了一个德语新单词：Smombie，是 Smartphone 和 Zombie 的结合词。就是汉语中的"低头族，智能手机依赖者"的意思，有些贬义的含义在里面。两耳不闻窗外事，一头埋在手机里。可这又怎样呢？手机里的"窗外事"还少吗？我的苹果智能手机是我最宝贝最贵重的家居产品，我家里曾经最贵的智能钢琴已经颇受我的冷落了。

　　我要加油，智能乐器用起来，再多学几首曲子，智能手机更是要充分利用，它为我的工作学习娱乐消遣购物提供了足够的便捷。而且，我前面说过，我 2014 年才开始用智能手机，是个小米手机，今年 2017 年 3 月份过生日后才开始用苹果手机。真是后悔，以前是觉得太贵，一直关注，却不舍得买，真是错过了很多。

　　工欲善其事，必先利其器。欢迎大家做好思想和知识认知的准备，在第四次工业浪潮各得其所，勇敢欣喜面对。我昨天看新闻，得知无人驾驶汽车要量产了，人工智能的发展带来的社会变革来得比我们想象得要快。我一直想买车，看到这样的新闻，真是高兴，我 2010 年就拿到汽车驾照了，一直买不起车，为了不忘驾驶技术，隔几年就报名参加驾校陪练，以免技艺生疏。现在看来，不需要花这份钱了。

10. 典型的德国教授（四）
（写于 2017 年 12 月 9 日）

天寒地冻。临近年底。一年快过去了。我努力争取每天在我的微信公众号上写点儿东西，记录我的学习教学翻译编辑生活。已经快十个月了。2018 年，我回国就已经十二周年了，而距离我第一次去德国整整二十年。所以还是断断续续写点这个德国生活系列，以示纪念。

今天介绍的德国老师是个女老师，我已经不记得她的姓名了。如果要写出来，我还要翻箱倒柜找出我所有的德国成绩单，去找她签名的学期论文成绩单了。教授老师，总是给人印象深刻。这个老师，我上过她一次课，她是慕尼黑大学汉学系的一个年轻老师。非常遗憾我没能牢牢地记住这个老师的名字，惭愧。

这个老师教授的课程是关于中国的家庭婚姻。我对德国研究视角非常感兴趣，所以也去听课了。老师是汉学博士，很有学问，但是我明显感觉到，在德国的德国人，和在中国的中国人，对中国研究的兴趣点是大不一样的。有一些在我们中国文化中比较忌讳谈到的主题，比如封建社会女人裹小脚，德国老师很感兴趣，会谈及并讨论。这已经是十几年前的事了。现在怎样，我不清楚了。所以就想起我们如何看待我们历史长河中的家庭婚姻关系了。因为后来，我在德国慕尼黑大学准备博士论文选题时，有一个选题是西方眼中的中国女性形象，其实我想也是这位老师的中国婚姻家庭研究让我感觉，探究一下西方人眼中的中国妇女形象应该也是件有意思的事。因为种种原因，对这个题目我准备很多，但最终并没有选这个题目。这是后话了。

我因为曾经研究过一阵家庭婚姻生活，直至现在，还始终关注某些高知论坛的家庭生活版面。芸芸众生，真是各有各的烦恼。如果有时间有机会，我还是想再研究这一主题，关注一下西方眼中的中国妇女形象和中国人自己眼中的妇女形象和家庭关系。

所以提及婚姻生活，我就想起了我的这位我已经很惭愧地忘记了姓名的德国老师。有血缘关系的人相处都是不容易，更何况没有血缘关系的人朝夕相处大半生，这可能是世界上最难的事情之一了吧。感谢研究这些问题，甚至提出解决方案的中外研究者，虽然很多可能流于纸上谈兵，但正因为艰难，所以才有研究的必要性。

11. 海德堡大学的学生（一）
（写于 2017 年 12 月 20 日）

德国老师我已经写了几位，他们在我的学习生涯中起到了很大的作用，对我在国外的学习生活帮助很大。令我非常感激。我还会继续记录这些在我记忆中或鲜活或略模糊但是又印象深刻的人。人的成长之路总是伴随着一路的丢弃和选择，能留在记忆中的人一定是珍贵的或是难忘的。而人在年过中年之后，各种记忆的片段会不断泛起，无论珍贵的，难忘的，还是不快的，这都是生活之一部分，能让人体味生活之酸甜苦辣咸的五味杂陈之感。

今天我想说一个 1998 年去德国交流学习时遇到的一个德国学生。那一年我在德国海德堡大学汉学系教汉语，同时还可以在德语系听课，很是充实。教授基础汉语，对于母语为汉语的人而言总觉得是非常容易的事。但是事实不是那么一回事。包括很多母语为德语的人如果不是语言专家，有时也会对我们提出的语言问题发愣，不知道如何应对。汉语也一样。会说和会教是两回事，差别挺大。但所幸我教得还不错，学生学得不错，我自己也很享受教授过程。

在此过程中，我遇到一个德国学生，想请我做家教，课后教授她一些汉语，非常可惜这位学生的名字我已经忘记了。因为我当时初次出国，年纪 22 岁，谨小慎微，一心牢记交流老师的规定不可以课后教汉语，所以就拒绝了。现在想想，真是太傻。那个年代，对汉语抱有很大热诚，专心刻苦学习的德国学生肯定是没有现在多，我为什么就没有为这位好学勤奋的德国学生提供这些课后帮助呢？非常感谢这些对异国他乡心怀热诚，并努力学习国外的语言文化的学生，他们付出的点滴努力将来有可能开花结果，成长为参天大树。所以我今天记录下这位勤奋努力的德国学生模糊的身影。衷心希望这位勤奋努力的德国学生现在已经事业有成，汉语学得棒棒的。

所以今天想说说我作为一名中国人的汉语学习。从小到大读过的书无数，毋庸置疑中文书居多。在德国念书时，研究生阶段曾将汉学研究作为辅修专业，博士阶段将汉学专业列为主专业。在慕尼黑汉学系那汗牛充栋的图书室内，我度过了一个又一个读书的日子，看遍了能找到的各种历史古籍，用以应对阅读量非常大的古籍书籍阅读和翻译课。真是奇怪，在国内的时候，我都没有看到过那么多的古籍文献。在德国，我却看了更多。这的确是对我汉语学习的极大促进。所幸现在对古汉语的重视程度日增，包括面向中小学生的汉字大赛等各种风格类型的书籍都曾是我的心头好，现在也是。但是字典，工具书，实用书籍的使用居多。去年，我终于下定决心，咬牙买了一套二十四史，摆在家里，希望能抽时间翻阅。现在网上以及 APP 中的古籍阅读也很方便。所以多渠道，多路径地扩展自己的阅读边际是在这个人工智能的大环境下所必须要掌握的能力。

在不断的学习过程中，我逐渐发现，汉语学习越来越像一个无底洞，深不见底。家里的几套辞海，辞源快被我翻烂了。所以去年又买了套新的。等到出了网络版之后就更为方便了。加上网络用语的繁盛，每年层出不穷的新词令人目不暇接。一日不看新闻，感觉就又落伍了。汉语学习成为终身学习的重要方面。所以我前一阵又捡起了年轻时的学习习惯，读到精彩片段或是有启发的文章，用笔记本记录下来。这个大时代背景下，时代发展之迅速令人震撼又觉得理所当然。汉语作为一门语言的发展也同样令人有一日千里之感。所以大家都要加油。活跃的现代汉语和古老的古汉语像是双生子一样，在我们所言，所想，所读，所说之中浸渍，融合，跃迁，发展。让我们成为真正与时俱进，同时又不忘传统的中国人。

就这样，我在我的微信公众号上和其他平台上不断记录我的所思所想，德语教学，翻译和编辑的心得和经验，还有分享德语英语的学习资料，在我的笔记本上记下所阅读到的精彩片段。作为中年妇女，我希望在中年之际仍然与时代同步，在人机共存共生的时代发展成长成为更好的自己。

那么怎么坚持，怎么做？

终身学习，习惯每天阅读，学习，直到将学习变为每个人最喜欢的习惯。完全出于习惯而做，逐渐地就会习惯成自然。

12. 典型的德国教授（五）

（写于 2018 年 1 月 6 日）

寒风刺骨，如果出门，就能感到阵阵寒风如刀割一样，今年的冬天似乎格外冷。南方普降大雪，甚至已经大雪成灾。北方干旱无雨雪，流感肆虐。看看其他大洲，也是天气状况不好，洪水，暴雪。这个冬天格外冷。

所以感谢我北京家里房间里的暖气，让冬天变得不那么可怕。所以也感谢那些这么寒冷的冬天依然要室外工作的人，比如给我送快递的快递员，上门维修水电的工作人员等。说起室外工作，我就想起了我的另一位德国汉学老师霍尔曼教授（Prof. Dr. Thomas Hoellmann），他研究的方向是中国考古学。说起考古，是不折不扣的室外工作。

今年关于人工智能的研究和讨论格外热闹，在人机共存，人机共生的年代里，我们都感受到了时代飞速前进的脉搏和热力，并奋不顾身地投入其中。我这个不折不扣的文科生也买了本《深度学习》想学一学，可惜实在是有些难，想了解些皮毛再说。我们的生活在各个方面都已经被人工智能所影响。面对人工智能的迅猛发展，人类的一大担忧就是各种重复性强的工作被机器所替代。新闻里，罗列出了各种可能或者已经被人工智能替代的工作，看得人很惆怅。所以我们要终身学习，持续增强自己的能力，从跨学科和跨领域的角度看待并审视理解这个迅速变化的世界。但是还是有一些职业很难被人工智能替代，考古学（Archäologie）就是其中之一，是一种很难被机器替代的工作。

福柯写过《知识考古学》（*Archäologie des Wissens*）。知识的边界和范畴我在之前的文章中已提及，不再赘述。今天我们要讲的不是对知识的深挖细掘，而是扎实的考古。这位德国汉学教授的专业是中国考古学，条件所限，虽然只是在课堂上有所涉猎，但我也是收获颇丰。感谢这些德国学者对我们中国历史文化的兴趣和研究，让我们从另一个角度审视自己的文化和历史。

说起考古，想必大家都是非常感兴趣。这几年娱乐化考古作品《盗墓笔记》和《鬼吹灯》的大热就是这种全民兴趣的一种体现。我也非常爱看。以前还很喜欢看电视里的历史和考古节目，和关于考古探秘的各种电影及文章。深挖这种心态，无外乎人们对于"往事"和"亡世"的关注。生活是如此的艰难，所以那些已经走入往事之人及物的生活格外令人好奇。这是一种注意力的转移，也是人类对之前生往事的关切。就这样，那些历史遗留之物，那些遗迹，就记载着亡者与生者的联系，诉说着那个已逝年代的生活和喜怒哀乐。

我1996年大学三年级的时候加入中国共产党，到今年已是党龄21年的老党员了。我是坚定的无神论者。但是我也尊重那些相信这个世界上有上帝、佛陀和真主等各种神迹的信仰。在德国念书时，星期天实在无处可去，我也去过一两次教堂，虽然这是一种了解当地文化的途径，但是那种肃穆感也是令人敬仰。信仰能发展出国家、社团、宗教等各种概念，并团聚起一批人为其奋斗，这也是赫拉利在《人类简史》中所述的，这也是为何历史发展到如今，是智人（Homo Sapiens），而不是其他的人种遍布全球的重要原因和假设。

我家里有一本《圣经》，是在德国买的，也有关于佛教的书。我一直都是把它们当成文学作品看待，因为我念书时我德国文学专业的重要产出就是写文学评论。但是前一阵有新闻说，《圣经》里的种种表述都已经在考古学中得到了印证，比如挪亚方舟、大洪水等。所以《圣经》所著有真实的地方。相信很多宗教学者和考古学者可以给出答案。

所以在我们的人工智能时代，考古是一门多么重要的学科。因为工作的复杂性和细微性，不易重复性，它很难被机器替代；而且是连接我们的过去和现在，并规划未来的重要学科。很有幸我在德国念书时，遇到了对中国文化深入研究的德国老师，让我对这门学科的兴趣始终有增无减。虽然现在并不从事将来也不会从事这样的职业，但是在新时代，从跨学科，跨领域的角度去审视这个世界的一切，是极其必要的。在德国时我听过这位德国汉学教授的几门课，非常好，他写的关于"丝绸之路"的书也已经翻译成了很多种文字，可惜还没有中文译本。

身处这样的时代，兴奋而又紧张，唯有努力，才不会落后。大家都要加油！学习！昨天看了一个新闻，说是现在学生研究生考试很多学校的很多专业都招不满学生，这应该是宁缺毋滥，但我发现了，好像在招不满的专业里没有找到考古学。感兴趣的可以了解一下。考古学（Arch ologie）在德语中是"古代学研究"的意思，融合了精神科学和自然科学的种种方法，对人类的文化发展进行研究。在欧洲，考古 15 世纪就已兴起，但直到 20 世纪才逐渐发展为一门科学。

13. 海德堡大学的学生（二）

（写于 2018 年 1 月 24 日）

今天是今年最冷的一天，冰天寒风，冰冷彻骨。放假了，我在北京家里看着网上的一些关于 98 年世界金融危机东南亚华侨遭遇的文章，虽是历史，仍是心怀恐惧，同时也心寒彻骨。这是前言。今天说说我 20 年前在德国学习工作时教过的一个学生，这个学生不是德国人，是个印尼华人。

20 年前我第一次踏上异国他乡时的震惊和"文化惊诧"，可能现在的新留学生不可理解。现在我们国家，虽然人均 GDP 还落后，贫富差距和地区差异有待缩减，但是我们国家整体的国民生产总值（GDP）在 2017 年已经超过了 80 万亿，达到了 82 万亿人民币。稳居世界第二。这说明什么？国家富强了！

我之前写过，中国妇女在西方语境中的形象曾经是我当年在德国想做的一个博士论文题目。不仅中国妇女形象，而且中国形象（China Image）更是随着时代的变迁而出现了极大的变化。在我 20 年前到德国留学时，大概也是因为我看上去就是个比较穷困的中国留学生，德国人问过我："中国有没有自主品牌的汽车？"在食堂吃饭，还会有来自越南的留学生在得知我是中国人之后，语带骄傲地问我"中国有没有电脑？"这样现在听来很可笑的问题。

20 年后，现在的中国不仅有自主品牌汽车，而且汽车还大量出口国外。至于电脑的普及就更不用说了。一言以蔽之，国富民强，国家越强大，民众越有尊严。现在的中国留学生出国，应该不会像 20 年前那样，被当年的信息不通畅所导致的文化隔阂和文化差异所困惑。也不会被问到像我曾经被问到的问题了。

今天说的是一个我在 1998 秋天初到德国后，短暂教过的一个学生。这个学生不是德国人，是印尼人，确切点说，是印尼华人。为什么会给一个印尼华人教授德文？我之前不是在文中提过，在德国海德堡大学教授汉语，是不允许课下给学生补习的吗？

是的，是不允许。只是我当时初到德国，不知道这点。一到德国，新鲜好奇之余，除了每周在海德堡大学汉学系教汉语课外，还去德语系听课，周末还会参加外事处组织的郊游。当时，德国人和中国人的收入差距很大，课余，我非常想再多挣点钱，于是就在学校食堂布告栏看各种小广告，其中就有一条想学德文的广告贴条，而且离我住的宿舍不是很远。于是我就应征了这个德语教师的家教工作，联系后才发现对方是个印尼华人。

这个家教课我去上了一两次就不去了。一是因为学校不允许，二是因为这位印尼华侨课余给我讲的她因 98 印尼发生排华惨案，所以在大规模排华前仓皇离开印尼，来到德国学习。虽然惊讶，但这也在我意料之中，于是我也是很郁闷，毕竟还是想愉快开心地度过那为期一年的德国交流学习时光，不想上课气氛这么压抑，所以还是建议她找一个正式的语言学校尽快开始学习德语，语言能力很重要。家教不是个办法，太慢了。而且我也没有很多时间。很可惜，这个学生的模样和姓名我都不记得了。只记得她说起印尼排华惨案种种事件的平静。希望这位学生在德国学习和发展一帆风顺。

我一直是个比较喜欢看新闻的人，国内外大事都会关注。东南亚遍布华侨，自是知道。直到后来，我在德国上汉学博士课程的时候，因课程原因在教授的课上课下阅读了大量古代海运文献资料，更多了解东南亚华人前往东南亚的迁移和分布史，以及生活情况。但究其一言归纳：异乡的生活不易。

这位我仅仅教授了一两次德语的印尼华人，给我讲述了在 1998 印尼 5 月排华事件前被父母送出了印尼，来到德国学习，或者说逃到了德国的经历。这不是第一次，印尼在 20 世纪 60 年代也出现大规模排华事件。而我在海德堡大学汉学系听过的那次"最为奢侈"的课，作为唯一听课学生的课，是一位印尼华人老师教授的。看年龄，那位老师可能是在 20 世纪 60 年代印尼排华事件前背井离乡，到德国学习工作，然后扎根下来。当然，我也有很乐观向上热情开朗的东南亚华人同学，只是已经失联了。

后来，我还遇到一位从马来西亚到德国留学，学中提琴，想在德国考音乐学院的马来华人。因为同住在一幢宿舍楼里，所以也听这位马来华人讲述过在马来西亚，普通华人与其他种族的隔阂，在生活上几乎不相往来。关键这种场景在当时的马来西亚不是个例，而是普遍。

2006 年我回国后先在北师大任教，有一位马来西亚华侨老师，非常和蔼可亲。他兢兢业业地工作，是深受大家爱戴的老教师。后来这位归国华侨因病去世。我还去八宝山参加了这位爱国老归侨的葬礼。那是我第一次去八宝山，离人的"往世"最近的地方——无数人来人往，或悲痛或沉静或麻木。悲痛，感慨。所幸这位老人在年轻时回到了故乡的土地上，才得以颐养天年，桃李满天下。如果他年轻时留在马来西亚，命运可能会是另外一种模样了。

在滚滚的历史洪流中，个人的命运也是时代命运的折射，我年过不惑，自己是个前半生迁移了若干个地方的中年妇女了——从西北贫困西海固地区，到江苏无锡老家，再到北京上大学，再到德国留学，2006 年回到北京，不会再走了。我的迁移之路是一个家庭或个体努力奋斗，想获得更好发展和更好生活的迁徙之路。

我想历史上我们无数次的人类迁徙之潮，涌向四面八方，到近代的下南洋，走西口，闯关东，还有现代的若干次的出国大潮，这滚滚的洪流中的每个身影，都是时代的小小载体。他们的命运和时代的命运紧紧地绑在一起。

但异国他乡的生活是那么容易融入的吗？看看东南亚华人的历史遭遇，不由得令人想到四个字：寄人篱下。我没有去过东南亚国家，一是囊中羞涩，二是总有隐隐的担忧。我就做电脑手机上的"游客"好了。可以漫游全世界而不费一丝辛苦。异国他乡，从来都鸣响着游子匆匆的脚步。只是，这脚步只有在身后的祖国繁荣昌盛的大前提下，才会更为稳健踏实，自信勇敢。看最近新闻中报道的海归"归国潮"很有感触。

无论是去哪里，记住自己的"根"在哪里就好。

14. 典型的德国教授（六）
（写于 2018 年 2 月 5 日）

我在德国生活工作一共七年，跨越了 20 世纪末，以及 21 世纪初。从 1998 年到 1999 年，2000 年到 2006 年，正是年轻得无惧任何未来的年龄。现在，我以一副过来人的模样，回忆着我的那段年轻的时光。有时会想，如果时光重来一遍，我会怎么选择。我想我还是会选择走出国门，去看一看我不了解的生活，然后回到自己的国家，好好生活。

今天我继续说说我的德国老师。又是一位研究汉学的德国老师。这位德国老师高高的个子，很瘦，看上去要比我的博士导师严厉一些。在我在慕尼黑大学求学的年代，慕尼黑汉学系就三位教授，一位是我的博士生导师普塔克教授，重点关注的是文学和交通史方面，另一位是我说过的中国考古方向的霍尔曼教授。还有一位就是冯埃斯教授（Prof. Dr. van Ess），他的研究侧重方向是中国古代及现代思想史（Geistesgeschichte）。这也是非常有趣的研究方向，所以这位教授的课我也上了好几门。比如新儒学研究。

我在德国硕士阶段是研究德国文学、语言学，到了博士阶段将汉学换成主专业。2006 年我回国后当了德语教师，还有翻译和编辑也是我的谋生之道。

新儒学是我上过的这位德国老师的一门课。很有意思。其实这种德语研讨课程，通常也是介于史料分析及翻译和观点阐述之间的一种上课模式。总体而言，通常在阅读了很多史料之后，再将其翻译成德语进行阐述和分析。这是当时很多德国汉学教授的授课方式。所以至今我还是受益匪浅。

儒学的代表和新儒学的代表人物我们都不陌生。以"仁，礼"为思想核心的孔子是儒家的始。孟子继而发展，荀子等则集大成。儒学后继者绵延不绝，至今影响中国思想两千多年。

广义的新儒学从以朱熹、程颢和程颐为代表的宋代理学始，以王阳明"知行合一"为代表的明代心学发扬光大。

而狭义的新儒学从新文化运动以来的以梁漱溟、冯友兰、钱穆、熊十力、牟宗三、唐君毅和徐复观等一系列的新儒家为代表。为了区分，这一思想流派或者还可称为"现代新儒家"。这一从 20 世纪 20 年代兴起的学术思想流派，以儒家为传承，面对当时西方文化的涌入，探讨一条汇通西学的中国文化的现代化之路。至今仍非常有意义。

梁漱溟被称为"中国的最后一位大儒家"。他发出的混杂着疑虑、透彻和不解的质问："这个世界会好吗？"（《这个世界会好吗？梁漱溟晚年口述》艾凯著）至今仍绕梁不绝于耳。他所著《中国文化要义》《东西文化及其哲学》我在北京上大学时就仔细看过，很有启发，等到了德国念书，再从德国教授的西方视角阅读，的确发现更多新内容。学外语，不可避免会涉及跨文化，而跨文化跨得好的前提，是精通本国文化。所以梁漱溟的书值得一读再读。

德语中新儒学的表达是 Neukonfuzianismus。儒学和新儒学和其他学派一样，都有着值得商榷的地方，但是也有很多很多至今仍旧值得学习和借鉴之处。值得我们每个中国人多了解。

所以，我至今感激我这位德国汉学教授，他和很多德国老师一样，提供给我的思维和思考的多角度化令我受益终身。怎么学比学什么更重要。这是我读了几十年书的深刻体会。也是我这位四十多岁的中年妇女保持终生的广泛阅读兴趣，对多学科持续保持好奇和关注的原因之一。

15. 对德国水的记忆

（写于 2018 年 2 月 6 日）

我在德国七年，分别在三个城市生活学习过。1998 到 1999 年在位于德国黑森州的海德堡（Heidelberg），在海德堡大学学习工作，2000 年到 2001 年位于巴登-符腾堡州的图宾根（Tübingen），在图宾根大学学习，2001 年到 2006 年在巴伐利亚州的慕尼黑（München），在慕尼黑大学学习。这三个地方，我待得最久的就是慕尼黑大学了。但是另外两个大学，也是我很难忘的学习圣地。

海德堡是美丽的山城，坐落在内卡河畔，内卡河穿城而过，由陡峭的奥登山（Odenwald）山谷流向莱茵河河谷，并与莱茵河在海德堡附近的曼海姆城市交汇。

图宾根也是山城，位于内卡河、阿默河和施泰因拉克河的交汇处，几条美丽的河流穿城而过。

而慕尼黑这座城市，是德国南部的第一大城市，是德国的第三大城市（仅次于柏林和汉堡），位于阿尔卑斯山冰川前缘地。

慕尼黑也有河流穿城而过，著名的多瑙河的支流伊萨尔河（Isar）是慕尼黑的主要河流。

前一阵，我看到新闻报道，说慕尼黑有个居民，为了防止每天上下班被堵在路上，于是下决心，每天游泳上下班，就是游伊萨尔河。佩服。德国人对自己城市河流的水质是非常有信心的。由此可见一斑。

我在德国读书的时候，为了省钱，一直喝自来水。德国的自来水可以直饮，这想必大家都知道。但我看新闻，说德国目前的自来水也需要过滤饮用了，因为地下水受到化肥等一定污染。所以要爱惜水资源。这一标准放之四海而皆准。这是谈及喝的水。

自古人类都是依水而居。有了水源，才有了生命存在和延续的基础。河水、湖水、地下水和泉水等构成了德国人的饮用水水源，还构成食物来源和嬉戏场所。其中，河水和湖水还提供给百姓嬉戏，钓鱼，亲近大自然的机会和场地。

德国人爱吃鱼，周五必吃鱼。这淡水鱼可能就来自周边的河湖——所以这是食物宝库。说起嬉戏，那就更多了：游泳，冲浪等等。每当我看到电视和网络里，冲浪也好，游泳也好，人与水嬉戏的画面，就很羡慕。

所以我一直对我不会游泳耿耿于怀。不会就学啊。但是作为从小从西北地区迁移到江苏的我而言，自从十七岁到北京上大学，二十二岁第一次去德国，几乎就没有什么学游泳的机会。偶尔在游泳馆里扑腾几下，除了喝几口水，没有系统地学过。

提起去学游泳，我就怕了，怕淹死，怕喝了不洁净的水。怕这怕那。有这种心态，我怎么会学会游泳呢。学游泳，如果不把自己的头埋在水里，怎么会更好地前进。可我怕水里脏，别说河湖不敢去，也担心游泳馆里的水池清洁力度不够，就会不干净。

所以在德国，我除了偶尔坐船在河里游荡一会儿，还没有真正意义上在河水湖水里游过泳。不会，更是害怕。但我知道，我们人类喝进嘴里的每一滴水，都是来自这些河水和湖水，将来也有可能来自海水。要好好珍惜这些水资源。

在慕尼黑读书时，我走过伊萨尔河畔，就会发现：流经慕尼黑的伊萨尔河没有河堤。这是城市规划中特意留出来的大片的滩涂和绿地，对汛期的洪水起到了缓冲的作用。

另外，慕尼黑的发达的地下蓄水库对防洪起到了关键作用。这巨大的地下管网，真是令人羡慕。因为在我小时候，具体点说是在中学阶段，我家居住的江苏城市经常发洪水，包括后来1998年的大洪水。我们国家还没有这样的地下蓄水库。但是现在国内很多邻水而建的大城市也在打造"海绵城市"，用各种方式让地面不再全部钢筋水泥化，而是提高城市的地表蓄水能力。这是人在与洪水的战争中变得聪明并善于管理调控水了。

　　在慕尼黑读书时，我经常想一个问题：这个巨大城市的生活用水等都排放到哪里去了？自然是遍布慕尼黑全城的地下管道。生活废水等被输往慕尼黑的水处理中心，等到这些废水被排放进伊萨尔河时，已经不是"废水"，很洁净了。夏天，经常能看到德国人在伊萨尔河畔休憩。河边景色宜人。河里水质良好。

　　说完了河水和湖水。再说说海水。我一直很向往海边。谈不上面朝大海，春暖花开的情怀，只是向往更为洁净的空气和水。追根到底，是想长寿！

　　在德国，我没去过海边。真是遗憾。但是幸运的是，2002 年在德国时有机会去了一趟美国短期旅游，大概半个多月时间，在洛杉矶和旧金山的海岸边见到了太平洋。可惜印象不深了。

　　我 2006 年回到北京，一直忙于工作，买房子，攒钱。北京昌平沙河高教新城的小房子让我囊中羞涩，也让我心安。没有了出去看一看的念头，也缺乏出去看一看的物质基础。

　　所以，虽然我前几年在北京家里置备了救生衣，买了钓鱼竿，还想买条橡皮船。但是我准备工作这么多，我还是没有下河，下海过。

　　而海呢？回国后，我仅仅 2015 年春天跟随看房车去了趟山东海边，看了一眼黄海。北京的雾霾治理得这么不错，我想买第二套房的心也淡了。但是对海的向往还时不时地从心头涌起。

　　再说学游泳。我直到 2015 年夏天才下定决心，去学校游泳馆报了个班，学习初级蛙泳，但是很遗憾没学会。我在水中感受到的那种无力和失重感，以及由此而来的恐惧感，不是我在身上绑了多少个海绵块能克服得了的。也许我的确不适合学游泳。

　　但是像鱼一样在水中畅游，是人类早就实现的梦想，并且借助科技的发展利用潜艇深潜海底。像鸟儿一样在天空飞翔，人类也已借助科技的力量为自己增添翅膀。像烈马一样飞奔，人类也早已实现，飞人的脚步已迅如闪电，并借助科技的发展，用汽车和火车等交通工具为自己添上风火轮。

　　有梦想就有实现的可能，我还是要加油。好好学习游泳。旁观也是一种选择。看久了，但不实践，还是会不了。总之，人离不开水。我要努力。这是一项重要的求生技能。不为乐趣，就为应急求生。我争取在未来的几年里能争取把游泳学会，还有急救技能。

　　珍惜水资源，提高净化标准和禁排标准，处处才会青山绿水。青山绿水就是金山银山。德国是这样。我们国家也是这样。人与水的关系，从古以来，水就是命，就是粮仓。但是太多的水，有时就成了敌人。从我在德国城市的生活经历，我发现了，只要人学会如何管理太多的水，水就不会是敌人。但是如何驯服滔天的洪水，还是个世界性难题。

16. 典型的德国教授（七）

（写于 2018 年 2 月 7 日）

我的德国老师，我已经介绍了好几位。其中有德国日耳曼语言文学教授，也有德国汉学教授。今天继续给大家介绍一位我的德国老师，可惜这位德国老师的名字我想不起来了。

我在图宾根（Tübingen）大学仅仅学习了一年（2000 年到 2001 年），然后就转学去了慕尼黑大学。这个小山城给我留下了深刻美好的印象。学校依山而建，宿舍也是如此，每天沿着起伏的道路，去上课。

在图宾根大学德语系和汉学系我上了很多课程。其中有一门我印象非常深刻，就是"欧洲中世纪学及古德语"（Mediaevistik）。这是一门必修课。所以我必须上，上得比较艰难。

上这门课的德国老师个头很高，留着胡子，总是一副匆匆忙忙的样子。上课的时候。最常见的就是做课堂练习。通常是老师发给学生一张练习纸，上面是一篇中世纪的德语文章，然后逐句用现代德语讲解一遍。其中还夹杂着许多中世纪的文学艺术历史等知识，和古德语的学习方式。

对于我这样的外国学生而言，这让我有点儿头大。不过还好，我学下来了。成绩不错。得了个 2 分①。挺得意。也有些惭愧。其实可以考得更好些。

为什么想起这位德语老师了？他让我觉得中古德语也没那么艰难。语言的发展是如此的奇妙，如此的生机勃勃。它们不断在发展，在融合，在适合社会的发展。所以，这也是人类的思维认知的进化和发展历程。

前一阵，有一位德语学习者在微信上向我咨询去德国申请博士课程的事，我指导了一下。得知这位德语学习者去德国写的博士论文是关于坎托

---

① 德国的成绩计算和我们国家不一致，1 分是优秀，2 分是良好，3 分是中，4 分是及格。

罗维奇（Ernst Hartwig Kantorowicz，1895—1963）的《国王的两个身体：中世纪政治神学研究》（英文名 *The King's Two Bodies. A Study in Mediaeval Political Theology*. 德文名 *Die zwei Körper des Königs. Eine Studie zur politischen Theologie des Mittelalters*），坎托罗维奇是著名的德国犹太裔美国历史学家，是 20 世纪最伟大的中世纪史学家之一，专研中古时代的政治、思想史。这本书 2018 年 1 月刚由华东师范大学出版社出了中译本，名为《国王的两个身体：中世纪政治神学研究》。

这本书是研究欧洲中世纪政治学以及政治神学的重要文献。据对本书内容的介绍，这部书可以视为是对卡尔·施米特（Carl Schmitt）和恩斯特·卡西尔（Ernst Cassirer）相关讨论的回应［此处是指卡尔·施米特《政治的神学》（*Politische Theologie*，1922/1934）和卡西尔《国家的神话》（The Myth of the State，1946）］。《国王的两个身体》这本书推进了学术界关于西欧近代早期国家起源的争论，接续了霍布斯《利维坦》以来的身体政治路向，为政治哲学与国家建构理论理清了一条自中古盛期以来的新路向。

这本书从以基督为中心的王权，到以法律为中心的王权，到以政治体为中心的王权分析和阐述了中世纪的政治哲学与国家建构的路径尝试。让我们了解到，欧洲中世纪对神权的逐步剥离的努力和尝试。

在今天，了解一些当年中世纪时，西方人内心的挣扎和为改变所做出的努力，很有意义。更好地了解西方世界的昨天，才能看清西方世界的今天和明天。每一天都是在重复中有着微小的变化，而这些微小改变聚集起来，就会发生质变了。

以上是看古德语和现代德语的差别有感。

17. 近二十年前的科隆狂欢节

（写于 2018 年 2 月 12 日）

对于中国人而言，一年一度的双十一是我们的购物狂欢节，也叫光棍节。虽然我是网购十几年的购物达人，但细想想，其实没什么非要在那天买的，所以从未在那一天凑过网购的热闹。我喜欢错峰网购。不凑这种"人山人海"。娱乐活动也是，我极少凑热闹。

但是近二十年前，我凑了一次国外的人山人海的热闹。今天说说德国的科隆狂欢节，同样是每年的 11 月 11 日，而且是在 11 点 11 分开始。我 1999 年参观过一次科隆狂欢节。很有趣。但因为我本身不是爱凑热闹的人，于是就仅仅在书本里更多地去了解这一种根植西方文化性中的特质文化类型。

我 1998 年到 1999 年在德国海德堡学习工作了一年。这个景色优美，人文底蕴深刻的小城市给我留下了美好的印象。每到周末节假日，当时的外事处会专门 组织外国留学生郊游，让外国学生们了解德国当地国情文化。我参加了好几次，真正经济实惠，能用最少的钱就能浏览德国各个城市的美景。1999 年初，我看到海德堡大学外事处的通知上有去科隆旅游的通知，兴高采烈地报了名。

一说到科隆是这座德国久负盛名的工业城市，大家首先会想到的是科隆大教堂（der Kölner Dom）。但它更为知名的，则是它一年一度的狂欢节（Könler Karneval），这是仅次于巴西狂欢节的全世界第二大狂欢节。对平日里内敛古板严肃的德国人而言，这是个一年中可以戴上面具，或者可以卸下"面具"的时刻。这个节日在圣灰星期三（Aschermittwoch）前宣告结束。因为传说耶稣是在星期三被出卖的，所以在圣灰星期三里基督教徒们将棕枝烧成的灰洒在教徒头顶，以示悔改。然后开启为期四十天的大斋节。据说耶稣在传教前在旷野守斋 40 日，而守斋首日就叫作圣灰星期三。四十天后就到了复活节（Ostern）。这是一些西方基督教节日常识，值得了解一些。

所以，德国人很有趣，在每年的大斋节首日的圣灰星期三之前，把所有这些宗教的束缚统统抛开，从每年的 11 月 11 日 11 点 11 分开始狂欢季（Karnevalssession），一直延续到来年的一二月份，庆祝这个狂欢节。而在德国南部通常将狂欢节称为 Fasching。无论什么称谓，这都展示了巴赫金所提到的两个世界——世俗世界和狂欢化世界中和谐无缝的衔接以及潇洒自如的转身。

基督教世界对于西方人而言，是世俗世界，等级森严。教会规则最为严苛，势力最为庞大的时候就是黑暗的中世纪。而在狂欢化世界中人人皆是可以抛开这些人为束缚，采用狂欢游行，佩戴面具，用音乐和化妆等各种形式暂时"放飞"自我。所以狂欢节具备了在西方世界受欢迎的基础。西方狂欢节可以上溯到中世纪时期。正是在最压抑的时候出现了最狂欢化的民间庆典。这不禁令人想起了英国维多利亚时代。

狂欢节受欢迎到什么程度？科隆狂欢节在德国被称为"第五季节"（die Fünfte Jahreszeit），是独立于一年四季的另一季节。穿插在世俗的四个季节的最后一个季节冬季中，任性游走。这种西方文化中的特质值得关注。而且这完全是靠赞助和捐款举办。并且每年能吸引百万游客前来参观。

针对这一西方文化特质，巴赫金提出了著名的"狂欢化理论"。他是苏联文艺理论大师，在六十岁之后才声名鹊起，以"狂欢化理论"和"复调理论"闻名于文化界。他提出的狂欢理论影响深远。

他的狂欢化理论分为在文学领域以及文化领域。从文化层面而言，以下这一段话对巴赫金狂欢理论的阐释很形象生动：狂欢化的渊源，就是狂欢节本身。中世纪晚期的各大城市（如罗马、威尼斯、巴黎等），每年合计起来有大约三个月的时间，过着狂欢节的生活。……在巴赫金看来，狂欢节的主要特点是：狂欢时，先前存在的等级关系和官衔差别统统暂时取消，人仿佛为了新型的、纯粹的人际关系而得到了再生；狂欢节上，笑谑占据主导地位，这种笑谑是节庆的、欢乐的，它针对一切，同时也针对取笑者本人，并充满了对一切神圣物的不敬、歪曲和亵渎；狂欢节上，一切话语都成了相对性的，任何东西都可以成为模拟讽刺的对象，被模拟的话语与模拟话语交织在一起，形成多语并存现象；狂欢节是全民性的，在狂欢中，没有观众，全民都是演员，或者说，生活本身成了表演，而表演则暂时成了生活本身。也就是说，狂欢理论和自古以来人们对于笑和幽默的脉络是息息相关，与后现代理论和解构理论也是一脉相承。

人生而为人与其他生物的一大差别在于"会戏谑，会解构，会拆解，会颠覆"，而狂欢节这一繁盛于中世纪并屡禁屡兴的文化形式，值得深入探索。尤其与现在盛行的后人类主义理论（Post-Humanism, der postmenschliche Diskurs）相比较，能更好地对社会，以及对我们这个复杂而且不断在生长在变化的人类种族的研究是深有裨益的。

"我从未长大，但我一直没有停止成长。"这是世上著名科幻小说家阿瑟·克拉克的墓志铭。我想，这也是对人类的真实写照。在某种意义上，狂欢化（Karnevalisierung）的过程只不过是在另一个层面释放了人类内心的"儿童型"特质。

而人类就是在被约束、被制约，同时又有适时的释放天性的过程中不断成长。

而我经历的 1999 年的科隆狂欢节，给我留下了深刻的印象。清冷的冬日，热气腾腾的狂欢气氛，漫步走过的化妆游行队伍，漫天飞舞的糖果。让我霎时感到了一点眩晕的感觉。狂欢节真的很有意思。

印象中那次科隆之行大家还在领队的带领下参观了科隆博物馆，回程的途中可惜大巴车遇到了严重堵车。一车的外国学生和访问学者就在大巴车上过了一夜。也算是个小插曲了。狂欢的世界里和谐欢乐，世俗的世界里总有这样那样的不如意。这就是生活，不是吗？

18. 德国人最常用的姓名

（写于 2018 年 2 月 17 日）

我叫吕律，是独一无二的吕律。遗憾的是我的名字有重名。全国似乎有不少和我重名的人——我之前在网上搜索出版的我的书籍作品时发现的。不过名字只是一个符号，每个人都是独一无二的个体。想想叫张伟，王伟的重名率，也就释然了。

说起我的名字，主要就是我名字的拼写方式让我有点头疼。提起我名字的拼法我比较纠结。我的名字的汉语拼音应该是 Lü Lü，但是因为电脑键盘无法拼出 ü 这个字母，所以在国内，我的名字的拼法一直是 Lv Lv，比如在银行卡上。在国内，大部分情况下我都用中文名"吕律"，拼音也用，但毕竟是用中文交流，不会影响发音。

但是在德国时，我遇到的名字的麻烦和困扰还真不少。为什么呢？因为在国外，我的这个中文名"吕律"用不了了，只能用拼写的名字。那我的名字的拼音拼写就遇到问题了。德语中 Lv Lv 这种拼法是无法发音的，也读不出来。于是，在我 1998 年第一次办理护照出国时，我的名字在护照上的正式拼写就一直是 Lu Lu，这应该是我国护照办理处基于这种考虑统一规定的。

前年我延期港澳通行证时，我名字的拼法在港澳通行证上变成了 Lyu Lyu。等到我今年夏天换取第三本护照的时候，我护照上的名字就也要变成 Lyu Lyu 了。我想这是为了把"吕"这个姓的发音和"路，鲁，陆，卢，鹿，芦"等姓的拼法和发音相区分吧。否则太容易混淆了。

在德国读书时，我就经历了这么一件趣事。德国老师的课大部分都是要签到的。形式非常简单：上课开始时，老师拿一张白纸，让学生们传发签名。有一门课有一天上课时，我在签名的时候，发现签名单里有一个和我名字拼法一模一样的签名"Lu Lu"。我乍一看，吓了一跳，我还没签名呢，这是谁签的？看了看教室，中国人面孔的学生不多，除了我，还有一两个。所以这肯定是有人名字的拼法和我的名字"重名"了。可惜，后来的课上，这个和我的护照名字拼法一样的名字再没出现。

等到回北京后，我有一次在国家图书馆查阅资料的时候，查到一个名叫鲁路的人的哲学书，可能是本德文书的译者，我印象不深了。看到这样的名字，我真是挺有感触。这有可能就是一种拼法上"重名"的可能性吧。每年，去德国的中国学生和访问学者有那么多，我假设并随意排列组合一下"Lu Lu"这个拼法的可能的汉语名字——鲁路，卢露，路鹿等等，他们名字的拼音拼法就都和我的护照上名字的拼法一模一样。真是尴尬。所以我期待我的新护照。有区分才更能准确辨识。

但是我在德国读书时的德国老师都知道我叫 Frau Lu Lu，等到我的名字的拼法变成了 Lyu Lyu，我想我和他们联系时，我还是会用我之前的护照名字拼法：Lu Lu。

我在德国留学时，签名还用过 Lue Lue（德语字母 ü 的等同拼法）和 Lü Lü，毕竟这才是我名字"吕律"的正确读音。但是一直以来，到目前为止，如果需要写德语邮件，我依旧用 Lu Lu 这个护照上的名字，因为在德国时，老师同学都叫我 Frau Lu Lu，这是我在德国时的正式称呼。我回国以后，有很长一段时间，别人称我"吕律"，我都反应不过来。习惯了好一阵。

我在北京上大学时（1993 年到 2000 年），我们每个人都起了一个德语名字做昵称，现在看来，有些名字非常古雅。比如我的德语名是 Lilly。这个名字在德国人眼中是非常古老的名字，我在德国读书时，没见过我的同龄德国同学有叫 Lilly 的，唯一一见到这个名字，是一位 90 多岁的德国老奶奶叫 Lilly。所以时代在进步，人的这个一出生就铭刻终生的标记符号也在进步发展，并带有鲜明的时代烙印。

在某种意义上，名字就是身份认同。我们每个人身上与生俱来都贴满了标签，好让我们从人群中脱颖而出，与他人相区分。但名字仅仅是个符号而已。努力，加油，奋斗，让自己的名字铭刻在历史的洪流中，比如对我而言，我努力进行各种教育实践，并努力翻译写作，希望能够著作等身，就是我希望能让历史记住我这个名字的好方式。

前一阵，我在北京家里，从电脑上看了墨西哥的电影《*Coco*》，感触很深。一个人只有被人忘记了，才是真正意义上的死亡。所以，让人铭记的好方式，对于我这样的读书人而言，就是教学写作编辑翻译。当然，我也感谢这个迅速发展的网络时代给我们每个人提供了留下自己印记的各种平台可能性。

这几年，国内关于姓名的新闻不少，比如四个字的名字（不是复姓）的出现，想必是一些新锐父母给自己的孩子起一个真正独一无二的名字，来避免重名。这也是时代的进步。我以前教过的一个学生的名字就是四个字。真是挺有趣的。这应该几乎没有重名的可能了。

重名不可怕。我们国家地大物博，人口众多，不论是姓名，还是地名，重名率都非常高。我以后还会说说我和我父母在北京昌平沙河高教新城买的这个房子的地理位置——昌平沙河。全国各地有很多地方叫沙河，你知道吗？说起这个地名，是不是先想到《西游记》里沙和尚的沙河？我以后再说。每个人，每个地方都有他她它独一无二的特点。

每个人都是独一无二的星球。在每天周而复始的转动中，总有些特质会和其他星球区分。这无关语言和国界。在德语区，也一样。德语区从 12 世纪以来，德语姓名系统（Namensystem）才开始逐渐分为两个部分，即姓和名（Familienname und Vorname oder Individualname）。直到俾斯麦帝国时才立法规定了，每个德国人都必须有一个独一无二的，与他人区分的名——Individualname。德国人的姓渊源很多，地名、职业、住所等，包括形容词都会成为德国人的姓。比如 Lang，Lange，Langer，Langen。根据 wikipedia 记录的德国最常用的前十个姓，基本大部分都是由职业演变而来。德语世界最常见的十个姓（Familienname）是：Müller，Schmidt，Schneider，Fischer，Weber，Meyer，Wagner，Becker，Schulz，Hoffmann。

德国人的名，即个性化，与他人相区分的名，则大多具有宗教色彩和古希腊罗马神话特色。德国语言协会（Die Gesellschaft für deutsche Sprache，简称：GfdS）每年都会颁布德国最受欢迎的名。德国最受喜爱，也就是说最有可能重名的名都有哪些呢？这我在十年前给学生上课时就提到过，年年有变化，但是万变不离其宗。

因为人口众多，在德国重名似乎也是无法避免的。2016 年德国最受喜爱的 10 个名字如下：

序号	女孩名	男孩名
1	Marie	Elias
2	Sophie/Sofie	Alexander
3	Sophia/Sofia	Maximilian
4	Maria	Paul
5	Emma	Leon/Léon
6	Emilia	Louis/Luis
7	Mia	Ben
8	Anna	Jonas
9	Hannah/Hanna	Noah/Noa
10	Johanna	Luca/Luka

人的名字是个标示符号，但又不仅仅是个标示符号。一代又一代，每对父母在给孩子起名的时候（Namengebung），都寄托了很多美好的心愿和祝福。我的名字上，也寄托了父母对我的美好祝愿。感谢父母，让我拥有了一个美好的名字。我会一直努力。

19. 德国人和古汉语

（写于 2018 年 2 月 22 日）

一段生活总会留下些痕迹，尤其是异国他乡的生活。我反复地叙说着我那七年的德国留学工作生活，就想把这痕迹用笔触的方式写下来。1998年到 1999 年，2000 年到 2006 年，我的一段青春时光就留在了德国这个异国他乡，随之而生的还有美好或者有趣或者不有趣的回忆。记录自己的生活，就是记录不同的时代。

每当我书写的时候，我写下的文字都是现代汉语，其中会夹杂着一些文言文的表达，比如成语。我写的简化字，都是由繁体字演化而来。每一门语言都生动活泼，不断地随着时代的发展而发展，并且遵循着简化（Vereinfachung）的趋势。但是每一门语言的发展与都与它的曾经无法割裂。我也写过，现代汉语就是在古汉语的基础上，发展、跃迁、进化、简化。

德语也是如此，我写过关于古德语和现代德语的文章，还会再写点。对于我们外国人而言，这简直就是两种语言。但没有古代德语，哪里会有现代德语？并且随着网络语言的发展，德国甚至现在还出现了自成一体的Vong-Sprache。

我们汉语也是如此，随着网络时代的到来，很多鲜活的网络语言的出现，让我这个已过不惑之年的中年妇女也必须要与时俱进，时刻保持与时代语言的同步，否则就会无法看懂"喜大普奔"，或者"不明觉厉""细思极恐"的表述了。

我在慕尼黑大学上学时，硕士课程阶段主专业是德国文学，副专业是汉学和日耳曼语言学，博士阶段课程时主专业转为汉学研究，副专业是德国文学和语言学。所以我经常在汉学系的图书馆看书，查资料。因为按照德国老师的上课要求，有很多古代文献需要看，尤其到了写学期论文的时候，更是忙碌。

有一天，我正在慕尼黑大学汉学系查资料。一位同样在图书馆忙碌的德国学生要给汉学系写一份宣传文章，有几句话向我咨询。我解释了一下。那位德国学生询问："是不是用文言文比较好？"我一愣，在21世纪的德国大学汉学系，写一份简单的宣传文章，需要用文言文吗？我委婉地表达了我的想法。那位德国学生不置可否地离开了。

这仅是一个让我印象非常深刻的小插曲。德国汉学系隶属于文化科学学院，和我们国家的中文系还是无法比较的，但有些地方可以借鉴。在我在德国上大学的年代，德国汉学系的汉语教学，比起我们国家的德语教学而言（同样都是外语教学），对古代语言的重视是超乎我们想象的。应课程要求，汉学系的二十多岁的年轻学生，必须要看很多很多古汉语资料。而且他们看的古汉语资料很多都是不带标点符号，没有断句的繁体古刻本。至于德国教授的古汉语造诣，在我这个外国人眼中，是很厉害了。我也辅导过几位德国学生的古汉语文章阅读，就是帮他们讲解，将古汉语文章逐句翻译成德文。让他们了解其大意。这是我在图宾根大学和慕尼黑大学读书的时候。

在1998年到1999年，我在海德堡大学学习工作时，在汉学系教过一年简单的现代汉语。那里也一样，汉学系对古汉语的重视度很高。但在课下，因为有统一规定，我和其他去教汉语的中国老师是不允许在课外教授学生汉语或者德语的。可惜更多情况不了解。

不论在哪所德国大学的汉学系，至少在我学习工作过的上述三所德国大学，留给我的一致的明显感觉是，他们对现代汉语，对现代汉语听说读写方面的训练也是非常重视。每个德国学生都几乎在上大学期间有到我们中国留学交流的机会。这是十几年前的事了。现在应该这样的机会更多。

所以这种古汉语和现代汉语并举的学外语方式给我留下了深刻印象。汉语对德国人而言，是一门很难的外语。学现代表达，同时阅读古代文献经典，什么都没耽误。一言以蔽之，德国汉学研究性很强，也不脱离时代性。这是给我的感觉。

德语对于中国人而言，是一门很难的外语。我在北外德语专业学习的时候，德语系选文学和语言学为专业方向的学生很少。学生本身就少，有些课都开不起来。更何况古德语这种没有任何"实用"价值的课呢？现在不知道怎样。我就想表达，我们那时的中国学生，对德语这门外语的了解是不全面的。有点遗憾。毕竟，对于绝大多数中国人而言，挣更多钱，学习更为实用的专业在一定程度上是更重要的。对这一点，我在步入中年以后，也有所感触。包括在欧美，终生致力于纯文学乃至古文或者哲学研究这些专业的人，通常不是家境优越就是甘于清贫。

在这里解释一下，在我那个年代，在当时，德国的学科设置没有本科学位，只有硕士学位和博士学位。而且，我们中国学生在国内完成的德语语言文学硕士文凭，德国大学是不承认的，不认可的。也就是不认为能等同于德国的德语文学专业大学毕业水平，而德国的大学毕业指的就是硕士毕业。

所以在没换专业的前提下，我等于又把硕士课程学了一遍。所以，我们那个年代的学德语专业的学生挺悲楚的。2000 年，我第二次出国，到德国继续学习德国语言文学专业，我在国内那么多年的德语专业学习，在我到德国之后，就能折算成四个学期。我的留德回国的中国德语老师们，曾经在德国也是这么学过来的。这对于中国学生而言，真是挺郁闷的。

德国政府与中国政府直到 2002 年才签署了互相承认高等教育等值的协议，即学历互认。从那以后，中国毕业的德语专业硕士可以直接申请德国的同专业博士。在我们那个年代是不行的。

回到古汉语。德国人对古汉语很重视，还体现在另一点。在德国学习德国文学语言学专业，必须要有拉丁语基础。而我一个中国学生，没学过拉丁语，临时抱佛脚也很难。幸好，当时，在德国大学有个规定，古汉语就等同于拉丁语的地位，到德国学习德语语言文学专业的中国学生只要通过了一次将古汉语文章翻译成德文的考试，就等同于欧洲学生通过拉丁语考试。

于是，我在 2000 年第二次去德国，到了图宾根大学折算完学分后，就去参加了古汉语译文考试，印象深刻。就在图宾根大学的汉学系，考试时间很久。不过，按要求，可以带字典。内容其实挺简单，考试题目我现在还记得，就是将屈原的《离骚》翻译成了德语。我成绩还可以，最后得了个 2 分。的确是不容易的考试啊。由此也可看出，学好自己国家的古老的语言，是非常必要的。

现在，我作为一名教育工作者，挣的真是不多。我其实也挺甘于清贫。但是有时心有不甘，毕竟念了这么多年的书，还是希望能够多挣些钱，摆脱穷困的读书人的形象。

有时，我在家里，或者去图书馆翻翻那些古代经典，比如《二十四史》《四库全书》等各类史书，还有很多很多的诗经唐诗宋词，元曲明小说，及各类通志、广记、类书。就会想，说真的，这些文章在现代生活中还有用吗？在现代生活中，它们的确显得落伍了些。无用之用即为大用。我们说的每一句话，写的每一个字，众多的生活工作智慧，是不是都源于此？只不过潜移默化，不自知罢了。从语言形式上而言，只不过由繁入简。那既然如此，我们大家为什么不多看看呢？即使不从事这些专业，即使看这些文章暂时没有"效益"。

20. 在德国安装电话和第一次使用手机
（写于 2018 年 2 月 23 日）

现在的生活中，打电话是再寻常不过的事。每天你要打多少电话？你用固定电话还是手机？或者不打电话，就用智能手机中的交流软件进行沟通了？你记得你第一次打电话的场景吗？安装电话呢？今天说说我在德国安装固定电话，使用移动电话的事。

我在海德堡大学生活学习中的一个小插曲——安装电话让我印象深刻。

为什么？

我1993年到北京上大学之后，我父母家还没有电话，那时的沟通方式就是写信。所以我几乎每周都会收到父母嘘寒问暖的家信。那时国内安装一部电话的安装费高达几千块钱。实在是负担不起。我印象中，我父母亲是在我大三或者大四那阵子，终于下定决心在家中安装了一部电话。想必这是父母亲攒了很久的钱，下了很大的决心才安装的。因为我和我妹妹当时都已经上大学，家里没有电话，联系起来的确也不方便。于是，一台宝贝固定电话成了当时我家里最贵的物品。其次就是一台为了省电，早已被父母关掉，当成储物柜的冰箱。

我想不起我第一次打电话的场景了。但是我还记得，我1993年到北京上大学，那时候，整个女生宿舍楼只有在一楼楼道有一部公用电话。每天排队打电话的学生好多。我还记得我开始使用这电话机打电话的时候，生怕对方听不见，很大声地打电话。

所以，在我心目中，固定电话是很高级的物品，很贵。这种印象一直保留到我1998年第一次去德国。初到德国，搬进之前的中国老师联系好的宿舍之后，我就忙着办很多手续，包括申请电话（Telefon/Fernsprech-apparat/Fernsprecher）。电话（Telefon）这个单词通常指电话机，在瑞士也可以表示通电话，电话交谈。比如："Geben Sie mir ein Telefon, bitte！"就是指"请给我打个电话！"之意。

1998年秋天第一次到德国的我，拿着海德堡大学宿舍租房合同和自己的护照等证件，去海德堡电信公司营业厅TeleKom，非常简单地就办好了这个手续。没几分钟，电话开通业务就办好了。我挺惊讶。我以为会很贵，要收很多钱，要有多么复杂的手续。于是，在海德堡大学的学生宿舍，我安装了一部电话。应该说，是重新开通了已有的号码。

而我第二次去德国，在图宾根大学（2000年到2001年）和慕尼黑大学（2001年到2006年）学习期间，就没有申请安装固定电话了。为什么？因为移动电话（Mobiltelefon）已经开始普及了。于是，我还是去TeleCom，申请了一个移动电话的套餐，每月只要交一点儿钱，就第一次拥有了一个移动电话，或者说手机。

我2000年第二次去德国前，国内手机的使用还没有普及，大家用得多的还是寻呼机，我也是。现在市场上已经见不到这种老古董了。我第一次购买和使用手机就是在德国。后来因为换套餐，手机也换了一个，这手机我现在还保存着，因为国内不能使用，所以就当纪念品保存在家里了。

这么多年过去了，我1998年在德国安装固定电话，和2000年到2006年在德国使用移动电话的事，仍旧历历在目。因为对我来说，这都是第一次啊。

如今在国内，安装固定电话，早已是和在当年的德国一样，是简单平常的事。绝大多数家庭都负担得起。手机因其便捷性和低价化，更是几乎人手一个，受人喜爱。而这些年智能手机的普及，让普通老式手机也逐渐退出了市场。在固定电话和移动手机普及这一方面，两个国家的差距已经很小了。

从固定电话（Telefon/Festnetztelefon）到移动电话/手机（Mobiltelefon），再到智能手机（Smartphone），这都早已不是什么稀罕物。时代的发展是如此迅速，我们在经历社会的快速发展的同时，也体验到了生活的巨变。

固定电话和移动电话已经成为绝大多数中国人生活中的必需品。尤其是智能手机的平民化，让无数人都可以支付得起。它好像变成了人身体的一部分。二十年前，我根本不会想到会出现智能手机这样一种物品，那只是在科幻小说中才有的吧。

而如今，科幻早已变成现实。自从我2014年底买了第一部智能手机——小米手机后，世界在我眼中变得不一样了。到2017年3月，我第一次用上了苹果手机。爱不释手，相见恨晚，只能这么形容。这是我家里目前最宝贝也是最贵的物品。

在一定程度上，和电脑网络一样，智能手机也是我通向世界，了解和理解世界的沟通媒介——是自我的延伸。感谢这个迅速发展的人工智能时代，生活会更便捷，更方便，沟通无极限。而这一切，都要感谢最初发明电话并执着革新的那些人。

1876年贝尔发明了第一部电话，而第一次具有这种远距离人类沟通的设想，是一位叫Samuel Morland的人早在1670年提出的，当时他尝试了一种喇叭状的交流工具，以期实现人类的远距离沟通。100年后，这一想法又一次被Jahann Heinrich Lambert提出并加以阐述。1837年，Samuel F.B.Morse发明莫尔斯电码，让电话这个远距离沟通工具的设想逐步开始变成了现实。梦想一步步地变为现实，直到1876年贝尔发明电话并取得了电话的专利，电话的使用逐渐普及。

正是有了他们奠定的基础，人类的沟通才会变得越来越方便。而勤奋的人类没有停止进步和创新的脚步，所以我们今天有了移动电话和智能手机。所有的一切都在进步，都在跃迁。这都是基于我们人类智能的发展。所以感谢越来越聪明和勤奋的我们人类。

21. 德国面包

（写于 2018 年 2 月 25 日）

前几年看新闻，得知土豆（Kartoffel）这种食物已经被纳入我们国家的主粮系统。深表赞同。土豆含有很多种营养物质，再加上牛奶，几乎可以满足人体所需要的所有营养。

西方人和东方人在体质和体魄上的差异很大程度上也取决于饮食。我是个东方人，中国人，个子不高，可能就是营养不够吧。所以在德国求学工作阶段，喝了很多牛奶，还吃了很多土豆和面包（Brot）。

前一阵看新闻视频，看到一个欧美国家的人在比较中国和国外的面包口感。觉得很有意思。面包是欧美人的主食。而我们中国人，馒头包子大米饭是我们的主食，也就刚吃饱二三十年，面包这么稀罕的食物，出现在老百姓的餐桌上才多少年啊？

我小时候，第一次吃到面包这种松软可口，而又很不便宜的食物是在初中还是高中的时候，那是 20 世纪 80 年代末、90 年代初。有一次参加中学组织的活动，老师给我们每个人发了一个面包，是一个松软的羊角面包，里面还有奶油。我第一次吃，觉得简直太好吃了。于是省下来一半带回家给爸爸妈妈妹妹吃。吃到蛋糕的时候要早点，是在我上小学的时候。过生日时吃过生日蛋糕，但这种机会也不多。

长大以后，面包吃得多了，于是也挑剔了一些。我最爱吃的国内的有肉松面包、蒜蓉面包、三明治等。这是这几年。以前在德国留学的时候，我买的都是最便宜的主食面包，德国的主食面包很酸涩，初次吃很难接受。但慢慢就习惯了，还能吃出甜味来。面包很便宜，几十欧分能买一大包。奢侈一点，就买个面包和香肠或者买个三明治。至于更贵的蛋糕，那时在德国时偶尔尝尝。毕竟穷学生收入太少。

2006 年我回国以后，先在北师大教书三年，也当过辅导员，尽心尽责，学生过生日，还给他们买块生日蛋糕。我自己呢，也保留了爱吃面包和蛋糕的习惯。于是越吃越胖。我现在已经 130 多斤了，现在的一大任务就是减肥，一定要减肥到标准体重。

蛋糕就不提了，毕竟在德国也不是主食。今天给大家讲一下德国的偏主食面包种类。德国人把土豆和面包作为主食。土豆基本就那样吧。面包却是品种繁多，充分展示了德国人在吃上的智慧。和全世界其他民族的人一样，吃是最为恒久重要的话题。而习惯了大米白面为主食的中国人，对做面包不太擅长。所以说说德国人擅长的面包。这些面包看似其貌不扬，但是很有营养。德国的主食面包主要有扁平饼（Fladenbrot），麸皮面包（Knäckebrot），黑麦面包（Roggen-Mischbrot），切片面包（Toastbrot），全麦面包（Vollkornbrot）和白面包（Weißbrot）。

22. 德国的大米饭

（写于 2018 年 2 月 26 日）

德国人爱吃面包和土豆，是出了名的。那么德国人爱吃米饭吗？德国有大米吗？我在德国读书工作时，吃得最多的就是面包、面条（主要是意大利面）和土豆，正如我昨天提到的。那么还有什么是常吃的食物呢？毕竟我长了个中国胃，天天吃面包也有点受不了。于是，吃米饭。

但是在德国超市里转转，会发现，找不到我们在国内吃的那种软糯的稻米，最多见的就是来自东南亚等国家的长粒米（Langkornreis）。这种米德国人很爱吃，在到学校食堂里，如果主材是米饭的话，那就肯定是这种长粒米，比较硬，不是很香。我觉得还不如面包好吃。

我找来找去，找到一种叫作"牛奶米"的大米（Milchreis），这种其实就是我们爱吃的圆粒米（Rundkornreis）。虽然米比较碎，不如我们国内的东北大米好吃，但是口感上已经比较接近我们爱吃的大米了，能做出比较软糯的米饭。

所以，在德国学习的时候，晚上回宿舍后，我总会做顿饭，最方便的就是煮意大利面，还有煮牛奶米。很好吃，炒一个菜就可以了。

大米（Reis）在全世界产量最高的农作物中间占据着非常重要的地位，位居甜菜（Zuckerrohr）、玉米（Mais）、麦子（Weizen）之后。但是因为甜菜多用于制糖，玉米多作为饲料使用，所以大米和小麦是世界上最为重要的两种主食来源，种植面积以亚洲最大。

在我国挖掘出的 120 多个历史遗址中都发现有大米的残迹。大米在我们中国人心目中的地位非常高，目前，大米、小麦、玉米和土豆是我们国家的重要主食。其中土豆因为水分含量高，存储很成问题，所以对土豆作为主粮的开发尤为重要。

以前，我给大家介绍过赫拉利（Harari）的《人类简史》（Homo Sapiens）和《未来简史》（Homo Deus）两本书。前一本书中提到了欧美国家最为重要的农作物小麦成为人类主粮的历史，小麦与人类"互驯"的过程耐人寻味。我们人类经过千百年的筛选，精挑细选出了几种重要的粮食作物，并在全球播种，这既是一种让它为我们人类服务的过程，也是我们人类被它们驯化的过程。

稻米也是。对于我们中国人而言，尤其是经历过挨饿年代的人而言，大米饭是困难时期弥足珍贵的稀罕物，现在虽然大米早就不是罕见的食物，但是我还记得小时候，我姥姥姥爷唯一的打我就是因为我贪玩，把大米洒在地上了。弥足珍贵的粮食，不能浪费。所以我总在家里存上几袋大米，心里踏实。

再说德国人，对于他们而言，土豆和小麦是最重要的主食。大米基本上都是进口，因为德国不产大米。现在瑞士也有些耕地被开发出来种植大米，但是面积和产量都不大。

无论在什么国家，无论将什么作为主食，好吃，耐储存，产量大，扛饿，这是作为主粮的基本标准吧。这都是历史上经过千锤百炼，筛选出来的粮食作物，人类在驯化它们的过程中，也心甘情愿地被它们驯化。这就是"互驯"，一种人类和食物之间建立起来的相依为命，唇齿相依的深厚感情。

所以，我当年在德国时，也习惯吃没有味道的主食面包和大量土豆。但是，大米和白面还是根植在我们的文化记忆中，是我们味蕾的最好的安抚食物。

德语中的 Reis（大米）一词，出自古德语的 risum，这个单词借自拉丁语中的 oriza，从而构成了众多欧洲国家对大米这种重要粮食作物的称谓的根基。"大米"一词在意大利语是 riso，法语 riz，荷兰语 rijst，英语 rice，瑞典语 ris，冰岛语 hrisgrjon。了解一下。

23. 德国牛奶

（写于 2018 年 2 月 27 日）

你爱喝牛奶吗？我很爱喝。但我小时候很少有机会喝牛奶。对于绝大部分中国人而言，乳制品在从小到大的人生中，占据的饮食份额极小。这些年有所好转。著名国产牛奶品牌打出了这样的广告：每天半斤奶，强壮中国人。

但即使是现在，我们中国人人均乳制品消费（Pro-Kopf-Verbrauch）还是要远远低于欧美国家的年度消费额。所以要加油，要提高奶制品（Milchprodukte）在饮食结构中的份额，让中国人的普遍体质真正强壮起来。

先忆苦，再思甜。我出生于 1976 年，身高不到一米六，是 20 世纪 70 年代末典型的婴幼儿营养不良的代表。1976 年是大事灾难频发的一年。我出生没多久，就住在了地震棚里。而且，我母亲从我出生后就奶水不足。据我父母遗憾地说，我是喝了不少羊奶长大的。

那时，在西北西海固贫困地区，牛都是稀罕物，更不用说牛奶了。羊倒是挺多，所以羊奶是奶水不足的母亲们为孩子补充营养的途径。于是，在那时，我父亲在我出生后，每天凌晨起床，骑自行车几十里路，去给我买羊奶。有一次我父亲在买完奶骑车回家的路上，不小心，奶瓶摔了，羊奶流了一地。想到嗷嗷待哺的我没饭吃，我父亲难过得哭了。这都是我父母亲告诉我的。我听了真是很难过。

但其实这羊奶，婴幼儿的我也没喝饱过。再大些，经常喝奶粉（Milchpulver），我现在还记得我小时候和我妹妹经常一人一勺地干吃奶粉，觉得特别好吃，当然是不能让父母看见。等我到了负担得起牛奶消费的年纪的时候，液体牛奶（Frischmilch）也进入了寻常百姓家，成了常见的饮品。不再是听上去就很高级很贵的食物了。至于现在，国外的奶制品也不稀罕了，在超市和购物网站可以非常方便地买到。

所以今天牛奶是主题。我 1998 年第一次去德国，最深刻的一个印象就是：德国牛奶真好喝啊！于是我喝了不少，而且都喝全脂奶（f Vollmilch），不喜欢喝半脱脂奶（fettarme Milch）或脱脂奶（Magermilch）。等到了我第二次去德国，对繁多的牛奶种类有了进一步的了解。

牛奶可以按照脂肪含量分为：脂肪含量为 3.5% 到 5% 的原始奶，生奶（Rohmilch），脂肪含量为 3.5% 到 4% 的未加工优质奶（Vorzugsmilch），脂肪含量至少为 3.5% 的全脂牛奶（Vollmilch），脂肪含量为 1.5% 到 1.8% 的脱脂牛奶（fettarme Milch），还有脂肪含量最多 0.5% 的脱脂奶（Magermilch, entrahmte Milch）。

牛奶按照加热温度和方式进行分类，可以分为：采用过滤方式的原始奶，生奶（Rohmilch），同样采用过滤方式的包装好的未加工优质奶（verpackte Vorzugsmilch），采用 72 到 75 度巴氏消毒法的鲜奶（Frischmilch），采用均质化 72—75 度巴氏消毒的巴氏奶（Pasteurisierte Milch, Pastmilch），采用 123 到 127 度巴氏消毒的能保存更久的 ESL 牛奶（länger haltbare Frischmilch），以及采用至少 135 摄氏度超高温均质消毒的超高温灭菌牛奶（H-Milch）。

现在在国内网购网站上或超市里也能买到德国牛奶，但是保质期通常达到一年之久，让人心怀忐忑。但是味道也不错，我经常购买。当然，国产奶的质量现在也还不错吧，我也常喝。总之，牛奶这种具有上万年发展历史的古老饮品和食物是人类筛选出的优质食物，每天半斤奶，强壮中国人，不再是梦想。

24. 典型的德国教授（八）
（写于 2018 年 2 月 28 日）

北京又到了新学期开学的时候了。学校开始了新一学期的教学工作。学生也开始了新学年的学习。德国呢？

我今天给大家介绍一位德国老师，一位典型的和蔼而又严厉的德国教授。弗吕瓦尔德教授（Prof. Dr. Fruehwald）当年在慕尼黑大学德语系非常有名望，是德高望重的德国文学教授。我初到慕尼黑大学，听过这位老师的一两门课。印象很深刻，也学到了很多。现在这位教授已经退休了。

当年，对于像我这样初到德国，以德国文学、语言学为专业的学生，在语言方面自然要格外下功夫。但是德语毕竟不是我的母语，总是有疏漏。在所难免。我这样自我安慰。

但是，在上完这位教授的一门课之后，我的想法发生了改变。这位德国教授的研讨课（Hauptseminar）结束之后，我写好了学期论文（Semester-

arbeit)，然后交论文。和所有其他课程一样，只要在教授公布的面谈时间
（Sprechstunde）和教授讨论过论文的问题后，就可以拿到自己的这门课的成
绩单（Schein）了。

于是我高兴地交了论文，等成绩单。在等待和这位德国老师面谈的时
候，坐在办公室外面的我心里面有些忐忑，不知道这门课的成绩如何。

"砰"的一声，教授办公室的门开了，一位德国学生面无表情地走了出
来。我心怦怦直跳。心想，这学生怎么一点笑模样都没有？挨批评了？还
没等我多想，德国老师已经喊了我的名字，于是我急匆匆又小心谨慎地推
开了办公室的门，走了进去。只见这位德国教授手中拿着我的论文，低头
看着不说话，我有些紧张。老师先示意我坐下，然后肯定了我的学期论文
的闪光点。我挺高兴，正在我兴奋劲儿还没缓过来的时候，老师话锋一转，
说我论文中有个别地方有表达错误，要改过来，随后，又严厉地说，教授
只看一篇论文的思路和论证，而不会去更正语言表达问题，这些问题应该
在论文交上来之前就解决掉。

我听了心里一凉，德国老师真是严厉啊。又一想，这才是真正负责任
的老师。对于我这个白羊座，大大咧咧、马马虎虎的人来讲，写中文文章
都经常有错别字，自己一不留心就有些表达错误，德语文章也是这样吧。

我赶紧表示我要把论文再好好改改，一定注意表达上的问题。从这以
后，在德国念书时，我在写德语论文的时候，相当注意表达问题，而且会
在写好后，请德国人通读一下，看是否存在些表达和措辞方面的问题。

所以，我今天想表达的是，作为一名读书人，一生中要写很多学术论
文，而学术论文与生活语言具有极大的差异性和对表达错误的低容忍度。
这里并不是指观点和论点，而是指基本的形式和措辞。新的论点的提出存
在着极大的论证空间，但是作为论点阐述的语言表达，首先要符合学术语
言的规范，再次要尽可能没有表达和措辞问题。

总之治学态度要严谨，语言要规范，行文要符合学术论文（eine wissen-
schaftliche Arbeit）的要求。内容（Inhalt）和形式（Form）并重。熠熠闪光
的思想需要规范的形式为载体。这一方面，德国老师的确很看重。我想，
不论中外，这是每一位老师都看重的。

25. 不怕冷的德国人

（写于 2018 年 3 月 1 日）

2018 年的三月份，虽已立春，但离真正的春暖花开还有些日子。再过半个月，北京的供暖季就停了。暖气是在北方生活的人们离不开的重要取暖方式。今年冬天挺冷。但是只要有供暖设备比如有暖气，室内的生活依旧可以温暖如春。

我之前提到过我初到德国看到可以调节挡位的室内暖气时的惊讶和震惊。现在国内北方的新建住房，就已经在供暖设施方面与国际接轨了——有可调节挡位的可节能的暖气设备。

回想我小时候的取暖方式，真是感慨万千。从西北西海固贫困地区，到江苏经济发达地区无锡，再到北京，再到德国，再回到北京工作生活，这一路上，取暖问题的逐步改善，也彰显了我们经济水平的提高和与国际接轨的能力。

小时候，生活在西北西海固贫困地区的我，印象中的取暖方式有什么呢？炕，北方的暖炕是冬天抗寒利器，几乎是必备的取暖方式。因为除了炕，室内的其他地方也需要取暖，所以还有煤炉子，这主要是取暖和烧水做饭，也是给室内加温。我还记得，冬天的夜晚，围着炉子，看电视，炉子上烤着馒头片。真是苦乐参半的童年啊。

1987 年，我父母举家搬回了江苏老家，长江以南地区没有取暖设备。冻得鼻青脸肿的我的取暖印象又是什么呢？是电热毯，还有俗称"汤婆子"的暖水袋，其实是一个铜制的扁圆的水瓶，里面装上热水，再包上毛巾，以防烫伤，就可以在睡觉的时候暖脚了。可除此之外，就是室内和室外一样冷了，无处躲避的寒冷刻骨铭心。随着时代的发展，现在南方也逐渐加装了暖气、空调（Klimaanlage）、地暖（Fussbodenheizung）、加热器（Heizanlagen）等各种取暖设备。比起我小时候真是好太多了。经济基础决定取暖方式。

等我 1993 年到了北京上大学，1998 年第一次去德国，学生宿舍都有暖气。真是舒服的过冬方式啊。于是冬天不再是难熬的季节了。终于可以过相对舒适的冬天了。

总而言之，取暖设备的改善和完备体现了经济水平的提高。

但是硬件跟上去了，我们的身体素质呢？一点儿病毒性流感倒下一大片。这一点虽然国内国外都一样，但是病毒首先袭击的可能就是身体弱、体质差以及缺乏基本身体保健知识的人吧？比如抵抗力弱的老人孩子，还有持有感冒还去剧烈运动等错误认知的人。

我在德国读书时，经常看到大冬天，德国学生虽然也穿厚外套，但是到了温暖的室内，脱下外套，竟然穿的是短袖 T 恤，这在现在的我回想起来，也是不可理喻。但这一方面说明了室内供暖的充分充足，另一方面也说明了欧美人的体质之好，他们根本不惧怕这一点点严寒。

这是室内。室外呢？大冬天，寒风刺骨，穿着短衣短衫跑步运动的德国人，衣着单薄依旧气色良好的德国人，也是不少见。

这就是身体素质的差异，由基因、饮食、锻炼等各种因素造成。所以要提高身体素质，增强体质，才能健康工作五十年。所以取暖硬件和身体素质软件并举，才能安然过冬。

我这几天看新闻，欧洲正在经历寒潮（Kältewelle）的袭击，冰雪交加，极寒天气肆虐，给生活工作造成了不小的损失甚至人员伤亡。想必，随着极端天气的频繁，取暖这个重要的冬季议题更为重要。我们国家这些年的极端天气也很多。重要民生话题要频繁地提及以示其重要性。面对着共同的问题，我们一起来学习一下德国人的取暖方式，取暖设备的分类（整理自 wikipedia 相关词条信息）。

我想正是有了这品种繁多的取暖方式，以及良好的身体素质，德国人才有底气不惧怕寒冷的冬天，冒着严寒也衣着单薄地工作生活学习吧。下面介绍一些与加热相关的词汇。

①按照被加热物体分类。建筑物：建筑物暖气设备（Gebäudeheizung）；衣服和家具：织物加热系统（Textiles Heizsystem），热垫、加热宝（Heizkissen），电热毯（Bettwärmer），加热垫（Sitzheizung）等；交通工具和机器：交通工具暖气（Fahrzeugheizung），扶手暖气（Griffheizung），后窗玻璃加热器（Heckscheibenheizung）等；准备食物过程：加热设备（Wärmegeräte）；生产过程的工业产品：生产过程中产生的热气（Prozesswärme）；运动场所：草坪加热（Rasenheizung），运动场所暖气（Stadionheizung）等；交通道路以及设施：街道暖气（Straβenheizung），轨道加热（Weichenheizung）等。

②按照初始能源以及能源载体方式进行分类。电能：电暖器（Elektroheizung）；燃料：小颗粒物体加热（布，纸，木屑等可燃烧物）（Pelletheizung）；碎块状物加热（布，纸，木块等可燃烧物）（Hackschnitzelheizung）；有机物加热窑（Biomeiler）；用煤加热（Kohleheizung）；用燃气加热（Gasheizung）；用木头加热（Holzheizung）；用油加热（Ölheizung）；燃料电池加热器（Brennstoffzellenheizgeräte）。自然环境热能：太阳能暖气（Solarheizung）；地热暖气（Erdwärmeheizung）；空气热泵暖气（Luft-Wärmepumpenheizung）；核能加热元素（Radionuklid-Heizelement），废热热能等。

③按照热能载体方式分类。热水加热（Warmwasserheizung）；蒸汽暖气（Dampfheizung）；热空气加热（Warmluftheizung）；热能油暖气（Thermalöl-heizung）。

④按照热能转化方式分类。热辐射加热（Strahlungsheizung）；对流加热（Konvektionsheizung）；接触加热（Kontaktheizung）。

⑤按照系统建造方式分类。外部供暖：如工业炉（Industrieofen）；集中供暖（Zentalheizung）；远程供暖（Fernheizung）；内部供暖（Interne/integrierte Heizung）。

26. 德国的民役和志愿服务以及残障学生

（写于 2018 年 4 月 24 日）

很久以前，我看过一部德语喜剧电影《好男不当兵》（Kein Bund fürs Leben）。其中讲了几个千方百计逃兵役（Wehrdienst）的小故事，令人印象深刻。其中就提到了德国的兵役制。今天我要说的是民役，就是除了服兵役之外，还可以用社会服务，比如照顾残疾人，在医院、学校或消防等其他社会公共服务部门服务的形式代替兵役，这在德国叫作民役（Zivildienst），或者被称为兵役的一种替代形式或拒绝形式。

时代在不断变迁。在我在德国读书的阶段（1998 年到 1999 年在海德堡大学，2000 年到 2006 年在德国图宾根大学和慕尼黑大学），正是德国年轻男性必须要服民役的阶段，当时，在德国，成年男性逃避义务兵役（Wehr-pflicht）申请服民役的逐年增长，民役通常要比兵役时间久一些，最多也就是一年半多。

但是在 2010 年 12 月，德国联邦政府通过了提案，于 2011 年 7 月 1 日起取消义务兵役制。而联邦国防军（Bundeswehr）则由全职士兵、兼职士兵和自愿兵役组成。

德国的志愿服务源远流长，与此同时，从 2011 年开始，为了推进全民志愿服务，《联邦志愿服务法》（Bundesfreiwilligendienstgesetz）得以施行，志愿服务可以用以代替民役和兵役。

而无论是德国人的针对社会服务而进行的民役，还是社会志愿服务，其中重要的一项就是为残疾人进行帮扶。在我七年多的异国他乡学习生活工作中，有很多"文化诧异"的时候。其中一点，就是，我在德国感觉：怎么残疾人这么多？

德国的针对残障人士的社会服务便捷，服务设施完备，从而带来他们的出行便利。在大学校园里也是，经常见到残疾大学生，如果是行动不便的，他们通常由一位服民役的人或者是志愿服务人士推服照料。这样的民役就是可以替代兵役的一种服务社会的方式。

德国高校基础设施完备，还体现在，任何教学楼都有无障碍通道。主要就是为了方便残疾及身体不便的学生。另外令我惊异的是，在慕尼黑大学图书馆的计算机房里，在大量的普通计算机的前方，醒目地摆放着一台巨大的计算机，模样有些奇怪，和平常的计算机不太一样。我一直不知道它是用来做什么的，模样不寻常，也不像是打印机和复印机，也没见别的同学用过。后来，凑近了看了看，才发现，那上面写着，这台计算机针对的是有视障的同学，为盲人学生服务的。所以在设计和装备上和普通计算机截然不同。

我经常去计算机房用电脑，因为当时，我住的德国学生宿舍里是没有上网条件的。查阅资料，浏览新闻都要去学校图书馆。但我每次去计算机房，那台特殊的计算机都是没有人用。利用率真低，我有时感慨。不过转而一想，这难道不是好事，表明残疾的求学大学生还是少。

终于有一天，我见到了一位挂着拐杖，双目失明的德国大学生，他小心翼翼地径直走进图书馆的计算机房，到了专门为盲人大学生服务的特殊计算机面前后，熟练打开，使用，关闭。没多长时间，但是整个过程一气呵成，绝对不是第一次使用了。因为我一直站在等待使用计算机房的普通计算机的队列里，所以目睹了他使用特殊计算机的整个过程。

这位盲人大学生，一个人来，一个人走，没有通常见到的服民役的学生在旁边帮助，所以有所感慨。一方面是感慨德国大学基础设施的完备，能够为身体残疾的大学生做到贴心准备。另一方面也感慨德国视障大学生的自助和学习能力之强，令人敬佩。想必这位盲人大学生的中小学（因为看那位学生的眼睛情况，应该是先天失明）里也有这么完善的服务设施吧，让他到了大学之后，才能够顺利地继续学业。

当时我的感触真是震惊。因为我在国内从小到大，上学十几年，从来没有遇到过一位盲人学生。是我们国家没有盲人吗？肯定不是，只不过他们可能都进入了真正的特殊学校。

虽然我目前身处教育行业，但是我一想到教育行业这几个字的时候，从未想到过还有特殊教育行业（Sonderpädagogik），似乎头脑中自动把这部分屏蔽了，因为在生活中从未接触过。除了偶尔能在新闻上看到听到，似乎离我们的生活是如此遥远。

在我们国家，人口众多，虽然教育资源分配不均，但是在满足普通学生的教育需求的同时，也同样给残障学生提供大学的机会，比如几所大学的特殊教育学院等。我2006年回国，就一直在北京工作生活，在我工作的第一所大学北师大的旁边，有一个盲人按摩。因为我长期肩胛腰背劳损，也就是长期久坐，腰酸背痛，所以去那所学校旁边的盲人按摩店接受过一两次按摩服务，就是肩胛和腰背放松。那里的工作人员都是从盲人学校毕业，在接受特殊教育后，从而获得了自食其力的可能。所以我们国家的盲人学生所从事的还多为比较简单的劳动。不过这几年我也陆续看到一些新闻，比如我们国家的视障人士学习电脑技术，学习计算机操作，拓展自己接受知识的可能性。

这样，不论是国内还是国外，视障大学毕业生的就业范畴才会更广吧！从我在德国看到的那位熟练运用电脑收集学习资料的德国盲人学生身上就能看出这一点。因为前几天，我看了篇文章，很有感触，在美国，聋哑大学生还可以做法官和律师，并且有专门的协会。这简直是突破了我的认知常识，真是让人脑洞大开。德国呢？盲人和聋哑大学生，这些生活能基本自理的残障人士，可能在接受良好的教育之后，就业的范畴能突破我们的认知局限。

所以，德国计算机房里的那一场景，深深印在我的脑海中。在德国大学，至少在慕尼黑大学，视障大学生可能是不需要或者很少需要服民役的人或者志愿者帮助的。因为从这一件小事就能看出，他们的自理能力很强。聋哑大学生更不用说了。

那么更多需要服民役的人或者志愿者帮助的，通常就是肢体有残疾，行动不便的大学生了。这样的情况，我在德国慕尼黑大学见过几次，经常会见到服民役的人（Zivieldienstleistende）或是志愿者（Freiwilligendienst）推着身体有残疾的学生的轮椅，在学校的各大教学楼间脚步匆匆地走过。更多的我也不了解了。但是这种互助和社会服务的完善形式令人印象深刻。

以上谈及的是身体有残障的学生（körperlich Behinderte）。那智力有残障的学生呢？在德国图宾根大学（2000 年到 2001 年）读书的时候，有一天中午，我在学校食堂排队吃饭，看见几个德国老师带领着十几个德国小孩也在排队吃饭，都是残障孩子，不是聋哑人或者盲人，也不是肢体残障，而是唐氏综合征患者，就是智力障碍（唐氏综合征是一种先天性缺陷，先天愚型，是染色体缺陷）。

一个常识是，在我们国内，只要是孕妇，就必须做唐筛（唐氏综合征筛选），必须！就是为了排除并降低这种因先天染色体缺陷而导致的婴幼儿智力残障率，从出生源头控制并提高人口健康综合素质。这是一个拥有近十四亿人口的国家必须要做的。

而在西方国家，比如德国，可能是因为宗教信仰的原因，选择生下先天残障的孩子并抚养很多见，虽然在我们的观念中，觉得不可理喻。但是这大概就是"文化诧异"吧。所以那一天，在德国一个小城市的大学食堂，当我看到德国特殊教育教师带领着一队唐氏儿井然有序地排队买饭时，心里的震惊不言而喻。那是一队到大学参观并游览的特殊学生。虽然他们先天愚钝，但是看上去，彬彬有礼，彼此之间交流不断。想必，在德国完善的特殊教育的大背景下，这些智力有缺陷的孩子也能突破我们的认知局限性，获得自力更生，服务社会的能力和机会吧。

这就是我在德国学习生活工作时，遇到的几个令我印象深刻的关于残障人士的场景。我在德国见到了我迄今为止见到的最多的残障学生，他们有身体残障，也有智力残障。他们神态自若，毫无自卑感地生活在学校，那是因为他们从小到大都能获得很好的社会服务，从而具备了融入社会的能力和可能性。

国情不同，德国人的健康意识比较强，但可能不存在特意婚检这种事。我在 2001 年结婚前非常认真地做过婚检（我 2007 年离异，之后一直独身）。因为这是必须，是对双方和两个家庭的负责任。但是，我们国家 2003 年取消强制婚检，这十几年间，因婚检人数的逐年走低，我国新生儿的出生缺陷率提高了十几倍，达到了一年九十多万例。挺久之前，有一阵，我比较清闲，经常在家里看电视，电视里大量地介绍了很多因为先天疾病而可能丧失了教育可能性的年轻孩子，这是家庭也是全民的损失。

在我们国家，近十四亿人口中，具备大专学历以上教育水平的人口比例不到百分之二十，整体上健康意识的缺乏，专业知识的匮乏，对家庭教育水平的淡漠，甚至会让一些卑鄙的人钻空子造成后续的家庭新生儿疾病灾难。这是我看最近的一则新闻有感：一位身为婚检员的妇女，因为婚前男方隐瞒遗传疾病，从而导致整个人生悲剧，她的儿子也患上了和她丈夫一样的先天疾病，真是令人同情，可也真是挺具有讽刺意味的。在有强制婚检的年代，尚且有这种钻空子的无耻之徒，取消了强制婚检后，我们国家新生儿的先天缺陷率持续走高也就是不可避免了。感慨！遗憾！痛心！

在我们国家针对残障人士的社会服务和福利还较薄弱的前提下，在整体国民教育水平和国民素质尚需提高的前提下，在优生优育观念尚未全民普及的前提下，从源头把控并提高优生优育率，并提高全民忧患和成人婚检等健康意识，是和科技人文知识的普及同样重要的事。这的确是我们所有人需要学习的地方。

27. 在慕尼黑大学作报告的斯皮瓦克

（写于 2018 年 6 月 16 日）

我在德国学习工作生活一共七年（1998 年到 1999 年，2000 年到 2006 年），在海德堡大学一年，图宾根大学一年，慕尼黑大学五年，算起来，听过无数的讲座。今天说一个印象比较深刻的讲座——斯皮瓦克的讲座。

斯皮瓦克（Gayatri Chakravorty Spivak）是印度裔美国文学批评家，是纽约哥伦比亚大学的比较文学及社会中心的主任。她被视为后殖民理论的重要奠基人，和霍米巴巴（Homi Bhabha）以及撰著《东方主义》（*Orientalismus*）的萨伊德（Edward Said）都是后殖民理论的主要创立者。

因为我在德国关注并研究过一段时间的后殖民理论（postkoloniale Theorie），所以具有深厚殖民地背景的这几位研究者的著作我也是看了很多，当时，看到斯皮瓦克到慕尼黑大学作报告的消息，立刻就去听了。

斯皮瓦克是个高大的具有明显印度人相貌特点的美籍学者，她出生于印度，这种深厚的被殖民地的背景，令她所展现出的研究特点就是一种错综复杂感：被殖民地的相对灰暗和落后以及爱之深痛之切的纠结感和常年浸渍西方文学理论以及社会背景下的先锋嗅觉混杂在一起，让她的研究特点也是非常鲜明。她关注女性主义（Feminismus），后殖民主义（postkoloniale Theorie），全球化（Globalisierung），马克思主义（Marxismus），解构主义（Deskonstruktion）。与霍米巴巴以及萨伊德一样，斯皮瓦克认为 "post" 这个单词，并不意味着殖民主义（Kolonialismus）的 "终结"，而是在现代依旧继续对被殖民地国家的身份认同和社会现实具有持续的影响力。

除此之外，斯皮瓦克保持了对学术界以及社会现实的饱满的关注度和批判力，她笔锋犀利，和在世的乔姆斯基（Chomsy）这个卓越的语言学家和知识分子一样，都对社会现实保持了审视而又犀利的批判思维（kritisches Denken）。

对于被殖民地国家的寻找身份认同（Identitätsfindung）的这一长久心理诉求，不仅斯皮瓦克以及南亚裔的知识分子，而且我们中国的很多读书人因为我们曾经的半殖民度以及半封建社会的历史，也在部分程度上有很深刻的心理认同。

印度作为四大文明古国之一，作为佛教的发源地，作为唐僧玄奘曾去取经的地方，依旧保留着古老的神奇的传统，并且在一定程度上呈现出一种复杂的新旧交错，现代与陈旧杂糅的沧桑感和现代感。

我印象中的印度，除了历史上的佛教圣地、古老的梵文（Sanskrit）、圣雄甘地、风靡世界的瑜伽（Yoga），还有著名的印度诗人泰戈尔等，就是其保留至今的严苛的种族制度（Kastensystem），当然还有这几年大热的令人眼前一亮的几部印度电影，比如《三傻大闹宝莱坞》，这都呈现出一种复杂的历史以及复杂的社会现实感。

作为曾经的半殖民地半封建社会，我们国家在历史上也曾遭受过被殖民的风险。所以 "东方主义" 这种试图与 "西方主义" 划出界线并保持自身独立性，但又需要彼此借鉴，互通有无的心理诉求，也就是一种复杂的既想保持距离，又想融合交流的心态，是我们长久以来的心理共鸣。彼此学习，但又保持自身独立性，在全球化的浪潮中保持民族性，不迷失，更不盲从，是一个大国的风范。

作为身处两种文化夹缝中的学者比如斯皮瓦克等，他们所提出的自我身份认同中的艰难，两种文明和文化的交流中遇到的困难和问题，具有一定的普遍性和警醒之处。这在文化以及文明融合日趋复杂和频繁的今天，依旧具有很深刻的现实意义，需要关注。

大名鼎鼎的布热津斯基（Brzeziński）去世一年多，他的"奶嘴"理论（Tittytainment）影响深远，更令人警醒。在泛娱乐化的生活大环境中保持一份清醒和警醒，是古今中外读书人所必须做到的，中外皆一样。

28. 什么是跨文化能力？

（写于 2018 年 7 月 1 日）

我在德国学的是德国文学、语言学、汉学，但我在德国的学习受益最大的是加速了我终身学习的能力。什么是终身学习？就是在自己的智力范围内具备迅速掌握新领域的知识而不盲从的能力。

既然是文科生，我觉得我在德国几年读书，除了极大地拓展了思维角度和思考力之外，在某种程度上也提升了著名未来学家丹尼尔·平克（Daniel Pink）所提及的《全新思维》中的文科生的能力。

简言之，即为三感三力。三感：设计感，娱乐感（我研究过一阵幽默和喜剧），意义感。三力：叙事力，共情力，交响力。

其中交响力，我觉得至关重要，就是将诸多要素合成起来变成一个整体，使其效果远超于个体和局部的能力。

为什么？对博雅（liberal arts）的重视，在文科的思维训练中，体现为对批判性思维，交流和解决问题的能力，即扩展思维的重视和批判性思考的强调。能够用宽容的心态发展一种多中心主义的思维能力（polyzentrische Denkweise），很重要。而这些能力，综合起来，就是跨文化能力的重要方面。在如今文理工互通的学科建设时代，这是人人都需要具备的能力。

而这些是我们的很多很多大学生所缺乏的。这些年的留学潮流方兴未艾，也暴露出了一些问题。所以准备出国的学生一定要在出国前尽可能地

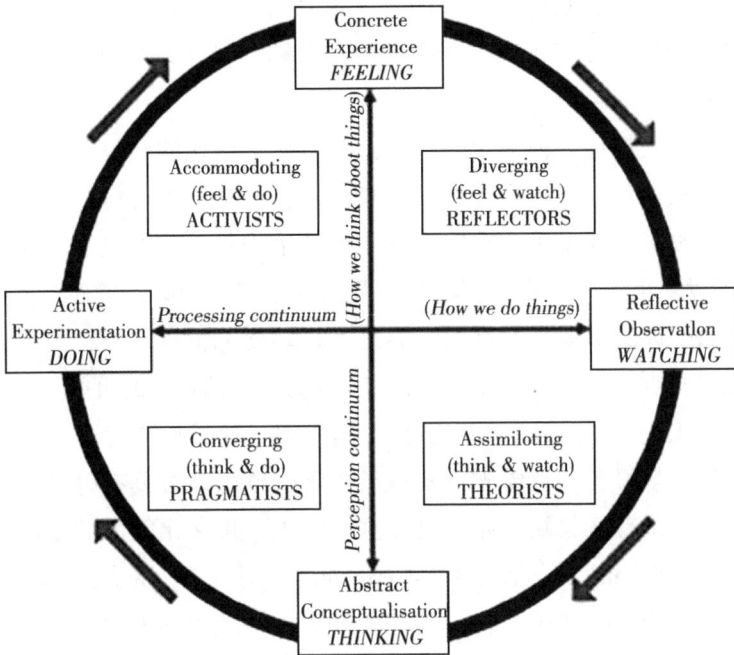

("学习风格量表"，图片出自网络)

做到了解目标国家，并能够对自己，是的，对自己的能力有一个清醒的认识：自己是一个什么样的"学习者"？自己具备怎样的学习能力和学习风格？

在美国教育学家和社会心理学家大卫·库伯（David Kolb）的"学习风格量表"中，学习者的风格被分为四个类型：直接体验（Concrete Experience，CE），反射性观察者（Reflective Observer，RO），抽象概念（Abstract Conceptualization，AC），积极实验（Active Experimentation，AE）。

而在身处一种跨文化的环境中时，即使是最为积极的学习者也会在一开始经历一段时间的文化适应期，除非是从小就具备极强"跨文化能力"（Interkulturelle Kompetenz）的学习者。那么当一名学习者身处一种跨文化情景中的跨文化敏感模型中，会出现如何的文化适应和异文化融合阶段呢？

由 Milton J. Benett 提出的"跨文化敏感发展模型"（Development Model of intercultural Sensitivity，DMIS）以及 Geert Hofstede 提出 的文化维度观点在跨文化学习中具有一定重要地位。按照 Bennett 的观点，跨文化敏感发展度一般要经过：否认（Denial），防卫（Defense），最小化（Minimization），

接受（Acceptence），适应（Adaptation）和融合（Intergration）。前三个阶段表现为试图避免差异，在后三个阶段则在识别差异，并努力理解，适应差异，进行融合。

我们每个人都是一种文化的产物，在当前全球化的趋势下和文化研究的热潮中，虽然不时有逆全球化的浪潮出现，但是"地球村"的概念已经深入人心。没有一种文化会在完全封闭的环境中得以更好发展，所以具备"跨文化能力"则成为一名想具备国际视野的学习者的必备条件。世界越来越小，在每个人的眼前，曾经的世界之大以转变成世界之小，沟通无极限的现代世界提供给每个人具备多种能力，成为更好的自己的可能。

学习者无论是在国内学习，还是出国学习，如果想成为一名具有跨文化能力的终身学习者，就要先审视自己一下，自己是否具有跨文化能力的基本前提，如果有所欠缺，如何培养这些能力：跨文化能力的基础是善解人意（Feinfühligkeit），自信（Selbstvertrauen），对其他行为方式和思维模式的理解，明确和透明地传达自身立场的能力，被理解的能力，被尊重的能力，在可能的时候展示灵活性，在必需的时候要明确并且清晰。

各种跨文化能力模式下总结的关键能力大同小异，包括：在涉及其他文化、人物、国家民族、行为方式等方面的知识和经验时能随机适应的协调能力；始终对其他的文化和人物等具有好奇心、开放和兴趣；具备共情力，能设身处地为他人着想，能对他人的感情及需要有清楚准确的了解和分析；具有自我安全感，自我意识，对自身优势以及弱势和需要的认知，具备情绪的稳定性，以及对其他文化及其民众、国家、行为方式等的自身偏见以及原型认知的批判性相处以及反应。

通常，能借助以下三个模式来培养跨文化能力：列表模式，结构模式和过程模式。

列表模式通常不按照金字塔形石来排列各种跨文化能力：共情心（Empathie），对语义含糊的宽容（Ambiguitätstoleranz），开朗（Offenheit），多中心主义的思维方式（polyzentrische Denkweise），宽容（Toleranz），角色距离（Rollendistanz），灵活性（Flexibilität），元交流能力（Metakommunikationsfähigkeit）等。

结构模式主要分为三个领域：情感维度（affektive Dimension），主要涉及的是感受和情感等能力，如宽容，好奇。认知维度（kognitive Dimension），主要描述的是知识和具有意识能力的能力，如文化知识，对自身文化的认知。行为及意动维度（konative Dimension），描述的是行为能力，如灵活性，交流能力。

过程模式把跨文化能力描述为一种对其获得以及个体及场景中得以适应的发展过程。按照 Bennett 的理论，跨文化能力会随着时间和经验的增长而提高。二者发展过程就分为上面提及的六个阶段：否认、防卫、最小化、接受、适应和融合。

对于跨文化能力和学习的研究者而言，对学习者跨文化能力的评估主要在于以下方面：对语义模糊的宽容性，乐于建立联系，行为的灵活性，情绪的稳定性，成效激励能力，共情性，多中心主义。

29. "吸血鬼"传说真相和德古拉大公
（写于 2018 年 7 月 25 日）

我在德国读书时，选过的一门比较文学（Komparative Literatur）的导论课比较有意思，介绍一下。首先这是英语授课。其次课程内容有些让中国人大跌眼镜的地方。什么内容？吸血鬼的传说。德古拉公爵。

对于我这样的中国学生而言，在此之前我对于吸血鬼传说的了解就是从电影和小说中获得的。但是非常少，因为不关注。但是，在欧洲，吸血鬼文化深入人心。在这门课上，我是唯一的亚洲人，在老师推荐的众多阅读材料中，在周围欧美同学显然非常熟悉阅读材料的成竹在胸的氛围中，我第一次知道了德古拉大公（der Graf Dracula）这个在欧洲家喻户晓的形象，是从一本由爱尔兰作家 Bram Stoker 所写的名为《德古拉》（*Dracula*）的浪漫主义文学作品中得知的。这一形象是欧洲浪漫主义文学中的一个典型鬼怪形象了，和玛丽·雪莱（Mary Shelley）的《弗兰肯斯坦》（*Franken-stein*）的诞生几乎是在同一时期。

这位德古拉大公，在文学创作历史上可谓最出名的吸血鬼形象，是 Stoker 取材于历史上一位 15 世纪的罗马尼亚瓦拉几亚大公弗来德三世的故事。历史上真有其人。历史上他是一位当时抗击奥斯曼帝国的进攻保卫罗马尼亚的国土，立下赫赫战功的罗马尼亚贵族，但是也以杀人手段极其残暴出名。至于怎么残暴，我就不写了，感兴趣的可以自行查阅。Dracula 在罗马尼亚语中，是"龙之子"（der Sohn des Drachen）的意思，也是"残暴"之意。

德古拉带领的军队是当时神圣罗马帝国组织的"龙骑士"军团的一支，保卫天主教徒免受异教徒——当时就是指奥斯曼帝国——的进攻。因其残暴对待异己及俘虏，德古拉公爵见血发狂之名不胫而走，因此"吸血鬼"的称号传遍欧洲。后来，被 Stoker 写进了浪漫派小说，成为历史上最出名的"吸血鬼"。历史上，德古拉公爵最后死于布加勒斯特近郊战场，1476 年冬，在无外援而又兵力不足的前提下，与奥斯曼土耳其帝国大军战至最后一兵一卒。土耳其军队后来将德古拉的尸体四分五裂，首级被远送至君士坦丁堡。在罗马尼亚境内的斯那可夫修道院中所供奉的只是德古拉的灵魂。它守护着罗马尼亚。德古拉大公是罗马尼亚历史上的"民族英雄"。

在东欧，这样的历史上鏖战痕迹和瘟疫灾害带来的"记忆"比比皆是。比如捷克的"人骨教堂"。

知古才知今。这些历史，可能在一定程度上也解释了，为什么在 21 世纪的今天，巴尔干半岛及东欧国家依旧是坚决抵制前奥斯曼帝国土地上的难民的部分原因吧。"历史记忆"，或者说"伤痕记忆"是不是不易消除？也在一部分上印证了巴尔干半岛的国家历来就骁勇善战，无论是在战场上，还是在足球场上。

吸血鬼的传说有史以来在欧洲生生不息，甚至成了一种文化——Vampyrismus。

吸血鬼的传说在欧洲是从东欧巴尔半岛地区以及斯拉夫地区盛行，在中世纪时期尤盛，到了近现代，则转变成了一种超自然力的体现，在欧洲鬼神文化中占据一席之地。

在欧洲吸血鬼传说中，吸血鬼指从坟墓中爬起来吸食人血的亡者尸体，是鬼怪。但是以现代的科学精神来看，放在当时中世纪欧洲瘟疫盛行，残暴的贵族统治的大前提下，这种传说也有其产生的土壤。对吸血鬼的传说的来源可能有以下解释：

一是在当时大瘟疫以及黑死病笼罩欧洲的前提下，整个欧洲尸横遍野，对于死去之人的处置往往草率，很多半死昏厥之人被草草入葬。待因其他原因这些尸首被挖掘出来后，通常会发现，尸体移位，与入葬时不一样，而且口角有血迹斑斑。按照现在的科学眼光看，这其实是人假死复苏后在

Sensationelle Neuerscheinung!

DRACULA

Ein Roman über Vampyrismus
von
Bram Stoker
Geb. M. 5.—, brosch. M. 4.—

Das Buch ist eine Sensation und wird außerordent-
liches Aufsehen erregen, da man in Deutschland über
den Vampyrismus nur sehr wenig weiß. Für Schwach-
nervige ist es jedoch keine Lektüre, und selbst ein
gleichgültiger Leser dürfte durch den die Nerven
geradezu aufpeitschenden Inhalt des Buches aus
dem Gleichgewicht gebracht werden.

Engl. Preßstimmen: „Wer sich das Entsetzen
über den Rücken laufen lassen will, der lese den un-
heimlichen Roman Dracula." — „Noch nie habe ich
etwas derartig Erschreckendes gelesen." — „Der Leser
eilt atemlos von Seite zu Seite, voll Angst, daß er
ein Wort verlieren könnte." — „Es ist so packend ge-
schrieben, daß man es überhaupt nicht mehr aus der
Hand legen kann." — „Dracula steht weit über den
Produkten des Alltags."

Max Altmann, Verlagsbuchhandlung, Leipzig.

（1908 年德文版《德古拉》第一版的广告，图片出自 wikipedia 相关词条）

馆内挣扎所致，但在当时的中世纪深受迷信思想和宗教愚民政策愚弄的人
类看来，这可能是鬼怪附体，吸血的"铁证"了。

这种对人"何时算是真正死亡"的确定——没呼吸，眼球不动，没心
跳还是脑死亡？——也就这几十年来才有所好转。据史料记载，囿于当时
医疗条件所限，包括在第一次世界大战中，很多可能就是昏厥假死的士兵
也被草草入殓，成了真死了。

所以我国古代以来就有人去世之后，停尸若干天，"守灵"的说法。这
其实也是规避"掩埋活人"的情况的出现。

所以欧洲所谓"吸血鬼"的传说其实是古代中世纪医疗条件不好，人类对生死认知有限，贫穷和缺乏教育的前提下，在瘟疫和战争肆虐的大环境下，导致的一种对"因瘟疫灾害及疾病及战争死亡者"的迷信。

还有种解释，是比较公认的关于吸血鬼的解释是：当时在欧洲被认为是吸血鬼的人实际上是卟啉病（紫质症）患者。患者怕光（光照后会引起皮肤溃烂、结痂、大面积黑色素沉着），牙齿会出现荧光，亦会造成贫血，对大蒜过敏（大蒜的刺激性气味能引起病发），眼珠呈红色，补充血红蛋白有利于缓解病情。当时，少数偏激患者认为饮用鲜血可以补充血红蛋白，从而引发了欧洲的"吸血鬼传说"。

十几年前我在德国上的这门课，令我印象深刻。文化差异，历史背景，都告诉我，不同文化彼此之间的理解是多么不容易。古往今来就是如此。但是发展大势势不可挡，共建一个和平繁荣进步科学的世界，相信是所有人的愿望。

30. "幸存者偏差"和第六次物种大灭绝

（写于 2018 年 7 月 30 日）

在慕尼黑上学时（2001—2006），慕尼黑市立图书馆（Stadtbibliothek）我很喜欢去，虽然路比较远。我还特意办了张图书证借书。为什么？那里有些休闲的小说，比如课余我看了好多德语小说，当时《指环王》（*The Lord of the Ring*）电影大热的时候，学校图书馆里根本借不到托尔金的这本名著。还有一本《失去的世界》（*The lost world*），印象深刻，是我读的闲书之一。"闲书"让我这个德国文学、语言学和汉学出身的文科生对古生物学和考古学迄今很感兴趣。这也是我跨领域学习的一个小小的关注领域吧。我对天文地理、人文社科、音乐艺术等各领域的兴趣都是从"闲书"开始的。

《失去的世界》是描述史前地球主宰——恐龙（Dinosaurier）的小说。相信大家都看过一系列与恐龙相关的电影和小说作品。不仅在文学作品中，在古生物研究中，史前巨兽的出现和灭亡都是长盛不衰的热门研究主题。我也感兴趣。虽然我不是学习这门专业的，但是不知古，焉知今。

据科学家研究，距今约 5 亿年以来，地球上曾经出现过总计过十亿的动植物物种，其中绝大部分随着地球的演化及各种自然灭绝现象的出现，灭绝了。在地球距今46亿年的生命中，地球上的物种经历了五次大灭绝以及十几个阶段的次灭绝。所以，今天的我们只有在书籍中了解这些曾经出现在地球上的千奇百怪的大自然的造化之物了。

而在第五次白垩纪大灭绝中消失的恐龙，只是这众多物种中尤为庞大的一个，它们曾经统治地球上亿年。今天的我们，从电影、小说、博物馆中了解它们。而它们的研究人员，则从地球的历史记载物——化石（Fossilie）上去读懂它们曾经的生活——包括它们的形态、生活、习性，仅仅是猜测而已。而这猜测也已经令人震撼了。

我还记得我九几年在北京看《侏罗纪公园》这部电影时的震撼，这部恐龙电影系列，和《变形金刚》（Transformer）一样，我每部都看了。不了解的生活，多了解一些。

一个消失的物种生活在一个失去的世界，从不曾回来，仅仅留在大历史的长河中，只占据了沧海桑田变迁中的一瞬间。令人唏嘘。

据最新研究，大约六百万年前，人猿分离，人类逐渐成为现在统治世界的霸主，智人（Homo Sapiens），按照赫拉利的理论，创立了"国家""宗教""社团"等虚拟概念，会凝聚人心，会讲故事，干掉了其他人种，在大迁徙中，逐渐遍布全球，成为我们现代人的祖先，成为世界物种中的佼佼者。

那么我们今天的世界上，除了人类，还有多少物种与人类相伴相生？按照各种不同调查结果，已知的生物物种大约在一百五十万到两百万之间，但是世界这么奇妙，待探索的空间及未知的物种何其多，所以目前世界上的物种种类应该是远远超出这个数字，达到上千万种。

地球史上，第一次物种大灭绝发生在距今4.4亿年前的奥陶纪（Ordovizium）末期，约85%的物种灭亡。古生物学家认为这次物种灭绝是由全球气候变冷造成的。

第二次物种大灭绝发生在泥盆纪（Devon）晚期，其原因也是地球气候变冷和海洋退却。在公元前约3.65亿年的泥盆纪后期，海洋生物遭到重创。

第三次生物大灭绝发生在距今2.5亿年前的二叠纪（Perm）末期，据科学家估计当时地球上有96%的物种灭绝，其中90%的海洋生物和70%的陆地脊椎动物灭绝。海平面下降和大陆漂移，造成了最严重的物种大灭绝。

第四次生物大灭绝又称三叠纪大灭绝。三叠纪（Trias）是中生代的第一纪，爬行动物和裸子植物崛起。在公元前 1.95 亿年的三叠纪末期，估计有 76% 的物种，其中主要是海洋生物灭绝，此次灾难并无特别明显的标志，只发现海平面下降之后又上升，出现大面积缺氧的海水。

第五次生物大灭绝又称白垩纪（Kreide）大灭绝或恐龙大灭绝，发生在公元前 6600 万年白垩纪末期，约 75%—80% 的物种灭绝。

在地球生物种类经历的五次大灭绝中，这次大灭绝事件最为著名，因持续长达一亿六千三百万年之久的恐龙时代在此终结，海洋中的菊石类也一同消失。据推测，这次灾难来自地外空间和火山喷发，在白垩纪末期发生的一次或多次陨星雨造成了全球生态系统的崩溃。

这是人类诞生之前地球新旧更迭，经历的五次大规模物种灭绝（fünf große Massenaussterben）——除了这五次大规模的物种灭绝期，地球还出现了十几次的次灭绝期。总之，很多物种曾经出现在这个地球上，繁衍生息，然后默默地或者突然地消失了。

而我们人类现在，是不是面临着地球历史上的第六次物种大灭绝（das 6. Artensterben）呢？

科学家们提出了一个"第六次灭绝"假设。地球经历的前五次生物灭绝事件都是因环境因素所致，而未来的"第六次物种大灭绝"则是因人为因素。

2011 年 3 月，美国的一项研究称如果人类不抓紧保护濒危动物、减少环境污染，地球将在未来数百年面临第六次大灭绝，届时地球表面 75% 的生命都将被摧毁，而再次重建则需要几百万年的时间。2014 年《自然》（Nature）杂志称，50 年后 100 多万种陆地生物将从地球上消失，速度比自然灭绝速度快了 1000 倍，平均每小时就有一个物种灭绝。2016 年开始，德国科学家发文认为我们人类已经处于第六次生物大灭绝的边缘时刻。

而在现在，关于第六次物种灭绝时期的担忧声愈加频繁，这是人类对自己未来的担忧。造成这一切的可能的原因就是：第一，生物生存环境的丧失；第二，外来物种的入侵；第三，环境污染；第四，人口爆炸；第五，过度利用。

无数个物种曾经消失，我们今天的地球，每时每刻也都有物种面临消失的命运。一个物种可能会改变一个国家的经济形势。因为在一个生态系统里，每一个物种都有它的特殊功能。每灭绝一个物种，就有几个、几十个物种的生存受到影响。我经常关注一些猎鲸、猎海豹的新闻，令人遗憾。还有众多动物园植物园的新闻，动物园和保护区的存在是我们人类的一大发明，值得庆幸——毕竟保护了很多濒危动植物，但也令人遗憾。

人类既不是地球上数量最多的生物，也不是地球上个体最大的生物，却是地球上最聪明、最有头脑的生物。所以，对它们的研究，我们人类说了算。

十亿种数量的生物，我们观察到的仅仅是现存的可能不到百分之一的化石，从对这些化石的研究，人类去了解、假设、研究一些已经逝去的世界。因人类能力的限制，人类眼中，笔下的这些已逝物种可能不是它们原有的形象。人类也一直在修正各种假设和研究结果。逝去的世界到底如何，我们仅是一知半解。

在人文社科学以及自然科学研究中，有一个著名的论点"幸存者偏差"（Überlebensirrtum）。"幸存者偏差"，或者"存活者偏差"，驳斥的是一种常见的逻辑错误，这个被驳斥的逻辑谬误指的是只能看到经过某种筛选而产生的结果，而没有意识到筛选的过程的可能的不正确性，因此忽略了被筛选掉的关键信息。这个论点还有很多称谓，比如"沉默的数据""死人不会说话"等等。指的是，当取得信息的渠道，仅来自幸存者时，此资讯可能会存在与实际情况不同的偏差。

这个规律适用于各行各业。考古与古生物研究亦是如此。而岩石、化石，就是失去的世界留给我们的"幸存者"（Üeberlebende），而且全部都是"沉默的数据"。现存的化石不足已逝物种的百分之一，而我们人类找到的更是微乎其微。所以，失去的世界，到底如何，你知道吗？历史上，人类在研究人类历史的过程中，多少次以讹传讹，然后再用新发现的"沉默的数据"驳斥论证。而这些"数据"的真假可能都是难辨的——假化石。

这是个潜力无穷的领域，对宇宙大历史和地球大历史研究，能够让人类更好了解这个世界和人类本身，当然还有曾经出现在地球上的以及与人类并存的物种。

它们越来越少，对人类不是好事。你能想象地球变成人类独居的"孤独星球"（die Einsame Erde）吗？

31. "终身学习"概念的起源

（写于 2018 年 8 月 6 日）

这一阵，北京热得几乎令人昏厥。除了出门上课，我天天昏昏沉沉地待在家里"蒸桑拿"，偶尔开开空调凉快一下。这几天，一则新闻让人心情沉重：北极圈内的气温达到了三十摄氏度以上，直追北京的热度。北极的冰层在加速融化，带来的气候变化实在让人心忧。今年，夏季的异乎寻常的高温，让我这个往年几乎不开空调的人也在家里用上空调了。

在德语中，空调是 Klimaanlage/ Klimagerät，指能够调节室内气温（den Raum klimatisieren）的设备。感谢空调的发明者，在这酷暑难耐的日子里救了很多人的命。和很多发明创造一样，空调的发明也是历经无数次的失败，最终得以成功，并不断改进，价格逐渐变得亲民。

我在德国学习工作生活七年，从未用过空调，那时候的德国城市四季分明。夏天会比较热，但基本一年中超过三十摄氏度的天很少，晚上普遍比较凉爽，还需要盖被子入睡。在德国，我就没见过空调和电扇。

时代真是不同了，现在看新闻，看到欧洲热浪侵袭，高温天持续不断的新闻，不禁想，这世上唯一不变的就是变化本身。万事皆在变化。我们唯一的赖以生存的经历大风大浪的地球也是如此。只是希望这变化的趋势能多留给人类一些继续生存的可能和时间。

我在德国求学遇到很多德国老师，他们的教学和指导学生的风格，以及他们的涉猎之广带给我很大的启发，也是让我在年过四十的今天依旧保持终身学习和广泛涉猎的浓厚兴趣的原因之一。今天说说"终身学习（Lebenslanges Lernen）"这个概念的起源。

1962 年，lifelong education（lebenslanges Bilden/Erziehen）——"终身教育"的概念首先出现在国际组织的文献中，并作为主题得以阐释。随后，在诸多历史学论文中，"终身教育"引申为"终身学习"（lifelang learning，lebenslanges Lernen）。这一理念被迅速接受并得以推广。1996 年，欧盟 EU 将这一年命名为"Europäisches Jahr des lebensbegleitenden Lernens"（终身学习的欧洲年）。

而终身学习，终身受教育，是一个人在现代社会安身立命的必备技能，没有这一点思维储备，无法面对纷繁复杂的世事变迁和我们生存的地球的变化——令人瞠目结舌的变化。

就好比现在，在热酷热难当的夏天。地球是生存了四十六亿年的人类命脉，身处第四纪冰期的我们，需要了解地球"小冰期"（kleine Eiszeit）和"温暖期"（Warmzeit）的交替和更迭。我还得再多看些文章，多了解一些这个人到中年脾气捉摸不定的地球的喜怒哀乐。

32. 石头记

（写于 2018 年 8 月 11 日）

我在德国读书生活工作一共七年，时间飞逝，一段异国他乡的生活不时浮现在脑海，提醒我，我曾经在一个远隔万里的地方度过我的一段青年时代。所以，在我四十多岁的现在，我提笔写点我的感触。今天说石头。

我对石头很感兴趣，也曾经时不时关注各种石头的分类和特征，觉得对这种大自然的硬朗"果实"多了解一些总是好的。除了这些原材料，还有它们的衍生品——比如陶瓷（Porzellan）。

我在德国得闲的时候，有时会去逛德国商店，了解一下德国商品的优劣点，反正也买不起，看看就好。在德国瓷器柜台，我第一次知道了一个德国瓷器品牌——迈森瓷器（Meissen）。这是德国赫赫有名的瓷器制造商，而迈森瓷器则享有"白色黄金"的美誉。非常精美。

迈森瓷器的标识是"双剑"，彰显了这种瓷器品牌的锐利和丰富。而这种锐利本身也是从一种著名的石头经过烈火萃取而来——高岭土。

瓷器出自我国，从宋元开始，就是重要的出口创汇产品。而在欧洲也掀起了对中国瓷器的热爱和追捧的热潮。哈布斯堡王朝在维也纳

带有洋葱图案的迈森瓷器

的夏宫美泉宫（Schloss Schönbrunn）中建有陶瓷屋（Porzellanzimmer）。我去奥地利旅游还是十几年前的事，这个陶瓷屋给我留下了深刻而又震撼的

观感。这么多石头的衍生物——在经过能工巧匠的加工之后，变成了美轮美奂的艺术品。令人震撼。但是进口的毕竟少，怎么才能自己做出来呢？秘诀在哪里呢？于是有一位传教士18世纪从中国江西景德镇高岭把制陶的土和石头带回了欧洲——并将这种白色的土"weiβe Erde"命名为高岭土。德国也是高岭土的高产地。与德国的国石琥珀（Bernstein）不一样，这种高岭土看上去实在"太土"。

2013年，这种貌不惊人但是经过烈火萃炼之后能制出"白色黄金"的石头当选"德国年度石头"（Gestein des Jahres in Deutschland）。

从2007年开始，德国地理科学协会（DGG）和德国地理科学职业联合会（BDG）每年都会评选出一种"年度石头"——Gestein des Jahres in Deutschland，旨在介绍这种石头的基本特点以及其在经济科学社会中的广泛应用。

这些石头都有哪些呢？先了解一下。

德国的年度石头：2007年花岗石（Granit），2008年砂岩（Sandstein），2009年玄武岩（Basalt），2010年石灰岩（Kalkstein），2011年凝灰岩（Tuff），2012年石英岩（Quarzit），2013年高岭土（Kaolin），2014年响岩（Phonolith），2015年片麻岩（Gneis），2016年沙子（Sand），2017年辉绿石（Diabas），2018年硬煤（Steinkohle）。

经过艰苦卓绝的研究和研制，迈森瓷器的开创者Johann Friedrih Boettger设计师及制陶人，终于烧制出了可与当时中国瓷器相媲美的白瓷。欧洲白瓷和青花瓷，逐渐摆脱了中国瓷器的绘画特点。釉上彩（Aufglasurfarben）和釉下彩（Unterglasurfarben）逐渐具有了浓厚的欧洲风格，不仅成为百姓桌上的常见餐具，更是珍贵的艺术收藏品。

德国的日用瓷器非常精美，不仅迈森，还有众多的瓷器厂家。可惜因为瓷器的易碎性和囊中羞涩，我在德国没有买过一件瓷器作为纪念。深感遗憾。

我一直非常喜欢瓷器，尤其白瓷、骨瓷和青花瓷。我买过实用的骨瓷的餐具和景德镇的装饰瓷器。现在，我终于可以添置得起现代青花瓷挂盘了。我曾经以为它很贵。它彰显了人类在发展人类智慧过程中，化"石头和土壤"为神奇的过程。这么精美，才十几块钱，便宜得不可思议。有些感慨，所以写下来。

33. "燃烧"的石头——德国国石琥珀

（写于 2018 年 7 月 31 日）

我浸渍在德语环境中很多年了，可惜我昨天才知道德国的国石是琥珀，所以简单介绍一下。还有，琥珀也是罗马尼亚的国石。

化石是历史遗骸的见证物，至少有上万年的历史。化石分为生物化石、足迹化石、粪化石等。其中生物化石的一种，奇妙地混合了动植物的遗骸及残留物，并在地层历经万年以上的沉积，变成了晶莹剔透的抑或具有油脂般光泽的化石——琥珀（Bernstein）。

琥珀是树脂滴落之后凝固而成的化石，尤以其中裹挟了昆虫或植物的为珍贵。早在古希腊时期，泰勒斯·米列特（Thales von Millet）就提及了这种珍贵的可以药用的化石，而且发现了琥珀可以吸附灰尘和纤维，有去静电效果。所以，在当时，琥珀就除了做首饰之外，还被制作成衣服的刷子，用来消除静电。

我从小就很喜欢琥珀，但是没见过，只从书上看到过。怎么办呢？我虽然是个文科生，但是从小对天文地理、自然科学、人文社科、音乐艺术、黑科技、经济历史等等各个领域的知识都非常感兴趣。没见过，怎么办？那就自己做一个。做一个"人造的琥珀"。我小学时曾经参加一个小发明比赛，我的参赛作品就是"人造琥珀"，用融化后的松香（Geigenharz，Kolophonium）塑型，加入昆虫作为嵌入物，还真是挺漂亮。得了奖。我记忆犹新。

前几年，蜜蜡琥珀非常流行。我买不起成品，于是在淘宝上买了些珠子和碎粒的琥珀石，打算自己做手工，做小首饰。碎粒的琥珀原石出乎意料的便宜。可惜一直没动手做。以后有时间再说吧。我刚刚翻了翻储藏柜，不知道碎粒的琥珀石放哪里了。再找找吧。

德语中，Bernstein（琥珀）这个单词，从 Boernstein 而来，其中 Bern 源自 brennen（燃烧），因琥珀从外观上好似"燃烧的石头"而得名。而英语中"amber"——琥珀一词，则是从阿拉伯语的 anbar 而来。

前几天赫拉利的第三本新书《今日简史》（21 *Lessons for the 21st Century*）发行。这本讲述现今的"历史书"，比"过去"和"未来"更难描述。关于学校教育这一块，赫拉利提出，4C（批判性思维 critical thinking，交流 communication，合作 collaboration，创造性 creativity）非常重要。同时强调通用的生活技能，能够随机应变，学习新事物，在不熟悉的环境中依然保持心智平衡。而且 "Erkenne Dich selbst" （认识自己）这一警句在今天尤为重要，应做到不为他人左右，尤其在信息爆炸的大数据时代。

琥珀这种化石无疑属于"过去"，是过去的历史的见证物。对这些地球生物体的沉积物——有机宝石的了解也是普及常见知识的一部分。多了解总是好的。在人工智能大发展的时代，与时俱进，知古知今，很有必要。

34. 慕尼黑的一个书店

（写于 2018 年 8 月 22 日）

对于德国这样一个历史厚重、思辨性高于生活的、分裂远长于统一的国家，复杂性远大于我们中国人认为的"欧美国家的人生活质量高，幸福，所以人也单纯"的片面认知。

慕尼黑玛利亚广场上的
Hugendubel 书店入口

十几年前，我就在这个风景优美、思维多元的国度度过了我青年时代的一段时光。总体感受很不错，对于我这个来自异国他乡的中国学生，我能感受到强烈的文化冲突，也能感到放之四海而皆准的普遍人性。

学生对于书总是非常有感情。在这里，除了图书馆，我还很习惯逛书店，包括旧书店。新书太贵，我在德国一共七年，一共也没有买几本新书，旧书买了一些，但是看看扔扔，也没带回国几本。毕竟旧书翻阅人太多，感觉还是不太卫生。这也算是我的小小洁癖吧。

介绍一个德国书店。

Hugendubel 书店是德国一个古老的书店，第一家店 1893 年在德国慕尼黑开设。分店众多。虽然现在电子书非常普及，网络查阅书籍资料都非常乃至更为便捷，我这个爱看书之人看的纸质书也越来越少，但是还是怀念一下实体书店。这个慕尼黑的书店给我印象很深刻。它的一家店铺就开设在慕尼黑的著名广场玛丽广场（Marienplatz）上，人来人往之间，它预留出的小小的阅读岛（Leseinsel）可以让人精心选书看书。书里可以看尽德国的方方面面。

35. 德国的科普杂志和著名的科普书籍

（写于 2018 年 10 月 22 日）

我的专业是德国文学、语言学和汉学，所以阅读的大量书籍都是人文社科（Geisteswissenschaften）方面的。但是，因为自身喜爱和关注，自然科学（Naturwissenschaften）方面的书籍我也愿意了解，但是因为智力所限——我当年是苦于数理化一般所以选择了文科专业，而且还是小语种专业德语——我一般看科普类书籍较多。

为什么？因为这样认识到的世界才是近乎完整的。

说到"科普书籍"（populärwissenschaftliche Literatur），其实就是一些科学家或者科技记者所写的针对对该行业感兴趣的"外行读者"做的科学普及，面向普通读者，做科学普及工作。"科普书籍"与"专业文献"（wissenschaftliche Literatur）是相对的，后者是专门刊登行业内最新研究成果和科研方法的期刊及书籍，受众一般都为专业人士，而不是普罗大众，如《自然》（Nature）就是"专业杂志"中的顶级期刊。

而这种"科普"，即"科学普及化"（Wissenschafts-popularisierung），早在启蒙时代就已经在德国迅速普及。那时期的德国自然科学家和经济学家，第一次使用"Technologie"（技术）一词，并且德国农学创始人之一的约翰·贝克曼（Johann Beckmann）就是其中的重要一员。

从他的著作列表可以看出，他在当时社会科普方面所做出的卓越贡献，涉猎非常广泛，有经济，农学，科技等领域。

在启蒙时期，另一位科普作家 Johann Heinrich Helmuth 从 18 世纪末陆续出版的科普系列《驱除迷信的大众自然学说》（*Volksnaturlehre zur Dämpfung des Aberglaubens*），也是影响深远。书如其名，这些科普作品对祛除当时社会的封建迷信，树立普罗大众的科学观念起到了重要的作用。

推荐一本德语书：Andreas W. Daum：*Wissenschaftspopularisierung im* 19.

Jahrhundert. Bürgerliche Kultur，naturwissenschaftliche Bildung und die deutsche Öffentlichkeit，1848—1914.（道姆：《19 世纪的科普、市民文化、自然科学教育和德国公众》）。这本书详细描述了 19 世纪科普在德国的兴盛和表现形式。到了 19 世纪，随着工业化进程的加快，普通大众对新技术和新知识的渴望，使德国的科普迅速发展。

　　进入 20 世纪，不仅在德国，在全世界范围内更是出现了一大批具有国际声誉的各领域畅销科普书籍。列举下面几本（出自 wikipedia 相关词条）：

　　（1）考古学：

　　·C. W. Ceram：*Götter，Gräber und Gelehrte*

　　（2）生物学：

　　·Alfred Edmund Brehm：*Brehms Tierleben*

　　·Richard Dawkins：*The Selfish Gene，The Extended Phenotype，The Blind Watchmaker，The Greatest Show on Earth*

　　·*Illustration von Fedor Flinzer aus Brehms Thierleben*（1886）

　　（3）数学/信息学：

　　·Douglas R. Hofstadter：*Gödel，Escher，Bach-An Eternal Golden Braid*

　　·Simon Singh：*Fermat's Last Theorem，The Code Book*

　　（4）物理学：

　　·Brian Cox：*The Quantum Universe*

　　·Stephen Hawking：*A Brief History of Time，The Universe in a Nutshell，The Grand Design*

　　·Lawrence Krauss：*A Universe from Nothing*

　　·Otto Ule：*Physikalische Bilder，Die Wunder der Sternenwelt，Populäre Naturlehre*

　　这其中的很多科普书籍已经有中文译本。想必很多人都已经看过其中几本了。

　　这都是书籍，那么，连续性的定期出版的重要科普杂志有哪些呢？了解一下。它们中的很多虽然这些年随着网络阅读的迅猛发展，订数不断下降，但是它们的重要影响力依旧存在，具有重要的科普价值。

　　·《德国考古学》（*Archäologie in Deutschland*）

　　·《科学画报》（*Bild der Wissenschaft*）

- 《当年》（*DAMALS*）
- 《*GEO* 视界》（*GEO*）
- 《自然和宇宙》（*natur+kosmos*）
- 《国家地理杂志》（*National Geographic*）
- 《新科学家》（*New Scientist*）
- *P. M. Magazin*
- 《今日心理学》（*Psychologie Heute*）
- 《每周公共历史》（*Public History Weekly*）
- 《科学光谱》（*Spektrum der Wissenschaft*）
- 《世界奇迹》（*Welt der Wunder*）

在科普的道路上，要有通博宏观的视角。在专业的角度上，是既要通博也要深入。专通兼备，是时代的要求。

感谢这些在科普道路上的前行开拓者，他们为提高整体国民的素质、社会知识储备及认知能力的提升起到了至关重要的作用。

36. 德语中的专业期刊和学术论文

（写于 2018 年 10 月 23 日）

在德国，我所学的专业是德国文学、语言学和汉学，学校没有对学生有发表论文的要求，但是每学期的学期论文和毕业论文都是严格地按照学术论文的体例书写，具备发表的基础。

我记得我当年去德国，一开始为了熟悉环境，也为了补学分，听了好多低年级的课，其中就有大学一年级的"学术论文写作导论课"（Einführung ins wissenschaftliche Schreiben）。不知道现在国内本科大学生和研究生的学期论文写作是不是也经受严格的学术训练。我想应该是的。这种训练应该从大学本科一年级就开始，而没必要等到研究生阶段。

所以，我非常赞成国家前不久提出并推行的重视本科教育，加深本科专业学习难度的教育方针。这是必须的。总不能中国大学生在大学学习的内容比在高中学的还容易，还"幼稚"。而已经成年的大学生，思想上也应该成年，应该开始具备学术写作的能力，和培养自身思辨能力的意识。

昨天说了些德国重要的科普书籍和科普杂志。今天说说"专业杂志"。

在德语中，专业期刊一词是 Fachzeitschrift，而 "学术期刊" 是其子类别，是 Wissenshaftliche Zeitschriften.

有几个很好的查询专业期刊和学术期刊的网址，推荐一下，出自 wiki-pedia 相关词条，不仅限于德语期刊，是综合性的期刊数据库。

· https：//www. fachzeitungen. de/
· https：//www. deutsche-fachpresse. de/startseite/
· https：//zdb-katalog. de/index. xhtml
· http：//rzblx1. uni-regensburg. de/ezeit/

比如在专业期刊数据库（Zeitschriftendatenbank）https：//zdb-katalog. de/index. xhtml 里直接输入关键词，就可以罗列出全世界范围内的相关专业期刊的名称。

学术论文发表在专业期刊上——Paper, wissenschaftliche Publikation, Fachpublikation——是非常重要的发表途径之一，除此之外，和我们国内一样，还有其他的发表途径，有专著，大会论文，纪念文集等等。它们用德语怎么表达？

专业学术文章发表的途径有以下几种：

· 专著（Monografie）
· 发表在专业期刊的文章（Artikel in Fachzeitschriften）
· 发表在大会论文集的文章（Artikel in Tagungsbänden）
· 收集在论文集的文章（Aufsatz in Sammelwerken）
· 纪念文集中的文章（Beiträge zu Festschriften）

总而言之，专著最厉害，学术期刊发表论文审稿时间长，大会文集等有写作时间限定，即时性强一些，著名学者的纪念文集通常由学生张罗，通常是向著名学者、行业大牛致敬的一种方式。

37. 语言转变和语言学转向

（写于 2018 年 10 月 27 日）

我在德国学习生活工作七年，除了德国文学，还学习语言学和汉学。语言学的内容浩瀚无边，那时的我，为了写一篇学期论文，通常会把学校图书馆里的整面墙的相关语言学著作都翻个遍，基本整天都待在图书馆中。

　　在翻阅的过程中，经常会发现一些与学期论文无关，但是自己很感兴趣的地方。这种情况出现在几乎所有翻阅闲书也好，专业书也好的场景下。想必大家都有同感。我的跨学科兴趣和对人文社科以及自然科学的广泛兴趣就是在这些无意而又随心的翻翻看看中培养起来的。这也是读书的一种方式，博以求广。因为各专业之间就不应该有什么壁垒。所以，在屡次翻遍了语言学著作之后，我一边积累每次写学期论文的资料，一边广博地学这学那。这是一种学习方法。

　　除了介绍下我比较喜欢的这种学习方法外，今天说说我很喜欢的两个语言学概念，容易混淆。解释一下：一个是"语言转换"（Sprachwandel），一个是"语言学转向"（linguistische Wende）。这两个都是语言学中的重要概念。一个重要的导向蕴含其中，即万事万物的可变性和发展性。理论如此，实践也是如此，这个专业如此，那个专业也如此。在变化中求生存，是必须的。

　　承载人类思想的语言更是如此。

　　在历史语言学和社会语言学的研究范畴中，对语言在发展过程中不断发生的变化的研究，是一个重要的方面，研究的即为语言转变（Sprachwandel）。语言的转化过程主要受到语言、经济、历史革新、人的语言表达灵活性和历史进化的影响，其中对于语音语调的转变，对于借词的融入，对于语言相似性的研究，是其中重要的研究角度。是结构主义中对语言的共时和历时的分析。

　　而从语言的变迁就能看出历史的发展大维度对于语言的影响。

　　那么什么是"语言学转向"（linguistische Wende，也被称为 sprachkritische Wende，sprachanalytische Wende 或者 Wende zur Sprache）呢？

　　语言学转向主要指的是逐渐兴起于 20 世纪初的对语言的一种重新思考，语言在哲学中的专业化研究倾向，及分析哲学的兴起，带来了其在人文社科等诸多领域的持续不断的深刻影响。

　　直到 20 世纪 60 年代，奥地利哲学家古斯塔夫·伯格曼（Gustav Bergmann）在其《逻辑与实在》（*Logic and Reality*，1964）一书中首次提出这一概念。随后，在美国哲学家理查德·罗蒂（Richard M. Rorty）所编撰的以这一概念为题目的《语言学转向——哲学方法论文集》（*The Lingustic Turn：Essays in Philosophical Method*，1967）一书中，"语言学转向"这一概念得以流行和普及。

从此，语言不再是传统哲学中的分析工具，而是变成了人类思想及对其研究的起点。分析哲学和符号学等等究其语言本身的解构式钻研无不彰显了其特有的浓郁的后结构主义和后现代主义的思想发展趋向。而事实上，这一思想转变也的确带来了人类对语言的新思考，并在一系列思想家和哲学家的发展下，成了一个重要的哲学概念：列维·斯特劳斯（Claude Levi-Strauss）、福柯（Michel Foucault）、朱迪·巴特勒（Judith Butler）、拉康（Jacques Lacan）、露西伊利格瑞（Luce Irigaray）、茱莉亚·克莉丝蒂娃（Julia Kristeva）、罗兰·巴特（Roland Barthes）、埃科（Umberto Eco）、德里达（Jacques Derrida）和海登·怀特等等，均是其中杰出代表。

一言以蔽之，语言和人类一起发展，在进步，很多方面在简化，某些方面在复杂化，"唯一不变的就是变化本身"，语言亦如此。

人类对人类自身的分析和了解是建立在语言的基础之上，而对语言的深刻揭示更是一条漫漫长路，我们都身处语言的河流，顺水漂流的同时也在改造河道和水流方向，这是相辅相成的一条漫漫长路。语言学转向及其代表人物的著作我都列在本书参考书目里。

38. 德国的智能家居

（写于 2018 年 10 月 28 日）

我在德国学习生活工作七年，这七年时间，是跨世纪的纪念，我除了见证了欧元在欧洲的施行，除了见证了战争与和平在欧洲一些角落的起起伏伏，也见证了时代的发展在普通人生活中的烙印。

当时，我对科技对生活的改变已经感受非常明显，因为 21 世纪初，是网络开始繁盛的时期。网络连接了全世界，鼠标点点，可以获取全世界的即时新闻和所需要的学术材料。真是令人赞叹。这一切为我的学习提供了巨大的帮助。

那么智能家居（Smart Home）呢？我是穷学生，住在学生宿舍，对这里的感受不明显，但是我的一大爱好是读书看报，读书看报，天下事尽知。那时候，十几年前，还不是智能手机的时代，我的小按键手机除了能接打电话收发短信，还有一个功能就是语音留言。当时我觉得这是好高级的功能。

现在转身想想，不禁感慨，时代的发展实在是让人有白驹过隙，时不我待之感。这个世纪的前十年，现在非常流行的一个表述——智能家居，已经在欧美国家逐渐兴起。虽然在大街小巷的展示有限，但是读书看报时的新闻报道，能感受到，这种科技新时代的"智能生活"已经在向我们走来，只是，我当时虽已经身处其中，但还没意识到在十几年后对我们人类生活的巨大改变。

今年，这一阵，我想把我北京的装修了近八年的小家局部翻新一下，太麻烦，作罢。十年前，2008年，我买了北京昌平高教新城这个房子，两年后2010年10月收房后简单装修，年底就匆匆入住。这些年一直居住，也一直在改造，但是也就是增添更换些家具。要说本质上的与智能时代接轨的地方，除了智能电饭锅这样的小家电和智能手机这样的通信设备，就是我2016年底和2017年初开始用上了智能家庭安防设备——一个监控摄像头（ Üeberwachungskamera）配上移动报警器（Bewegungsmelder）。这是我2014年底开始用上智能手机（Smartphone）之后的另一个高级智能家居设备。

智能家居的出现给人类生活带来了很大的方便，但是也有很多缺点甚至危险。人对机器的控制归根到底在于人，如果智能家居如智能安防设备在精通技术且心怀不轨的人手中反而成为一种危害安全的工具，那真是后果不堪设想。这也就是人工智能在起起伏伏的发展过程中屡被诟病的地方吧。我家里的智能安防设备就不够安防，让我苦恼不已。不过智能手机和定时电饭锅还真是很好用的。

所以，我这个数理化不好的文科生也在努力跟上时代，学习一些人工智能相关的知识。自己能够懂一些，总是好的。"智能家居"是个在21世纪初就兴起的概念，Smart home/Gebäudeautomation/Homeautomation/Intelligentes Wohnen/Raumautomation 等等都是其概念表述。

"智能家居"是一种形象化的表达，其实就是居住自动化（Homeautomation）。那么在居住方面，目前都有哪些可以自动化，即智能化的地方呢？

总体来说，有以下几个方面：

· 智能安防（Sicherheit）：比如家庭安防设备。

· 智能家电（Haushaltsgeraete-Automation）：如定时开关电器。

· 智能测量（Smart-Metering）：如家庭水电气表的计数。

· 联网智能休闲（vernetzte Unterhaltungselektronik）：如定时下载音乐。

39. 瑞士军刀

（写于 2018 年 10 月 29 日）

2018 年 10 月下旬，我出家门去北京昌平沙河高教园地铁站坐地铁，突然被告知，随身带的小包里有小刀，不让带上地铁。真是第一次碰到这样的事。我看了看，是我一直挂在钥匙串上的一把瑞士军刀。怎么办呢？是扔了？舍不得。改坐公交车？地铁站边还没有合适的进城的公交车。我在地铁站台上上下下几趟，终于想出办法来了。我把瑞士军刀从钥匙串上卸下来，暂存在地铁站边的自行车停车棚的收费站了。下午回家的时候，下了地铁，取回了这把瑞士军刀。

看着手里这把瑞士军刀，它挂在我钥匙串上有挺长一段时间了。我是在城里上课的时候，闲余时间偶尔用它来削皮吃水果的。它沉沉地坠在钥匙串上，给钥匙串增添了很大分量，拿在手里感觉很放心，但因为挺久才用一次，总是忽略了它的存在。

这几天，我想起这把买了很久的瑞士军刀（Schweizer Taschenmesser, Schweizer Offiziermesser, Schweizermesser），在瑞士通常叫作 Sackmesser，取"放在裤袋中的小刀"之意。说说它吧。

我在德国学习生活工作期间时不时回国。回国就需要采购一些小礼品，巧克力还有各种小零食通常是最经济实惠的小礼品。而瑞士军刀对于囊中羞涩的我而言，算是个价格不菲的礼品了。不过我也陆陆续续买了好几个瑞士军刀做礼物，给自己也买了一个，留到现在。

瑞士军刀起源于 19 世纪末，是为瑞士士兵配备的多功能小刀。这是军用的瑞士军刀，逐渐发展成世界著名品牌，分为民用和军用两大类。在德国，常见的瑞士军刀是 Victorinox 品牌，Wenger 品牌于 2005 年被收购，品牌本身则一直被保留到 2013 年。

我在德国买过好几个 Wenger 军刀，因为很便宜，几个欧元，想必是那时这个 Wenger 公司已经接近倒闭，在大促销了。Wenger 是瑞士法语区的瑞士军刀品牌，Victorinox 是瑞士德语区的瑞士军刀品牌。一个国家有几种官方语言，这个中立小国的国民的语言能力也是很强。

一个生活用品能融合这么多功能，的确非常难得。这和我现在的想法一样，买什么家居设施，很多时候，首先考虑的是它能不能多用。毕竟家里面积小，能一物多用，少占空间很重要。有什么新鲜材质的家装材料，我也非常愿意了解，比如智能家居设备，因为与时俱进是必要的。

可是，这么多年了，我在北京买房入住近八年了，家里从空空荡荡到逐渐堆得满满的。一个人需要这么多东西吗？的确如此，就是需要这么多，因为还有很多父母的东西，还有很多我小时候的书报杂志，它们承载了我一个人半生的记忆，不能被轻易抹去。衣物杂物家具，我是说扔就扔，从不含糊，但有些东西，还真舍不得扔。还有像这把瑞士军刀，虽然我很少用到它，但是不能扔掉它，因为这也是我德国生活的记忆的一部分。

40. 欧洲民族学很重要

（写于 2018 年 11 月 14 日，2019 年 9 月 24 日）

生活中处处皆学问，人类把这些学问深入成为专业，加以小范围讲授。那为什么不在生活中就了解得更专业一些呢？所以，既然介绍的是德国和德语，那我可以从欧洲民族学的角度说说这片大陆上的融合和争斗，以及由此而形成的欧洲民族学（Europäische Ethnologie，Volkskunde），这门学科，是由博厄思（Boas）开创的文化人类学的核心内容，所以也被称为"文化人类学"（Kulturanthrophologie）。

我在德国读书时，我的同学中除了德国人，还有欧洲别的民族的人，身为"外国人"的我会发现大街小巷的"外国人"长相都差不多，乍一看难以分辨。但是几年过去，我也能从他们的相貌特征上分辨出他们来自北欧、南欧、西欧、东欧。因为在欧洲大平原上的几千年征战，分分合合，虽然带来了民族大融合，但是民族差异依旧极其明显，语言差异也是在融合中始终存在。而众多战争正是因民族差异而起，而且断断续续绵延至今。

民族学（Volkskunde，Ethnologie）是一门重要的社会学学科，这个单词起源于古希腊文，由 γos（ethnos，族体民族）和 λγos（logos，科学）两字组成，是"民族，国族，种族"的含义，现在一般指研究民族共同体的学问，比较与分析人类的族群、种族与国家群体之间的起源、分布、技术、宗教、语言和社会结构。这一概念最早由亚当-寇拉（Adam Franz Kollar，1718—1783）所创，在其书中他给出了民族学的第一个定义：Ethnologie ist das Studium der Völker und Nationen. （民族学是研究大众和民族的。）

英国的"社会人类学"（Sozialanthropologie），美国的"文化人类学"（Kulturanthropologie）和当前合称的"社会文化人类学"（sozialkulturelle Anthropologie），这些人类学的分支在研究对象和范围上与民族学相近，是大民族学概念的分支。人类学是研究人的学问（Anthropologie ist die Wissenschaft der Menschen），通常与民族学并称，彼此相关度极大。

《民族学导论》德语书这本书我推荐一下：Hans Peter Hahn：*Ethnologie*：*Eine Einführung*。

所以，在欧洲，欧洲民族学这一学科在德国众多高校中非常常见，又被视为"经验/比较文化学、文化人类学"等等。其研究重点在于：在欧洲地理范围内，伴随着民族大迁徙和兴盛至今的全球化和跨国际化潮流；虽然夹杂着些许反全球化的潮流，欧洲民族学也需要具有全球视野，跨越狭隘的欧洲地理范畴，对欧洲境内各民族的融合以及其全世界的迁移和分布做进一步的跟踪研究。

因此，欧洲民族学与广义的社会人类学（Sozialanthrophologie）彼此融合的地方非常之多，研究的领域正日趋相近。

欧洲大陆上，众多的欧洲民族已经消失，但很多顽强地生存至今。而且虽然它们在争斗，但只要当面对外敌时，就会化干戈为玉帛，团结起来，成立起各种"欧洲联军"，抵抗侵入欧洲大陆的"异教徒"和侵略者，比如欧洲各民族在几千年中面对伊斯兰的入侵时所表现出来的暂时的对外一致化。

这种民族融合与争斗相交织几千年的历史，在欧洲的大陆上是一部可歌可泣的战斗史和融和史。

那么欧洲民族学都研究什么呢？研究的是各民族的物质文化，如风俗、工作用品，以及民歌等等，都是具体可以物化的研究对象，还有各民族对此的主观感受也是重要的研究对象。更具体而言，欧洲民族学/文化人类学以及社会人类学的研究领域有：劳动研究，图片研究，风俗研究，叙述研究，城镇和城市研究，器物研究，性别研究（如妇女研究），跨民族研究，衣物和传统服饰研究，读者和阅读材料研究，歌曲和音乐研究，媒介和媒体文化研究，食物研究，旅游业研究，大众戏剧研究，跨文化交流，法律民俗学，实物文化研究等领域。具体德语相关书目我列在本书参考书目中。

41. 德语审校

（写于 2018 年 11 月 17 日）

　　我在德国留学生活工作期间，写了无数学期论文，当然还有毕业论文。我把它们存在软盘（当时，软盘的使用是主流，后来随着电脑的发展软盘退出文件存储市场）和后来的移动硬盘中，因为软盘的失效，及移动硬盘的反复损坏，都消失得无影无踪。我十年前咨询过，去做数据恢复要上千元。我 2006 年回到北京工作，因为经济很紧张，也就作罢了，想想也不过就是些论文和论文资料，没什么的。留在我脑海里的最重要。

　　于是，德国读书时期的论文，我现在剩下一本在德国打印出来的我2004 年写的德语硕士论文，还保存着，还有我大概是 2005 年写的一篇德语论文后来翻译成的中文译文（因为我把它翻译成中文 2009 年在国内的一个期刊上发表了），留作纪念。真是让人扼腕叹息。

　　这是题外话，作为一名德语教育工作者和文字工作者，写编译是每天都要做的事。那么德语文章写好之后，要不要请德国人审校一下呢？

　　很多时候，语言不是一个准确不准确的问题，很多情况下是个习惯问题。比如某句话，语法和意思都是对的，所有人都看得懂，但是母语人一般不习惯这么说，那这就要修改，就要请德国人看看。反之亦然。我在德国读书时，也帮助德国人讲解翻译了不少古中文文献。所以，语言的微妙之处有时多年外语学习者也不易体会，要请母语者审阅这细微之处。另外，语言是一个不断发展的过程，众多新鲜词汇和表达让一门语言时刻都在变化。所以要常更新自己的词汇库。这也需要母语者来协助。

　　外研社的《新汉德词典》历经几代德语人的心血，至今仍在修订，修订版可能在这几年之内出版。我作为这本大词典二十多年的使用者，也在几年前荣幸加入这本字典的部分词条的编撰和修订中。有中文审校，还有德国人审校。期盼它早日出版，为德语学习者提供词汇查询方面的指引。

　　今天说的是德语审校（Korrekturlesen）。我做过审校，也被审校过。这是一个非常细致耐心的工作，说得通俗点就是校对。我的文章什么时候被审校过？

　　在我在德国读书时，我把毕业论文写完后，为了避免出现细节错误——这之前一位德国老师就曾经给我指出过——就请了德国专职审校的审校员审校论文，修改其中的表达，一本校对下来，大概有个几十欧元吧。我印象不深了。怎么找德国人做审校呢？在慕尼黑大学的广告栏，经常会有专职审校员贴出的广告，提供审校论文的服务，打电话联系即可，非常专业。

我自己用德语和中文写文章和论文这么多年，感受很明显，如果思维流畅，那就下笔如有神，一气呵成，很少有错误，但有些时候，写写想想，磕磕巴巴，思绪不流畅，就会出很多细节上的错误。这问题我现在还有，不论是中文还是外文，都有这个问题。因为我一直就是个马马虎虎的人，这问题我一定要注意。

整体内容和思想脉络非常重要，但是细节也要注意。

说这么多，都是因为我现在手头还有本我写了好几年还没写完的专著《人工智能时代主题型学德语》，我写好后可能会想找一位德国人做审校，再说吧，不一定。

2018 年我已经交稿的两本译著——德译中《品牌社会学》和英译中《钓鱼》——我是又翻译又修改又统稿，但是因精力所限，没有做严格意义上的审校。2018 年我还尝试在豆瓣阅读平台上出版了一本电子书，完全是自己写编校审以及设计等一系列工作，非常有意义。可是因为我粗心大意，还是有错的地方。

审校就是校对，需要把文字的错误率控制在万分之一。无论是纸质出版物，还是电子出版物，都应该做到。

任何出版物的面世和发行都要经过严格的编辑和审校，一般是三审三校，齐定清——稿齐，稿定，稿清。我今年初特意买了一本最新的《作者编辑常用标准与规范》，好好学习一下，也是要改一下我粗心大意的问题，一定要仔细。

42. 文学理论

（写于 2019 年 7 月 27 日）

昨天，我偶尔翻翻我在电子书发表方面的尝试——我发表在豆瓣阅读网站平台的同名随笔类电子书《我的德国生涯系列》及《我的德国生涯系列》（续），已经有不少人阅读了。很高兴。有人阅读就好。

我现在手里事情很多，可是每天很忙，都不知道什么时候是个尽头。屈指一算，我离退休还有十几年，还是有盼头的。可一想，无论是国内国外，如今只要思维敏捷，能写能教，那作为一名教师就没有退休的时候，活到老，学到老，工作到老，我才四十多岁，还要继续努力啊。尤其是我没有子女，一人生活，空闲时间大把，更要努力工作。给自己加个油！

这几天，我时不时翻看自己家中的旧书和新书。发现在德国做学生时，我可真是个穷学生，没买多少新书，买的很多都是旧书，还复印了不少书，可惜我一个装满学习资料的箱子还落在德国了，不知所终。

我在德国学习的专业是文学、语言学和汉学。说起我的本行，那真是有很多话要说。今天我介绍一本我 1998 年到 1999 年在德国海德堡大学进修时买的一本德国文学理论导论：《现代文学理论导论》（*Einführung in die moderne Literaturwissenschaft*），作者是 Jost Schneider。1998 年出版。看着这本书皮发黄的书，我百感交集。书中夹的购书收据还在：29.80 马克。这本书是我在"德国马克"依旧存在的时候，在海德堡一个大学书店购买的。从德国马克到欧元，德国经历了不断融合欧洲，树立自身在欧洲经济政治发动机作用的角色提升过程，也是德国在二战后逐渐驱散战争阴霾，和平治国和看世界的过程。

文学作品包括虚构类和非虚构类作品，对它们的介绍和分析正是展示了这个复杂性日益加深的世界的历史和现在以及未来的发展可能性。

文学理论（Literaturwissenschaft）有哪些基本理论呢？简单地说有以下一些基本理论，每个基础理论下都有一些核心概念，理清这些概念，文学理论才能算是入门了。每种文学理论的基本概念我还会逐渐介绍。其实，在我的微信公众号文章中，我已经提及很多相关概念和人物，或者一些理论已经体现在我对现实材料的分析和把握之中了。

最重要的文学方法和理论有：阐释学（Hermeneutik），思想史（Geistesgeschichte），观念史（Ideengeschichte），国民精神史（Mentalitaetsgeschichte），形式主义（Formalismus），文本阐释方法（Werkimmanente Methode），实证主义（Positivismus），传记体（Biographismus），社会历史方法（Sozialgeschichtliche Methode），心理学（Psychoanalyse），后结构主义（Poststruktivismus），解构主义（Dekonstruktion），拉康主义（Lacanismus），经

验接受研究（Empirische Rezeptionsforschung），接受美学（Rezeptionsaesthe-tik），话语分析（Diskursanalyse），系统理论（Systemtheorie），女性文学理论（Feministische Literaturwissenschaft），性别研究（Gender Studies），媒介理论（Medientheorie），文化社会学（Kultursoziologie）等。

我 2001 年到 2006 年在慕尼黑大学读书，每年慕尼黑大学德语系都会有关于文学理论的系列讲座，通常每个德国老师一讲，对整个文学理论的发展和方法，以及具体内容和问题，以及代表人物做详细的介绍。这种系统性的课程体系介绍很不错，推荐一下。每年都会有新内容。人类对世界的认识是在逐步前进的，偶有倒退，但那是人们不希望看到的。

我刚看了一下慕尼黑大学（www. uni-muenchen. de）网站上 2019 年夏季学期（从 4 月份到 7 月份）的文学理论导论课系列讲座一门课，一共介绍了以下文学理论：

阐释学，文学社会史，精神分析，结构主义/后结构主义，话语分析，性别理论，民族学历程（Ethnologische Verfahren），行为网络理论（Akteur-Netzwerk-Theorie），文学和知识/知识史（Literatur und Wissen/Wissensge-schichte），后殖民主义研究（Postcolonial Studies），文学媒介史，视觉文化研究（Visual Culture Studies）。

与 1998 年的我买的德国文学理论书籍中的介绍相比，二十多年后的今天，慕尼黑大学的文学理论导论课的内容已经有了一些新内容。作为一名德语"老"教师，虽然我大多教授初级德语课程，但是时刻也没有忘记我的专业，努力在教学实践中体现这些理论的内容和方法。我对学习者的建议是不要孤立地看待任何一个理论，把它们融合起来看待现实问题，分析现实问题，是很重要的。学以致用，很重要。

文学来自生活，高于生活，但是归根结底还是来自生活。虽然文学理论是属于"兰花专业"，但我相信感兴趣了解的人还是会有很多的。

43. Holocaust 是什么意思？

（写于 2019 年 12 月 7 日）

昨天看新闻，我觉得一则新闻值得一提：2019 年 12 月 6 日，德国总理默克尔参观了奥斯威辛集中营，2013 年，德国总理默克尔还参观过慕尼黑郊区的达豪（Dachau）集中营，德国历任总理的对历史的反思和回应，充分显示了德国民族性中的自省和反思精神，以及对现实的警醒，这也是德国民族性的一部分。我之前介绍的几本介绍德国民族性的书籍，再次推荐一下，感兴趣的，可以看一看。

人类历史上，各种各样的人造惨剧层出不穷地发生，希望像奥斯威辛、达豪、卡斯汀惨案、亚美尼亚大屠杀、乌克兰饥荒这样的人造的惨绝人寰的惨剧绝对不要再发生。

我在德国读书时参观过位于慕尼黑郊区的达豪集中营，印象深刻难忘，惨痛的历史痕迹告诉每一个人，如果人性之恶被释放，会产生如何惨烈的人类残杀乃至灭绝后果。

忘记历史就意味着背叛。

德国在对历史的反思和自省过程中的研究值得称道。我在德国读书时，选课的课表上有一个课程 "Holocaust"（大屠杀，特指德国纳粹时期的犹太人大屠杀）。看了内容介绍，我马上决定选这门课。第一次上课，我早早就去了教室，发现偌大的教室里已经几乎没有空位，而且德国学生居多。德国教授列出的参考书和导论内容非常多，充实而丰富的材料以及精彩的讲解，让我对这门选修课留下了深刻的印象。

学术书籍我不介绍了，我今天简单介绍一本近年出版的讲述大屠杀最后幸存者的畅销书籍：山姆·皮姆尼科所写的《最后一个幸存者》（*Sam Pivnik*：*Der letzte berlebende*：*Wie ich dem Holocaust entkam*），被德国萨尔州广播电台评价为 "值得在德国每个中小学的课堂上都需要阅读的书籍"。

皮姆尼科是奥斯威辛的亲历者，历经九死一生，幸存下来。在奥斯威辛这样的惨烈人性之恶之中，阿伦特所说的 "平庸之恶" 在集体之恶中随处可见，如何杜绝这种人类惨剧的发生？需要有严格的法律保障和培养健全健康温和的社会氛围，以及很多很多从小处做起，从小时候就做起的对历史的了解，反思，和冷静理性的思考。

44. 德国的 "莱茵大营"

（写于 2018 年 9 月 29 日）

我对战争史非常感兴趣，其中包括 "二战" 史。我 1976 年出生，丘吉尔的《第二次世界大战回忆录》我在三十年前上初中的时候就看过了，看得津津有味，是本好书，让人了解欧洲那片广袤而诸国林立的土地，在历史上的恩恩怨怨的一个缩影。德语中的"集中营"（Konzentrationslager）和"灭绝营"（Vernichtungslager）这两个单词是两个令人毛骨悚然的新名词。

我在德国读书工作生活时，去过慕尼黑郊外的达豪（Dachau）集中营。印象深刻，五味杂陈。

"Arbeit macht frei"（工作让人自由）这句话是德国经济学家和出版家Heinrich Beta 1845年在其《金钱和精神》（*Geld und Geist*）一书中改写，后来被用在集中营的大门上，有反讽的效果。

我还了解过福柯《训诫与惩罚》（*Surveiller et punir*，*Discipline and Punish*：*Überwachen und Strafen*）中的一些历史上的酷刑，知道古代欧洲人对人的残忍早已有之。其实哪里都一样，在这些方面，世界人民有悲痛的共同语言。

还有一些诸如"卡廷惨案""亚美尼亚惨案""南京大屠杀"等名词，太多了，就不一一列举了。它们无不与战争息息相关。在战争中以及战争后，如何对待平民，包括如何对待卸下武器的士兵，一直有些巨大的研究空洞，因为真相过于惨烈，过于挑战人性。比如研究"南京大屠杀"的一名美籍华人学者，名字我就不说了，大家都知道，最后因抑郁症而选择自杀。

我看过一部电影，讲述"二战"的《钢琴师》给我印象深刻，影片的最后一幕，那位钢琴师走过一片竖起铁丝网的空地，那位在他逃难躲藏时欣赏他的演奏并给予他食物的德国军官站在铁丝网后，认出了他，眼中流出求助的渴望。

影片到此结束。我脑中的一个小小疑问，后来得到了解答：那片铁丝网围起的是什么？是战俘营，苏联战俘营。

那德国二战战败后有战俘营吗？有，莱茵河露天战俘营（Rheinwiesen-lager）。

莱茵河是德国的水力和水运大动脉，和多瑙河相映成趣。因为在德语中，莱茵河是阳性名词（der Rhein），多瑙河是阴性名词（die Donau），所以在德国很多人称这两条河流为父亲河和母亲河。在我在德国读书工作生活期间，我曾经坐船在风景如画的莱茵河上游览过，那时的我，对莱茵河的印象就是，古时候人们因对河水湍急易有翻船危险地方的敬畏而幻化出的莱茵河中用歌声迷惑国王船夫的罗蕾莱女妖的歌声。

后来，我了解了"莱茵大营"这一世界战争史上重要名词，才知道，这一片地区的土地下，应该是尸横遍野。是"二战"尾声时的美英法盟军囚禁投降的德国士兵的地方。在这一片地区，在 1945 年 4 月到 9 月期间关押了几百万的德国投降士兵，其中很多是刚拉来的壮丁，孩子兵。这些投降后的德国士兵依旧被视为敌人，没有受到战俘待遇，也无法获得援助，所以死伤很多，近百万之巨。这一情况在 20 世纪 90 年代被一名加拿大学者披露，以《有计划的死亡》一书引起了世人的关注。而同样是德国战俘，其中更有利用价值的受到良好教育的，则被美国人运到美国本土进行相应的劳动，并获取收入。

埃德加·斯诺的《红星照耀中国》（*Roter Stern über China*）我很早就看过，在高中时期，在 20 世纪 90 年代初。

其中，我们对待日本俘虏的细节描述在斯诺的笔下，让我印象深刻。包括我们在战后倾尽全力，运送日本战俘回国的举动，令世人敬仰。

战争是个可怕的名词，希望不要有战争。看了这些文献资料，我的心情无法不沉重。我今天仅仅列出一些我看到的资料和书籍，把它们连缀起来，就是人类历史上一小段战争史中的一条清晰的重要副线，从中能看出很多内容，对人，对社会，对战争，对世界，对历史。我之前提到过一个"幸存者偏差"的概念，历史的书写者和历史真相之间的可能错位，是众多学者挖掘更多历史史料的巨大动力。

首先了解，然后再分析。

二　多国篇

（一）综述部分

1. "人类纪" "负人类纪" 以及人类所处的 "地质时代"
（写于 2019 年 4 月 21 日和 4 月 22 日）

早在 1873 年，意大利地质学家提出了 "人类纪时代"（Anthropozoische Ära）的概念。在 2000 年左右，很多自然科学家认为人类已经走出全新世，进入人类纪，在此基础上，提出了 "人类纪"（Anthropozän）这个概念。与人文社科领域衍生出的 "人类中心主义"（Anthropozentrismus）等相应概念相呼应。

人类纪中产生了很多问题，人类纪中产生的现代性问题需要被克服和扬弃。于是去人类中心化的观点由此产生，并衍生出了很多理论。

"人类纪"（Anthropozän，Anthropozoikum）是相对于人类纪提出的概念，有去人类中心化的含义在里面。负人类（Neganthropozän，Neganthropozoikum）是斯蒂格勒（Bernard Stiegler，1952—）提出的一个新瓶装旧酒的概念。这位法国哲学家曾经因持枪抢劫入狱几年（1978—1983），不知为何最近在国内介绍他的文章非常多。

我提到很多科学家认为人类已经走出全新纪，进入人类纪，而人类纪又被称为 "人类地质学"。部分社会科学学者认为人类已经迎来负人类纪时代，这就一般而言涉及社会发展上克服现代性弊端的问题。

继续说 "地质时代"。我们人类到底处在什么地质时代？一般而言是处于第四纪的"全新世"时期或者"人类纪"。后者是比较新的说法，是在19世纪人类进入工业化革命带来一系列的环境问题之后，一部分科学家认识到人类活动对于环境和大气以及地球气候的影响，提出的理论观点。进入21世纪后，这一说法被频繁提及。因为人类更深刻地意识到人类及人类活动本身对地球的巨大影响。

人类大约在240万年前进入第四纪时代，冰期与间冰期相隔。因为目前地球上依旧有冰盖覆盖的南北极，我们处于第四纪冰期时代的间冰期，所以全新世也叫作"后冰期时代"。

全新世（Holozaen）这个概念出自古希腊语，意为"全新的"（das vöellige Neue）。这是最年轻的地质年代，大约从11700年前开始。根据传统的地质学观点，全新世一直持续至今，我们人类目前处于第四纪（Quartaer）的全新世。

这一概念在1867年左右由法国古生物学家哲尔瓦（Paul Gervais，1816—1879）提出。早在1833年，英国地质学家莱伊尔（Charles Lyell，1797—1875）将这一地质时代命名为"现在世，当前世"（Present）。但在1885年于伦敦举行的第三届地质学术大会上，众多地质学家将此地质时代统一命名为"全新世"（Holozaen）。不过在英语文献中，也有部分文献用"现在世"来命名这一时代。长期以来，全新世又被划分为若干时期，如升温期、高温期和中温期等各种不同的划分。在2018年7月份召开的国际地质科学联合会上，全新世按照时间被确定划分为三个时期：分别是格陵兰时期（Greenlandian，11700年前到8326年前），北格里皮亚时期（Northgrippian，8326年前到4200年前）以及梅加拉扬时期（Meghalayan，4200年前至今）。

人类自大约600万年前因人猿分离而诞生，迄今为止，对地球环境的影响实在巨大。所以了解我们所处的历史时代和地质时代，以及在其中创造的成就，面对的困难和忧虑，都是非常重要的。

2. "七大洲五大洋"和"各种气候带"

（写于2019年6月24日）

气候（Klima）这一单词出自希腊语，是从古希腊语 klima 引申而来，在古希腊语中，这一单词的含义是"弯曲"的含义。从其最初的含义就能看出，人类对于大自然变化和人力不可掌控的气象变化的无奈和敬畏。

气候包括温度、湿度、气压、风力、降水量、大气粒子数以及众多其他气象要素在很长时间内（通常在三十年内）及特定区域内的统计数据，也就是说，一个地方的气候基本是固定的：如温带气候，热带气候等，是一个长期的趋势（Langzeittrend）。

相比较而言，天气（Wetter）是指这些气象要素在近期（一两天到一个月之间）的实时状态，一般以天气预报（Wettervorhersage）的形式进行预报。

另一个德语单词 Witterung（天气情况）则是指更长一段时间内的天气变化，从时间上而言，要比 Wetter（天气）所指的时间要长一些。

气候变化（Klimawandel，Klimaschwankung）是目前人类面临的严重问题。

影响气候的最主要因素是太阳活动变化及太阳黑子活动造成的历史上不断的小冰期和间冰期，以及众多自然现象，如火山喷发（如 1816 年欧洲无夏之年，das Jahr ohne Sommer）。人类活动，如用火做饭，饲养牲畜排放的气体，对地区性气候也造成一定影响。尤其在人类进入大工业时代后，这一影响相对更为明显。据有关学者研究，人类活动造成的温室气体排放在一定程度上减缓了地球小冰河时期的影响。

总之，气候变化大部分是人类不可控的。针对部分人类活动，如人类生产活动造成的温室气体的排放等，人类是可控的。

地球七大洲	
亚洲	Asien
欧洲	Europa
北美洲	Nordamerika
南美洲	Südamerika
非洲	Afrika
大洋洲	Australien-Ozeanien
南极洲	Antarktika

地球五大洋	
北冰洋	der Arktische Ozean
大西洋	der Atlantische Ozean
印度洋	der Indische Ozean
太平洋	der Parzifische Ozean
南冰洋	der Antarktische Ozean

由于海洋学上发现南冰洋有重要的不同洋流，于是国际水文地理组织于 2000 年确定其为一个独立的大洋，成为五大洋中的第五大洋。但在学术界依旧有人认为依据大洋应有其对应的中洋脊而不承认南冰洋这一称谓。

对地球气候带（f Klimazone）的划分有很多种，如苏潘气候分类，柯本（Koppen）气候分类，贝尔格气候分类，阿里索夫气候分类等。按照降雨量和气温等因素，通常有以下几类气候分类。热带：热带雨林气候，热带草原气候，热带季风气候，热带沙漠气候；亚热带：亚热带季风气候，地中海气候；温带：温带季风气候，温带大陆性气候，温带海洋性气候，亚寒带针叶林气候；寒带：苔原气候，冰原气候；还有高山高地气候。

地球的各种气候带	
热带雨林气候	Tropisches Regenwaldklima
萨王纳气候（热带或亚热带稀树干燥草原气候）	Savannenklima
草原气候	Steppenklima
沙漠气候	Wuestenklima
地中海气候	Etesienklima
温带湿润气候	Feuchtgemaessigtes Klima
季风气候	Monsunklima
大陆性湿润气候	Feuchtkontinentales Klima
跨西伯利亚区气候	Transsibirisches Klima
夏季干燥寒冷气候	Sommertrockenes Kaltklima
苔原气候	Tundrenklima
冰原气候	Eisklima

我国气候带的通常分类：

1959 年，中国科学院自然区划委员会根据温度指标，把中国东部地区划分为赤道带、热带（tropisches Klima）、亚热带（subtropisches Klima）、暖温带、温带（gemaessigtes klima）、寒温带6个气候带。《中华人民共和国气候图集》（1979）将中国东部地区划分成南、中、北热带，南、中、北亚热带和南、中、北温带等9个气候带。

3. 全球变暖和"小冰河时期"

（写于2018年3月18日）

北京，2018年的冬天好冷。冷风刺骨，无雪无雨。立春已经很久，昨天终于飘起了点雪花，朋友圈便一片兴奋之情。可惜仅仅薄薄一层。今天早晨我起床一看，已经没有了半点下过雪的痕迹。

2018年的这个冬天南方大雪，北京几乎无雪。而欧美国家这个冬天已经暴雪成灾，像极了灾难片中的冰封千里的"雪灾"。雪多了不好，少了也不好；适度最好，但总是那么难尽如人意。可叹，人类600万年历史，和上万年的文明进程，我们还在很大程度上"听天由命"。

这个"天"是什么？就是笼罩在地球外围的大气层，地球被厚厚的一层大气层（Atmosphäre）包围，越高空气越稀薄。整个大气层的厚度在一千千米以上：分为对流程，平流层，臭氧层，中间层，热层和散逸层。再上面就是星际空间了。滋养人类或者给人类造成灾难的风霜雨雪就发生在对流层，而飞机则飞在平流层。宇宙飞船呢？那当然是飞出大气层，冲向外太空了。

我们还要知道，大气层保护的这个年已46亿岁、人到"中年"的、也是我们唯一已知的有能力承载我们70多亿人口生活生产劳动消费的地球，它所面临的处境是什么。

保护着它的大气层中的二氧化碳越来越多，温室效应显著。它喘不上气，就逐渐"发热"了。于是冰川融化，海平面上升，极端天气越来越多了。还据科学家报道，它的自转在逐渐减缓，两亿年后，一天可能就要延长一小时了。这可能也是它正值中年，背负70多亿人口，"脾气不太好"的一个原因：地壳活动频繁，自然灾害频发。而且更糟糕的是，它的能量供给站"太阳"可能就要进入"休眠"期，不活跃期了。

先说太阳。太阳是离地球最近的恒星。地球是太阳系八大行星之一，在自转的同时，围着太阳公转，接受太阳给予的能量：光和热。那么，太阳的状态如何，对地球而言，就太重要了。

在地球的发展史上，曾出现过多次显著降温变冷，形成大冰期 （Eiszeitalter, Kaltzeit），大冰期内地球表面很多部分被冰雪覆盖，形成冰川。地球至少出现过三次大冰期，公认的有前寒武纪晚期大冰期，石炭纪——二叠纪大冰期和第四纪大冰期 （Quartäres Eiszeitalter）。

第四纪冰期，开始于 260 多万年前，是地质史上距今最近的一次大冰期。在大冰期内，气候变化 （Klimaschwankung） 很大。地球表面的冰盖面积扩大，并有多次进退。在第四纪内，依冰川覆盖面积的变化，可划分为几个小冰期 （Eiszeit/Kaltzeit） 和间冰期 （Zwischenkaltzeit），间冰期就是处于两个冰期之间的阶段，虽然这一阶段，地球还是处于大冰期内，但是温度相对比较暖和，也叫温暖期 （Warmzeit）。

第四纪大冰期内，冰盖地区约分别占陆地表面积的 30% （小冰期） 和10% （间冰期） 不等。第四纪大冰期冰碛层保存最完整，分布最广，研究也最详尽。1909 年，德国的 A. 彭克和 E. 布吕克纳研究阿尔卑斯山区第四纪冰川沉积，划分和命名了 4 个冰期和 3 个间冰期。随后，世界各地也都划分出相应的冰期和间冰期。我国著名地质学家李四光对我国第四纪冰川遗迹的分布做出了卓越贡献。

而我们人类现在，还是处于气候波动很大的第四纪大冰期之内，北极和南极洲被冰雪冰川覆盖就证明了这一点。

那么地球变冷，进入大冰期的起因是什么的？当然是因为它的能量供给源——太阳。太阳黑子 （Sonnenflecken） 是太阳活动水平 （Sonnenaktivität） 的标志，太阳活跃度与太阳黑子活动相关。而黑子是什么呢？是太阳上的小"风暴"，是太阳表面可以看到的最突出的现象。一个中等大小的黑子大概和地球的大小差不多。

但它其实并不黑，只是温度比光球低，所以在明亮的光球的衬托下显得黑。太阳表面温度有 6000 摄氏度，而黑子区则低了一千多摄氏度。黑子经常以集群方式出现，黑子群 （Sonnenfelckengruppe） 的演化过程通常由简单到复杂，再变简单。黑子群寿命短短的只有一到两天，长的可达几个月，大部分黑子群的寿命可以持续一天到二十天。1843 年，德国天文爱好者施瓦布 （Samuel Heinrich Schwabe, 1789—1875） 通过长期的日常黑子观测，发现黑子数量的多少存在 11 年的周期变化。

太阳黑子出现的多少，反映了太阳物质活动的强弱。随着太阳活力的降低，黑子活跃度降低，太阳黑子数量减少。在太阳的不活跃期，它反射热力和光线到地球上的能量也随之降低很多。而光和热量的降低，将太阳视为唯一的能量来源的地球自然就温度降低，冰霜覆盖区扩大，从而引发地球各种生物生存的极度困难。

而我们现代人类——Homo Sapiens（智人）的后代，大约出现在三十到四十万年前。据目前最新考古结论，人类的历史大约从 600 万年前就开始了，Homo Sapiens 是存活下来的人类各支脉中的翘楚。但是人类文明史，也就不到一万年，有文字记载的人类文明史从最早的古巴比伦文明开始。

我非常喜欢看动画片《冰河世纪》（*Ice Age*），每部都看了，非常好看。电影中地球冰天雪地，那是什么时候的地球呢？是猛犸（Mammuthus）和剑齿虎（machairodus）的时代。猛犸生活的时代是在一万多年前，并在公元前一千多年灭绝（Aussterben），剑齿虎也差不多，在几千年前也灭绝了。

所以这个时期，首先是处于第四纪大冰期，然后按照时间估量，已经有原始人类出现。所以在电影中，会看到原始人类的身影。原始人生活在冰天雪地的冰期，似乎也生活得不错。为什么？人类和当时的其他生物一样，迁移，于是存活下来了。

那是原始人类与猛犸和剑齿虎并存，一起生活的史前时代，进入文明社会呢？我们人类，在短短几千年的文明史阶段，遇到的离我们最近的一次小冰期，就大约发生在公元 15 世纪到 19 世纪之间。

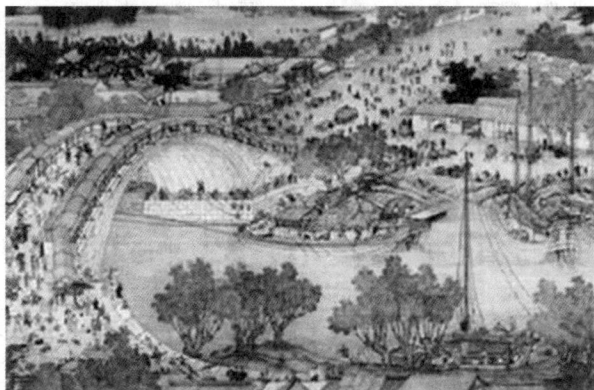

我国明清绘画中的冰封景象

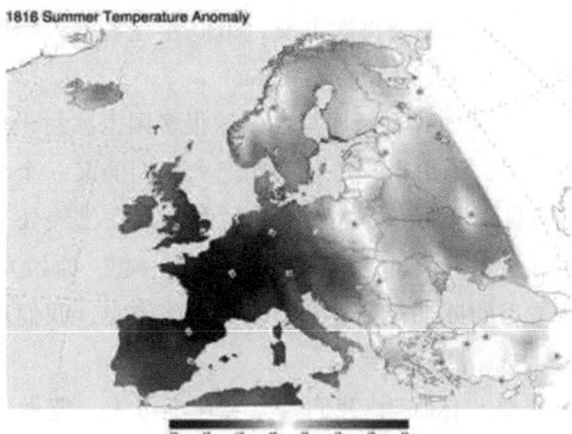

1816 Summer Temperature Anomaly

我们的明清时代，就历经了这次小冰期（Kleine Eiszeit）。自然灾害频繁，农作物歉收，饥馑遍野，社会动荡频发。而欧洲从 13 世纪开始，从中世纪温暖期（Warmzeit）后期开始，就进入了不断的小冰期时代，灾害频发，饿殍千里，再加上火山爆发，病虫害等自然灾害。

苏格兰大饥荒、无夏之年（das Jahr ohne Sommer）均造成了大饥荒和人口的锐减，以及人类的大迁移。

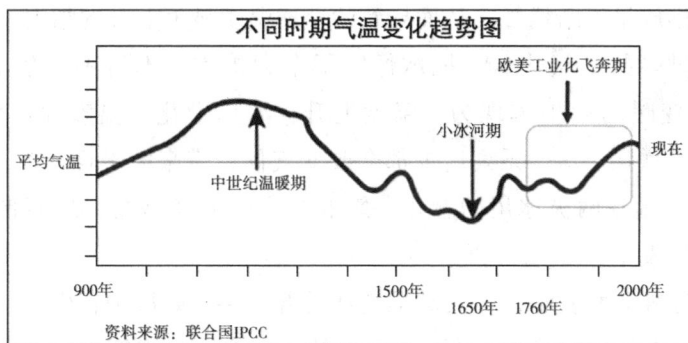

不同时期气温变化趋势图

资料来源：联合国IPCC

所以，如果地球平均温度降低几度，北半球冬季冰线南移，对人类的生活会造成无可估量的后果。但在现代，随着科学技术的大发展，人类应对自然灾害和地球降温抑或升温的能力有所加强。但是面对地球整体范围内的气候变化，自然灾害，还是人力难为。

2015 年有科学家在国际会议上宣读论文，根据测定，目前太阳的活跃度在未来可见的十几年内，会降低，与上一次小冰期时类似的蒙德尔极小值（Maundermininum）可能会再次出现。2030 年左右，人类可能会进入一个和几百年前类似的小冰期（Kleine Eiszeit）。

2018 年的这个冬天，我看新闻里北半球很多国家冰封千里的现实，再看科学家的调查结果，不由得担心：第四纪大冰期的又一个小冰期真的要到来了吗？在有的科学家的专业文章中，说我们现在已经处于小冰期的前期，离小冰期不远了。听了真是瑟瑟发抖。但又一想，原始人、史前人类，在物质资源那么贫乏的冰期都能存活下来，生生不息，我们现代人又怕什么呢？

既然太阳可能要"休眠"，我们人力实在不可为，能做的，就是充分利用现代科技，建设好我们人类生存的基础设施，居住在尽可能宜居的地方，提高防灾应急能力，节约能源和粮食，还有饮用水。我们国家现在也设立了专门的国家应急管理部，整合各方应急防灾资源，这在应对太阳的可能的"休眠"会给地球带来的各种"生气发怒"的情况时也是有用的。

但是也有我们人类能力范围内所能干涉的，那就是全球变暖这个概念。因为全球变暖这个概念指的是在工业化进程中由人类生产活动带来的二氧化碳排放量不断增加，从而导致的全球温度显著上升的情况。大气层被排放了过多的二氧化碳，地球像穿了个大棉衣，不得不"发热"了。于是全球变暖的后果体现为：温度上升，冰川融化，温室效应（Treibhauseffekt）增强。这一系列后果都会改变气候，带来海平面（Meeresspiegel）上升，地球两极冰川的融化，影响洋流的流经路线，从而带来极端天气的不断发生。

但也有科学家表示，从人类早期活动开始——如耕种，生活等等，有证据表明，人类生活，造成的二氧化碳的排放在一定程度上减缓了人类所处的第四纪大冰期中的冰冻后果。想想也有一定道理。但是地球在这漫长的历史中，已经承载了过多的灾难，作为地球上最为庞大的物种的我们，还是要节省能源，粮食和水，尽量不要让地球"发烧"吧。

总而言之，全球变暖这个概念用来表明人类生产活动造成的影响气候的后果。而小冰期是人力不可控的，是太阳这个能量供给源出现了"休眠"期的结果。这两者之间有着一定的相互制约，相互影响的关系。完全是两个起因、形成、结果均不同的概念，不是反义词。

所以，保护地球，不需其他理由，它是我们唯一的生存空间。人生而渺小，但是帕斯卡尔说过："人类是唯一会思想的芦苇。"虽渺小，但能利用聪明才智。所以应对各种灾难，然后继续生存，也不是什么难事，历来如此。

看到这里，想想自己能做什么？和平常一样，勤奋工作，努力挣钱；爱惜环境，珍惜生活；未雨绸缪，有安全意识；储备粮食，多学生活技能；节省能源，珍惜饮用水；锻炼身体，强壮体魄，那即使小冰期来了，怕什么呢？

4. 浅谈天文学和星占术

（写于 2018 年 3 月 17 日）

2018 年 3 月，霍金去世了。身囿轮椅但心怀宇宙（Weltall）的人，怀念，哀悼。

霍金不仅是物理学家、宇宙学家，也是天文学家。天文学（Astronomie）是一门严谨的科学，是人类探索星空和宇宙奥秘的学科。

而占星术/星占术（Astrologie）是一种迷信（Abglaube），是通过"占星"预言人的命运。显然很多都是无稽之谈。

除了天文学，我曾经有一阵非常喜欢了解星占学、占星术方面的知识，主要是好奇吧。我的生日正好是白羊座的第一天，3 月 21 日，处于双鱼座和白羊座的交界。那难道我既具备所谓的双鱼座的特点，也具备所谓的白羊座的特点了吗？难道星座符号在天空中的位置，和我的性格有关系吗？这不具备科学性，所以也就感兴趣了一阵，很早就不关注了。

而人类对天文学的好奇则根植于人类对探索地球（Erde）以外的宇宙行星以及太空奥妙的知识探索动力。马斯克的移民火星（Mars）计划，就是人类探索宇宙文明的良好尝试。浩瀚宇宙中，存在着行星（Planet）、恒星（Fixstern）以及由恒星组成的星座图（Konstellation）。行星是不发光的，围绕恒星运转。

我们从小，就从课本上熟知太阳系有九大行星（Planet），但在 2006 年，太阳系内行星冥王星（Pluto）被排除在太阳系（Sonnensystem）九大行星之外。因为在新的天文学发现中，冥王星因发现其大小以及质量计算错误，不够大，被重新定位，从太阳系的大行星中降级，被降为太阳系矮行星（Zwergplanet）。从此，太阳系九大行星变成了八大行星，在德语中，除了地球，其他七大行星都是阳性名词，它们是：水星（Merkur），金星（Venus），地球（Erde），火星（Mars），木星（Jupiter），土星（Saturn），天王星（Uranus），海王星（Neptun）。

而恒星（Fixstern）是由引力聚集在一起的一颗球形发光等离子天体，太阳（Sonne）就是最接近地球的恒星。由恒星构成了天空中的88个星座构成的星座图，它们耀眼的星光，指引我们在地面上前进的方向，为人类历史上的对地球本身的地理大探索、大开发指引了方向，并引导我们去探索他们的奥秘，寻找宇宙中的伙伴星球。

星座图（Konstellation）就涉及了天文学（Astronomie）和星占术（Astrologie），是人类对星星在天空的定位和美好的称谓。星座就是指宇宙中在天幕投影的位置相近的恒星的组合。不同的文明和历史时期对星座的划分可能不同。现代对星座的定义大多由古希腊传统星座演化而来。1928年，国际天文学联合会把宇宙天幕精确划分为88个正式的星座，成为人类在辨别方向中，天空的引导者。而占星术中取黄道十二宫，预言人类性格，则不具备科学性。

而我们国家古代对天文和星座（星宫）的研究可以用"三垣二十八宿"这个体系来概括。古人大致沿黄道把黄道附近的这部分星空分成28份，每一份叫一"宿"，合起来这二十八个星座就叫作"二十八宿"。因为月球在恒星背景上是27天多走一圈，所以古人凑了个整齐的数：28，让月亮大约一天走一份。28可以被4整除，被均分为四份，各用一个动物名字来统称，称为四象：东苍龙，北玄武，西白虎，南朱雀。

而"三垣"是另外三个大的星座集团。二十八宿绕黄道一周，把天球分为两部分。我们古代中国人看到的天球北部的时间多一些，所以这部分对我们古人而言就更重要，于是，我们的祖先在这半球里，又建立了三垣。"垣"就是墙的意思。以北极为中心叫"紫薇垣"，另两个是"太微垣"和"天市垣"。比如我们熟知的神话人物玉皇大帝，在古人眼里就"住"在"紫薇垣"里。

由此可见，我们古人眼中的天上就是人间。天空人影婆娑，街市繁荣，有皇帝宫廷，有市井人生。

天文学和占星术同样都是研究星空。但占星术因其不严谨，因其以星座预示人的性格和命运，被科学家们称为"unstrittene Unwissenschaftlichkeit"（毋庸置疑地不具备任何科学性），只是给我们的生活提供了一些有趣的调剂而已，不具备任何严谨和科学性。这早在1975年，从一些著名的自然科学家，包括很多诺和贝奖得主共同签署的一个声明中就可以看出。

现代人需要多了解些天文知识，少了解些无稽的占星术。一为了解我们生活的宇宙，更为珍惜我们生活的地球。在几千年人类对太空的探索和研究中，我们迄今没有发现一个与地球一样能够生存人类的星球。火星可能具备一定的人类生存基础，但真的有人想让自己和自己的后代移民到火星上去生活吗？问问自己。

我先问了问我自己。我看过前几年大热的科幻片《火星救援》（*The Martian*），看到在火星上种土豆都这么费劲。我这样的懒人怕是只有饿死一条路了。

虽然我从未也没必要考虑这种星际移民的可能性，但我由衷佩服和赞叹马斯克的勇气和实践，这种为人类探索外太空生存空间的努力功德无量，是人类智力卓越发展的体现。但我也心存质疑：如果未来的人类真的要移民，在火星上可怎么生活？那时地球已经要被毁灭了吧？如果各小行星及陨石不袭击地球，如果没有外星人攻击地球等等这些外力因素，那么毁灭掉地球的只能是人类自己了吧。

所以我们人类要加油啊！保护好我们这个唯一的生存空间，免得"流落外乡"。最近看了看地球面临的小冰河时期新闻，以及霍金的预言和对人类的警告——霍金和马斯克都是星际移民的拥趸，有感而发。

附：十二星座的德语和拉丁语表达：

星座	德语表达	拉丁语表达
白羊座	Widder	Aries
金牛座	Stier	Taurus
双子座	Zwillinge	Gemini
巨蟹座	Krebs	Cancer
狮子座	Loewe	Leo

星座	德语表达	拉丁语表达
处女座	Jungfrau	Virgo
天秤座	Waage	Libra
天蝎座	Skorpion	Scorpio
射手座	Schuetze	Sagittarius
摩羯座	Steinbock	Capricornus
水瓶座	Wassermann	Aquarius
双鱼座	Fische	Pisces

5. 日全食、日环食、日全环和日偏食

（写于 2019 年 12 月 27 日）

昨天，2019 年 12 月 26 日，迎来了 2019 年的最后一场天文奇观：日环食（ringförmige Sonnenfinsternis），即月亮的伪本影扫过地球，发生日环食，也叫金环日食，是今年最后一场值得观看的天象。这次日环食带，经过西亚、南亚、东南亚，我国看到的是日偏食，越往南方偏食的程度越大。

世界上最早观测日食的国家是哪个？

综合多方资料，我国是世界上最早观测日食的国家之一，从最早的关于日食的文本记载至今已经有四千多年，记载于夏代仲康时期（约公元前2137 年）的"书经日食"是世界上最早的日食记录。

汉朝时，京房以盆盛水来观测日食，从而避免直视太阳而被日光灼伤的危险。后来又用油代水进一步减轻日光的灼伤。元朝的郭守敬发明了仰仪来测定日食的时刻。

在历史上，因为缺乏天文学知识以及信息传播上的落后所产生的局限认知，通常东西方百姓把日食视为不吉祥的征兆。但在汉朝，中国学者张衡，却针对日食和月食提出了合理的科学解释，并说明原理，但是因为古代在传播技术上的局限问题，不见得每个古人都知道。

在西方，最早的日食记载是由巴比伦人在公元前 8 世纪记载的。在伽利略发明天文望远镜之后，对天空的观测的准确度更进了一个层次，伽利略

因为用望远镜观测太阳，1637 年双目失明。随着科技的发展，人类对日食的预测也越来越准确。1919 年在一个非洲小岛 Principe 由 Arthur Stanley Eddingtong 带领的观测团队观测到日全食，借助之前几年爱因斯坦的相对论的理论知识对引力场的相关预测，并证实了其理论的准确性。

1999 年 8 月 11 日发生在欧洲的 20 世纪最后一次日全食现象，吸引了非常多的人前去观赏。有幸我也是见证历史的一个人。1998 年到 1999 年，我刚好在德国海德堡大学进修学习，为了看这次日全食，我特意买了日食观测眼镜（Sonnensichtbrille，Sonnenfinsternisbrille）来观看日食（Sonnenfinsternis beobachten）。其主要原理是：滤光。日食观测眼镜是一种由特制的高效滤光膜制成的眼镜，旨在观看日食的同时，滤去大部分不必要的强光，保护眼球。迄今我还记得那天海德堡市政厅广场上熙熙攘攘的人群，每个人都戴着日食专用观测眼镜，眼望太阳，体验着千禧年到来前的最后一次日全食。印象深刻。以后我还会详细介绍日食和月食这一天文奇观。

一般而言，日食的全过程不过两三分钟，据资料显示和日食预测，在公元前 1999 年到公元 3000 年这五千年的时间里，持续时间最长的一次为七分半钟的日全食过程将发生在公元 2186 年。可惜那时候，我肯定已经不在世了，不知道一百六十多年后的地球会是怎样的，那时的人类面对的是一个怎样的地球，会怀着怎样的心态观测太阳和宇宙，相信不会有"天狗吃月"的无知笑话一样的认知了吧。人的一生很短暂，但科学力量的传播是代代相传，薪火相传。

日食分为日全食（totale Sonnenfinsternis）、日环食（ringförmige Sonnenfinsternis）、日偏食（partielle Sonnenfinsternis），还有一种日全环（ringförmig-totale Sonnenfinsternis，hybride Sonnenfinsternis），共四种形式。说起来比较复杂。以后我有时间再详细解释。

6. 世界语言分布

（写于 2018 年 3 月 19 日）

2018 年初制订新年计划时，我写过我一定要在新的一年里多学习一门外语。前一阵，我决定了，学西班牙语。为什么？因为这是世界上使用人

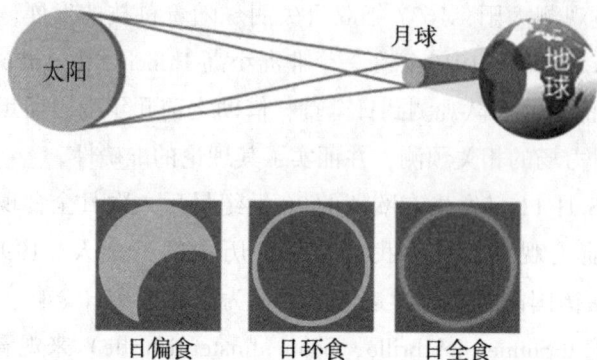

日偏食　　　日环食　　　日全食

数最多的语言之一。我母语汉语，1987 年从中学开始学英语，1993 年上大学，专业是小语种德语专业。这三种语言是我的谋生工具。

出于兴趣，我在德国留学时上过几天法语课。大言不惭地说，我还会几句日语和俄语，因为从小姥姥教过我几句日语，妈妈教过我几句俄语。出于兴趣，我还会几句拉丁语。注意，这些外语我真的都是只会几句，看各国电视纪录片和动画片的时候，希望能听懂几个音节。比如我买房装修前后有好一阵都着迷看《全民住宅改造王》，还复习了一遍《蜡笔小新》。现在也喜欢看。还有各个国家的电视片、纪录片和动画片，其实有字幕看就够了，但是能听懂几个音节也是好的呀。

前一阵看了墨西哥电影《Coco》，非常喜欢。墨西哥的官方语言是西班牙语。突然发觉，拉美文化中有着很有趣很豁达的文化传统，和我们国家的老庄思想不谋而合。挺感兴趣。而拉丁美洲，除了巴西的官方语言是葡萄牙语外，其他国家的官方语言都是西班牙语。还有欧洲的西班牙，是哥伦布、塞万提斯和毕加索的国度，是西甲联赛的球星驰骋球场的国度。所以想想，就学几句西班牙语吧。全世界语言一共有五千多种到七千多种（按照不同的统计方式），其中使用人数达到五千万的又近二十种。它们的使用人数就占据了世界 70 多亿人口的 75%。

按照 George Weber 载于 1997 年 12 月第二期 *language Today* 杂志中的《最强语言：世界十大最具影响力的语言》一文，世界上母语使用人口最多的十种语言是：汉语、英语、西班牙语、印地语、阿拉伯语、孟加拉语、葡萄牙语、俄语、日语、德语。

而按照母语人数以及第二外语使用人数，十大语言的排名则是：汉语、英语、西班牙语、俄语、法语、印地语、阿拉伯语、葡萄牙语、孟加拉语、日语、德语。

按照使用语言的国家数目的多少排名则是：英语、法语、阿拉伯语、西班牙语、俄语、德语、汉语、葡萄牙语、印地语、孟加拉语。

这些数据已经比较老了，毕竟是二十多年前的数据了。按现在的情况，排名可能会略有调整，有所改动，但变化不会太大。

在这些世界人口使用人数最多的语言中，汉语、英语、法语、俄语、西班牙语、阿拉伯语是联合国官方语言。感慨，虽然目前世界语言的起源还尚未有定论，但是世界众语言之复杂，足令学习者望而生畏。目前公认的世界语言分类将世界语言分为七大语系：印欧语系，汉藏语系，阿尔泰语系，闪含语系，德拉维达语系，高加索语系，乌拉尔语系。汉语属于汉藏语系。德语和英语均属于印欧语系中的日耳曼语西支。而西班牙语属于印欧语系的罗曼语。

所以感谢我们生活的这个人工智能及科技大发展的时代，语音识别技术在机器翻译实践上的飞跃，让语言巴比伦塔的重建不再成为梦想。维特根斯坦说过："我语言的界限就是我世界的界限（Die Grenze meiner Sprachen ist die Grenze meiner Welt）。"既然机器能助力人类迅速实现各语种沟通的目标，何乐而不为呢？

7. 什么是世界视角？

（总结自 2018 年 4 月到 6 月教的"德国国情和世界关系课"德语课件，写于 2020 年 4 月 18 日）

世界（Welt）是多维多面构成的一个整体，可以从多个角度去理解。

从政治角度：世界是地理、经济和文化分界线的一部分。例如，我们在谈论的旧世界和新世界；第一、第二、第三世界，甚至第四世界（一部分学者称非洲南部极其穷困地区为第四世界）；以及西方世界，伊斯兰世界，等等。

从社会学的角度：世界是人类对整个环境的态度。世界观是人对周围事物的看法及其解释。weltoffen（对外开放的），weltgewandt（善于交际的），或者 weltfremd（与世隔绝的），这些词汇都表明世界与社会和文化息息相关，在这个世界上，一个人具有世界视野，就能够在世界各地找到并理解其他文化圈，即不同领域的世界。

从地理角度：世界是宇宙及其所有组成部分，是地球的同义词。

从宗教角度：在西方和东方的宗教中，世界（Welt）均指的是人类和自然以及一些超自然力量的总和，比如神的意志构成的世界。但词汇 weltlich（世俗的），指的是在世俗的意义上的世界，不同于"神圣的""永恒的"。

从哲学角度：康德的世界观仍然是纯粹理性的规范理念。对于现象学来说，世界是一个视野现象。根据卡尔·雅斯贝尔斯的说法，世界只能体现为边界状态（Grenzsituation）的形式，从而展示人类的生存体验。海德格尔试图通过"存在于世界"（In-der-Welt-Sein）的概念来克服主客体的分裂，知识体现为主体与外部世界接触的途径，海德格尔一直视世界为一个有意义的整体。

从媒体的角度：电影或连续剧中所展示的世界并不是真实的，但从社会学的角度来看，它是一个完整的世界。

这就是世界：一个复杂的多维度的需要宏观系统比较分析的世界，合作与危机冲突并存的世界。而这些看世界的政治、社会、宗教、地理、哲学、媒介等等角度缺一不可，少了一些角度，世界就不完整了。

8. G7、G8 和 G20 都包括哪些国家？

（写于 2019 年 8 月 21 日）

2019 年 8 月 24 日，在法国将举行一年一度的 G7 峰会。西方七国首脑会议（7-Gipfel），简称 G7 峰会，"是美英德法日加意七个世界最发达的工业化西方国家的国家元首或政府首脑就共同关心的重大问题进行磋商会晤的机制"。

1975 年 11 月由法国倡议，在巴黎召开了西方主要工业国家首脑会议。首次会议有美日英法意六国首脑参加。1976 年，加拿大总理也加入峰会。该首脑会议被正式称为"七国首脑会议"。1977 年起，欧共体主席也应邀参加。"七国首脑会议"每年举行一次，轮流在各国召开。1997 年，俄罗斯也加入了"七国首脑会议"，"七国集团"变成了"八国集团"会议。

2014 年，因为克里米亚危机，俄罗斯被排除在八国集团之外，G8 又变成了 G7。2019 年的 G7 峰会前，法俄领导人会面，俄罗斯有与西方国家关系缓和的迹象。

1999 年 9 月 25 日，因为 1998 年爆发的世界经济危机的影响，八国集团的财长在华盛顿提出了扩大集团成员范围，建立"二十国集团"（G20，Group 20）的建议，并于 1999 年 12 月 16 日在德国柏林正式成立，由原八国集团成员和其余十二个重要经济体组成。二十国集团的成立是为了规避金融风暴，各个国家的领导人对国际经济和货币政策等方面的议题举行非正式对话。从 2008 年起，二十国集团召开领导人峰会，并从 2009 年宣布该组织将取代八国集团成为全球合作的主要论坛。

国际国币基金组织总裁、世界银行行长以及国际货币金融委员会主席作为特邀嘉宾也参加该论坛的活动。该集团的财长和央行行长会议（Group of Twenty Finance Ministers and Central Bank Governors）每年举行一次。二十国集团的国民生产总值约占全世界的 85%，人口则占将近世界总人口的 2/3。每年举行两次峰会。

我国是二十国集团的创始成员，2005 年作为主席国成功举办了第七届二十国集团财长和央行行长会议，2016 年成功举办 G20 领导人峰会。

		成员（英文名，德文名）
二十国集团成员国	八国集团成员国	美国（United States of America, die USA；die Vereinigten Staaten von Amerika）
		日本（Japan, Japan）
		英国（United Kingdom, das Vereinigte Koenigreich）
		法国（France, Frankreich）
		德国（Germany, Deutschland）
		加拿大（Canada, Kanada）
		意大利（Italy, Italien）
		欧盟（EU, die EU）
	其余十二个国家	中国（China, China）
		俄罗斯联邦（Russian Federation, die Russische Foerderation）
		澳大利亚（Australia, Australien）
		巴西（Brazil, Brasilien）

		成员（英文名，德文名）
二十国集团成员国	其余十二个国家	阿根廷（Argentina，Agentinien）
		墨西哥（Mexico，Mexiko）
		印度尼西亚（Indonesia，Indonesien）
		印度（India，Indien）
		沙特阿拉伯（Saudi Arabia，Saudi-Arabien）
		南非（South Africa，Suedafrika）
		土耳其（Turkey，die Tuerkei）
		韩国（South Korea，Suedkorea）

9. 中亚五国和中东欧十七国

（写于 2019 年 8 月 20 日）

我对中亚和中东欧历史很感兴趣，这么说吧，我对整个世界都很有兴趣，有时间再研究研究中亚和中东欧历史。历史上，陆上丝绸之路和海上丝绸之路很繁盛。如今的"一带一路"更是如此。

中亚（Mittelasien，Zentralasien）即亚洲中部地区，狭义的中亚包括五个国家。这是它们的英语和德语表达（德语中，国家名没有特别标注都是中性名词，我就不一一标注了）：

哈萨克斯坦（Kazakhstan，Kasachstan）

吉尔吉斯斯坦（Kyrgyzstan，Kirgisistan）

塔吉克斯坦（Tajikistan，Tadschikistan）

乌兹别克斯坦（Uzbekistan，Usbekistan）

土库曼斯坦（Turkmensitan，Turkmensitan）

"中亚"这个概念最早由德国地理学家亚历山大·冯·洪堡（Alexander von Humboldt，1769—1859）于 1843 年提出，其所包含的范围存在多种界定。狭义而言，就指这五个中亚国家。

中东欧十七国指的是：

希腊（Greece，Griechenland）

波兰（Poland，Polen）

捷克（Czech Republic，die Tschechische Republik）

斯洛伐克（Slovakia，die Slowakei）

匈牙利（Hungary，Ungarn）

斯洛文尼亚（Slovenia，die Slowenien）

克罗地亚（Croatia，Kroatien）

罗马尼亚（Romania，Rumaenien）

保加利亚（Bulgaria，Bulgarien）

塞尔维亚（Serbia，Serbien）

黑山（Montenegro，Montenengro）

马其顿（Macedonia，Mazedonien）

波黑（Bosnia and Herzegovina，Bosnien und Herzegowina）

阿尔巴尼亚（Albania，Albanien）

爱沙尼亚（Estonia，Estland）

立陶宛（Lithuania，Litauen）

拉脱维亚共和国（Latvia，Lettland）

10. 内陆国及拥有"海军"的内陆国

（写于 2019 年 10 月 4 日）

这些天我看了不少军事科学方面的内容，作为通识知识的一部分介绍了一点，本来我今天打算写世界的各种阅兵类型，不过看到了蒙古海军的各种新闻，觉得不错，先介绍一下内陆国和拥有内河海军的内陆国。

我们这个世界上一共有多少国家和地区？据资料介绍，截至 2019 年，一共有 195 个主权国家和 38 个地区。

而内陆国（Binnenstaat）有多少呢？

内陆国就是在周围都是被大陆所包围，没有海岸线的国家，又被称为"陆锁国""无海岸国家"。依 1982 年《联合国海洋法公约》规定，大部分内陆国与沿海国平等享有在沿海国领海的无害通过权、公海自由权、和平利用国际海底区域权、公平分享沿海国开发 200 海里以外大陆架所缴费用或实物的权利及其他某些海洋权利。

综合多方资料，截至 2016 年，全球共有 44 个内陆国，有的资料说是有

48 个内陆国家，我就不一一确定了。这些内陆国中包括 2 个双重内陆国，即列支敦士登和乌兹别克。世界最大的内陆国是地跨亚欧的哈萨克斯坦。

内陆国家没有出海口，除了欧洲的几个内陆国家，普遍经济不够发达。但是很多内陆国家往往有内河内湖，可以通向出海口，这也在一定形式上促进了一些内陆国家发展出自己的海军，保卫自己国家的内河内湖，发展航运，发展经济，以及构成战时的武装力量。比如我之前在文章中提到的瑞士就拥有自己的海军。综合多方资料，目前世界上的内陆国家中拥有独立军种或者作为非独立单位的内河海军的内陆国家有十几个，数字我不确定，因为各种资料说法不一。

欧洲的奥地利曾经有内河海军，2006 年奥地利海军巡逻舰中队正式解散，曾经拥有几十年历史的奥地利现代海军消散在历史的尘埃中。欧洲的捷克和匈牙利曾经有海军，据资料记载，目前没有海军。而这近十几年来，中亚五个内陆国中的几个为了里海的油气开发和地区安全，相继建立了自己的内河海军。

而大名鼎鼎的编制仅为七人的蒙古海军，据资料记载，目前因为经济原因已经私有化，但依旧承担着内湖巡逻等内河海军的职责。

以下我列出世界内陆国的英文和德文表达，用下划线标出的内陆国家是据多方资料介绍拥有内河海军的国家：

亚洲内陆国：

阿富汗（Afghanistan，Afghanistan）

亚美尼亚（Armenia，Armenien）

阿塞拜疆（Azerbaijan，Aserbaidschan）

哈萨克斯坦（Kazakhstan，Kasachstan）

吉尔吉斯斯坦（Kyrgyzstan，Kirgisistan）

塔吉克斯坦（Tajikistan，Tadschikistan）

乌兹别克斯坦（Uzbekistan，Usbekistan）

土库曼斯坦（Turkmensitan，Turkmensitan）

蒙古国（Mongolia，die Mongolei）

老挝（Laos，Laos）

尼泊尔（Nepal，Nepal）

不丹（Bhutan，Bhutan）

欧洲内陆国：

安道尔（Andorra，Andorra）

捷克（Czech Republic，die Tschechische Republik）

奥地利（Austria，Oesterreich）

白俄罗斯（Belarus，Weissrussland）

匈牙利（Hungary，Ungarn）

卢森堡（Luxembourg，Luxemburg）

北马其顿（North Macedonia，Nodmazedonien）

摩尔多瓦（Moldova，Moldawien）

圣马力诺（San Marino，SanMarino）

塞尔维亚（Serbia，Serbien）

斯洛伐克（Slovakia，f Slowakei）

瑞士（Swiss，die Schweiz）

梵蒂冈（Vatican，Vatikanstadt）

列支敦士登（Liechtenstein，Liechtenstein）

非洲内陆国：

博茨瓦纳（Botswana，Botswana）

布基纳法索（Burkina Faso，Burkina Faso）

中非（Central African，Zentralafrika）

布隆迪（Burundi，Burundi）

乍得（Chad，Tschad）

埃塞俄比亚（Ethiopia，Aethiopien）

莱索托（Lesotho，Lesotho）

马拉维（Malawi，Malawi）

马里（Mali，Mali）

卢旺达（Rwanda，Ruanda）

尼日尔（Niger，Niger）（这本书有德语版本）

斯威士兰（Swaziland，Swasiland）

南苏丹（South Sudan，Suedsudan）

乌干达（Uganda，Uganda）

赞比亚（Zambia，Sambia）

津巴布韦（Zimbabwe，Simbabwe）

南美洲内陆国：

玻利维亚（Bolivia，Bolivien）

巴拉圭（Paraguay，Paraguay）

11.《季风帝国》《草原帝国》《海洋帝国》《拉丁美洲被切开的血管》

（写于 2019 年 10 月 16 日）

南亚、东南亚和美洲，也是我非常感兴趣的领域。换言之，我对全世界都非常感兴趣。在德国的学习经历，尤其是两年的汉学博士课程，让我明白，用日耳曼文化视角去理解世界，有助于更好理解自身文明，极其重要。

在德国读书的时候，我研读了很多海上和陆上丝绸之路的文献资料。这也构成了我保持至今的对丝绸之路，中西南亚东南亚研究的兴趣的原因之一。当然既然是海上丝绸之路，那就避不开地理大发现。所以美洲新大陆我也很感兴趣。

我今天介绍几本相关的通俗易懂的书籍，很容易阅读，也能很容易对某一个大陆有一个简单了解。了解历史，才能更好了解现在：《季风帝国》《草原帝国》《海洋帝国》和《拉丁美洲被切开的血管》。狭义的全球化早在地理大发现就开始了。而广义的全球化，更是离不开研究我们的陆海"丝绸之路"。

理查德·霍尔（Richard Hall，1925—）作为历史学家和记者，曾经游历印度洋地区，对印度洋地区的南亚和东南亚国家在地理大发现过程中的被殖民过程有了深入研究，并写成一本《季风帝国》（*Das Reich von Monsoon*），并创建了金融和政治公报《非洲分析》，对非洲大陆也有深入研究。在亚马逊德国上，这本书没有德语版本，我国国内有中文译本。

勒内·格鲁塞（Rene Grousset，1885—1952），是法国亚洲史研究界的泰斗，以研究中亚和远东著称，一生著作颇丰，大多数都是世界级的历史名著，包括《亚洲史》（*Die Geschichte von Asien*）和我今天介绍的这本《草原帝国》（*Die Steppenvölker*）。

在《草原帝国》这本书中，他详细地描述了匈奴、突厥、蒙古等草原民族的历史以及对整个世界文明、格局，以及秩序和历史进程的影响。

布莱恩·莱弗利（Brian Lavery，1945—）是享有世界性声誉的海洋历史性学家，著有三十多本海洋史著作，多本著作是畅销书。在《海洋帝国》（*Das Reich von Meer*）这本书中，他以英国历史上的海上作战转折点，即1588年英国皇家海军打败西班牙无敌舰队这一历史转折点为刻画点，描述了英国作为海洋国家随后几百年的腾飞，皇家海军推动英国从一个欧陆边缘国家的岛国，走向现代世界的中心。

而随后的亚洲历史，也随之而改变了。

乌拉圭著名历史作家爱德华多·加莱亚诺（Eduardo Galeano，1940—2015）对拉丁美洲有精彩独到的分析和介绍，用"依附理论"讲述了"拉丁美洲这片富饶而广阔的土地，曾经孕育出璀璨的文明，为什么如今却成为一个贫穷而动荡的大陆，沦为美国的附庸"。他把金银、可可、棉花、香蕉、咖啡、水果、石油、铁镍锰铜锡等各条拉丁美洲的"血管"加以详尽的分析，从社会现实的角度刻画了拉丁美洲的另一面"百年孤独"。

在亚马逊德国上，这本书有英译本和德译本。中译本也早就有了：《拉丁美洲被切开的血管》（*Die offenen Adern Lateinamerikas：Die Geschichte eines Kontinents*），感兴趣的，可以看看。

12. 大战略，战略史，战略思维

（写于 2019 年 9 月 27 日）

"大战略"原本是著名战略专家加迪斯（John Lewis Gaddis）的著名课程，集二十年的心血，现在出版了，有中译本，我在亚马逊德国上没找到德译本。在这本《大战略》（*On Grand Strategy*）中，加迪斯融入了他一生对于小到生活，大到治国之才的成功与失败的思考，具有启发性。

劳伦斯·弗里德曼（Lawrence Freedman）的战略一书也很有名，主要讲述战略历史。他写的《战略史》（Strategy：A History，Strategien：die Geschichte）"梳理了目前久负盛名的战略理论，从思想史的维度可见'战略'

渗透我们生活各个方面的过程。作者认为，从大卫使诈击败哥利亚直至当代经济领域中运用的博弈论，战略的核心在于我们是否有可能操纵并塑造环境，抑或只是成为不可抗拒力量的受害者。环境的不可预知性使战略既具挑战，又富戏剧性；很少有哪个军队、企业或国家能够接二连三地预测事态发展，每一次实践都不可能与预期相吻合。因此，战略是流动的、灵活的，它受制于起点，而不囿于终点。"

阿维纳什·迪克西特（Avinash K. Dixit，1944—）是当代数量经济学研究领域的著名经济学家。他的主要研究领域包括微观经济理论、博弈论、国际贸易、产业组织、增长和发展理论、公共经济学以及新制度经济学。他数学很好，这让他在经济学研究中游刃有余，眼光独到。

迪克西特写了不少关于战略和博弈论方面的书籍如《博弈论》（Spieltheorie für Einsteiger：Strategisches Know-how für Gewinner）。

13. 欧盟是联邦、邦联还是国家联盟？

（写于 2020 年 3 月 29 日）

今天我简单介绍一下欧盟（EU）这个世界主义缩影机构的性质。

欧盟到底是联邦（Bundesstaaten）、邦联（Staatenbund），还是国家联盟（Staatenverbund）？

在欧盟几十年的发展历程中，疑欧派和拥欧派对欧盟这个机构的性质和未来始终争执不下。

联邦（Bundesstaat），指的是超国家主义（supranationales Konzept），其中分权（Gewaltenteilung）和"辅助性原则"（Subsidiarity principle，Subsidiaritätsprinzip）是重点。

邦联（Staatenbund），指的是政府间主义（intergouvernementales Konzept），其中共同的外交和安全政策是重点。

国家联盟（Staatenverbund），是德国联邦宪法法院（Bundesverfassungsgerichts）提出的概念。

推荐 Bruno Kahl 的文章《欧盟：联邦–邦联–国家联盟？》（europäische Union：Bundesstaat—Staatenbund—Staatenverbund）。

14. 欧洲历史上的 "大饥荒"

（写于 2018 年 11 月 19 日）

我在德国留学生活工作期间，德国人民和其他几个我曾经去旅游过的欧洲国家的人民的生活富庶给我留下了深刻的印象。我在之前的文章中也提到过，十几年前，那个时代，他们当垃圾扔掉的生活日用品，都是那时的我在国内从没用过的奢侈品——比如真皮沙发、不锈钢折叠晾衣架等。

那么这个富庶，丰衣足食的现代欧洲曾经穷过吗？甚至像我们一样挨过饿吗？

欧洲人的姓氏和他们职业、出生地、长相、性格特点等的历史脉络及其发展特点之间的关系可以写本厚厚的书。

当然，这个欧洲饥荒史也是可以写本厚厚的书。不仅欧洲，每个有人类生存的大洲的饥荒挨饿历史，都是一本血泪史。迄今，全世界挨饿吃不饱饭的人口尚达到十亿人。我们每个人都需要多了解人类吃饭史，挨饿史，需要警醒，需要居安思危，未雨绸缪。

是的。细数欧洲历史，闹饥荒的时期数不胜数，堪称惨烈。不知古，怎知今。这其中，很多是气候原因和自然灾害引起的，而连绵的战争和瘟疫又和饥荒相辅相成，互为因果。概括起来就是这几个字：天灾人祸。所以欧洲历史上呈现给我们的连绵不断的饥荒史中有着气候和自然灾害的身影的影响，也有着人治不力而互相残害的情况。

那么欧洲历史上有哪些大饥荒呢？受气候自然条件影响导致的饥荒有1815 年前后的无夏之年（das Jahr ohne Sommer）。而这样的 "冷冬之灾" 还很多。受自然灾害和人治不力导致的爱尔兰大饥荒，大家应该也不陌生。以下是欧洲一千多年来的一些饥荒灾情构成的欧洲饥荒史，只是一些而已。

公元 975 年法国：10 世纪末，欧洲西部屡遭灾荒，遍地凋零，疾病盛行，975 年左右发生在法国的灾荒，法国死了三分之一人口，巴黎人口尽失一半。这之前，和这之后，这样类似的事在欧洲大陆上频繁地发生着。

大约 1090 年北部欧洲：11 世纪初，丹麦 "饥饿王" 奥拉夫一世（Olaf 1.）执政，因在任期间灾荒连年，饿殍遍野而人称其 "饥饿王"。

1235 年英国：13 世纪 30 年代，英国大饥荒，光伦敦就死了两万人。

1320 年西南欧：大约四分之一的西班牙人口因饥荒饿死。

1315—1317 年欧洲：从 1315 年起到 1319 年，欧洲进入一个小冰河期，普降大雨，气温偏低，气候的异常带来的饥荒在欧洲整整持续了三年之久，遏制了十四世纪刚刚兴起的欧洲城市市民阶级的发展和繁荣的速度，欧洲饿殍遍野，人口急剧下降，几十年之后才有所好转，但后来没多久又遭遇了黑死病的蔓延。史称"第一次大饥荒"。

1437—1440 年欧洲：欧洲因严寒和霜冻（五月霜冻）而大范围歉收而遭遇大饥荒。

1601—1603 年俄罗斯：秘鲁的 1600 年的 Huaynaputina 火山爆发，是近一千年来全球最大规模的火山爆发之一，据资料显示，也与我国当时明末如长江流域等地的极端气候相关。俄罗斯因寒冷湿润的天气而遭遇大饥荒。

1618—1648 年欧洲：欧洲三十年战争导致大饥荒。

1693—1694 年西欧：法国因为极冷冬而导致大饥荒，并伴有随之而来的伤寒瘟疫，死了一两百万人口。

1709 年西欧：法国因严冬而遭遇大饥荒。

1844—1849 年欧洲：因为土豆霉菌病而遭遇食物短缺，极寒的夏天和冬天，爱尔兰大饥荒死亡大约百万人口，并伴随着北美的移民潮，1847 年 4 月在德国柏林爆发了土豆革命。

1866—1869 年，北欧的芬兰和挪威大饥荒死亡十几万人。

1891—1892 年俄罗斯大饥荒，死亡几万人。

1916—1917 年中欧发生的第一次世界大战引发的德国芜菁之冬大饥荒（Steckrübenwinter）。

1921—1924 年东欧的俄罗斯部分地区大饥荒，1921 年由于苏联政府重工轻农政策，和国际封锁，以及天气极端恶劣，引发骇人听闻的俄罗斯南部地区大饥荒，在俄罗斯历史上也被称为 Povolzhye 饥荒。是俄罗斯历史上发生的最严重的事情，饿死人几百万之多

1922—1923 东欧和北亚地区，乌克兰大饥荒，史称"以饥饿灭绝"（Holodomor），据目前比较普遍的观点认为，这是由苏联农业政策的错误以及气候恶劣导致的饥荒，造成几百万人口死亡。

1939—1945 欧洲："二战"期间的欧洲饥荒。

1941—1944 东南欧的"二战"期间的希腊大饥荒，以及东欧的二战期

间封锁列宁格勒/列宁格勒保卫战的饥荒。

1944—1945 西欧的荷兰冬季大饥荒,在一系列调查研究中,对荷兰饥荒时期后出生的婴儿营养状况以及对其成人之后的工作生活做了跟踪研究,证明饥荒时期出生的荷兰婴儿的健康状况均不同程度受到影响,但是这并没有影响荷兰的这一代人在战后将荷兰迅速建设成为一个富强的国家。这一场饥荒对荷兰人影响深远,感兴趣的人可以找些资料了解。

1946—1947 中欧德国的饥饿之冬,德国战后大饥荒,百业凋敝,饿死很多人。所以 1947 年,美国才在美英法德占区推行了马歇尔计划,帮助西德实现了战后的迅速繁荣。

这仅仅是欧洲,在历史上,无数欧洲饥荒灾难中的一些而已,还有很多很多,饥荒的发生促成了很多新发明的诞生,比如我之前提到过的在"无夏之年"之后,为了节省草料,自行车被发明出来了;为了提高农产品的单位产量,化肥被发明出来。在工业革命的推动下,以及欧洲地理大发现的前提下,移民也成为大量深受灾荒之苦的欧洲人的一条求生之路。但是人类进入 20 世纪之后,两次大战的爆发,又让欧洲重新陷入了不堪回首的饥荒岁月,直到战后才恢复。

所以要警醒,要珍惜这能吃饱饭的岁月。看历史,就知道,富庶繁荣的现代欧洲,很多民众吃树皮草根的日子也就距今六七十年。我们国家呢?吃饱饭的日子更短。所以每个人都要珍惜吃饱饭的日子,要努力,要奋斗。要爱惜粮食。不要浪费。要适当储存粮食。

15. 三大进化论
(写于 2020 年 9 月 30 日和 2019 年 7 月 14 日)

我今天简单介绍一下三大进化论,就是阿奇舒勒的技术系统进化论、达尔文的生物进化论和斯宾塞的社会进化论。

阿奇舒勒(Genrikh Saulovich Altshuller,1926—1998)的技术系统进化论可以与自然科学中的达尔文(Charles Robert Darwin,1809—1882)的生物进化论和斯宾塞(Herbert Spencer,1820—1903)的社会达尔文主义相提并论,它们共称为"三大进化论"。

查尔斯·罗伯特·达尔文(Charles Robert Darwin,1809—1882),博物

学家，生物学家，因为早期的地质学研究而著名，后来他又提出科学依据，证明所有生物物种是由少数共同祖先，经过长时间的自然选择（natürliche Selektion）过程后演化而成的。到了 1930 年左右，达尔文的理论成为演化机制的主要诠释，并成为现代演化思想的基础，在科学上可对生物多样性进行一致而合理的解释，是现今生物学的基石。达尔文的物种起源学说（Theorie der Evolution）和人起源于猿的论点（Darwins These von der Abstammung der Menschen vom Affen）迄今深入人心。

我先简单介绍一下对达尔文影响很大的布封（Georges Louis Leclere de Buffon，1707—1788）。布封被称为法国启蒙运动的四巨人——布封、伏尔泰、孟德斯鸠和卢梭之一。他的耗时四十余年的《自然史》（*Allgemeine Naturgeschichte*）是杰出的博物学和自然科学通俗著作。这套书对人类的起源，地球的起源做了大胆的假设，并对鸟类、矿物、卵生动物等做了详细的介绍，是内容广博的通俗类科普著作，在当时引起了巨大的反响，是第一套用科普介绍和科学观点对自然史进行介绍的著作。在 18 世纪，他剥离了宗教对于科学的影响，大胆地假设人是动物的一种，对后世思想家唯物主义世界观的发展以及自然科学家达尔文的进化论的假设和论证起到了一定的推动作用。布封对林奈的生物分类法有不一样的看法。

达尔文的生物进化论推翻了上帝创造万物的荒谬论点，给当时的宗教势力以沉重打击。在他的墓志铭上，写着"他颠覆了世界，虽然并不完全"。赫胥黎（Thomas Henry Huxley，1825—1895）是达尔文的追随者，被称为"达尔文的斗犬"（Darwins Bulldog）。

赫伯特·斯宾塞（Herbert Spencer，1820—1903）比达尔文小近二十岁，是达尔文的同时代人，也是达尔文理论的拥趸和发展者，在达尔文去世的时候，他一反从不去教堂的习惯，参加了达尔文的葬礼，可见达尔文在当时英美知识界的地位之高。斯宾塞 1902 年曾获得诺贝尔奖提名。他是著名哲学家，社会达尔文主义者，一生以写作为生，著作颇丰。他以"有机体"观点（Lebensorganismus）解释社会文化，即"有机比拟论"（organische Analogie）。以"进步观"说明社会学发展过程，是社会达尔文主义的最早倡导者。他还以承认为中心，提出生活预备说。

阿奇舒勒比达尔文、斯宾塞和赫胥黎晚出生一百多年，在第一次世界大战之后，百废待兴而科技迅猛发展的 20 世纪黄金 20 年代出生。那个时候的世界，已经摒弃了神创论，达尔文的自然选择学说不再是异端邪说，而真正成为社会的主流观点。还有斯宾塞的社会进化论也很有市场。在这种时代大背景下，技术系统的进化论的观点在苏联应运而生，成为解释人类技术世界创造力的一种比较具有说服力的观点，并在苏联的技术发展方面做出了很大贡献。我再介绍一本他的《突然之间发明就出现了：解决问题的TRIZ 理论》（*And Suddenly the Inventor Appeared：Triz，the Theory of Inventive Problem Solving*），值得了解。

16. 经济周期理论有哪些？
（写于 2020 年 3 月 13 日）

经济理论指导的实践中的经济规律很多，今天我介绍一个相应的重要概念：经济周期。

首先，"经济"概念从何而来？

经济（Wirtschaft，Ökonomie）源自古希腊语 οικονομα，原意为"家政术"的意思，其本意是治理家庭财务的方法，到了近代才被扩大为治理国家的范围。

为了区别之前的用法，也被称为政治经济学（Politische Wirtschaftswissenschaft）。这个名称后来被马歇尔改回经济学（Wirtschaftswissenschaft）。到了现代，如果单称经济学的话，是在政治经济学或者更广的层面来考虑经济，因此一般在指经济学的时候经济学与政治经济学是同义的。

"经济"这两个汉字，在公元 4 世纪初东晋时代已正式使用，是"经世济民"等词的综合和简化，含有"治国平天下"的意思。

而现代"经济"一词是源自日本人的翻译。在清朝末期，日本人掀起工业革命浪潮，接受，吸收，宣传西方文化，大量翻译西方书籍，将"Economics"一词译为"经济"最早始于 1862 年出版的《日英对译袖珍词典》。

在新文化运动中，日本所学习过的西方文化向中国传播，梁启超最初在 1902 年发表的《论自由》一文中将该词译为"生计"而注明"即日本所谓经济"，自此"经济"一词开始广泛被中国引用。

经济周期是什么意思？

经济周期（Konjunkturzyklus），也被称为"商业周期""景气循环期"。

一般而言，分为繁荣期、衰退期、萧条期、复苏期。

西方经济周期的主要理论有什么？

经济发展过程中的繁荣与萧条存在着周期性规律，不同西方理论构建的经济周期有长有短，驱动因素也不尽相同。其中最有代表性的有以下四种理论：

1. 康德拉季耶夫周期（Kondratjew-Zyklus）：

1925 年苏联经济学家康德拉季耶夫（Nikolai Dimitrievich Kondratiev，1892—1938，有的资料说是 1941 年去世）在美国发表的《经济生活中的长波》一文中首先提出的考察资本主义经济中历时 50 到 60 年的周期性波动的理论。

也被称为长波理论（Lange Wellen-Theorie），认为经济主要驱动因素为技术创新。

在康德拉季耶夫以前，人们已经注意到经济发展过程中长时段的繁荣与萧条的交替存在着某种规律性。第一次世界大战期间，一些经济学家已经提出过长周期的设想。

康德拉季耶夫的贡献在于用大量经验统计数据检验了长周期的设想，从而使之成了一种比较系统的周期理论。

因此，1939 年经由约瑟夫·熊彼特（Joseph Alois Schumpeter，1883—1950）提议，世界经济学界都接受了用"康德拉季耶夫周期"这一术语指称经济成长过程中长时段的波动。

2. 基钦周期（Kitchin-Zyklus）：

1923 年英国经济学家基钦（J. Kitchen）提出的一种存在 40 个月（3—4 年）左右的经济周期，这是一种小周期，基钦周期也叫库存周期，又被称为"短波理论"，是对物价、生产和就业的统计资料的分析和总结。

这一理论后被熊彼特吸收，作为他的经济周期理论的一部分，促进了西方经济学的发展。他把这种短周期作为分析资本主义经济循环的一种方法，并用存货投资的周期变动和创新的小起伏，特别是能很快生产出来的设备的变化来说明基钦周期。

熊彼得认为 3 个基钦周期构成一个朱格拉周期。18 个基钦周期构成一个康德拉季耶夫周期。有的学者认为，短周期很可能只是一些适应性的波动。

3. 朱格拉周期（Juglar-Zyklus）：

1862 年法国医生和经济学家克里门特·朱格拉（Joseph Clément Juglar，1819—1905）在《论法国、英国和美国的商业危机以及发生周期》一书中首次提出，提出了市场经济存在着 9—10 年的周期波动。这种中等长度的经济周期被后人一般称为"朱格拉周期"，也称"朱格拉"中周期。主要驱动因素：设备更替，资本投资。

4. 库兹涅茨周期（Kuznets-Zyklus）：

1930 年，美国经济学家库兹涅茨（Simon Smith Kuznets，1901—1985）提出了存在一种与房屋建筑相关的经济周期，这种周期平均长度为 20 年。这也是一种长周期，被称为"库兹涅茨"周期，也称建筑业周期。1971 年他获诺贝尔经济学奖。主要驱动因素：房地产和建筑业兴衰。

经济繁荣和经济衰退是什么意思？

经济繁荣主要是指经济增长较快，就业率较高，居民收入增加较多，消费和投资增加幅度较大。在经济繁荣的时候，由于市场需求旺盛，常常会导致物价水平上涨，即引发通货膨胀，因此，原则上政府目标应追求经济适度繁荣，而不宜片面过分追求经济繁荣。

经济衰退指的是一个商业萎缩的周期，体现为经济活动普遍放缓，宏观经济指标下降，而破产和失业率上升。衰退发生时，消费有一个普遍的下降，可能引发如技能危机，外贸摩擦，不利的市场还会导致经济泡沫的破灭。各国政府通常应对经济衰退会采取如量化宽松的扩张宏观经济政策，如货币供应量的增加，凯恩斯主义的经济学家可能会增加政府支出和减少税收来振兴经济增长。

通货膨胀、通货紧缩、滞涨三个概念是什么意思？

通货膨胀（Inflation）：通货膨胀是造成一国货币贬值的物价上涨。一般物价上涨是指某个、某些商品因为供求失衡造成物价暂时、局部、可逆的上涨，不会造成货币贬值；通货膨胀则是能够造成一国货币贬值的该国国内主要商品的物价持续、普遍、不可逆的上涨。

通货紧缩（Deflation）：通货紧缩的概念一般视为经济衰退的货币表现，因而必须具备物价的普遍持续下降；货币供给量的连续下降；有效需求不足，经济全面衰退等因素。

滞涨（Stagflation：zusammengesetzt aus Stagnation und Inflation）：经济停

滞，失业以及通货膨胀同时持续增长的经济现象，作为混合人造词首次在 1965 年的英国国会 Iain Macleod 的演说中出现。

17. 牛市和熊市

（写于 2020 年 3 月 12 日）

我今天继续介绍一下经济生活中的涉及股市的两个重要概念：牛市和熊市。

股市在一定程度上是一个国家经济活动的晴雨表，能体现出一定的市场趋势。也就是说它是很重要的金融市场。在这金融市场中，市场趋势大概可以分为主要趋势、次要趋势（短期）和持续趋势（长期）。

市场价格根据趋势而移动，是技术分析学说（technische Analyse）中的主要假设。在股票市场中，有关市场趋势的观点非常多。与用大量统计数据来预测行情走势的技术分析学说相对应的是随机游走假说（die Random-Walk-Theorie，Theorie der symmetrischen Irrfahrt），认为所谓的市场价格《趋势》只是随机变动的累计结果。

总而言之，市场趋势指的是市场价格在一段时间内沿等定方向移动。而牛市和熊市分别代表向上和向下的市场趋势，可以用来形容整体大市或者个别行业的证券。

用牛市和熊市来形容市场的多头和空头，其起源不可考证。一般而言，据称这两个概念出现在 18 世纪或者 19 世纪的英国。*Oxford English Dictionary*（《牛津英文字典》）认为在 1891 年首次出现牛市（bull market）的说法，这一表达可能源自法语 bulle speculative（投机泡沫），这与南海泡沫事件可能有关。南海泡沫事件（die Suedseeblase）指的是英国在 1720 年发生的一次经济泡沫，它和同年发生在法国的密西西比泡沫事件（Mississippi-Kampanie-Blase，指的是 18 世纪时的一个同名法国公司经营状况极差但是股价却暴涨到发行价格的 40 倍以上而引发的泡沫事件），以及 1637 年发生在荷兰的郁金香狂热（Tulpenhysterie，是世界上最早的泡沫经济事件），被并称为欧洲早期的三大经济泡沫。

而在线词源词典（Online-Etymology Dictionary）认为，牛（bull）这个单词在字义上，有上涨的意思，因此得名，并认为这个字眼在 1714 年首次出现。

那么什么是证券市场中的牛市和熊市？这里的证券市场，泛指常见的股票、债券、期货、期权（Option）、外汇、可转让定存单、衍生型金融商品以及其他各种证券的市场。

牛市（Bullenmarkt, anhaltend steigende Kurse），又被称为多头市场，是指在证券市场上价格走高的市场。当然，在升势的全过程中，股价多多少少会出现几次回落调整的情况，这些都是正常的。其相反是熊市（空头市场）。

熊市（Baerenmarkt, anhaltend sinkende Kurse），又被称为空头市场，指的是证券市场上，价格走低的市场。其相反为多头市场（牛市）。历史上最有名的熊市是 1929 年到 1933 年的世界经济大萧条（Weltwirtschaftskrise），是 20 世纪持续时间最长，范围最广，后果很严重的世界经济大萧条。在不同的国家持续的时间不同，在有的国家甚至延续到 20 世纪"二战"以后 40 年代末经济才恢复。

18. 黑天鹅和反脆弱理论

（写于 2018 年 7 月 8 日）

在我们的生活中，可能随时会出现不可预测的、极具偶然性的事件——"黑天鹅"。所以需要增强自身安全意识，"反脆弱"。

著名经济学家塔勒布（Taleb）的理论影响深远，比如"黑天鹅预测"（Schwarze Schwäne Vermutung）和"反脆弱理论"（Antifragilität）。

在人类发现第一只黑天鹅之前，人类眼中的常识就是：天鹅都是白色的。直到第一只黑天鹅被发现，这个常识——这个曾经固若金汤的常识，被颠覆了。在塔勒布的《黑天鹅》（Der Schwarze Schwan）一书中，他提出了黑天鹅事件的定义：首先是它具有意外性，即它在通常的预期之外，也就是在过去没有任何能够确定它发生的可能性的证据。其二是它会产生极端效果。最后，虽然具有意外性，但人的本性促使我们在事后为它的发生编造理由，并且或多或少地认为它是可解释和可预测的。简而言之，这三点概括起来就是：稀有性、冲击性和事后（而不是事前）预测性。一种不可预测的重大稀有事件，它在意料之外却又改变一切。而这"黑天鹅事件"

可能会出现在人类生活的各个方面：经济，政治，文化，艺术，科技，生活等，与"灰犀牛事件"形成一对反义词。在这本书中，塔勒布也警示了全球性金融危机的突如其来的可能性（die globale Finanzkrise）。

2007 年出版的《黑天鹅》，引起了广泛注意，并在评价各种历史政治文化生活事件时，被反复提及。从泰坦尼克号，9·11 事件，到英国退欧都被视为"黑天鹅事件"的代表。

塔勒布还提出了"反脆弱理论"（Antifragilität），认为，脆弱的反义词不是坚强，而是反脆弱：有些事情能从冲击中受益，当暴露在波动性，随机性，混乱和压力，风险，和不确定性下时，它们反而能茁壮成长和壮大。反脆弱性与波动性，随机性，不确定性结伴而生。不愿意拥抱风险和波动的人，就会与反脆弱性失之交臂。

塔勒布在提及历史和社会发展时，说道："历史和社会不会爬行，它们会跳跃。它们从一个断层跃上另一个断层，之间只有很少的摇摆。而我们（以及历史学家）喜欢相信我们能够预测小的逐步演变。"

这种历史演化论就蕴含了极大的无法预测事件出现的可能性，即"黑天鹅"事件。而从一个断层到另一个断层的跳跃，可能并不是跃迁，而是后退。这一点上，也符合我们常说的"历史螺旋式上升"的观点。

他认为，过去发生的事，不足以让我们对未来进行预测。未来的事不一定能够令我们依据过去发生之事进行预测。

从塔勒布的观点可以清楚看出，他的备受关注的理论的思想基础深受"怀疑论"哲学家的影响，而对"人类和人类发展"的怀疑论观点，绵延几千年，从未停止过。这也符合我们人类善思辨的天性。可以多了解一下它们的代表大家及其论点。如：苏格拉底（Sokrates），塞克斯都·恩披里柯（Sextus Empiricus），加扎利（Al-Ghazali），比埃尔·培尔（Pierre Bayle），蒙田（Michel de Montaigne），休谟（David Hume），波普尔（Karl Popper）。

19. 人工智能和本体论

（写于 2019 年 9 月 16 日）

形而上学（Metaphysik）理论是"研究现象的本质，包括意识和物质，物质和属性，事实和价值之间的关系的理论"，本体论（Ontologie）是其中的一个分支。

本体论和人工智能有什么联系？信息技术领域的本体论指什么？我今天简单介绍一下。

本体论是一个哲学名词，本体论问题是个哲学问题，这一单词可以追溯到古希腊哲学家亚里士多德。最早使用这一名词的是德国哲学家鲁道夫·戈科列尼乌斯（Rudolphus Goclenius, 1547—1628）。他 1613 年首先使用"本体论"这个哲学术语。

德国哲学家戈科列尼乌斯在世时是一位兴趣广泛，涉猎范围极其之广的经院哲学家，物理学家，逻辑学家，数学家。他去世后被盛赞为"德国的教师"（Lehrer Deutschlands），"马堡的柏拉图"（Marburger Plato），"欧洲之光"（Licht Europas），"基督教世界的亚里士多德"（der christliche Aristoteles）。

最先使用"本体论"这一术语的戈科列尼乌斯把本体论界定为关于一般存在，关于世界本质的哲学学说。马克思认为本体论是关于一般存在或者存在本身的哲学学说。总而言之，在哲学领域，本体论是探究世界的本原或基质的哲学理论。

20 世纪 70—80 年代以来，随着人工智能的发展，本体论被人工智能界赋予了与哲学意义上的本体论不同的新的定义，被称为信息技术领域的本体论。什么意思呢？

20 世纪 70 年代中期以来，人工智能（AI, Künstliche Intelligenz, KI）领域的研究人员认识到，知识的获取乃是构建强大 AI 系统的关键所在。

在人工智能领域，本体论是研究客观事物之间相互联系的学科。AI 研究人员认为，他们可以把新的本体创建成为计算机模型，从而成就特定类型的自动化推理，即获取相关领域的知识，提出对该领域的知识的共同理解，确定该领域内共同认可的术语，并从不同层次的形式化模式上给出这些术语之间的相互关系的明确定义，并大规模共享模型，集成系统，获取知识和重用依赖于领域的知识结构分析。

20 世纪 80 年代，AI 领域就开始采用术语"本体论"来同时指称关于模型化世界的一种理论以及知识系统的一种组件。计算机本体论在人工智能界被一部分人视为一种应用哲学。

人工智能专家汤姆·格鲁伯（Tom Gruber）在 20 世纪 90 年代初发表了一篇论文，名为《迈向知识共享型本体的设计原则》（*Toward Principles for the Design of Ontologies Used for Knowledge Sharing*），在这篇论文中他审慎地对本体概念进行了人工智能领域的新界定：本体就是对那些可能相对于某一智能体（agent）或智能体群体而存在的概念和关系的一种描述。这项定义与"本体论"作为"概念定义之集合"的用法是一致的，但相对来说要显得更为通用。

我介绍的是我在亚马逊德国看到的一本由 Heiner Stuckenschmidt 所著的相关书籍《本体论：构思、技术和应用》（*Ontologien：Konzepte，Technologien und Anwendungen*）。

20. 理性和有限理性

（写于 2018 年 8 月 13 日，2019 年 2 月 7 日及 2 月 25 日）

从 18 世纪开始的欧洲启蒙运动高举理性和科学的旗帜，人类对理性的探索就没有停止过。这我已经写了很多相关文章了。我介绍三位研究理性的现代哲学家：吕梅林，赫尔伯特·西蒙和哈特姆特·埃瑟。

第 24 届世界哲学大会 2018 年 8 月 13 日在北京召开，大会一共进行一个星期，到 20 日结束。我报名参加了。

这次大会，虽然哈贝马斯不会到北京来，但是一位重量级的德国哲学家会参会，他就是尤里安·尼达—吕梅林（Julian Nida-Rumelin）。

2008 和 2013 年，德国著名的政论杂志《西塞罗》（*Cicero*）进行的调查研究表明，在德国现在科学家和知识分子领域中具有超凡的领导力和影响力并且其观点最常见被引用的德国人中，哲学领域的排名前三位是哈贝马斯，Peter Sloterdijk 和这位尤里安·尼达—吕梅林。

从 2004 年起，他是德国慕尼黑大学哲学系的教授，研究领域是理论和实用伦理学，决策论和理性论（Entscheidungs-und Rationalitätstheorie），政治哲学以及政治伦理学。作为当代德国著名哲学家和政治家，他的产出众多，作品在德国乃至欧洲和世界人文学科领域享有盛誉。我看过其中几本，很好，是典型的涉猎甚广，有强烈的社会责任感的"公共知识分子"的作品。

这三位德国哲学家都深受法兰克福学派的影响，其中哈贝马斯对尤里安·尼达—吕梅林盛赞有加，认为他在学术生涯和政治参与中的几种身份都是非常出色："今天，哲学家可以在四种不同的社会角色中观察政治承诺。众所周知的政治顾问和知识分子的角色面临着哲学和政治之间的调节者和偶尔参与政治运作的哲学家的角色。除了朱利安·尼达·吕梅林，我不知道今天还有哪位哲学家，能在除了他的学术生涯之外，还成功地扮演好这四个政治角色。"

提到决策论和理性论，我再介绍几个相关重要理论提出和发展者：

赫赫有名的赫尔伯特·亚历山大·西蒙（Herbert Alexander Simon，1916—2001）想必大家都听说过。我在我之前的文章中也简单介绍过。他是 1978 年诺贝尔经济学奖的获得者，决策论的推动者，1975 年图灵奖获得者，跨领域大师。"有限理性"是介于非理性和绝对理性之间的一种受限理性，他的"有限理性"（bounded rationality，begrenzte Rationalitaet）理论和"满意准则"在决策论中，在社会科学的众多领域影响甚广，更不用说他在人工智能方面做出的杰出贡献了。

哈特姆特·埃瑟（Hartmut Esser，1943—）是德国曼海姆大学的社会学和科学理论领域的教授，他是当代著名的社会科学家，其著作涉猎甚广，有德国移民研究，有对社会科学的行为理论中的理性决策理论的研究。波普尔的批判理性主义是他的理论基础之一。自从 2001 年，他成为德国利奥波第那科学院的成员。

附：德国利奥波第那科学院（Leopoldina）成立于 1652 年，以神圣罗马帝国的利奥博德一世命名，是德国最古老的自然科学和医学的联合会。2008 年，德国利奥波第那科学院升格为德国国家科学院（德国科学院），并负责向德国向联邦政府提供科学咨询，德国科学院的成员都是享誉全球的著名科学家。

德国的利奥波第那科学院赫赫有名，迄今，德国利奥波第那科学院出了 178 名诺贝尔奖得主，历史上，歌德、亚历山大-洪堡、西门子、爱因斯坦等人都是它的成员。

你知道歌德曾经属于德国利奥波第那科学院——如今的德国国家科学院——哪个部门的成员吗？——是植物学（Botanik）。是不是有点惊讶？

21. 人工智能与情绪世界——为什么需要研究"情绪"?

(写于 2018 年 12 月 3 日)

我 2018 年 12 月初参加了一个会议,去听了关于国际汉语教师教育与发展的专家讲座,2017 年我听的是二语习得会议。每次收获都很大。作为一名给中国学生教授德语的教师和十几年前做过一年给德国人教授汉语的教师的我,这两次专家会议正是契合我的需要。

在前天的会议上,主要就教师实践性知识和经验的学习、案例知识、教师学习的重要性、教师发展模式的构建、教师教育和发展国际研究热点、师资培养的问题和出路、教师情感对国际汉语教师培养的重要性、跨学科建设等方面论题,各位专家展示了各领域的最新研究成果。其中,有几位专家展示了教师发展中对教师情绪研究的科研成果。很有意思也很精彩。所以我想多说几句。因为契合自身需求,共鸣感很强,现场对此的讨论也很激烈。

先流水账地说说我 2018 年 12 月初的一个周末是怎么过的:看了很多关于"情绪"方面的资料,又看了很多新闻,欣喜于 G20 共识的达成,也紧张于 90 天的谈判期的漫长,惊恐于法国五十年来爆发的最大的骚乱,担忧于乌克兰和俄罗斯的剑拔弩张。期间我又满意地在网上购物一大堆,麻木地看了几个电影片段,终于沉重地发现,我老了,越来越难有耐心看完一部电影了。感谢时代的进步,在电脑、手机和平板电脑上看,可以快进和暂停。所有的新闻中,电影片段中,文章中,直到我的一天生活里,都充满了"情绪"。

看各种新闻,感叹之余,不由地想:我们现在正可能处在一个日益变得"情绪化"的世界。过度的情绪化就意味着失序和缺失理智,而缺失理智和理性的后果呢,往往是不太好的。

情绪化少见,绝大多数情况下保持理智,这是小到一个人,大到一个集体,一个国家,能够正常运行,合理发展的前提。但我谈到的这个"情绪化"单词本身是个负面单词。在前天的讲座中有专家也重点分析了情绪分为正向情绪和反向情绪及其表现。无论是正向情绪还是反向情绪都需要理性控制。

所以,一言以蔽之,与情感相关的外化"情绪"很重要。先想说说

"情绪" Emotion 这个单词。情绪是对一系列主观认知经验的统称，是多种感觉、思想和行为综合产生的心理和生理状态。

不得不承认，"情绪"这个论题在国内是关注程度比较低而又不好研究的领域。从小到大，我们受到的教育都是：我们要理智，要会控制自己的情绪，最重要的是，成年人就"应该"控制好自己的情绪。无论在哪里，各行各业，这一点是被默认的真理，是没有什么好说的，更谈何去研究呢！

所以很少看到教师情绪研究的论文。其实仔细一想，十几年前，在德国学习的我还真研究过情绪中的一类：幽默和笑。普莱斯纳（Plessner）的《笑与哭》（*Lachen und Weinen*）这本经典的描述人类"情绪"——高兴或者悲伤或者各种混杂的复杂情绪——的外化身体特征的著作，就是其中一个研究角度。

情绪和管理很重要，情绪和学习的关系，不必多说，这是各行各业都需要了解的情绪管理问题（emotion selfregulation）的前提。

在人工智能时代，今天重点介绍两位重量级研究情绪的科学家，明斯基（Minsky）和皮卡德（Picard）。

推荐认知心理学学者和计算机科学家明斯基（Marvin Minsky）的两本书——《意识社会》（*The Society of Mind*）和《情绪机器》（*The Emotion Machine*）。明斯基认为人类情绪是另一种产生智慧的思考模式而已。在后一本书中，明斯基认为大脑具有基于规则的机制，从而产生情绪来解决各种问题。也假设并论证了人工智能的"思考"问题。

明斯基在《情绪与机器》一书中，假设并论证了以下重点问题和内容：①我们生来就有很多精神资源。②我们从与他人的互动中学习。③情感是不同的思维方式。④我们学会思考我们最近的想法。⑤我们学会多层次思考。⑥我们积累了大量常识知识。⑦我们在不同的思维方式之间转换。⑧我们找到多种方式来表现事物。⑨我们建立了自己的多种模型。

在人工智能领域，情感研究非常重要。美国麻省理工学院的情感计算研究创始人，或者称为情感人工智能研究专家罗萨琳德·皮卡德教授（Rosalind Picard）就是这方面的专家，研究的是情绪计算（Affective computing），人工情绪智能（artificial emotional intelligence），情绪人工智能（emotion AI）。

如何教会机器学会识别，阐释，分析，并模拟人类情绪。模拟人类情绪在第一个沙特阿拉伯公民的机器人索菲亚身上就体现得非常明显。而在教会机器识别并阐释分析人类情绪上，对面部情绪识别的研究就很重要。这在养护型机器人的制造和完善过程中是核心问题。

一言以蔽之，情绪和思考一样重要，情绪就是思考的另一种表现形式，所以情绪研究非常重要。尤其在当下人工智能时代，机器的情绪也是重要的研究组成部分，前提是，先把人类的情绪研究清楚。

另外，情绪这个单词，需要和另几个单词加以区分，但是通常界线比较模糊。情绪与感情（Gefühl），心境（Stimmung）和情感（Affekt）等单词有区分，需要了解。

22. 什么是哲学问题和人工智能哲学问题？

（写于 2018 年 7 月 17 日和 8 月 17 日）

2018 年 8 月，第二十四届世界哲学大大会在北京召开，我也参加了。

非常遗憾哈贝马斯（Habermas）不会来，但是参会的著名哲学家众多，值得期待。

我从小对哲学非常感兴趣，哲学书看了一本又一本。人类考察自然和考察人类自身及社会是人类观察世界的重要角度。而"哲学"这一概念由朋友和智慧组成，就是"爱智慧"（Liebe zur Weisheit）或者"爱知识"（Liebe zum Wissen）的意思。

哲学要解决问题主要是：①我能知道什么？②我应该做什么？③我能希望些什么？④人类是什么？换言之：①我们如何获取认知？这些认知应该如何被评价？（认识论和科学理论，逻辑学）②我们应该如何行动？（伦理学）③世界是什么？为什么会存在有和无？历史是有目的的吗？（形而上学，宗教和历史哲学）④我们是什么生物？我们和世界处于什么关系？（哲学人类学，文化和社会哲学，美学）

要解决哲学问题，就涉及了哲学的几大领域，其中理论哲学（theoretische Philosophie）的分支大体有本体论（Ontologie），形而上学（Philosophie der Metaphysik），认识论（Erkenntnistheorie），逻辑学（Logik），语言哲学（Sprachphilosophie）和科技哲学（Wissenschaftsphilosophie）或者自然哲学（Naturphilosophie）等等。

实用哲学（Praktische Philosophie）分支的内涵及外延更为广阔，主要包括：伦理学（Ethik），法哲学（Rechtsphilosophie），政治哲学（politische Philosphie），和社会哲学（soziologische Philosophie），等等。

其实，日常生活中，处处皆哲学，比如家庭哲学，概念史，以及现在大热的相关人工智能哲学所带来的哲学化研究，都构成系统哲学（systematisches Phosophiesieren）。其实从系统论的观点，广义的哲学就涵盖了人文社科以及自然科学的几乎全部范围。这一理念，也从这次第二十四世界哲学大学的主题设置及讨论分组中得到了印证，哲学就是人研究人，人研究社会，人研究自然的综合体现，蕴含了人对人本身，对社会，对自然的求知和探索。

哲学一点不难，多了解一点，是大有裨益的，尤其对培养我国大学生的思辨能力而言，更是学生们必须具备的通识教育。

人工智能是这几年的大热门，是第四次工业革命的命脉，也是各行各业热议的新兴行业。哲学也需要解决实际问题，探索人类智能以及人类智能与机器协作的深度和广度。所以随着人工智能科技的发展，人工智能哲学应运而生。

人工智能哲学（Philosophie der Kuenstlichen Intelligenz）主要需要解决的问题是以下三个问题：①机器能否智能工作？它能解决一个人通过思考解决的任何问题吗？②人类智能和机器智能是否相同？人脑本质上是计算机吗？③一台机器能像人类一样拥有思想、精神状态和意识吗？它能感觉到事情是怎样的吗？

所以，如果要解决这些问题，就首先要解决人类智能尚未解决，甚至很迷惑的问题，即对"智慧，智能"和"意识"的理解和探索。这需要计算机学家，神经学家，语言学家，人工智能专家等各行业专家的通力合作。

我是个文科生，是个德语教师，但是对人工智能和人工智能哲学很感兴趣，究其原因，我想是因为我很懒，我希望在机器和科技的大发展的 第四次科技革命的浪潮中，机器可以更进一步，真正成为人类的左膀右臂，将人类从很多苦役中解放出来，这也是每次工业技术革命的基本动力。可惜可能因为我智力所限，我只能看懂一些比较肤浅的文章，了解些皮毛，更深入的涉及技术方面的就理解困难了。

这次第 24 届世界哲学大会，我听了一个关于人工智能、探索人机关系哲学的讲座。感兴趣者众多，但是报告者缺席很多。很有意思，收获不少。

但是我有一个强烈的感受是，理工科出身的科学家、外国主持人与中国人文学者主题演讲者在谈论人工智能哲学这种横跨人文以及科技的主题时，虽然都说的是英语，但是似乎是用来自两个世界的语言和思维模式在交流。

这个主题比较新，涵盖面也比较广，而且人类智能尚待解决的问题还很多，比如对"智能"和"意识"的理解。所以所有人可能都是在一边学习，一边学习怎么解释和解决问题。

所以所有人都要加油。

在第二十四届世界哲学大会在北京举办的同时，在北京的另一个角落，2018 世界机器人大会也在举行。我关注了一下新闻，感慨：作为人类助手、人类智能的结晶以及人类智能的深入和开发者的人工智能机器人丰富多样，更多地落地进入实用领域，令人欣喜。而且从小学习，从小接触人工智能可能也是机器人大会的一个方向，比如机器人智能工作室的出现，就让人从小就具备了在学校中学习人工智能新技术并动手操作的可能性。真不错。另外，这次 世界机器人大会所展示给我们的是：机甲人、钢铁侠这种更为机械化的赛博格（Cyborg）人基本要成为常态了。

一个是理论探索，一个是实际设计和操作使用，这两者之间的衔接和互助仍旧需要人类努力。不知道冯·诺伊曼（Von Neumann）那种不世出的天才会不会出现第二个。

（二）世界部分国家

1. 西班牙的这些名人

（写于 2018 年 3 月 19 日）

去德国前，我对于西班牙这个国度的印象，除了那几位耳熟能详的名人——毕加索、塞万提斯和其作品《堂吉格德》中堂吉格德和桑丘、哥伦布等人，就是西班牙斗牛，懒散爱晒太阳的西班牙街景和弗拉明戈舞蹈了。

波希米亚人，或者吉卜赛人，是个奇特的流浪在他人国土上的民族。因为没有自己的祖国，各个国家对他们的称谓不统一，五花八门，是个被其他民族定义的流浪民族。英国人贬称他们为吉卜赛人，法国人称他们为波希米亚人，俄罗斯人称他们为茨冈人，而他们称自己为罗姆人（Roma）。

他们在西班牙呢，被称为弗拉明戈人，他们的舞蹈则被称为弗拉明戈舞（Flamenco）：激昂中带着点儿悲壮的肢体语言和歌声，让人不由得心生惊叹和悲凉。

还有西班牙斗牛（Stierkampf），西班牙的国技，在让人对人的力量心生赞叹之际，也感受到了人的残忍。西班牙最富裕的省份加泰罗尼亚省——就是去年新闻里让人啼笑皆非的闹独立而不得的省份，2010 年就颁布了从 2012 年起禁止斗牛的法令。

而哥伦布（Kolumbus），这位伟大的褒贬不一的航海家（Seefahrer），1492 年发现了美洲，开启了新大陆时代。虽然新大陆的发现者总有异议，但是哥伦布的功劳是公认的。但是哥伦布的籍贯和国籍，也是个众说纷纭之事。他是意大利人？西班牙人？前几年有一位专家经过多年的研究，得出哥伦布是西班牙人的结论：因为历史记录的出生于意大利热那亚的哥伦布只是个同名同姓的人，而不是真正的航海家哥伦布。天啊！如果确实，那这种历史上重名的情况可太糟糕了。

15 世纪晚期，卓有远见的西班牙女王伊莎贝尔一世，不仅促成了西班牙的统一，而且卖掉了自己王冠上的宝石，来资助哥伦布的远航，并终得硕果，西班牙借此在其后的百年间成为世界霸主。而且哥伦布一生都是在用西班牙语记录。说他是西班牙人也不为过吧。

我在海德堡工作学习了一年（1998 年到 1999 年），除了海德堡大学汉学系的教学任务，还按照学校规定，在海德堡大学的语言教学中心教过一个学期的汉语。其中就有一个热爱汉语学习的西班牙学生。为什么提起这个学汉语的西班牙学生？因为高迪（Gaudi）这个西班牙加泰罗尼亚省的著名建筑大师，就是这个学生告诉我们的。那是我第一次知道这个名字，实在是让我觉得我太孤陋寡闻了。

高迪，这个西班牙建筑大师，他的建筑作品在西班牙的巴塞罗那，有七件被选为世界遗产（Weltkulturerbe）。实在太惊人了。一己之力，足以撼动整个建筑文化世界。

所以，西班牙语值得学习。璀璨的文化背后，就是由语言所描述，所支撑，所展示的瑰丽图景。我准备在人工智能的帮助下，自学些常见的西班牙语句子了。看电影也好，听歌也好，欣赏绘画建筑艺术也好，肯定会有用。终身学习，从不间断。

　　附：西班牙和德国的关系：

　　1492年这个年份，对于西班牙非常重要：世界上时间最长的战争结束了。在伊莎贝拉一世与斐迪南二世资助下远航美洲的哥伦布探索新世界的航程有了丰硕回报。

　　公元8世纪，阿拉伯人攻占伊比利亚半岛，当时半岛上的西哥特王国是由东日耳曼部落的两个重要分支之一的西哥特人（Westgote）统治，三百多年前，公元410年，西哥特的祖先攻占了罗马，三百多年后，他们在法国南部和伊比利亚半岛建立的西哥特王国被阿拉伯人攻占，714年西哥特王国灭亡，他们不得不逃到半岛的北部，建立了一系列小王国，开始了反击阿拉伯人的战斗。

　　从718年的科法敦加战役开始，到1492年格拉纳达战役结束，这场长达8个世纪的战争被称为"列康吉斯达运动"（Rueckeroberung），又被称为"收复失地运动"和"再征服运动"。这场战争的胜利，让西班牙和葡萄牙的统治者相信上帝是站在他们这一边的，从而产生强烈的宗教使命感。这种使命感正是西班牙、葡萄牙在美洲、亚洲、非洲开拓殖民地的动力之一。之后西班牙加入了法国与哈布斯堡王朝的战争。

　　哈布斯堡王朝（Haus Österreich，6世纪—1918年），是欧洲历史上最强大的及统治领域最广的王室，祖先为法国阿尔萨斯公爵，后来扩张至瑞士北部的阿尔高州，并在1020年筑起鹰堡，名为哈布斯堡，并逐渐将势力扩展到莱茵河西岸流域，14世纪重心转移到维也纳。曾统治神圣罗马帝国（Heiliges Römisches Reich，拉丁语Sacrum Romanum Imperium）、西班牙王国、奥地利大公国、奥地利帝国、奥匈帝国，出任君主。1273年，哈布斯堡公爵鲁道夫一世当选德意志国王（但未加冕为皇帝）。

　　神圣罗马帝国1512年之后的全称是"德意志民族神圣罗马帝国/日耳曼民族神圣罗马帝国"（Heiliges Römisches Reich deutscher Nation，拉丁语Sacrum Romanorum Imperium Nationis），是962年到1806年主要以德意志地区为核心的位于西欧和中欧的封建君主帝国。在神圣罗马帝国的大部分时间，都是由几百个更小附属单位如侯国，公国，郡县，帝国自由城市和其他区域组成。

　　到18世纪，这个家族逐渐衰落。西班牙的哈布斯堡王朝于1700年绝嗣

而亡，而奥地利的王朝于 1740 年绝后，随即被分支哈布斯堡-洛林王朝
（das Herrscherhaus Habsburg-Lothringen）取代。

1806 年弗朗茨二世放弃神圣罗马帝国皇位，神圣罗马帝国覆灭。1815
年根据维也纳会议（Der Wiener Kongress）成立了德意志邦联（Deutscher
Bund，1815—1866），目的是团结神圣罗马帝国废除后余下的德意志邦国。

1866 年在普奥战争中战败，奥地利帝国被迫解散了德意志邦联，同时，
被迫将威尼斯归还给普鲁士的同盟意大利。

1867 年弗朗茨·约瑟夫一世加冕成为匈牙利国王，奥匈帝国成立。

1918 年哈布斯堡家族最后一个皇帝卡尔一世放弃皇位，奥匈帝国最后
解体。帝国被奥地利共和国取代。

部分哈布斯堡王族后裔依然生存，分别定居于奥地利、列支敦士登和
德国。

据德国外交部网站介绍，今天的西班牙和德国保持着友好合作的关系。
据联邦统计局统计，2018 年，约有 17 万 6 千西班牙人（Spanier）住在德
国，约 13 万 9 千德国人居住在西班牙。两国政治交流密切。2018 年分别是
联邦总统施泰因迈尔（Bundespräsident Steinmeier），总理默克尔（Bundes-
kanzlerin Merkel）和外交部部长马斯（Au enminister Maas），2019 年财政部
部长绍尔茨（Finanzminister Scholz）访问西班牙。定期在高级官员一级举行
协商。

德国是西班牙仅次于法国的第二大贸易伙伴，德国在进口西班牙产品
方面甚至排名第一。德国在西班牙的投资也占有重要地位。根据德国联邦
银行数据，1313 个德国企业在西班牙有子公司或代表。2018 年，1140 万德
国人到西班牙旅游，是西班牙的第二大游客群体。2021 年，西班牙将成为
法兰克福书展的贵宾。几年来，西班牙一直是德国图书出版商的三大外国
授权合作伙伴（Lizenzpartner）之一。

2. 法国的"沉默的大多数"的"喧嚣"

（写于 2018 年 12 月 9 日）

2018 年，法国不太平，因为法国政府要上涨燃油税从而引导法国民众
更多去使用清洁能源，这一政策的想法初衷是好的，但因为触及了中下层

民众的切身利益，导致他们的不满，成为一系列矛盾的导火索，法国出现不断的抗议和游行，而且是自发地由互联网彼此联系，泛泛的社会大多数被带动起来，成为参与者，甚至成为有意无意的社会公共设施的破坏者，从而形成了大规模的打砸抢和暴力冲突事件。

我们身处一个媒介无处不在的时代，话语权利（Diskursrecht）的"阶层下沉"带来的是一部分话语权力（Diskursmacht）对前者的不可控力的失控。所以这些"愤怒"地走上街头的法国人，他们似乎是无组织的，又似乎是组织严密的。这带给旁观者一种很无奈很无力又很难过的心态。似乎从初衷而言，法国政府和这些法国民众都是各有各的道理，宏观的视角，和切身的福利，似乎哪个都很重要，搅和在一起，怎么就出现了这么一个暴力的结果？

就没有更好地沟通和解决问题的渠道和方式吗？

很多新闻报道都在阐述法国普通民众的"革命传统"和骨子里的不安分。而"革命"正是法国这个年轻的精英总统马克龙（Emmanuel Macron）自去年上任后想做的：他 2017 年出版了一本名为《革命，我们为法国而战》（*Revolution：Wir kämpfen für Frankreich*）的书。他与美国总统的互怼，对欧洲整体防御设施的建设设想和提出的欧洲军队的倡议，还有对欧盟改革的设想，以及加速数字化建设的建议，都部分体现在他 2017 年 9 月 26 日在法国巴黎索邦大学（Sorbonne）所做的纲领性的"欧洲倡议"（Initiative für Europa）中。那么，这一阵的事到底是怎么回事，这个欧洲的"革命者"马克龙要被本国人民"革命"了吗？

法国这个雄心勃勃的年轻总统可能也没想到一个看似不错的目光长远的燃油税政策会导致这样的结果。

法国的这位年轻总统发表演讲的巴黎索邦大学是法国一个著名的地标，这里不是评价学术价值和地位，而是说这里是五十年前，当时可能是马克龙的父母年龄那一辈的年轻学生，因不满学习条件以及反越战等各种因素发起"五月风暴"首先占领的地方。

虽然当时这一弥漫整个法国乃至整个欧洲的运动得到很多法国知识界人士支持，但实际上还是构成了法国"五月骚乱"，因为抗议和游行活动后来被一些不法分子利用，演变成了打砸抢，给法国巴黎以及法国全境的生产生活造成了很大的损失。

作为一名 1976 年出生的中年德语教师，翻译编辑和写作者，作为一个关心欧盟的未来和欧盟的大一统理想的旁观者，现在，我看着视频上那些这一阵的法国——以及甚至都已经蔓延到了其他欧洲国家的火光连天的暴力场景，不由得想到了五十年前这些法国人的父母亲们曾经做过的差不多的同样的事。

我们不往前说什么法国大革命和巴黎公社，那有些遥远，我们就说一说五十年前的发生在法国的似曾相识的接近内战的暴力场景。"内战"这个单词不是我说的，是我这几天看的一个法国现场视频中，一个面目年轻的法国青年，仰着还略带稚气的脸庞，大声地朝着拍摄者说着：就是内战也不怕，比 1968 年还要厉害。

比弥漫欧洲的 1968 年运动还要厉害？会吗？这个年轻的法国小伙子不知道他们的所作所为已经和他们的父母辈的抗议有很大的差异。为什么？因为这位法国年轻人面对的欧洲已经不是那个五十年前的欧洲，他们的"愤怒"抗争举措不是为了"革命"，而是为了回归"保守"。

什么是右翼民粹主义（Rechtspopulismus）？它又被称为极端保守派（rechtskonservativ），极右翼的（rechtsextremistisch），或者保守派的（konservativ），具有这种倾向的政党的政策方针通常含有以下特点：反移民，反建制，反精英，反对权力不接地气，反欧盟，反少数民族，保护本民族文化传统，为"沉默的大多数"（die schweigende Mehrheit），即为没有或缺少话语权的普通民众，在全球化进程中在一定意义上的利益受损者的人，代言。

能明显看出，法国虽然是处于以勒鹏（Marine Le Pen）女士为首的右翼民粹主义政党已经进入议会，但是仍旧是以马克龙为代表的精英中间派为执政党的时期，马克龙不左倾，不右倾，走中间派道路，和基本相似执政方针的德国总理默克尔惺惺相惜，为建设更好的欧盟而目标远大地共同承担起欧洲发动机的责任。

只是，现实怎么变成了这个样子？在世界的另一个大陆上，美国总统推行的民粹主义（Popolismus）、贸易保护主义（Protektionismus）和孤立主义（Isolationismus）日益以一种极端的令人瞠目结舌的方式在恶化国际关系的道路上越走越远，并且以一种张扬的尖酸刻薄的方式让天下人知晓。这是以"铁锈带"的美国失业工人为代表的惧怕全球化，惧怕移民的"沉默的大多数"选出来的美国总统。而欧洲，世人眼中沉稳的刚刚和平了七八十年的欧洲，怎么也悄悄地变样了？

我引用一位荷兰社会学家 Paul Scheffer 近十年前针对欧洲右翼民粹主义的悄悄而广泛的兴起状况写下的无奈文字。他将这些年来的右翼民粹主义在欧洲以及欧洲政府中的兴起与 20 世纪 60 年代弥漫整个欧洲的抗议运动相比较。他认为，20 世纪 60 年代的欧洲大规模抗议和反抗活动更多的是为了争取自由，而这些年欧洲各国的抗议和反抗活动更多是为了寻求更多安全的一种渴望。这种民粹主义运动被视为保护主义观察的一种形式。现在的欧洲，一大部分民众寻求的是更多的保护和安全。

这段 2010 年的欧洲学者论断放在 2018 年也是非常贴切。因为这些年，话语权利已经借由网络"下沉"到每个个体，不再仅仅是一部分精英的权利了。而当欧洲普通民众"愿望受损"或者感到自身利益"被伤害"时，就会更快地彼此呼应，以一种极端的类似"革命"的形式出现，而现在这种所谓的"革命"其实是在寻求"传统"，对传统的保守的安全的欧洲的回归。

对于右翼民粹主义这一概念我只能说个大概，对于其具体定义，很多欧洲学者也是观点很多，就不一一展开了。这个世界就其根本，从来都是在矛盾和斗争中前进，但是很多时候，会出现倒退和停滞。如何一往直前，不走回头路，而又带领国民过上更好的日子，这是欧洲的精英政治家要做充分权衡和考虑的。

法国的大众心理学家勒庞曾经写过一本《乌合之众》的大众心理学著作。这个法国人写的这本书似乎是深谙了人性的阴暗和非理性因素，以及个体在群体中的盲目性和盲从性，这在历史上造成过很多悲剧。沉默的大多数的无理性情绪化反抗方式让世人震惊。

我无缘更多了解法国五十年前的运动。我在德国留学生活工作七年（1998 年到 1999 年，2000 年到 2006 年），正是上一次世界经济危机爆发的时刻，我自己就在德国的大街上见过不少各种明目的游行示威，反全球化的，要求增长工资，减税的。幸运的是没见过暴力冲突。

任何合法诉求演变成暴力冲突和无辜人员的财产受损甚至伤亡，总是不好的，背离了初衷的，是需要尽快制止的。

法国，我仅仅在我在德国读书时去旅游过一次。几天在巴黎的走马观花，我领略了这个国家和城市的伟大和荣耀。而历史和现实，也告诉我，这个伟大国度的伟大人民内心从不灭绝的一点点天真和自毁倾向，带给这个世界一次又一次的革命性转折。

法国和德国，从政体而言，是欧洲集中主义（Zentralismus）和联邦主义（Foerderalismus）的具体代表。法国的荣耀和伟大一大半在巴黎。从我作为一个万里之外的旁观的中国人而言，我是不理解为什么法国人在他们的这座伟大的城市里打巷战，打砸抢地毁坏它，就因为法国政府提高了几毛钱的燃油税？这种自毁的倾向，和不破不立的精神，倒是很彻底的革命精神，但是法国人的城市首先需要法国人去爱惜，而不是看着它被毁坏。

作为旁观者，我只能说，矛盾的不可调和性和近似无解正是体现欧洲领导者领导智慧和魄力之处。之前是，现在也是。保护民众的权利和福利很重要，以欧盟为基础，强大法国的国际地位也很重要。总之，一个稳定繁荣，和平团结的欧洲是世界所希望看到的，所以法国不能再乱下去了。

附：法国和德国的关系：

今天的德法关系是"二战"后德法和解的结果。在之前的几个世纪里，德法关系隐藏或公开敌对。鉴于这一历史，"德法世仇"（Jahrhundertfeinde）一词一直并经常使用。它的特点是革命动乱（1830，1848），德国统一的问题，阿尔萨斯–洛林并入 1871 建立的第一个德意志民族国家和 1870/71 年战争至第一次世界大战期间欧洲大陆的霸权激烈竞争时期，在毁灭性的最后一场战争——第二次世界大战之后，在德法两国领导人的斡旋之下，"德法世仇"逐渐被消除。德法世仇变成德法友谊（Freundschaft）和欧洲一体化，这使一场新的战争变得不必要和不可能。迄今为止，法国和德国等欧洲核心国家是欧盟进一步一体化的最坚定倡导者之一，这就是为什么它们有时被称为"德法发动机"。

据德国外交部网址，法国是德国在欧洲最亲密、最重要的合作伙伴。没有其他国家像德法两国一样在所有政治层面和所有政策领域有如此定期和密集的协商。德法合作的代表——在柏林是欧盟国务部长罗斯（EU-Staatsminister Roth），在巴黎是欧盟国务卿德蒙查林（EU-Staatssekretärin de Montchalin），是德法联邦政府之间的制度桥梁，德国北威州州长拉舍特（Ministerpräsident Laschet）是德法文化关系的代表。自 2019 年 3 月以来，由德国联邦议院和法国国民议会的 50 名成员组成的德法两国议会会议（die Deutsch-Französische Parlamentarische Versammlung）每年两次密切合作。

德法边境沿线地区自 2020 年 1 月以来，在德法跨境合作委员会（Der deutsch-französische Ausschuss für grenzüberschreitende Zusammenarbeit）的支持下，德法两国在跨境合作方面开展了多种形式的密切合作。

德国和法国互为欧洲最重要的贸易伙伴（Handelspartner）。成立于 1969 年的空客航空公司（der Luft-und Raumfahrtkonzern Airbus）代表着德法紧密工业合作的成功。法国和德国最大的上市公司（börsennotierte Unternehmen）负责人每年都会与两国政要（Spitzenpolitiker）会面，在法国小镇埃维昂（Evian）进行非正式的意见交流。

部分内容出自：德国外交部对德法双边关系的介绍：https：//www.aus-waertiges-amt.de/de/aussenpolitik/laender/frankreich-node/bilateral/209530

3. 英法美的"失序"

（写于 2019 年 1 月 20 日和 7 月 2 日）

众所周知，美国著名生成语法语言学家、哲学家、社会活动家、著名公共知识分子乔姆斯基（Noam Chomsky, 1928—）一直笔耕不辍，见解锐利，是当今最重要的思想"斗士"之一，是对西方世界的深刻和清醒的反思者。

我今天简单介绍一本乔姆斯基的访谈录集《美国梦的安魂曲》（*Requiem für den amerikanischen Traum*），这个访谈集历经四年，集合了对乔姆斯基的各个方面的访谈，先是以纪录片的形式播放，后在 2017 年成书出版，集中探讨了美国这几十年的变迁和巨大的不平等的产生的根源。中文译本 2018 年出版，改名为《财富与权力——乔姆斯基解构美国梦终结的十个观点》。

在整个欧洲大陆，德语国家区域无论是经济还是政治文化方面的内外政策措施，还是比较稳定，没有很大的波动，体现在社会发展方面，就是相对稳定繁荣的社会现状。

而这一阵，让作为旁观者的我非常关注的新闻是：美国的政府关门看似遥遥无期，英国的脱欧进程成了一个"僵局"和"死循环"。2019 年 1 月的这个周末，法国的"黄马甲"运动没有因为法国的全国大辩论的开始而终结，法国城市还在继续烧抢掠打。真是无语。所以今天我说说这几个国家的"无序"状态。虽在法律许可的程序下，但因内部巨大的政策性分歧所体现出的"国家僵持"及"政府僵持"，从而在某些地方出现的"失控"和"无序"状态让人有种惊惧莫名的感受：尽头在哪里？

这不禁让我想到了去年我教一门德国国情和国际关系课时，我在讲到国家理论（Staatstheorie）的历史渊源时，提到过其中有一个是出现在上世纪初期并在欧美国家形成一定拥趸者的非常负面的"无政府主义"（Anarchismus）理论。这种理论是极其不可取的，其最初提出者提出的包含消除权威乃至政府并由公民自决或集体自决等举措的设想会导致暴民社会的出现及社会彻底失控的可怕后果，是一种极端不负责任的消极理论。

这种理论的拥趸在欧美国家一直不少，并形成了一些团体和运动。比如就说这几十年来，在欧美国家，20 世纪弥漫欧洲的"68 运动"和法国的五月风暴就是这种造成了无政府状态的社会运动，让整个欧洲的一些国家接近了"内战"（Bürgerkrieg）的边缘。还有兴起于 20 世纪 60—70 年代并流行于欧美的"朋克"（Punk）亚文化，也包含了这种"无政府主义"的特点和因素。

这种思想根植在欧美国家的思想传统中，在社会经济、国家政策等问题出现严重内部分歧（Zwiespältigkeit）时，就会被激发出来，借助"罢工和游行"这样在欧美国家法律许可的公民权利弥漫开来，造成不可估量的严重后果，导致一个国家的自伤，自害，甚至自毁。没有强有力的控制和管理，这几个国家如何解决现在这种出现已久而且似乎看不到解决方案的"无序"状态？想必这几个国家的管理者，现在正是"焦头烂额"的状态。这可能是仅次于战争的一种危险状态吧。

衷心希望这种"失序"的状态在这几个国家尽快结束，尽快回复到正常的轨道上，从而避免导致更为危险的更大范围的区域性"失序"状态。

虽然德国在历史上也出现过各种"无政府状态"的失序状况，现在的德国作为欧洲和欧盟的经济状况最好的国家，起到了欧盟引擎和定心石的作用，是更为理性也是更为理智化的国家。

4. 德法新条约

（写于 2019 年 1 月 23 日，2020 年 4 月 30 日和 5 月 1 日补充）

据新闻报道，德法两国的首脑默克尔和马克龙 2019 年 1 月 22 日在德国亚琛市（Aachen）签署了友好条约《德国和法国关于合作和一体化的条约》（*Vertrag über die deutsch-französische Zusammenarbeit und Integration*），简称《亚琛条约》（*Vertrag von Aachen*），对于加强德法两国的合作，以及促进欧洲的统一做出了新的保证和要求。这两个欧洲的"引擎和发动机"国家，的"和"还是"不和"对于整个欧洲至关重要。幸好，目前德法关系一直都还不错。两个历史上恩恩怨怨无数的国家能肩并肩地在已显示出一点儿动荡迹象的欧洲大陆上做好"稳定"的定心石，是至关重要的。

《亚琛条约》是在 1963 年法德在巴黎签订的《法德友好条约》又称《爱丽舍宫条约》（*Élysée-Vertrag*）的基础上，进一步深化法德各方面关系，加强两国在军事方面的合作。

1963 年 1 月 22 日，当时的法国总统戴高乐（Charles de Gaulle，1890—1970）和德国总理阿登纳（Adenauer，1876—1967）在法国的爱丽舍宫签署了《法德友好条约》，实现了法德两国历史性的和解，以经济合作代替军事对抗，德法关系正常化，从此欧洲一体化进程得以加速。这是一个历史性事件。因为仅仅在 1870 年到 1945 年期间，德法之间就发生了三次大规模血腥战争（1871 年普法战争，1914 年"一战"，1940 年"二战"占领法国），法德"二战"后的和解显示出了当时两国领导人的卓越的历史远见。

2003 年，在《爱丽舍宫条约》签订四十周年纪念活动上，1 月 22 日被宣布成为"德法日"（der Deutsch-Französische Tag）。

一般认为，欧盟的三支柱是：欧洲共同体，外交和安全政策共同体，警察和法律合作。而这三方面的合作都离不开法德两国作为稳定器所发挥的重要作用。

5. 意大利的"可视化图像"和"罗马问题"

（写于 2019 年 3 月 29 日，2020 年 5 月 1 日和 5 月 2 日补充）

意大利是我一直比较喜爱的国家，我年轻的时候，去意大利旅游过一次，距今已经有近二十年了。当然，因为那时我在德国读书，去意大利旅游真是方便得很。

最近的大新闻是意大利这个国家成为首个加入我国的"一带一路"倡议的 G7 国家。可喜可贺！这个历史上辉煌过的欧洲文明古国，在前些年深陷债务危机，始终在不断地探索新的合作模式和经济自救之路，希望两大文明古国的合作互惠互利，增进友谊。

今天我先简单介绍一下这个国家的现在，再介绍一下意大利过去的"罗马问题"。意大利拥有30万平方公里的土地，6000万人口，是欧洲的经济强国，但很多时候也拖欧盟后腿。意大利使用欧元，是欧盟成员国，也是欧元区国家。我曾经贴出过一张意大利在使用欧元之前的意大利本国里拉最大面值的钞票：一张五万里拉面值的意大利钞票。但是加入欧元区后，意大利要遵循欧盟内部统一的货币政策，不能通过大量发行纸币来稀释本国债务，国民又普遍比较爱享受，不愿削减高福利，所以这也是意大利债务飙升，长期得不到解决的一个原因。

意大利人普遍重视家庭关系，但是同欧洲各发达国家一样，也是出生率很低，面临着严重的人口问题和移民问题。

意大利语（Italinisch）属于印欧语系罗曼语族中的西罗曼语支，是意大利、梵蒂冈和圣马力诺等国家的官方语言。

意大利经济发展是北强南弱，地区发展不平衡很严重。我十几年前去意大利旅游，最南到了罗马，就没再继续南下了。

欧洲文明的三个支柱：古希腊罗马文明，基督教文明，还有日耳曼的战士文化。要解释它们，都必须要提到意大利。所以我今天再说一下意大利过去的一个问题"罗马问题"。

意大利的首都罗马，几个世纪都是西方文明的中心，古罗马先后经历罗马王政时代（前753—前509年）、罗马共和国（前509—前27年）、罗马帝国（前27—476年）三个阶段，存在时间长达一千年。476年西罗马帝国灭亡，1453年5月29日君士坦丁堡的陷落标志着拜占庭东罗马帝国的灭亡。罗马帝国遁入历史，但是没有被人忘记。之后，俄罗斯的伊凡三世称自己国家的疆域已经大到可以被称为"第三罗马帝国"。可见古罗马的辉煌，让后来者很难超越，只有仰望和模仿。

法兰克国王丕平三世751到768年在位。754年，丕平受教皇的旨意，进军意大利，强迫伦巴底的国王把拉文纳附近等地方交给罗马教皇，从此，从拉文纳到罗马的大片领土被划为教皇的辖区，形成了一个"教皇国"（Kirchenstaat），成为罗马教皇统治的世俗领地。这件事被称为"丕平献土"。丕平的儿子查理大帝，又被称为卡尔大帝（Karl der Grosse, 742—

814），去世前，三分的天下，后来成为法国、德国和意大利三个国家的雏形。卡尔大帝被称为"欧洲之父"。

14世纪，意大利成为欧洲文艺复兴的发源地，也是工商手工业者和能工巧匠施展才华的地方，更是借助地中海航道沟通东西方的交通要道。15世纪末，意大利战争不断，是法国和西班牙虎视眈眈的肥沃土地。18世纪民族主义开始觉醒。19世纪意大利复兴运动兴起，撒丁王国开始逐步统一南北，1861年建立意大利王国，1870年攻克教皇国首都罗马，完成意大利统一；"二战"战败后废除君主制，成立共和国。

再说一下教皇国。1861年，教皇国的绝大部分领土都被并入后来的撒丁王国。1870年，罗马也被并入意大利王国。教皇国的领土退缩到梵蒂冈。当时的教宗庇护九世（Pius IX，1792—1878）非常生气，但也无可奈何，自称"梵蒂冈之囚"。

由此引发出"罗马问题"（La Questione romana，Roemische Frage）。

罗马伤脑筋的问题和宗教有关。1861年到1929年之间，意大利王国与罗马教皇因罗马的归属问题而发生争议。当时，教皇国已经名存实亡，而历任教皇拒绝离开梵蒂冈城，以此来拒绝意大利对罗马整个城市的主权。这个拉锯战直到1929年才解决。直到1929年，时任意大利首相的墨索里尼（Benito Mussolini，1883—1945）与罗马教皇签订《拉特兰条约》（*Lateran-verträge*）。罗马教皇正式承认教皇国灭亡，由独立的梵蒂冈城国（Vatikan-stadt）取而代之。就这样，罗马问题在经过六十多年的争议后在双方的妥协下解决了。如今的梵蒂冈城是世界上最小的国家之一。

附：意大利和德国的关系：

中世纪的意大利与施行农奴制和采邑制的德国不同，意大利很重视工商传统。

而11世纪开始的九次十字军东征，欧洲人不断带回新奇的东方货物，香料和食物。对这些物品的大量需求，加速了意大利威尼斯和热那亚这些商业城邦国家的发展，而且这些需求也促进了之后的航海地理大发现。

十字军东征，也间接地促进了欧洲文艺复兴的出现。欧洲人东征东方后，发现了在欧洲已经消失了却仍在当地存在的古希腊文化的残存，欧洲人将其带回后，最终导致了文艺复兴的出现。

所以九次十字军东征几乎次次少不了热爱这些东方商品和香料的法国

人和意大利人。

随着 15 世纪的地理大发现和新航路的开拓，欧洲的主要商路和贸易中心也从地中海沿岸转移到大西洋沿岸。意大利的威尼斯和热那亚等商业城市衰落了。

之后意大利在经过连年被征战之后，逐渐把重心转向谋求民族独立，逐渐开始了轰轰烈烈的统一运动。

而德国也是，民族独立的统一运动也轰轰烈烈地进行着。

而与此同时，这两个民族气质截然不同的国家的人民面临着连年战乱和遭遇连绵饥荒的欧洲，他们中的一部分，迫不得已，选择背井离乡涌入移民大潮，一批一批地前往新大陆谋生，在那里，他们也是捡起了与他们在旧大陆和平时期一模一样的谋生之道。德国移民热衷于种地，做各种技术工种，甚至做雇佣兵，而意大利移民热衷于去城市开展工商业。

总而言之，他们交集不多，但又相互补充。他们背后的古希腊国文化和日耳曼文化都是构成欧洲文明的基石。而他们的选择，都与他们浸渍其中的宗教或多或少有关系，或是为了宗教而战，或是逃避宗教迫害，或是驱赶异教徒，或是去传播宗教给新的土地。

所以基督教文化也是欧洲文明的一大支柱，而且是个核心支柱。

以上是部分历史。目前德国和意大利的关系紧密而又良好。

据德国外交部网站信息，德意关系传统上是密切的，在历史发展上也有相似之处，德国和意大利都被认为是"后发国家"（späte Nation，德国 1871 统一成为德意志帝国，意大利在 19 世纪中后期统一成立意大利王国）。两国目前都是北约和欧盟成员国，有紧密的经济联系，为两国合作提供了良好的基础。德国文化机构在意大利的密度也是独一无二的。居住在德国的意大利公民超过 80 万人，两国政府应制定共同的欧洲政策立场，特别是在进一步深化欧盟、欧洲移民政策、欧洲睦邻政策（die europäische Nachbarschaftspolitik）或欧盟扩大等根本问题上。

德国和意大利的政府和议员定期交换意见。国际会议或欧洲理事会的多次会议也是良好的补充。国家元首层面也保持密切接触，最近一次是联邦总统施泰因迈尔 2019 年 9 月访问罗马和那不勒斯（Neapel）。

意大利的科莫湖（Comer See）边的维戈尼别墅（Villa Vigoni）是一个德意会议场所，专门为促进双边在科学、文化、政治和经济方面的交流而设立。德国各政治基金会在意大利有代表处，也发挥着重要作用。

部分内容出自：德国外交部的德国和意大利的双边关系：https：//www.aus-waertiges-amt.de/de/aussenpolitik/laender/griechenland-node/bilateral/210168

6. "America"（美洲）这个名称的由来

（写于 2019 年 4 月 1 日）

今天我先说说 "America"（美洲）这个名称的由来。

众所周知，哥伦布 1492 年发现了美洲大陆，但是他一直以为他所到达的地方是亚洲的一部分，所以把美洲大陆的原住民命名为 "印第安人"。那么 America（美洲）这个名称是由谁命名的呢？

阿美利哥·维斯普西（Amerigo Vespucci，1454—1512）是意大利的商人、银行家、航海家、探险家和旅行家。在其当时流行于世的书信《阿美利哥·维斯普西的四次航海旅行》（*Vier Seefahrten des Amerigo Vespucci*）中，他描绘了美洲这片新大陆。而当时哥伦布等人均认为这是亚洲的一部分。

他出版的这些书信很有争议，但也影响深远。按照这些书信，德意志文艺复兴时期的地图绘制家马丁·瓦尔德塞弥勒（Martin Waldseemüller，约 1472—1520）在 1507 年出版了第一幅将美洲新大陆标为 "亚美利加" 的地图，这也是 Amerika 这个单词第一次出现在地图上。

为了纪念亚美利加的贡献，Waldseemüller 用 "亚美利加"（Amerika）命名了这片新大陆。从此，这片新大陆成了 "美洲"。在这片富饶的大陆上，时至今日，发生着众多改变世界的大事。这几百年来，大量欧洲移民们建设和开发着这片新大陆，并且发生了很多世界大事。

附：为什么美洲不是德国人发现的？而德国后裔移民遍布美洲？

15 世纪，西班牙和葡萄牙开始地理大发现的进程，西班牙和葡萄牙抗击阿拉伯人的成功带给它们的自信以及国库空虚继续探索海外财富的需求，以及经由地中海商道被奥斯曼帝国所垄断的现状，加上这些沿海国家造船业的高度发达，让探索新航路具备动机、动力和能力。哥伦布等一系列航海家发现新大陆，探索新航道的成功，带给旧欧洲在一个新世界的种种机遇和扩张的理由。

各欧洲列强也纷纷殖民美洲及世界各地。

而德国是直到 1871 年才统一的欧洲"后发国家",所以德国没有参与到对美洲的殖民地瓜分中,在 16 世纪获得委内瑞拉一块土地短时间的开发权。

圣托马斯岛(Saint Thomas),目前是美属维尔京群岛(die Amerikanischen Jungferninseln 一部分,勃兰登堡公司向丹麦西印度公司的租借地(1685—1720)。

维克斯岛(Vieques, Vieques Island, Isla de Vieques),又被称为螃蟹岛(Island of Crabs, f Krabbeninsel),目前是波多黎各(Puerto Rico)属岛,勃兰登堡公司从丹麦西印度公司中并入(1689—1693)。

托尔托拉岛(Tortola, Tertholen),目前是英属维尔京群岛(British Virgin Island, die Britischen Jungferninseln)最大的岛,1696 年短暂领有。

但是从 17 世纪之后,德国人因其勤劳肯干,有技术,成为深受美洲各殖民国家欢迎的移民。而因德国国内的地少人多,连年征战和饥荒问题以及宗教等原因,移民美洲的人非常多。而第一次工业化革命带来的蒸汽轮船的发明,也让远涉重洋变得可能和便捷。

目前德裔是美国第一或第二大族群、阿根廷第三大族群、巴西第四大族群(白人)。在巴拉圭、秘鲁、玻利维亚、古巴等国家,德国后裔也是当地主要的白人族裔。

7. 巴黎圣母院的劫难!
(写于 2019 年 4 月 16 日)

今天一早起来,我就看见满眼的新闻和消息:巴黎圣母院在燃烧! 2019 年 4 月 15 日,巴黎圣母院的屋顶架(Dachstuhl)燃起大火,中殿小塔楼(Dachreiter)已经被烧至倒塌。我在德国读书时,曾经参加法国巴黎跟团旅游,不过仅仅两三天。巴黎圣母院就远远地看了看,惊叹于它的壮丽辉煌。

巴黎圣母院(die Kathedrale Notre-Dame,简称为 Notre-Dame),是法国及世界最早的哥特式教堂之一,在世界著名建筑中享有盛誉,它建于 1163—1345 年之间,也因雨果(Victor Hugo,1802—1885)的著作《巴黎圣母院》(*Der Gloeckner von Notre Dame*)被我国的广大读者熟知。

天干物燥,在这个气候条件越来越极端的人类唯一的栖息地地球上,我们人类如何保护好我们自身和文明的成果——比如这些辉煌的建筑，比如成片的森林，都需要我们人类从国家层面，从每个人做起，树立并提升更强的安全意识。同时学习再学习，安全意识需要和坚实的防灾应急措施和设施互为基础。

作为一介普通百姓，我自认是安全意识比较强的：家中配备急救包，出门关水拔插座关燃气阀门，安装家防设施（但要保证有效好用才行）。用不了多少钱，也花不了几分钟时间，以防万一。而这万一一旦发生，就会造成不可挽回的损失，比如起火，漏水，被盗。对一个家庭是这样，对一个单位，公共设施和国家更是如此。安全无小事，一定要放在心上。

据说巴黎圣母院这座恢宏壮丽的古老建筑的起火是在维修期间，希望这样的惨剧不再在这些人类历史记忆和遗迹上发生。

附：德国历史上大自然灾害（截至 1998 年）

1 亿 450 万年前，陨石撞击史坦海姆盆地的诺德林格里斯（Noerdlinger Ries, Steinheimer Bechen）。

1 万 1 千年前，拉彻湖埃菲尔（Eifel, Laacher See）火山爆发。

1164 年 2 月，"朱利安洪水（Julianenflut）"淹没北海海岸，死亡 2 万人。

1219 年 1 月，北海沿岸暴雨洪水，死亡 3 万 6 千人。

1287 年 12 月，北海沿岸暴雨洪水，死亡 5 万人。

1342 年 8 月，整个中欧遭受洪水。

1356 年 10 月 18 日，巴塞尔地震。

1362 年 1 月"大洪水"（Grosse Manndraenke）发生在北海海岸，死亡 10 万人。

1532 年 11 月，风暴洪水淹没北海海岸，死亡 5 千人。

1570 年 11 月，风暴洪水淹没北海海岸，死亡 9 千人。

1625 年 2 月，风暴洪水淹没波罗的海海岸，死亡 9 千 1 百人。

1634 年 8 月，北海沿岸遭受暴雨洪水，死亡 8 千 4 百人。

1717 年 10 月，北海海岸遭受风暴洪水，死亡一万多人。

1725 年 5 月，Bad Kreuznach 附近地区遭受洪水，死亡 31 人。

1756 年 2 月 18 日，下莱茵地区发生地震，死亡 10 人。

1783 年 12 月—1784 年 2 月，摩泽尔地区遭受洪水，死亡 2 千人。

1825 年 2 月，北海海岸发生风暴洪水，死亡 800 人。

1872 年 11 月 13 日到 14 日，北海海岸遭遇暴雨洪水，死亡 70 人。

1882 年 12 月到 1883 年 1 月，莱茵河地区遭遇洪水，尤其是沃尔姆斯（Worms）地区，死亡 60 人。

1888 年 3 月，易北河流域遭遇洪水，死亡 200 人。

1911 年 11 月 16 日至 17 日，施瓦本山地地震。

1920 年 8 月，多瑙河流域遭遇洪水。

1925 年 12 月—1926 年 1 月，莱茵河地区洪水泛滥。

1926 年 6 月—7 月莱茵河地区洪水 120。

1929 年 7 月，巴符州和巴伐利亚州遭受冰雹灾害。

1951 年 3 月 14 日，北莱茵-威斯特伐利亚地震。

1953 年 1 月 31 日到 2 月 2 日，"荷兰洪水"（Hollandflut），冬季暴雨，遍布整个德国境内。

1953 年 7 月 18 日，巴伐利亚州遭受冰雹。

1954 年 7 月 12 日—14 日，多瑙河地区洪水泛滥。

1962 年 2 月 16 日到 17 日，"汉堡暴雨"发生在北海海岸，汉堡，下萨克森州，石勒苏益格-荷斯坦。

1967 年 2 月 21 日到 23 日，整个德国境内发生冬季风暴。

1968 年 7 月 10 日，龙卷风发生在巴登-符腾堡州。

1972 年 11 月 12 日到 13 日，整个德国境内发生"下萨克森飓风"（Niedersachsen-Orkan）。

1974 年 8 月 16 日到 18 日，下萨克森州，北莱茵-威斯特法伦州，巴伐利亚州，遭受冰雹灾害。

1975 年 8 月 9 日到 8 月 16 日，下萨克森州发生干旱和森林火灾。

1976 年 1 月 2 日到 4 日，下萨克森州发生"Capella 飓风"和暴雨。

1978 年 5 月 22 日到 26 日，黑森州，巴符州，巴伐利亚州发生洪水。

1978 年 9 月 3 日，巴符州发生地震。

1978 年 12 月 29 日到 1979 年 1 月 4 日，德国北部遭受严重的暴雪和霜冻。

1984 年 7 月 12 日，巴伐利亚，慕尼黑，巴符州遭受冰雹灾害。

1990 年 1 月 25 日到 3 月 1 日，全德国遭受冬季暴雨。

1992 年 4 月 13 日，北莱茵-威斯特伐利亚发生地震。

1992 年 7 月，整个德国遭受干旱和森林火灾。

1993 年 5 月 17 日到 28 日，巴伐利亚州，北威州遭受冰雹灾害。

1993 年 12 月 21 日—27 日，洪水淹没北莱茵-威斯特伐利亚州，莱茵兰-普法尔茨州，黑森州，巴符州遭受洪水。

1994 年 1 月 27 日，整个德国遭受冬季风暴。

1994 年 4 月 13 日—18 日，图林根州，萨克森安哈尔特州，洪水泛滥。

1994 年 7 月，整个德国遭受干旱。

1994 年 7 月 4 日，北莱茵-威斯特伐利亚州遭受冰雹灾害，极端天气。

1995 年 1 月 22 日到 2 月 3 日，北莱茵-威斯特伐利亚州，莱茵兰-普法尔茨州，巴登-符腾堡州发生洪水。

1996 年 12 月—1997 年 1 月，整个德国遭受寒潮和霜冻。

1997 年 7 月 17 日到 8 月 10 日，奥德河畔发生洪水奥德格比。

出自：*Naturkatastrophen in Deutschland Schadenerfahrungen und Schadenpotentiale，Eine Ver ffentlichung der Münchener Rückversicherungs-Gesellschaft，Muenchen 1999，S. 41-42.*

8. 希腊的"固执"

（写于 2019 年 4 月 20 日，2020 年 5 月 2 日补充）

昨天看新闻，看到希腊（Griechenland）又通过表决向德国索取"二战"战争赔款，这样的新闻不止一次见到了。就一个感受，战争创伤的愈合不是很容易，战争贻害绵延不绝，可能深刻地刻在一个民族的历史记忆深处。所以战争从来都是不堪回首的一段历史。

希腊这个历史悠久的国家，西方文明的发源地之一，面积 13 万多平方千米，人口一千多万。希腊是我比较向往的地方，我还没去过。不过看各种新闻，想去看看的心也淡了。希腊的国歌是《自由颂》，由蓝白相间的 9 条平行长条构成的希腊国旗标志着希腊的一句格言：不自由毋宁死。仅从这里，希腊人的精神气质就一目了然。希腊历史悠久，文化璀璨，是西方文明的发源地之一，学习和研究西方文化和语言的人首先就要先了解古希腊和古罗马。

古希腊是西方文明的发源地，对欧亚非三大洲的历史发展有过重大影响。

前3000年—前1100年克里特岛（Kreta）曾出现米诺斯文明（Minoische Kultur）。前1600年—前1050年伯罗奔尼撒半岛（Peloponnes）出现迈锡尼文明（Mycenaean Greece，Mykenische Kultur）。前800年形成奴隶制城邦国家，前5世纪发展到鼎盛时期，前146年并入罗马帝国，15世纪中期被奥斯曼帝国统治。1821年，爆发希腊独立战争。1832年建立希腊王国，1974年通过全民公投改为共和制。

这些文明，在19世纪末之前，一直存在于古希腊盲诗人荷马（Homer，约前9世纪—前8世纪）的《荷马史诗》（*die Epen Homers*）等古希腊经典著作之中。它们真的存在吗？有些人觉得这都是文学作品，可有的人相信《荷马史诗》中所描述的都是真实的，而且倾尽全部钱财去证实这一点，而且成功了。他就是证实了荷马史诗所说的特洛伊和迈锡尼古国真实存在的德国人海因里希·施里曼（Heinrich Schliemann，1822—1890）。这样的人还有吗？有。英国考古学家伊文思（Sir Arthur John Evans，1851—1941），他是古希腊米诺斯文明的发现者。

施里曼和伊文思都是对希腊古典时代以前的远古文化，执着地进行发掘与研究的先行者，在希腊考古和欧洲考古学方面影响深远。前者还是个会十几种语言的语言天才。后者因其惊世发现被册封为爵士。

施里曼1871年左右发掘成功，然后德国考古研究院（das Deutsche Archäologische Institut：DAI）自1874年以来一直在雅典驻扎，并负责该国各地的重要发掘工作。伊文思1900年左右发掘成功。历经几代人的努力，古希腊的文明才不是以一种文字形式，以更多的实物来证实了它曾经的辉煌和对欧洲以及世界的巨大的影响力。柏拉图曾经说过，精通《荷马史诗》就精通了一切。

希腊曾经疆域广阔，位置重要，征战频繁，如今希腊偏居一隅，是巴尔干半岛上经济最发达的国家，可惜经济增长乏力，是欧盟的负债多的"老大难"国家。历史恩怨和现实利益之间的交织和影响构成了欧洲这片不平静的土地上经常起争执和危机的内在诱因之一。

附：希腊和德国的关系：

据德国外交部网站信息：希腊和德国的关系传统上很密切。

德国–希腊双边合作行动计划（Der Deutsch-Griechische Aktionsplan für die bilaterale Zusammenarbeit）（2016 年）是一个在政治、经济和技术、科学、教育、文化和民间社会开展密集合作的框架。

德国–希腊会议（Deutsch-Griechische Versammlung：DGV）促进城市和地区之间的合作。

德国政治基金会（die deutschen Politischen Stiftungen）在当地为双边对话作出了重要贡献。

在第二次世界大战中，希腊被纳粹德国占领，党卫军在希腊犯下了严重罪行。德国联邦总统约阿希姆·高克（Joachim Gauck）2014 年访问希腊时明确表示，德国负有特殊的历史责任，并代表德国向遇害者家属道歉。

为了对这一共同历史的黑暗篇章加以弥补，外交部设立了德国–希腊未来基金（der Deutsch-Griechische Zukunftsfonds），该基金允许促进建立一个共同的纪念文化以及促进与受害的村庄和犹太社区的和解。

德国–希腊青年协会（das Deutsch-Griechische Jugendwerk）旨在促进青年人的交流和两国人民的和解。

德国是希腊的最重要的贸易伙伴之一。德国主要出口化工产品、机械和食品。德国主要从希腊进口石油和食品。

德国公司是希腊最重要的外国投资者之一，在基础设施和可再生能源方面有着密切的合作。总部设在希腊的 120 多家德国公司提供了约 2 万 9 千个工作岗位。

大约 10% 的希腊人长期居住在德国。目前有超过 30 万希腊血统的人居住在德国。在希腊，大约有 4 万 5 千名德国公民居住。

在德国的"德国–希腊协会总会"（die Vereinigung der Deutsch-Griechischen Gesellschaften）中约有 50 个成员协会。

雅典（Athen）和塞萨洛尼基（Thessaloniki）的两所德国学校已经存在了一百多年。

德语在希腊是一门重要的外语。歌德学院和 DAAD 在当地有代表处。目前有几千名希腊人在德国学习。大约 4 万名希腊人在德国完成了全部或部分职业培训。

出自：德国外交部德国与希腊双边关系：https：//www. auswaertiges-amt.de/de/aussenpolitik/laender/griechenland-node/bilateral/210168

9. 巴赫金和乌克兰

（写于 2019 年 4 月 23 日）

我在德国七年，曾经研究过一段时间喜剧。看昨天的乌克兰大选结果有感，乌克兰这个秉性刚烈而又多灾多难的国家选出了一位在电视剧中扮演总统的喜剧演员做自己国家的总统。

所以今天我说说"戏剧"和"巴赫金"。

戏剧（Drama）源自古希腊语 δρᾶμα，是"行动""行为"（Handlung）的意思。具体我就不多说，戏剧按照不同的分类有不同的划分方式，按照戏剧冲突（Konflikt）的性质和效果可分为喜剧、悲剧、正剧和悲喜剧等。如何处理戏剧中的时间和空间的关系，人物和观看者之间的关系，从亚里士多德以来，就有很多种理论，比如布莱希特的"间离效果"（Verfremdungseffekt）。我今天就简单说说在戏剧冲突中，剧情中的时空关系与表演者和观看者之间的关系。今天，众所周知，巴赫金是大名鼎鼎的苏联文学理论和艺术理论学者，可能不为人所了解的是，他算是大器晚成，被淹没了很多很多年，直到 20 世纪 60 年代才被人从故纸堆中挖掘出来，重新热议起其各种理论比如狂欢化（Karnevalisierung）理论，对话理论，还有"时空体理论"（Chronotopos），复调理论（Polyphonic theory），互文性理论（Intertextualitaet）等等。

复调小说是巴赫金从复调音乐（Polyponie）这个单词衍生过来的。复调音乐指的是一部音乐作品中有至少两条独立的旋律，是一种"多声部音乐"，通过技术的处理，可以和谐地结合在一起。复调小说也基本指的是这个意思。而这两条以上的线索与各自复杂交错的时空的关系，构成了戏剧冲突中的复杂性，还有什么？和表演者与观看者的时空间离被加深或者被消融，构成一种深刻的错位及随之可能形成的理解错位和共情或者移情效果（Empathie），从而构成一种交错着间离效果的而又忽而唤起共生感（Symboise）的复杂情景。而这种局限于剧场环境的错位感被移植到了更大的环境中，就让人不得不感慨乌克兰喜剧演员在现实生活中的群众基础的狂欢特质的现实化和强烈移情。观看者和表演者之间的陌生化间离效果被完全消融了。

生活和戏剧混为一体，不知对于乌克兰这个国家而言是幸还是不幸？还是矛盾多到忍无可忍的地步，一个国家的民众都反其道而行之，陷入狂欢化的热潮中了？乌克兰和苏联是邻居也是势不两立的世仇，他们曾经说着一样的语言，所以我用巴赫金这位苏联的著名学者的一些理论来理解一下乌克兰的现在。

10. 斯里兰卡的"眼泪"

（写于 2019 年 4 月 24 日）

斯里兰卡，被称为"印度洋的一滴眼泪"。我是很多年前在德国读书时，从阅读的大量古籍中，更多地了解了这个国家。"斯里兰卡"在僧伽罗语中，有"宝石王国"之称。在郑和下西洋的路线中，这是一个处在交通要道上的不可回避的岛国。在我国古代典籍中曾经称其为已程不国、狮子国、师子国、僧伽罗、楞迦岛。

这个国家面积六万多平方千米，人口两千多万，曾经是英国殖民地，1948 年 2 月 4 日从英国独立，成立共和国。1972 年之前这个国家简称锡兰（Ceylon），是位于亚洲南部印度次大陆（das indische Subkontinent）东南方外海的岛国。

这是个多宗教、多种族的国家，使用僧伽罗语的占全国人口的百分之七十多，僧伽罗在梵语中是"狮子"之意，所以斯里兰卡也被称为"狮子国"。这个国家最大的少数民族泰米尔族约占总人口比分之二十左右。

斯里兰卡是多宗教和多民族国家，佛教（Buddhismus）、印度教（Hinduismus）、基督教（Christentum）和伊斯兰教（der Islam）是这个岛国民众信仰的重要宗教。就民族而言，僧伽罗人（Singhalesen）占人口大部分，最大的少数民族是 泰米尔人（Tamilen），其他的少数民族还有斯里兰卡穆斯林摩尔人（Moors）、马来人（Malaien）、荷兰遗民保加族（Burgher）和斯里兰卡土著维达人（Veddas）。

附：斯里兰卡和德国的关系：

据德国外交部网站信息，六十多年来，德国和斯里兰卡的外交关系一直良好。几年来，斯里兰卡对德国的出口额大约是从德国进口额的两倍。德国是斯里兰卡第三大市场。此外，很多年来，很大一部分外国游客从德国来到斯里兰卡。在 1999 年成立的斯里兰卡-德国商业理事会（Sri Lanka-Germany Business Council）中，德国和斯里兰卡商人寻求加强双边经济关系，有 100 多成员。

德国以多种文化方式（如歌德学院、南亚研究所 Südasien-Institut、友谊协会 Freundschaftsgesellschaft）在斯里兰卡开展积极主动的文化交流活动，并作为可靠的伙伴受到尊重和赞赏。自 20 世纪 50 年代末以来，德国一直是斯里兰卡的主要双边捐助国之一。自 2006 年以来，发展合作（EZ）进行了调整，以"冲突转化和促进和平"（Konflikttransformation und Friedensf rde-rung）为重点，以和解、社会融合、教育、私营部门支助和职业教育为重点，区域重点放在该国北部和东北部。

11. 中国几个重大区域发展战略

（写于 2019 年 12 月 3 日）

中华人民共和国成立七十年来，我国国民经济和社会发展取得了巨大成就，举世瞩目。从 1953 年我国制定第一个五年计划开始，2020 年是我国十三五规划（2016 年—2020 年）的最后一年。

这七十年来，区域规划在促进我国区域发展和区域协调方面，起到了十分重要的作用。按照学者张满银的研究，我国的区域规划实施先后经历了沿海向内地区域倾斜发展，沿海区域率先突破，"四大板块"战略区域全面实施和国内外区域全面开放合作四大阶段：

"一五"到"四五"时期（1953 年—1975 年）：以工业化和国家安全为中心的沿海向内地区域倾斜发展阶段；

"五五"中期到"七五"阶段（1978 年改革开放到 1990 年）：以改革开放和效率优先为中心的沿海区域率先突破阶段；

"八五"到"十二五"中期（1991 年到 2012 年党的十八大召开）：以解决区域问题和区域均衡发展为中心的"四大板块"战略全面实施阶段；

从"十二五"中期至今（2012 年至今）：以国内大区域协同和国际多边、双边走廊为中心的国内外区域全面开放，合作新阶段。综合多方资料，这一时期，我国逐步形成以"四大板块"战略区为基础（即西部大开发、东北振兴、中部崛起、东部率先发展），以"一带一路"倡议，京津冀协同发展，长江经济发展，粤港澳大湾区建设和长江三角洲区域一体化发展等重大区域发展战略为引领的协同发展和国内外补充发展。

今天我简单介绍几个我国近年来颁布及逐步实施的重大区域规划战略。每个中国人都应该知道："一带一路"倡议，京津冀协同发展，长江经济带，粤港澳大湾区，长江三角洲一体化发展，还有黄河流域生态保护和高质量发展规划。

据新闻报道，作为我国经济发展重要的增长极，长三角地区自20世纪80年代以来，一直是沿海经济开放区，2019年12月1日，我国颁发了《长江三角洲区域一体化发展规划纲要》（*The Regional Planning of Yangtze River Delta*），进一步明确了长三角区域一体化发展的规划范围，在面积21.17万平方公里，占国土面积的2.2%，经济总量大约占据全国四分之一的长三角区域构建"一核五圈四带"的网络化空间格局。具体为："提升上海全球城市功能；促进南京都市圈、杭州都市圈、合肥都市圈、苏锡常都市圈、宁波都市圈五个都市圈同城化发展；促进沪宁合杭甬发展带、沿江发展带、沿海发展带、沪杭金发展带四条发展带聚合发展"。

规划指出，"长江三角洲城市群是我国经济最具活力、开放程度最高、创新能力最强、吸纳外来人口最多的区域之一，是'一带一路'与长江经济带的重要交汇地带，在国家现代化建设大局和全方位开放格局中具有举足轻重的战略地位。"自我国2013年提出建设"丝绸之路经济带"和"21世纪海上丝绸之路"，简称为"一带一路"（The Belt and Road）倡议，2015年发布《推动共建丝绸之路经济带和21世纪海上丝绸之路的愿景与行动》后，依靠中国与有关国家既有的多边机制，借助既有的、行之有效的区域合作平台，借用古代"丝绸之路"的历史符号，高举和平发展的旗帜，积极发展与沿线国家的经济合作伙伴关系，共同打造政治互信，经济融合，文化包容的利益共同体，命运共同体，责任共同体，国际合作以及全球治理新模式的积极探索。

"六廊六路多国多港"是共建"一带一路"的主体框架，为各国参与"一带一路"倡议提供了清晰的导向。其中，"六廊"即新亚欧大陆桥、中蒙俄、中国—中亚—西亚、中国—中南半岛、中巴和孟中印缅六大国际经济合作走廊。

2015年《京津冀协同发展规划纲要》公布以来，京津冀整体定位是

"以首都为核心的世界级城市群、区域整体协同发展改革引领区、全国创新驱动经济增长新引擎、生态修复环境改善示范区"。

北京和天津两个直辖市和河北省的定位是：北京市"全国政治中心、文化中心、国际交往中心、科技创新中心"；天津市"全国先进制造研发基地、北方国际航运核心区、金融创新运营示范区、改革开放先行区"；河北省"全国现代商贸物流重要基地、产业转型升级试验区、新型城镇化与城乡统筹示范区、京津冀生态环境支撑区"。区域整体定位体现了三省市"一盘棋"的思想，突出了功能互补、错位发展、相辅相成；三省市定位服从和服务于区域整体定位，增强整体性，符合京津冀协同发展的战略需要。

综合多方资料，我国珠三角的几个城市自20世纪70年代末就逐渐成为我国的经济特区，"粤港澳大湾区"从学术界的讨论到地方政策的考量，再到国家战略的提出，历时20余年，2019年2月，《粤港澳大湾区发展规划纲要》（*The development plan for Guangdong-Hong Kong-Macao Greater Bay Area*，缩写GBA）颁布，进一步提升粤港澳大湾区在国家经济发展和对外开放中的支撑引领作用，粤港澳大湾区总面积5.6万平方公里，2017年末总人口约7000万人，是我国开放程度最高、经济活力最强的区域之一，在国家发展大局中具有重要战略地位。支持香港、澳门融入国家发展大局，增进香港、澳门同胞福祉，保持香港、澳门长期繁荣稳定，让港澳同胞同祖国人民共担民族复兴的历史责任、共享祖国繁荣富强的伟大荣光。

2016年3月，我国《长江经济带发展规划纲要》（*Outline of Yangtze River economic belt development plan*）颁布，确立了长江经济带"一轴、两翼、三极、多点"的发展新格局。"一轴"是以长江黄金水道为依托，发挥上海、武汉、重庆的核心作用，"两翼"分别指沪瑞和沪蓉南北两大运输通道，"三极"指的是长江三角洲、长江中游和成渝三个城市群，"多点"是指发挥三大城市群以外地级城市的支撑作用。长江经济带生态地位重要、综合实力较强、发展潜力巨大，这一纲要是长江经济带发展的宏伟蓝图，是推动长江经济带发展重大国家战略的纲领性文件。

12. 西方视角下的"四大发明"

（写于2019年8月25日）

"四大发明"是对我国古代"造纸术、印刷术、火药、指南针"发明创造的简称。

这种说法是我们中国人自己提出的吗？不是。是西方人提出来的，是一种西方视角下对部分他们急需的中华文明创造的认可，是对当时迅速发展和扩张的资本主义世界所急需的——开疆辟土，地理大发现，知识普及等方面——最为重要的几个发明。但我国的发明创造远远不止这四个，比如陶瓷即不能做武器，也不能用来航海扩大领土，但是就是一个改变了世界面貌的中华文化发明创造。

那么，我国的"四大发明"的提法究竟是谁首先提出来的呢？

据多方资料汇总，1550 年，意大利数学家杰罗姆·卡丹（Jerome Candan，1501—1576）提出了中国对于世界发明贡献中最为重要的三项：指南针、印刷术、火药。注意这个年代，正是西方地理大发现、航海活动频繁、知识启蒙时代开始和繁盛的时期，西方知识界摆脱了漫长的中世纪中宗教对他们思想的桎梏，并发现了遥远的中华文明成果对他们社会发展的重大贡献，并为之欣喜和赞赏，列举出了他们眼中觉得最重要的三个。

到了 1620 年，培根也对"三大发明"这一说法表示了认可，在其《新工具》一书中对此大加赞赏。到了 1861 年，马克思和恩格斯在其著作中明确了"指南针、火药和印刷术的发明预告了资产阶级的到来"。

至于四大发明的提出，首先是由一位英国汉学家艾约瑟（Joseph Edkins，1823—1905）在 19 世纪末提出的，作为一名了解中国文化的传教士和在中国长期生活并在上海去世的英国汉学家，他著作很多，并把造纸术加到了三大发明之中，三大发明成了四大发明。

到了 20 世纪中期，撰写《中国科学技术史》（*Wissenschaft und Zivilisation in China*）的李约瑟（Joseph Needham，1900—1995）在书中明确我国古代四大发明的定义和范围，并介绍了很多我国古代发明创造，引起了世界级范围的热烈反响。李约瑟还提出了著名的"李约瑟难题"："尽管中国古代对人类科技发展做出了很多重要贡献，但为什么科学和工业革命没有在近代的中国发生？"1976 年，美国经济学家博尔丁（Kenneth Ewart Boulding）称之为李约瑟难题。其实，仔细看看李约瑟的这套系列书籍，就知道，我国古代文明的创造发明成果远远不止四大发明而已。"四大发明"只不过是约定俗称的一种说法而已，还有很多很多。

这都是每个人要了解的通识知识。我国古代的发明创造远远不止"四大发明"，那是西方视角下的一种浓缩和对其最为所需之物的赞美。我国古代的发明创造还有很多很多。多读、多看就自然了解了。每个人的知识储备都可能会有盲区，但是能清醒思考，冷静阅读，才能不盲从。了解世界，才能更好了解我们自己。了解我们自己，才能更好了解世界。而且是理性客观的了解。

不过，这"四大发明"也是从他者的眼光里审视自身文明的卓越的一个角度。

附：中国和德国的关系：

中德关系源远流长，两个民族的交往可以追溯到元朝。1582 年，意大利耶稣会神父利玛窦（Matteo Ricci，1552—1610）来到中国，随后德国人也来了。

德国人汤若望（Adam Schall von Bell，1592—1666）和南怀仁（Ferdinand Verbiest，1623—1688）等这些西方人为近代西方科学知识在中国的传播做出了重要贡献。欧洲与中国的海上贸易以葡萄牙和荷兰为主。

17 世纪时，德国旅行家施马尔卡登（Caspar Schmalkalden，约 1618—约 1673）是个生卒年份不详的人，不过他写于 1642—1652 之间的《东西印度惊奇旅行记》（*Die wundersamen Reisen des Caspar Schmalkalden nach West-nd Ostindien*）让他的名字也铭刻在了历史的长河里。在他的游记中他提到了很多关于中国的风土人情。

施马尔卡登的德国船只也被荷兰商船和军舰招募。这样，有关中国的信息就越来越多地被欧洲船只传到德国。

不久，鸦片战争的炮火打开了清政府的国门，德国追随着英法等西方侵略国家的脚步开始了对中国的掠夺与侵略，从逼迫清政府签订不平等条约，到索取汉口和天津租界，再到强占胶州湾、干预中国内政，德国一步步地扩大其在华权益，甚至不惜以武力巩固其既得利益。

1949 年 10 月 1 日中华人民共和国成立后，1949 年 10 月 27 日就同东德首先建立了外交关系，而西德因受制于美国，不承认新中国。1955 年西德同苏联建交后，1964 年中法正式建交，西德也希望能够与中国加强合作，于是在 1964 年在瑞士伯尔尼中国大使馆内与中国有过四次接触会谈，但是因为美国的压力和中、西德双方的各自顾忌，没有达成最后的合作协议。1972 年 10 月，德意志联邦共和国与中华人民共和国正式建立外交联系。直到东西德统一，中德之间毫无芥蒂的合作关系才真正展开。

　　中德两国各自不仅在本地区发挥重要的影响和作用，而且在世界领域两国的合作也有交汇，有时表现为在共同利益和共同愿望驱动下的友好合作，有时表现为不同意识形态、不同价值观念和不同利益的冲撞。

　　但不管怎样，中德两国都很看重对方在世界上的作用，双方都意识到对方的举措对自身发展的重要性

　　今天的中德关系友好，开展并推动"全方位战略合作伙伴"关系，在政经文化教育等各领域开展深入合作。

　　据德国外交部网站信息，德意志联邦共和国和中华人民共和国已于1972年建立外交关系。德国和所有欧盟伙伴一样，实行一个中国政策（eine Ein-China-Politik），与台湾没有建立外交关系，台湾是中华人民共和国领土的一部分。自1972年以来，德中关系已发展成多样性强、密度大、政治实质日益丰富的关系。2018年中德贸易额近2千亿欧元，中国成为德国最重要的贸易伙伴。鉴于不确定性、国际危机和全球性挑战不断增加，中德两国在"全面战略伙伴关系"（die Umfassende Strategische Partnerschaft）框架内的合作与协调具有重要意义。中国认为德国不仅在经济上而且在政治上都是其在欧洲的主要伙伴（Schlüsselpartner）。

　　参考：杜继东：《中德关系史话》，社会科学出版社，2011年5月

　　潘琪昌：《百年中德关系》世界知识出版社，2006年9月1日

　　部分出自：德国外交部德中双边关系 https：//www. auswaertiges-amt. de/de/aussenpolitik/laender/china-node/bilateral/200472

13. 威尼斯的"绝望"

（写于2019年11月20日）

　　今早看新闻，我看到这一个词汇比较有意思，简单介绍一下——Acqua alta。这个单词是"Hochwasser"（洪水）的意思，在德语新闻中频繁出现，特指在意大利每年11月份到第二年3月份威尼斯（Venedig）的汛期时，当洪水超过海平面0.9米之后造成的大洪水。

　　十多年前，我在德国读书时，曾经去威尼斯旅游过，印象非常深刻。对这座也被称为"水城""百岛城""桥城""水上都市""水上城市"的全

世界唯一没有汽车，以快艇为交通工具的城市印象非常美好，这里曾经是威尼斯共和国的中心，被称作"亚得里亚海明珠"，水是生命之源，建设在水面上的城市在世界上也是绝无仅有的。值得珍惜。

1987年以来，威尼斯就已经申报世界遗产（Weltkulturerbe）成功了。威尼斯是世界著名旅游和工业城市，也是著名艺术之都。威尼斯，游客云集，而如今，据新闻报道，本地居民却日渐减少。

为什么？一是威尼斯作为世界著名旅游城市，游客会对本地居民的生活造成一定困扰。二是，威尼斯这座城市，每年面临越来越严重的水患。据新闻报道，今年11月份以来，威尼斯的洪水是近几十年来最大的一次。据资料显示，在2003年的一次关于威尼斯危机的国际会议上，各国专家对威尼斯面临的可能的被淹没的未来忧心忡忡，有专家指出，如果不采取行之有效的措施挽救威尼斯的话，在2100年，威尼斯可能将完全被海水淹没，不再适合人类生存。

那么，为什么威尼斯的建筑有被淹没的危险呢？

威尼斯这座城市本身就是建造在海中的沼泽和浅滩上，其市中心海拔只有一米左右，所以，对海平面上升最敏感的城市之一，就是意大利水城威尼斯。

这座城市又是如何建造在水面之上的呢？

威尼斯的建城历史学家历来有些争议，但是比较统一的说法是，大约在公元五世纪建成，由逃避北方日耳曼族侵略的罗马居民逃难到这一片滩涂和沼泽地，用木桩打入水中，然后在木桩上铺上一层又大又厚的伊斯特拉石。这种伊斯特拉石的防水性能很好，是从亚得里亚海的伊斯特拉半岛（die Halbinsel Istrien，现在半岛上是克罗地亚和斯洛文尼亚两个国家）运到威尼斯，然后在伊斯特拉石上铺上砖头，建成一座座建筑。因为砖头比伊斯特拉石轻，所以在其之上的建筑物不会出现严重下沉的现象。而一方面因为全球气候变化带来的海平面上升，威尼斯因为抽取地下淡水用来生活等各方面的因素，造成了威尼斯这座城市一方面有下沉的危险，然而因海平面上升等各种因素集合，造成了如今威尼斯的困境。

这座水上城市在未来难道真的会成为水下城市吗？那就太可惜了。如何解决和减缓这一可怕的未来场景，需要各国科学家治理研究并寻找可能的解决方案，更需要每个人从自身做起，保护环境，让这一灾难减缓并得以避免。在威尼斯有一个书店，名字就叫作"Libreria Acqua alta"（被淹没的书店），书店内的一部分书是放置在贡多拉（Kondoura，源自希腊语 kondyle，意思是"轻快的小船"，或者源自拉丁语 cymbula，"小船"的意思。）船上的，一被水淹就能浮起来，别有一番情趣。但是这实在是让人悲哀的一个场景。

威尼斯可怕的未来让每个沿海城市、岛屿国家、岛屿城市都不得不警醒。海水正在以缓慢的速度吞噬一些小岛和海岛国家，以及沿海城市，在可见的未来，世界上的一些海岛国家或城市可能会成为历史。

附：德国的海平面和海拔是多少？德国的主要河流是什么？

德国人口 8 千多万，面积近 36 万平方公里。德国地形可以分为：北德低地平原，平均海拔不到 100 米；中等山脉隆起地带，由东西走向的高地块构成；西南部中等山脉梯形地带；南部阿尔卑斯前沿地带和巴伐利亚阿尔卑斯山区，其间拜恩阿尔卑斯山脉的主峰祖格峰（Zugspitze）海拔 2963 米，为德国最高峰。

在德国，有5%的人口居住在靠近海岸的地方。气候变化导致海平面上升（Meeresspiegelanstieg）的危险日益加剧，沿海居民很可能更经常受到洪水和风暴的袭击。

海平面上升的速度比气象学家（Klimatologe）迄今所计算的还要快。根据世界气象组织（Weltwetterorganisation：WMO）的数据，如果在过去 15 年中平均每年大约 3 毫米，那么 2018 年全球的水资源量将增加 3 毫米。未来，地球物理学家（Geophysiker）史蒂夫·内雷姆（Steve Nerem）等科学家预测，到 2100 年，我们将不得不预计海平面将至少高出 65 厘米。受影响最严重的是亚洲沿海城市，也有北海沿岸的库克斯港（Cuxhaven），在波罗的海附近的瓦尔内明德（Warnemünde）和威斯马（Wismar）。

德国最长的 10 条河流：

（1）莱茵河（Rhein）：是流经德国最长的河流之一。全长 1233 公里，其中流经德国本土 865 公里。发源于瑞士阿尔卑斯山（Pl Alpen），从博登湖（m Bodensee）蜿蜒流至克莱夫（Kleve），越过德荷边界，在鹿特丹（Rotterdam）附近流入北海（f Nordsee）。

（2）威悉河（Weser）：德国第二大河流，全长 744 公里，主要源头为威拉河（Werra），从图林根森林流向北海，在布雷默黑文（Bremerhaven）

流入大海。

（3）易北河（Elbe）：德国第三大河，起源于捷克的大山，经过德累斯顿（Dresden）和汉堡（Hamburg），全长727公里，到达库克斯港（Cuxhaven）附近流入北海。

（4）多瑙河（Donau）：欧洲第二长的河流，在其2857公里的总里程中只有647公里流经德国。它起源于黑森林（Schwarzwald），然后流经十个国家，这是一个世界纪录，流入黑海（das Schwarze Meer）。

（5）美因河（Main）：作为莱茵河的一条支流，全长524公里，在德国最长河流排行榜上排名第五。它的源头位于巴伐利亚州的菲希特尔山区（das bayerische Fichtelgebirge），然后经过沃尔卡赫（Volkach）和法兰克福（Frankfurt）到达美因茨（Mainz），在那里美因河最终汇入莱茵河。

（6）萨勒河（SAALE）：长413公里，居第六位。它起源于菲希特尔山区，经过巴伐利亚（Bayern）、图林根（Thüringen）和萨克森-安哈尔特（Sachsen-Anhalt），最后在巴比镇（Barby）附近汇入易北河。

（7）施普雷河（SPREE）：作为柏林最重要的河流，382公里，位列德国最长的河流的第七位。它起源包岑（Bautzen）附近的劳齐茨山地（Lausitzer Bergland），然后流经萨克森州（Sachsen）和勃兰登堡（Brandenburg），然后在柏林斯潘道区（Spandau）与哈弗尔河（Havel）汇合。

（8）埃姆斯河（EMS）：是德国最长的第8条河流，371公里，比施普雷河短11公里。发源于条顿堡森林（der Teutoburger Wald）中的霍尔特-施图肯布罗克城堡（Schloss Holte Stukenbrock），径直流向北海。海口位于埃姆登（Emden）西北。特点是：德国境内最长的河流，发源地和河口均位于德国境内。名字来源于印度日耳曼语，意思是"暗河"。

（9）内卡河（Necker）：德国最长的河流第9名，全长362公里。区别这条河的是它的阳性词性，因为德语中的河流通常是阴性名词（除了美因河）。内卡河起源于菲林根-施文宁根（Villingen-Schwenningen）之间的黑森林和施瓦本山脉（Schwäbischer Alb）。在曼海姆附近流入莱茵河。

（10）哈弗尔河（Havel）：在德国最长河流的排名中，哈维尔河以334公里的长度位居第十。它的源头位于勃兰登堡和萨克森-安哈尔特州边界的梅克伦堡-前波美拉尼亚州（Mecklenburg-Vorpommern），流入易北河。它不是流向大海，而是从北流向南方。

节选自：德国最长的 15 条河流（Die 15 längsten Flüsse in Deutschland）
https：//bundesland24. de/fluesse/

14. 秘鲁和智利在"鸟粪战争"前后

（写于 2019 年 11 月 22 日）

这一阵南美洲的几个国家颇为不平静，在南美洲这一片富饶的土地上，为什么"拉美危机""拉美困局""拉丁美洲陷阱"此起彼伏，不断在各个国家之间再现？为什么南美洲不如北美洲经济发达？

这是个很庞大的主题。今天我简单介绍一下南美洲的秘鲁（Peru），智利（Chile）和玻利维亚（Bolivien）之间，为争夺硝石（制作火药的材料）和鸟粪（良好的肥料），在 1879 年—1884 年期间发生过的一场战争——南太平洋战争（Pazifischer Krieg），俗称硝石战争和鸟粪战争。

这在一个角度也说明了，在 19 世纪，人工合成的化肥没有诞生前，鸟粪这种自然资源都是多么珍贵，足以引发一场战争。

在这之前，我先介绍一些这三个国家的简单历史。

我在我之前的文章中，介绍过拉丁美洲的委内瑞拉，感慨过这个南美国家曾经的富饶。拉丁美洲曾经是欧洲各国的征战场所，在一番征战之后，基本上成了西班牙和葡萄牙的殖民地。在 1492 年哥伦布发现新大陆之后，南美洲就成为无数人的探索、探险之地。16 世纪 30 年代，西班牙殖民者弗朗西斯科·皮萨罗（Francisco Pizarro，约 1476—1541）用几百名士兵，用计绑架了秘鲁印加帝国国王，在获取巨额的金银索赔之后杀害了印加国王，他率军逐渐征服了人数高达六百多万的整个印加帝国。玻利维亚 13 世纪就成为印加帝国的一部分，1538 年沦为西班牙的殖民地。智利 16 世纪前，属于印加帝国，1541 年沦为西班牙的殖民地。从此，南美洲这片土地上，逐渐形成了白人、印第安土著（Native American）、印欧混血种人（Mestize）、少数黄种人等复杂人种为主要构成的大陆。

到了 19 世纪，欧洲拿破仑战争爆发，从 1799 年一直持续到了 1812 年。那时，欧洲战火不断。这期间，出生在委内瑞拉的西班牙裔贵族西蒙·玻利瓦尔（Simón Bolívar，1783 年—1830 年），后来的南美独立战争的卓越领袖，委内瑞拉的民族英雄，从南美洲去欧洲游学交友，交友很广，在法国参加了拿破仑在意大利的加冕典礼，并与德国的地理学科开创者洪堡见过面。目睹欧洲的不平静。这个被后人争议很大的玻利瓦尔认为解放南美洲，推翻西班牙在南美洲的殖民统治的时候到了。在 1808 年拿破仑·波拿巴入侵西班牙期间，玻利瓦尔引领南美洲的殖民地人民，通过不懈的努力，推翻了西班牙在南美洲的殖民统治，委内瑞拉、秘鲁、哥伦比亚、厄瓜多尔、玻利维亚、巴拿马这六个拉美国家，陆续从西班牙的殖民统治中解放出来，获得独立。智利、秘鲁和玻利维亚相继在 1818 年，1821 年和 1825 年脱离西班牙独立。1825 年，西班牙殖民者退出南美之后，随着玻利维亚、秘鲁及智利相继独立，但位于玻利维亚、智利和秘鲁的交界处的阿塔卡马沙漠在西班牙殖民时期从未确定划定归属。

玻利瓦尔 1830 年因肺结核去世，迄今被称为"南美的拿破仑""南美洲的解放者"。

19 世纪 50 年代，在阿塔卡马沙漠发现了丰富的硝石和鸟粪资源。于是，为了争夺这些宝贵的资源，南太平洋战争爆发，因为缘起"硝石"和"鸟粪"，所以史称"硝石战争""鸟粪战争"。

这场战争以秘鲁、玻利维亚战败，并向智利割让领土而告终，使三个国家的命运发生了巨大转折，智利由此走上强国之路，秘鲁和玻利维亚却受到了沉重打击，国家发展受到严重阻碍。玻利维亚因此次战争丧失了出海口，成了一个内陆国。

这场战争是 19 世纪拉丁美洲规模最大的战争之一，对南美洲乃至西半球的国际政治格局产生了深远影响。当时，南美洲的鸟粪、硝石，远销欧洲，获利极大。从 19 世纪中叶以后开采硝石。第一次世界大战前智利硝石垄断世界市场，年产量达 300 万吨。自从人工合成氮出现后，硝石市场大为缩小，当地繁荣一落千丈。

德国化学家哈伯（F. Haber, 1868—1934）从 1902 年开始研究由氮气和氢气直接合成氨，也就是人工合成化肥，于 1909 年改进了方法，成为世界上第一个从空气中制造出氨的科学家，造福现代农业。但是哈伯也成为第一次世界大战中第一个使用氯气等气体进行毒气战的科学家。毁誉参半。哈伯在巨大的争议声中，获得 1918 年的诺贝尔化学奖。

人工合成肥料的努力之路，人类持续了有一百五十多年。之前，为争夺鸟粪资源，几个南美国家曾经大打出手。任何自然资源都是如此的宝贵，以致鸟粪也曾经引起过战争。

附：秘鲁、智利和玻利维亚与德国的关系：

据德国外交部相关信息，秘鲁和德国有着密切友好的政治关系。双边和多边论坛的交流都很密集。2019 年，两国都是联合国安理会（VN-Sicherheitsrat）成员。

定期进行政治访问。联邦总统于 2015 年访问秘鲁；2019 年德国联邦议院安第斯国家议会小组（die Parlamentariergruppe Anden-Staaten des Deutschen Bundestages）前往利马（Lima）和普卡尔帕（Pucallpa）参加会议。

在秘鲁有几个德国政治基金会的国家办事处。秘鲁的经济增长令人印象深刻。当时是 2019 年，约为 4.0%。德国最大的投资是弗拉波特公司（die Fraport AG）。

两国发展合作的重点是将环境、政府治理和可持续城市发展（nachhaltige Stadtentwicklung）作为秘鲁可持续发展的关键因素。重点是支持秘鲁的反腐败计划。在气候和环境问题上的合作同样重要。它侧重于国际可持续性议程（internationalen Nachhaltigkeitsagenda）、各国对气候保护的贡献和经合组织国家方案（OECD-Landesprogramm）。这些方案包括可持续城市发展、水、卫生、公共交通、可再生能源（regenerative Energien）和废物处理等领域的方案。

在文化领域，对外德语教学和科学交流以及学生交流是主要课题。利马有歌德学院，阿雷基帕（Arequipa）有德国秘鲁文化学院（ein deutsch-peruanisches Kulturinstitut）。

出自：德国外交部德国与秘鲁双边关系 https：//www. auswaertiges-amt. de/de/aussenpolitik/laender/brasilien-node/bilateral/201112

德国和智利的官方关系始自 1952 年，两国双边关系具有广泛的经济、科学和文化基础，在重要的多边问题上也有类似的看法。智利是经合组织成员国，自 2017 年以来一直是中高收入国家之一。

欧盟在智利的贸易伙伴中排名第三，仅次于中国和美国。在欧盟内部，德国是智利的最重要的贸易伙伴。德国主要从智利采购原材料（铜 Kupfer）和食品。德国对智利的出口传统上集中在工业产品上。

智利对德国文化和德语的兴趣很大。从 1850 年以来，德国移民在智利南部（im Süden Chiles）（1850 年起）取得的成就，以及德国科学家、教育工作者、企业家和各领域专家的承诺，为智利的建设做出了很大贡献。

两国文化关系密切多样。重点是德语、大学与研究机构之间的学术联系，歌德学院的方案工作以及根据外交部的"学校：未来的伙伴"（Schulen：Partner der Zukunft（PASCH）倡议促进学校之间的合作。

德国作为智利的科研合作伙伴也享有很好的声誉。2013 年以来，双边科技合作全面框架协议已经生效。

出自：德国外交部德国与智利双边关系 https：//www. auswaertiges-amt. de/de/aussenpolitik/laender/brasilien-node/bilateral/201112

玻利维亚与德国双边关系良好：自 2015 年 11 月前总统莫拉莱斯（Evo Morales）在柏林和汉堡进行大规模部长级访问以来，两国互访相对活跃。2017 年 3 月底，外交政策磋商（auβenpolitische Konsultationen）在玻利维亚的拉巴斯（La Paz）举行。

在玻利维亚，德国经济存在着令人感兴趣的投资机会，特别是在基础设施（公路和铁路）、能源（常规和可再生）、卫生和锂生产部门，包括电池生产和化学工业。2019 年，德玻双边贸易额近 3 亿欧元。玻利维亚主要向德国出口矿物原料（铅、锡、银矿）（Blei-，Zinn-，Silbererze）和农产品（坚果、咖啡、大豆制品、藜麦 Quinoa 和小米 Hirse）以及皮革和纺织制品，进口机械、家用电器、车辆和车辆零部件、化工和医药产品，德国电气技术及测控技术。

与玻利维亚发展合作的优先事项是饮用水和废水供应、农村发展和环境以及以可再生能源和能源效率为重点的三个项目。权力下放、环境和气候保护以及职业培训是重要的交叉问题。玻利维亚支持执行 2030 年议程（Agenda 2030）和联合国可持续发展目标（Sustainable Development Goals der Vereinten Nationen），是双边发展合作的一个关键动力。

德国和玻利维亚的文化关系可以追溯到 19 世纪中叶德国商人和工匠的第一次大迁徙浪潮。德国文化共同体（Centro Cultural Aleman，die Deutsche Kulturgemeinschaft）有 100 多年历史，在拉巴斯和圣克鲁斯的德国学校也都有近百年历史。2019 年，歌德学院庆祝其在玻利维亚成立 65 年。双边商会成立于 1955 年。

出自：德国外交部德国与玻利维亚双边关系 https：//www. auswaertiges-amt.de/de/aussenpolitik/laender/bolivien-node/bilateral/213434

15. 巴西的 "地位提升"

（写于 2020 年 2 月 23 日）

今天我简单介绍一下南美洲的重量级国家——巴西（Brasilien）。

之前我已经介绍了为什么巴西是南美洲唯一一个说葡萄牙语的国家，这和西班牙以及葡萄牙几百年前对当时的世界划分签订的条约中确定的分割线有关。巴西因为在历史上曾经是葡萄牙的殖民地，所以是南美洲唯一说葡萄牙语（Portugiesisich）的国家。

在我很小的时候，巴西足球真是赫赫有名，贝利更是家喻户晓，还有小时候我母亲带我和我妹妹去电影院看的《胜利大逃亡》电影，啼笑皆非之余，其中贝利的出演更是让人对巴西这个国家印象深刻。

巴西一词出自生长于巴西海岸的巴西红木，巴西红木在葡萄牙语中被称为 pau-brasil，其中，brasil 一词的含义是 "像炭火一样红"，这一单词是由拉丁语 brasa（炭火）而来。巴西红木所产生的深红色染料，引起了当时欧洲服装界的重视，并随之带来巴西早期的木材开发，16 世纪初，当地原住民就大量采伐巴西红木，由葡萄牙人等欧洲人销往欧洲。

综合多方资料，早在六千多年前，巴西的亚马孙河流域地区就有半游牧民族聚居，主要从事耕种，并不断迁徙。1500 年 3 月 9 日，葡萄牙国王玛努尔一世（King Manuel I）派遣葡萄牙航海家卡布拉尔（Pedro lvares Cabral，约 1467—约 1520 年）指挥十三支船队，率领一千多人，从里斯本出发，前往印度。1500 年 4 月 22 日，卡布拉尔偶然发现了陆地，就是现在的巴西，他被普遍认为是最早到达巴西的欧洲人。1500 年 4 月 23 日，卡布拉尔把巴西命名为 "圣十字架之地"，短暂停留后，于 5 月 3 日启航，向着真正的印度方向驶去，并于当年 9 月 13 日，抵达印度的卡利卡特。

这就是巴西这块广袤大地的被 "发现" 史。随后的三百多年里，大量的葡萄牙人逐渐迁徙到巴西并在此定居，一开始是从事巴西红木采伐和交易，后来逐渐扩展到淘金，甘蔗种植，巴西逐步成为葡萄牙的殖民地。之后，因为葡萄牙一度被西班牙合并，荷兰人占领巴西，在英荷战争后巴西又被葡萄牙夺取。1807 年，拿破仑率兵侵入葡萄牙，导致葡萄牙的布拉干萨王室（Hause Braganza）女王玛丽亚一世（Maria I. Portugal，1734 年—1816 年。在 1777 年到 1816 年之间担任葡萄牙的布拉干萨王朝的女王）一度迁都至巴西，到 1812 年战争结束才返回。随着葡萄牙王国在欧洲和全世界的势力开始走下坡路，1822 年 9 月 7 日，巴西独立，成立了巴西帝国，1888 年 5 月，巴西废除奴隶制。1889 年 11 月 15 日，巴西共和国成立。

在 19 世纪末到 20 世纪初，在巴西发生了最大的移民潮流，大量欧洲人、日本人、叙利亚人和黎巴嫩人纷纷来到巴西。因为当时的巴西奴隶解放运动，种植园和刚刚兴起的巴西工业都需要大量的劳动力。

我举个巴西的移民例子。巴西是全球仅次于美国的最多日裔的海外国家。为什么巴西的海外日本人那么多？就是因为 1888 年巴西废除了奴隶制，巴西国内极其缺乏劳动力，而当时日本因为明治维新，大量的劳动力涌入城里而无岗位提供，所以在这种情况下，1895 年，巴西和日本签署了《日巴通商友好条约》（der japanisch-brasilianische Freundschaftsvertrag），两国宣布正式建立邦交。此后，日巴两国协商，开始筹划有组织的巴西移民计划，日本承诺每年向巴西移民以万记的人数，去做农奴的工作。所以巴西以及一些南美洲国家日本移民很多，这都是有历史原因的。对人口迁移感兴趣的可以多了解一些，这都是很好的研究领域。

大量的从 16 世纪开始前往巴西的各国移民，造就了巴西人口的多民族特性，巴西作为一个民族大熔炉，来自欧洲、非洲、亚洲的移民在世代繁衍中，逐渐融入这个面积八百多万平方公里，目前人口二亿多（2013 年的数据）的南美洲面积最大、人口最多、南美国民生产总值最高的南美国家中。巴西人口中白人占近一半，混血人口占百分之四十几，非洲人口占不到百分之十，亚洲人占百分之二点几，美洲原住民占不到百分之一。巴西资源丰富，主要出口商品有咖啡、大豆、铁矿石、橙汁、钢铁、蔗糖、飞机等。

巴西是金砖五国（BRICS-Staaten：Brasilien, Russland, Indien, China, Südafrika）之一，一直以来在世界政治经济舞台上发挥着重要的作用，中国和巴西是世界上最大的两个发展中国家，经济发展快并都有巨大的经济潜力，从 20 世纪 90 年代起，两国经过多年的努力，目前巴西已经成为中国在拉美的最大贸易伙伴。

据新闻报道，2018 年 4 月，巴西、阿根廷、智利、哥伦比亚、巴拉圭和秘鲁 6 国政府决定暂停参与 2004 年成立的主权国家联盟"南美洲国家联盟"（Unasur）活动，原因是"该机制内部长期以来存在危机，而这一状况至今没有改变"。

2019 年 3 月 22 日，巴西（Brasilien）、阿根廷（Argentinien）、智利（Chile）、哥伦比亚（Kolumbien）、厄瓜多尔（Ecuador）、圭亚那（Guyana）、巴拉圭（Paraguay）和秘鲁（Peru）8 国签署声明，宣布创立南美进步论坛（Prosur），以取代"南美洲国家联盟"。

2019 年 3 月 19 日，美国总统特朗普与巴西总统博尔索纳罗在华盛顿会晤，之后发布了联合声明，其中巴西为了"与其（巴西）全球领导者的地位相称，经美方建议，博尔索纳罗总统同意开始在 WTO 谈判中放弃特殊和差别待遇（special and differential treatment）"。

巴西因为 2019 年放任亚马孙流域的森林大火燃烧而很少作为引起了世界哗然。亚马孙河是世界上流量最大的河流，亚马孙对南美、对世界的重要性不言而喻。那巴西为什么还这么做？当时我看了新闻也在想，这是为什么？后来看了一些资料才知道这是巴西由来已久的传统了，耕地或放牧地或燃料不够，就向亚马孙森林要。那这又是为什么呢？其中一个很重要的因素就是巴西虽然地大物博，资源丰富，水力矿产资源很富饶，有着让人羡慕不已的自然条件，但是国土大面积处于热带地区，耕种条件一般。而且巴西缺少一种很重要的矿产——煤矿。巴西缺煤，煤炭质量也不高，这在一定程度上制约了巴西能源结构的构成和分配，巴西的电力资源来自水电的占比较大。

巴西是个很值得了解的南美国家。巴西因为气候地理条件限制以及众多其他原因，没有成为超级大国，它有可能成为超级大国吗？很难，总体而言，从世界角度，巴西交出的是一份还不错的成绩单，但是"中等偏一些上"，离"上"还有距离。

2019 年上半年，巴西宣布放弃发展中国家的身份，宣布迈入发达国家的行列，虽然目前巴西的人均 GDP 还略低。巴西总统同意放弃其在世贸组织（WTO）中的发展中国家地位，以换取美国对巴西加入经合组织（OECD）的支持。1961 年成立于巴黎的经济合作与发展组织，简称经合组织（OECD），是由 36 个市场经济国家组成的政府间国际经济组织，旨在共同应对全球化带来的经济、社会和政府治理等方面的挑战，并把握全球化带来的机遇。俗称"发达国家俱乐部"或"富国俱乐部"。一般而言，人们想到世界强国，想到世界发达国家的时候，很难想到巴西。这还需要时间。

附：巴西和德国的关系和两个"茨威格"：

提起巴西和德国的关系，一是足球，二是茨威格（Stefan Zweig，1881—1942）不得不提。作为吸引德语移民的重要南美国家，巴西也吸引了写出《人类历史上的群星灿烂时》（*Sternstunden der Menschheit*）、《一个陌生女人的来信》（*Brief einer Unbekannten*）和《象棋的故事》（*Schachnovelle*）的德语区作家奥地利人斯蒂芬·茨威格。

1941年9月，茨威格夫妻流亡到了巴西，茨威格写了《巴西：未来之国》（*Brasilien：Ein Land der Zukunft*），用理想主义的笔触描述并赞美了这个"未来之国"的方方面面。1942年2月两人双双自杀。1942年他的《昨日的世界》（*Die Welt von Gestern*）出版。

在德语世界中，另一位茨威格也很有名，阿诺德·茨威格（Arnold Zweig，1887—1968）。这位茨威格是我在1993年开始在北京上大学以后才知道的。他1915年就凭借他所写的 Ritualmord in Ungarn 获得克莱斯特奖（Kleist-Preis）。

这两位茨威格是同时代人。但他们之间没有任何亲缘关系。

前者生前书名远扬，在巴西也是，但是在前往巴西流亡不到一年后，就自杀了。后者也是不断在各个国家间流亡，但坚持到了战后，"二战"后回到东柏林，寿终正寝，德高望重。

作为同时代人，这两位茨威格有什么共同点呢？

他们都是丰产的著名德语作家。

他们在"二战"前夕，都是离开母国的流亡者。

他们都认识精神分析学说的创立者弗洛伊德（Freud），斯蒂芬·茨威格还是在弗洛伊德在英国的葬礼上的告别辞演讲者。

作为同时代人，他们还有很多共同点，我就不一一提了。为什么这里我要说他们都认识弗洛伊德？深谙并开创人类意识潜意识世界研究一代先河的心理学家，让人类对人类自身的了解迈入了一个新的世界。而熟读并熟知弗洛伊德作品和理论，并在其作品中加以实践的斯蒂芬·茨威格，却没有管理好自己的精神世界，"轻易幻灭了"，放弃自己，并走向绝路。否则他还会写出很多精彩作品吧。

德国和巴西交往的历史很悠久，奥地利作家茨威格的作品可以体现出一部分。现在两国的合作也很多。巴西这个"未来之国"对世界的吸引力很大。

据德国外交部网站信息，自 2008 年以来，巴西是拉丁美洲唯一与德国建立战略合作伙伴关系（eine strategische Partnerschaft）的国家。这一战略伙伴关系的核心是进一步发展在双边和多边问题上的合作。

德国与巴西的合作是多方面的，涉及能源、环境、气候、科学、经贸、国防、工作和社会以及联合国和人权等各领域。

巴西是德国在拉丁美洲的主要贸易伙伴。在过去 20 年里，双边对外贸易在两个方向上都取得了积极发展，在经济和货币危机（die Wirtschafts-nd W? hrungskrise）的过程中出现了暂时性下降。

部分内容出自：德国外交部德国和巴西双边关系 https：//www. aus-waertiges-amt. de/de/aussenpolitik/laender/brasilien-node/bilateral/201112

16. 阿根廷的"过去和现在"

（写于 2020 年 2 月 24 日）

上篇我介绍了已经迈入发达国家行列的巴西，今天继续介绍它的邻居——阿根廷（Argentienien）。

说起阿根廷，同样，我的第一反应是阿根廷厉害的足球，在我小时候，20 世纪 80 年代和 90 年代，阿根廷足球明星马拉多纳和巴西的贝利都是家喻户晓的名字。还有麦当娜那首著名的歌曲"阿根廷，别为我哭泣"叙说了阿根廷的一段曲折波动的历史。当然，这些年，还有阿根廷红虾也是偶尔能被端上像我这样的普通人的餐桌，并不算很昂贵的食物了。

阿根廷是南美洲的中等强国，地域大国，占有南锥体（der Suedkegel）的大部分。领土面积两百多万平方公里，是南美洲面积第二大的国家，也是南美洲说西班牙语的诸国中面积最大的国家。

南锥体指的是南美洲位于南回归线以南的地区，一般而言，包括了阿根廷、智利和乌拉圭三个国家，有时也包括巴拉圭和巴西的部分地区。南锥体部分位于南温带，有著名的潘帕斯草原（pampas，源自印第安语，指"没有树木的大草原"），是南美洲经济最为发达的地区。

阿根廷的人口四千多万人（2016 年的数据），其中欧洲裔人口占比超过90%，阿根廷的人口种族构成与大多数拉美国家相当不同。体现出欧洲文化在南美洲的极强延伸。

"阿根廷"这一名称来源于拉丁语中的"白银"一词，第一次使用见于1602 年西班牙作家和探险家马丁·德尔巴尔克·森特内拉（Martín del Barco Centenera，1535—约 1602）的诗作《阿根廷与拉普拉塔河的征服》，也被简称为《阿根廷》。

这个名称源自拉普拉塔河——指"银之河"。16 世纪初，西班牙探险家德索利斯一行人踏上这片土地的时候，遇到了佩戴银饰的当地查鲁阿人，以为传说中的银山就在河的上游，于是这条河就由此得名。18 世纪，西班牙政府给这片土地的正式名称是"拉普拉塔总督辖区"。阿根廷独立之后的最初的国名是"拉普拉塔河联合省"，但是阿根廷这一名称在 18 世纪就已经广泛使用。

阿根廷地区最早的人类活动发生在公元前一万五千年的旧石器时代，13 世纪和 14 世纪印加帝国也扩展到现阿根廷的大部分地区。1502 年，西班牙航海家亚美利哥·韦斯普奇（Amerigo Vespuccis，1454 年—1512 年）一行人成为首次抵达此地的欧洲人。我在之前的文章中提到过，"Amerika"（美洲）这一名称的就是以他的名字命名的。

西班牙在此地的殖民活动开始于 1512 年，随后，西班牙航海家德索利斯和塞巴斯蒂安·卡波特（Sebastian Cabot，1476 年—1557 年）也分别于1516 年和 1526 年到达这片土地。前者在登陆后遭到当地印第安人袭击被杀。后者不仅是航海家，也是绘图专家，1544 年绘制成的一副世界地图至今享有盛誉。

相比于玻利维亚和秘鲁的真金白银，当时阿根廷境内的经济潜力不为西班牙帝国所重视，因此，在 1776 年以布宜诺斯艾利斯（Buenos Aires）为首府的拉普拉塔总督辖区创建之前，它一直是秘鲁总督府的一部分。1810 年 5 月 25 日阿根廷爆发了反对西班牙殖民统治的五月革命，1816 年 7 月 9 日阿根廷宣布独立。1853 年建立阿根廷联邦共和国，1994 年第四次修改后的宪法规定阿根廷为联邦制国家。

19 世纪末到 20 世纪初，阿根廷迎来了世界第二大入境移民潮，那段时间，前往阿根廷的 660 多万人的移民规模仅次于前往美国的两千多万移民，其中包含大量德国移民。移民潮和死亡率的降低让阿根廷的人口扩大到原来的五倍，经济规模扩大到原来的十五倍。1908 年，阿根廷的人均收入就超过德国、加拿大和荷兰，全球排名第七，布宜诺斯艾利斯转变为国际化的"南美巴黎"。正如谚语所言："阿根廷人的祖先来自船上"。大部分阿根廷人是 1850 年到 1955 年的移民的后裔，其中尤以来自意大利、西班牙和德国的移民占比最多。来自诸多欧洲国家的移民对各自文化的继承、模仿和融合，造就了阿根廷文化的多元特征。对此，自幼游历欧洲，后于 1921 年回到布宜诺斯艾利斯后终身从事"天堂"图书馆工作，历任布宜诺斯艾利斯市各公共图书馆的职员和馆长，有英国血统的阿根廷著名文学家博尔赫斯（Jorge Luis Borges，1899—1986）就幽默地说："阿根廷人是说西班牙语的意大利人，并自以为是住在巴黎的英国人。"

位于南美洲，毗邻南极洲的阿根廷，身处世界版图的天涯海角，在爆发了两次世界大战的欧洲大陆战火喧天，并漫及整个世界的时候，阿根廷以中立国的身份，和"世界粮仓和肉库"的重要地位，平平安安，没有惹战火上身，挣了很多钱。在第二次世界大战中，阿根廷和其他大多数南美国家一样，是亲轴心国的中立国，直到"二战"中在欧洲结束前一个月才象征性地向轴心国宣战。只有巴西派出了一批远征军参加"二战"。

20 世纪 20 年代末的世界经济危机不幸也蔓延到了南美国家，当时的阿根廷作为世界七大富国之一，其经济从 20 世纪 30 年代后开始衰落，但直到 20 世纪 60 年代阿根廷的人均 GDP 依然是巴西的两倍左右。但是进入 21 世纪之后，2014 年左右，阿根廷和巴西的人均 GDP 已经开始相差无几了。巴西和阿根廷并称为南美双雄，但关系一直比较微妙，不仅在足球场上，在政治、经济、种族、地理条件等各领域，这两个南美大国都有着合作中不失针锋相对的彼此抗衡和竞争。但归根到底巴西和阿根廷这两个国家总体而言还是南美好友，政治、经济、国际关系上大多保持一致，没有太多的敌视，虽然阿根廷和巴西历史上因为领土争夺，爆发过战争。

综合多方资料，19 世纪初的 1810 年到 1825 年之间，拉美西班牙统治的各国兴起了轰轰烈烈的独立运动，迫使西班牙放弃了对大部分拉美国家的殖民统治。1825 年—1828 年阿根廷与巴西为乌拉圭东岸的归属问题进行了一场战争。1828年，为解决巴西和阿根廷在殖民时代留下来的领土问题，在两国之间建立了缓冲国——乌拉圭。

之后，在1864年至1870年由巴拉圭军事强人弗朗西斯柯·洛佩斯（1827—1870）对巴西、阿根廷、乌拉圭3国同盟的战争，被称为巴拉圭战争。这场战争又被称为三国同盟战争，是南美历史上耗时最长、最为血腥的战争。有些历史学家把这场战争称作近代战争与现代战争的分水岭。

19世纪后半期的巴拉圭战争的一个特点是：很多后来在"一战"中使用的武器如步枪、机关枪、高爆炸药、大炮等现代武器，电报、侦察用的热气球都已经在这场战争中亮相了。这场巴西、阿根廷、乌拉圭和巴拉圭均参战的战争，对于南美洲来说是一场悲剧。从此，巴拉圭乃至整个南美洲的现代化进程，彻底失败了。从此南美乃至整个拉丁美洲走向了半殖民地化的道路，沦为了北美强国的后花园。

20世纪80年代的英阿"马岛之战"也表明：在南美洲这片广袤的土地上，领土纠纷不仅在南美洲发展历史上掀起过混战，也从来没有离开过欧洲大陆和美国的干预。而阿根廷，曾经的世界七大富国之一，如今深陷中等收入陷阱，但依旧不失为南美洲强国，也和巴西一样都是G20成员国。

附：阿根廷和德国的关系：

据德国外交部网站信息，德国和阿根廷的官方关系自1857年以来就一直存在。双边关系（die bilateralen Beziehungen）具有广泛的经济、科学和文化基础，在重要的多边问题（multilaterale Themen）上也有类似的看法。阿根廷、巴西和墨西哥（Mexiko）是20国集团（G20）中三个拉丁美洲代表。G20是目前世界上最重要的工业化和新兴国家集团。

阿根廷是德国在拉丁美洲（Lateinamerika）的第三大贸易伙伴（仅次于巴西和墨西哥）。

阿根廷对德国文化和德语的兴趣很大。尤其是约一百万德裔阿根廷人（deutschstämmige Argentinier）也对此持非常积极的态度，但这远远不止于此。布宜诺斯艾利斯（Buenos Aires）和科尔多瓦市（Córdoba）的歌德学院，以及两个歌德中心（Goethe-Zentrum）和九个文化协会（Kulturgesell-schaften），都参与了德国在阿根廷的外交文化政策。

德国作为阿根廷的学术和科学合作伙伴（Partner in Akademie und Wissen-schaft）也享有很好的声誉。双边科技合作历史悠久，建立在1969年3月31

日签订的《科学技术合作条约》（das Abkommen？zur Wissenschaftlich-Technol-ogischen Zusammenarbeit，简称 WTZ）的框架条约（Rahmenab-kommen）下。

　　出自：德国外交部的德国与阿根廷的双边关系 https：//www. auswaer-tiges-amt. de/de/aussenpolitik/laender/usa-node/bilateral/204568

17. 俄罗斯的 "东方性和西方性"
　（写于 2020 年 2 月 25 日）

　　介绍了南美洲双雄之后，我今天回到欧亚大陆，介绍一下俄罗斯（Rus-sland）这个神秘而强大的国家。

　　我出生于 1976 年，我的父母年已接近七十岁，在他们年轻的时候，学的是俄语，他们前几年跟团去了俄罗斯旅游，回来赞不绝口，终于圆了年轻时的梦想。2019 年 2 月到 4 月份，我父母到北京来看我，我带他们去了他们一直很想去的莫斯科餐厅，前几年，我也带他们去了北京城里的基铺餐厅去吃了饭。

　　其实，我也没觉得俄罗斯的菜有多好吃，但是对于一定年龄的中国人来说，"苏联老大哥" 这个名词是陪伴他们奋斗过的青春岁月中的一个历史名词。作为一名对俄罗斯文化比较感兴趣的德语教师，我从小就读了很多俄罗斯的璀璨的文学作品，这几年也自娱自乐学会了一些俄罗斯歌曲的弹奏。我说这么多，其实就是想说明一点，中俄两国的关系不一般，有很隔膜的历史恩怨，也有历史上互帮互助的友情时代。总而言之，这个邻国值得了解，也需要更多了解。

　　2020 年 1 月中下旬，一个大新闻是俄罗斯的政府被解散，总理换人。这可是轰动世界的一个大新闻，我关注了好几天。

　　俄罗斯联邦，简称俄联邦，俄罗斯或者俄国，是 1991 年 12 月 25 日苏联解体后苏联及其最大加盟共和国俄罗斯苏维埃联邦社会主义共和国的继承国。俄罗斯是欧亚大陆北部的一个国家，地跨欧亚两大洲。面积一万七千多万平方公里，是世界疆域最大的国家，覆盖九分之一的地球陆地。人口一亿五千万左右（2014 年的数据）。

　　按照俄语发音，俄罗斯的名称应该被译为 "罗西亚"。我国元朝的时候根据蒙古语译为 "斡罗思"，到了清朝初年，在一些文献中曾被称为 "罗刹",但在以国家相称时一般译为"鄂罗斯"或者"俄罗斯"。清朝乾隆年间的《四库全书》中正式统一称其为"俄罗斯"或者"俄国",沿用至今。俄罗斯在我国还曾经有过"罗宋"的称谓,所以有罗宋汤、罗松面包等表述。

从国家和国家法的角度而言,现代俄罗斯民族国家在 1917 年 11 月 7 日出现,1991 年 12 月更名为俄罗斯联邦。而俄罗斯地域在旧石器时代就已经有人类居住。公元 9 世纪,诺曼人(Normannen)留里克受斯拉夫人的邀请创建了第一罗斯王国,留里克王朝(Rurikiden-Dynastie)就此开始。

882 年,奥列格(Oleg)政府创建基辅罗斯公国(Kiewer Russland),到了 12 世纪中期,以基辅为中心,东斯拉夫人为主体的早期国家。基辅罗斯起源于 7 世纪上半期,被认为是 3 个现代东斯拉夫人国家(白俄罗斯(Weissrussland)、俄罗斯(Russland)及乌克兰(f Ukraine)的前身。

中世纪后期俄罗斯创建了莫斯科大公国(Grossfuerstentum Moskau)并逐渐发展成为一个帝国,并从 15 世纪开始向亚洲扩张,在历代沙皇的领导下,俄罗斯帝国(Russisches Kaiserreich)在 18 世纪开始现代化并到处扩张,成为欧洲列强之一。俄罗斯帝国的国力在 19 世纪达到空前高度,是当时的世界列强之一,自称"第三罗马",自称继承了拜占庭帝国的衣钵。

然而 20 世纪初开始,俄罗斯的实力开始下降,人民也对现状不满,一战爆发后,1917 年 2 月 27 日,俄国爆发二月革命,沙皇专制体制被推翻。彼得格勒工人代表的苏维埃(Sowjet,是"代表大会"的意思)成立。1917 年 3 月 2 日,沙皇尼古拉二世退位,成立了苏维埃临时政府。标志着俄国的农奴制度被完全推翻。

1917 年 10 月 25 日,俄罗斯爆发了十月革命(Oktoberrevolution),彼得格勒工人起义成功,26 日宣布俄罗斯苏维埃共和国成立,通过土地法令、和平法令。

1918 年 3 月 3 日,列宁(Lenin)与德国签署《布列斯特-立托夫斯克和约》(Der Friedensvertrag von Brest-Litowsk),宣布退出第一次世界大战。经过几年内战后,1922 年 12 月 30 日,由俄罗斯、乌克兰、白俄罗斯和南高加索联邦共同组成的苏维埃社会主义共和国联盟(Sowjetunion,简称苏联)正式成立。

苏联建立后,迅速进行工业化建设,20 世纪中期在"二战"中取胜,并迅速成为之后冷战中能与美国对抗的超级大国。后因政治、经济、民族及文化政策的不当实施，1991 年苏联解体（Zerfall der Sowjetunion），之后俄罗斯一度陷入了经济衰退和社会动荡。

这些年，俄罗斯的经济状况已经有所改善。目前仍旧被国际承认是极具影响力的世界性大国，也是仅次于美国的世界第二军事强国，是联合国五常之一。

以上就是俄罗斯简史。

俄罗斯一般被认为是欧洲国家，俄罗斯也曾经自认是欧洲国家，广义的西方国家，但是在狭义的地缘政治和文化背景宗教纠葛和民族纷争等西方语境中，俄罗斯始终不被狭义的西方国家接受。而且从历史来看，俄罗斯自己也在逐渐改变对自身的定位。

俄罗斯人对自身的定位随着时间而变化，从"第三罗马"到"泛斯拉夫帝国"，接着是共产国际的总部，再到今天的"欧亚主义"中心（认为俄罗斯既不属于欧洲，也不属于亚洲，而是独一无二的欧亚混合体），都表现出了俄罗斯的这种自我定位的不断变化。

在中国人眼里，俄罗斯是个欧洲国家，但在欧洲人眼里，俄罗斯并不属于欧洲，而是一个东方国家。西方谚语：掰开一个俄罗斯人，你能看见一个鞑靼人。鞑靼人，也被音译为"达达""达靼"等，是多个民族共享的名称，包括以蒙古族为族源之一的游牧民族，在欧洲曾经被金帐汗国（Goldene Horde）统治的部分突厥民族（Tujue-Volk）及其后裔。其游牧区域在欧洲人绘制的地图里被称之为鞑靼利亚。这充分表明了俄罗斯民族性中的矛盾性，就如同俄罗斯现在的国徽所展示的：双头鹰，一头向东，一头向西。

双头鹰原是拜占庭帝国君士坦丁一世的徽记。拜占庭帝国（Byzantine Empire，395 年—1453 年），即东罗马帝国，共历经 12 个朝代、93 位皇帝，是欧洲历史上最悠久的君主制国家，拜占庭帝国曾横跨欧亚两个大陆，它的双头鹰国徽一头望着西方，另一头望着东方，象征着两块大陆间的统一以及各民族的联合。1453 年 5 月 29 日，拜占庭帝国被由土耳其人建立的奥斯曼帝国（1299 年—1922 年）打败，拜占庭皇帝君士坦丁十一世（Constantine XI Palaiologos，1405 年—1453 年）战死。他的一个弟弟带着两个儿子和女儿索菲亚·帕列奥洛格（1455—1503）逃到罗马，并在其死后被罗马教皇抚养成人。之后，当时的罗马政治家们为借助俄罗斯的军事力量抵御土耳其人，便用联姻的方式将索菲亚许配给莫斯科大公伊凡三世（Iwan III，1440 年—1505 年）。由此，索菲娅佩戴着拜占庭帝国的双头鹰徽记来到了俄罗斯，并协助其夫伊凡三世把俄罗斯的土地基本上联合到一起，形成了一个疆域辽阔的统一国家，伊凡三世史称伊凡大帝（Iwan der Grosse），1502 年打败了蒙古的金帐汗国，结束了蒙古长达两个半世纪对莫斯科大公国的统治。这也是俄罗斯帝国自此相当长一段时间自称"第三罗马"的一个原因，即在古罗马帝国，东罗马帝国之后的"第三个疆域辽阔的罗马帝国"。

1497 年世纪，伊凡三世颁布了法典（Sudebnik），创建了莫斯科大公国的政府机构，并规定拜占庭的双头鹰国徽为俄罗斯的国徽，19 世纪末，沙皇亚历山大二世（Alexander II，1818—1881）将双头金鹰国徽的形式最终固定下来，直至 1917 年被十月革命苏维埃政府废除。1993 年 11 月 30 日，俄罗斯决定继续采用十月革命前伊凡大帝时代的、以双头鹰为图案的国徽。

这些历史因素和欧亚地域地理和地缘政治及民族文化宗教等诸复杂因素的结合和延续，构成了 20 世纪 20 年代初，俄罗斯古典欧亚主义兴起的一个根深蒂固的民族性原因——既要东方也要西方，既不要东方也不要西方。

欧亚主义（Eurasianismus）是 20 世纪 20 年代初在俄国侨民知识分子当中产生的一个政治思想流派，是一种世界观、哲学和地缘政治思想，在 20 世纪 20 年代中期具有了思想运动的性质（die Eurasische Bewegung），也被称为"俄罗斯的第三条道路"（Projekt eines russischen, dritten Weges）的尝试。

欧亚主义者一般认为，"俄罗斯既非欧洲国家，也非亚洲国家，而是处于欧亚之间，是连接欧亚文明的桥梁"，并在不同的历史时期进行不同的阐释以及地缘政治解读和谋略建设。

兴起于 20 世纪 20 年代的以 1921 年《回归东方》（*Der Auszug nach Osten*）的出版为代表的"古典"欧亚主义，之后认为"只有欧亚主义才能救俄罗斯"的列夫·古米廖夫（Lev Gumilyov，1912 年—1992 年）被视为古典欧亚主义和新欧亚主义承上启下的代表人物，以及苏联解体后以杜金（Alexander Dugin，1962 年—）为代表的新欧亚主义（Neo-Eurasismus）的兴起，这三个阶段一般被视为斯拉夫欧亚主义的三个阶段。

苏联解体后，俄罗斯的思想界掀起了一股研究和探索"欧亚主义"的热潮，重拾 20 世纪 20 年代古典欧亚主义理论并结合当时俄罗斯所面临的一系列政治、经济，文化，民族等问题，对古典新欧亚主义有所发展。

被西方国家誉为"普金的大脑"和"新法西斯主义意识形态专家"的杜金自称为正统的欧亚主义的继承人，他深受欧洲新右派（Neue Rechte）影响，希望能建立"莫斯科—柏林—巴黎"轴心，建立既不是欧洲，也不是亚洲的俄洲，发展泛斯拉夫主义。以麦金德的大陆岛理论和豪斯霍弗的泛区理论为部分理论根源。杜金在其最初的新欧亚大陆理论建构中，不视中国为友国。这种理论需要引起我们的高度警惕。之后在杜金不断发展完善的新欧亚主义理论中，杜金逐渐认为中国也是其可合作的国家。但是总体而言，以杜金为代表的新欧亚主义的理论建构体现出了一些危险的气息，需要警惕。西方一些学者认为，以俄罗斯现在的经济总量和人口现状，它既不可能征服西方，也不可能征服欧亚大陆。这也是一种对俄罗斯兴起的新欧亚主义观点的看法。多了解才有裨益。作为中国人，需要对俄罗斯民族精神的历史渊源和目前现状多加了解，才能有目前更好合作的基础。

俄罗斯，作为一个不东不西，亦东亦西的大国，其民族特性的矛盾性和其中融合的东方性和西方性让其在自身定位的过程中也体现出了重重的矛盾性。作为在宗教信仰与西方具有巨大隔阂的斯拉夫主体民族，俄罗斯历史上也没有参与狭义西方世界的几大思想和文化及经济盛事，如文艺复兴，启蒙运动，地理大发现等。

狭义西方世界认为俄罗斯是地缘政治上的东方国家，每个俄罗斯人都有着东方的孔武有力的游牧民族鞑靼人的基因。而目前俄罗斯和狭义西方世界的紧张关系不能说没有这些历史因素的积累。

前一阵，俄罗斯解散了政府，更换了总理，在大刀阔斧地进行改革了。俄罗斯的未来会是怎样？相信我们每位中国人也非常关注。毕竟这个邻居的好与不好在这个全球化的世界里都可能会与我们息息相关。

推荐一本介绍俄罗斯民族性的历史书籍，英国历史学家费吉斯（Orlando Figes）借用俄罗斯文豪托尔斯泰的《战争与和平》中娜塔莎的舞蹈的一个情节，写了一本《娜塔莎之舞：俄罗斯文化史》（*Nataschas Tanz: Eine Kulturgeschichte Russlands*）对俄罗斯的民族性从各个角度进行了分析。俄罗斯民族性的复杂多面性从中可见一斑。

附： 俄罗斯和德国的关系：

俄罗斯历史上的彼得大帝威名远扬。

彼得一世（1672 年—1725 年），后世尊称为彼得大帝（Peter the Great，Peter der Grosse）1682 年—1725 年在位，他改革农奴制度，学习西方先进技术，包括向当时的德国学习，大刀阔斧，推行一系列改革，并开辟疆土，1721 年彼得一世加冕为皇帝，成为俄罗斯帝国的首位皇帝

彼得大帝去世时，普鲁士的一个文弱王储少年才 13 岁。他被后世尊称为腓特烈大帝（Frederick the Great，Friederich der Grosse）。

霍亨索伦家族（Hohenzollerns）是欧洲的三大王朝之一，为勃兰登堡-普鲁士（1415 年—1918 年）及德意志帝国（1871 年—1918 年）的主要统治家族。霍恩索伦王朝的第三位普鲁士国王腓特烈二世（Friedrich II，1712 年—1786 年），又译弗里德里希二世，1740 年到 1786 年在位，是普鲁士著名军事家、政治家、作家和作曲家。

腓特烈大帝继位后，一改文弱的文艺青年形象，大刀阔斧进行改革，把普鲁士的军队建成了欧洲技术过硬，军纪严明的样板军队，而且识字率全欧洲最高。

腓特烈大帝打赢了一些看似不可能赢的战役，还联合俄罗斯帝国和奥地利大公国获得西普鲁士。1785 年组建由 15 个德意志国家组成的诸侯联盟。普鲁士的发展蒸蒸日上，为 1871 年的德国统一奠定了坚实的基础。

到了 19 世纪，沙俄 1815 年打败拿破仑后，国力大盛，被欧洲各国称为"欧洲宪兵"，只要欧洲国家一发生反封建革命，沙俄都会派兵镇压，1830 年是这样，1848 年也是这样，沙皇俄国出动军队，先帮助普奥镇压了德意志革命，然后顺势再镇压意大利。

所以，那时，沙皇俄国成了欧洲镇压革命的总后台。

在 1904 年和 1905 年的"第零次世界大战"——日俄战争中，沙俄惨败给有英美支持的新兴帝国主义强国日本，俄国大伤元气，1917 年末代沙皇倒台。

十月革命成功后，列宁要求苏俄人民学习德意志民族良好的自我管理及卓越的组织管理优点，他在演讲中不断地说："我们要学习德国人的纪律性，否则我们的民族终将被奴役，被灭绝。"

1918 年德国魏玛共和国成立，1922 年，德国魏玛政府和苏联政府在意

大利拉巴舍签订了《德国和苏维埃俄罗斯社会主义共和国协定》，又被称为《拉巴洛条约》（Vertrag von Rapallo），开启了长达 20 余年苏德合作时代，缓和了两国的国际关系。根据条约，双方恢复外交关系。

1926 年 4 月苏德签订《苏德互不侵犯和中立条约》（Der deutsch-russische Freundschaftsvertrag），又被称为《柏林条约》（Der Berliner Vertrag），德国魏玛共和国向苏联保证不参加任何国际集团对苏联的封锁，苏联则保证了德国东部的安全，进一步拉近了苏德的关系，苏德彼此进行密集的军事交流和贸易互动。

1939 年 8 月 23 日，苏联与纳粹德国在莫斯科签订《苏德互不侵犯条约》（der deutsch-sowjetische Nichtangriffsvertrag）。

1941 年，德国撕毁苏德互不侵犯条约，苏德开战。

1955 年，联邦德国首位总理阿登纳访问苏联，与苏联建立了外交关系，之后，勃朗特的新东方政策，又逐渐缓和了西德与东欧国家和苏联之间的矛盾。20 世纪 90 年代的苏联解体和德国统一，让人又见证了时代剧变中，两个往昔帝国的分分合合。

总之，在德俄关系中，合作、结盟或公开敌对轮流占据主导地位。几百年来都是如此。21 世纪以来，因为乌克兰危机的爆发，德俄关系陷入紧张，两国都对对方实施了制裁。但德俄之间的"北溪"能源合作项目一直在加强。

截至 2014 年的数据统计，德国的俄罗斯裔移民有三百多万，仅次于土耳其移民和波兰移民。

德俄对话的一个重要双边论坛是每年与 10 个不同社会领域工作组举行的彼得堡对话（der Petersburger Dialog）。德俄联合主题年（die gemeinsamen deutsch-russischen Themenjahre）特别强调了双边合作的一个领域。

仅次于中国，德国是俄罗斯最重要的贸易伙伴。俄罗斯主要出口石油（Erdoel）和天然气（Erdgas）等原材料。德国主要出口机械工程产品、汽车及汽车零部件。

德国和俄罗斯之间有着活跃的文化和教育交流。德语是俄罗斯除英语之外教得最广泛的外语。青年交流还得到了德俄青年交流基金会（die Stiftung Deutsch-Russischer Jugendaustausch）的支持。

历史记忆（das historische Gedenken）在德俄关系中占有重要地位。苏联在第二次世界大战中的胜利是俄罗斯记忆文化（Erinnerungskultur）的核心部分。德国意识到它对俄罗斯和苏联其他继承国 2700 万受害者所承担的责任。

德国联邦政府还促进在俄罗斯的德国少数民族的文化认同（die kulturelle Identität）。

部分内容出自：德国外交部德国和俄罗斯双边关系 https：//www. aus-waertiges-amt. de/de/aussenpolitik/laender/srilanka-node/-/212260

18. 埃及的法老

（写于 2019 年 10 月 11 日）

今天我简单介绍一下埃及法老（Pharao）这个概念，我翻译完的阿斯曼的一篇《今日中的昨日》的文章中提及一位埃及法老——埃及的阿梅诺菲斯三世（Amenophis III，公元前 1400 年—前 1360 年），我顺便介绍一下"法老"这个概念。

法老，是对古埃及君主的尊称，是埃及语的希伯来文音译，源自古埃及单词 Per aa（grosses Haus 王宫，大房子）。在埃及的古王国时代仅仅指王宫，从新王过的第十八王朝图特摩斯三世（Thutmosis III）起作为颂词开始用于国王自身，并逐渐演变成对埃及国王的一种尊称。

埃及的第二十二王朝之后，这一表达成为国王的正式头衔。法老是古埃及国家政权的最高代表，掌握军政神权，自称是太阳神阿蒙（Amun）之子，是神在地上的代理人和化身。我在亚马逊德国上找了找，推荐一本简单介绍埃及历史的书籍《埃及：法老的国度》（*Ägypten-Reich der Pharaonen*）。

这本书从埃及法老图坦卡蒙（Tutanchamun）谈起，简单介绍了古埃及的历史。1922 年霍华德·卡特发现了图坦卡蒙墓，轰动一时，被称为"一个伟大的发现"，最引人注目的是墓葬的完整性和精良，这次发现被认为是 20 世纪最重要的埃及发现。

直到今天，考古学家一直在使用最先进的技术来揭开古埃及的秘密。知古，才能更好了解现在，值得多加了解。

附：非洲和德国的关系：

非洲，据说是现代人类——智人（Homo Sapiens）的故乡。它"被发现"要早得多。

1415 年，葡萄牙在直布罗陀海峡南岸的休达（Ciudad Autónoma de Ceuta），建立了欧洲国家在非洲的第一块殖民地，17 世纪割让给西班牙。1870年之后，非洲大规模的殖民活动开始，非洲几乎被瓜分殆尽。德国在非洲的殖民地有：坦桑尼亚、纳米比亚、喀麦隆、多哥、布隆迪、卢旺达等。

第一次世界大战结束后，德国在非洲的殖民地被英法比和南非等国重新瓜分。

近年来，德国一直在加强对非关系。据德国外交部网站信息：近年来，德国发起了一些非洲政策倡议，通过促进可持续增长和就业以及私营部门的参与，提高非洲的巨大潜力。这种范式转变（Paradigmenwechsel）也体现在发展合作上。外交、预防危机（Krisenprävention）、稳定局势（Stabilisierung）、发展合作和促进经济密切相关。欧洲联盟（欧盟）也在寻求与非洲合作的新层次。

三 比较篇

(一) 综述部分

1. 浅谈 "智库" 和 "皮书"

（写于 2018 年 9 月 30 日和 2019 年 12 月 17 日）

这几年，各大高校以及研究机构都在建设 "智库"。智库又称 "智库企业" "高端智囊"，是为社会 "公共意见建设"（Öffentliche Meinungsbildung）出谋划策的机构。什么是 "智库" 的外语表达？德语的对应单词是 die Denkfabrik。

除了研究所形式，"智库" 还以基金会、协会、有限责任公司、企业或非正式团体等形式建言进策。早在 1831 年，英国的惠灵顿公爵（Herzog von Wellington）就设立了一个军事及安全问题智库：皇家联合军种研究院（RUSI：Royal United Services Institute）。美国最早的智库机构在 20 世纪初期陆续设立：外交关系委员会（Council on Foreign Relations），是美国政府重要智囊团，成立于 1918 年，是美国东部权势集团的对外政策宣传与研究机构，历史悠久，影响颇大；布鲁金斯学会（Brookings Institution）成立于 1916 年，总部位于华盛顿特区，是美国著名智库之一，主要研究社会科学尤其是经济与发展、都市政策等，是学术智库的前身。华盛顿卡内基国际和平基金会（Carnegie Endowment for International Peacein Washington）1910 年由钢铁大王卡内基创立，研究的主要范围包括亚非政策、国际安全、全球经济、环境能源、核扩散、俄罗斯及欧亚事务等，目前在世界各地有百位研究专家。

目前最知名的美国国家智库是成立于 1948 年的兰德公司，又称兰德智库（RAND Corporation），向来以判定精准和语出惊人著称。兰德（Rand）的名称是英文"研究与发展"（research and development）两词的缩写。兰德公司是美国最重要的以军事为主的综合性战略研究机构，逐渐发展成为一个研究政治、军事、经济科技、社会等各方面的综合性思想库，被誉为现代智囊的"大脑集中营""超级军事学院"，是当今美国乃至世界最负盛名的决策咨询机构之一。

目前世界上有六七千个智库机构，其中一大半是 20 世纪 80 年代之后建立的。智库按照不同的分工通常分为：国家智库（staatliche Denkfabrik），知名智库（advokatorische Denkfabrik）和学术智库（akademische Denkfabrik）。

德国政治学家 Dieter Plehwe 将智库分为知名智库（Advokatorische Denkfabriken）和学术智库（Akademische Denkfabriken）。如德国的各大基金会组织：弗里德里希-艾伯特基金会（die Friedrich-Ebert-Stiftung：FES），康拉德-阿登纳基金会（die Konrad-Adenauer-Stiftung：KAS），汉斯-赛德尔基金会（die Hanns-Seidel-Stiftung），弗里德里希-瑙曼基金会（die Friedrich-Naumann-Stiftung），亨利希-伯尔基金会（die Heinrich-Boell-Stiftung）和罗萨-卢森堡基金会（die Rosa-Luxemburg-Stiftung）等都是著名的知名智库，它们的研究结果通常为学术智库的进一步研究指明方向。

美国学者 James G. McGann 将美国智库更详细地分为学术智库、合同相关智库、知名智库和政治智库。但这几种分类也不是完全覆盖了智库的各种类型，有很多混合类型。

欧美国家在智库的建设中也一直伴随着批评和质疑的声音，主要是在智库的独立性和资金来源方面。

我国的智库建设也由来已久。这几年建成的"中国智库索引"（Chinese Think Tank Index），简称 CTTI，致力于解决我国智库数据的收集、整理、鉴定、保存、检索和利用问题，2015 年由光明日报理论部与南京大学联合发布。

每年年底，一批由一系列权威研究报告撰写的"皮书"逐渐推出，通常是在每年的岁末年初对每一年度有关中国与世界的经济，社会等各个领域的现状和发展态势进行分析和预测的研究报告。比如前几天的发布的《北京人口发展研究报告》（2019），属于北京人口蓝皮书丛书。智库成果的一种方式是提供研究报告。各种皮书也是其中一种类型。

综合多方资料，"皮书"这一形式最早以白皮书的形式出现在 18 至 19 世纪的英国，按照颜色分为蓝皮书，绿皮书，黄皮书，白皮书等。

白皮书（das Weissbuch）一般特指政府文告，是一国政府或议会正式发表的以白色封面装帧的重要文件或报告书的别称。蓝皮书（the Blue Book，das Blaubuch）通常代表学者的观点或者研究团队的学术观点。绿皮书（das Gruenbuch）一般是针对所观察研究的对象，带有可持续的意思，与农业，旅游，环境等有关。黄皮书（das Gelbbuch）主要与世界经济，国际问题研究有关。国际通用的黄皮书则是世界卫生组织为保障入出国（边）境人员的人身健康而发布的《国际预防接种证书》。褐皮书（das Beige Book）特指美国联邦储备委员会（FED）每年发布的美国经济展望调查报告。

还有红皮书和灰皮书等概念，目前不太常用。这些"皮书"的共同特点是，内容涉及经济、社会、文化、金融、法制、医疗、房地产、旅游、人才、教育等经济社会生活的方方面面，具有极强的现实针对性和原创性。

附：2017 年全球前二十智库排名：

1. 美国布鲁金斯学会（Brookings Institution）

2. 法国国际关系研究所（French Institute of International Relations）

3. 美国卡内基国际和平基金会（Carnegie Endowment for International Peacein Washington）

4. 比利时布鲁盖尔智库（Bruegel）

5. 美国国际战略研究中心（Center for Strategic and International Studies）

6. 英国皇家国际事务研究所/查塔姆智库（Chatham House）

7. 巴西 Getulio Vargas 总统基金会（Fundacao Cetulio Vargas：FGV）

8. 美国传统基金会（Heritage Foundation）

9. 美国兰德智库（RAND Corporation）

10. 英国伦敦国际战略研究所（International Institute for Strategic Studies：IISS）

11. 美国伍德罗·威尔逊国际学者中心（Woodrow Wilson International Center for Scholars）

12. 华盛顿自由派智库美国进步中心（Center for American Progress）

13. 美国外交关系协会（Council on Foreign Relations）

14. 日本国际问题研究所（Japan Institute for International Affairs：JIIA）

15. 美国卡托研究所（Cato Institute）

16. 德国康拉德–阿登纳基金会（die Konrad-Adenauer-Stiftung：KAS）

17. 美国彼得森国际经济研究所（Peterson Institute for International Economics：PIIE）

18. 德国弗里德里希–艾伯特基金会（die Friedrich-Ebert-Stiftung：FES）

19. 韩国发展研究院（Korea Development Institute：KDI）

20. 德国国际政治与安全事务研究所（German Institute for International and Security Affairs）

参考中国新闻网的报道："经济冷知识：蓝皮书、红皮书……各色皮书有何不同？"

http：//www. chinanews. com/cj/2017/02–19/8153829. shtml

2. 浅谈系统思维和系统科学

（写于 2018 年 7 月 21 日和 2019 年 5 月 6 日）

"系统理论"（Systemtheorie）是一门非常值得学习，并且适用于各行各业的理论。推荐学习者在学习过程中使用思维导图来让自己的学习思维系统化。系统思维和互联网思维基本类似，都要求脱离思维的片面化和点状化。而"系统理论"的"系统思维"（Systemdenken）这一概念非常重要，它涉及人类生活的方方面面，深刻影响了人类的思维方式，并带来了很多领域的重大变革。在我之前的文章中，我已经多次讲解过博弈论、系统论、控制论和信息论（后三者统称三论）的部分内容，当然还有卢曼的社会系统论。这都是属于"系统科学"的一部分。

科学研究的方法中常见的有科学实验方法、数学方法以及系统科学方法等众多方法。系统科学方法，顾名思义，就是利用系统科学原理系统性地对事物规律和联系进行研究的方法。

那么什么是"系统科学"呢？

它的含义比系统论广泛，系统论等仅仅是其中部分内容。总体而言，系统科学是对系统及其规律进行研究的科学。是一门新兴科学，20 世纪 50 年代才兴起，经过几十年的发展，已经从边缘走向了中心，成为新兴、热门的科研领域，发展十分迅速，包括了众多分支领域。并在逐渐扩展外延和内涵，不断发展，扩展新的研究领域。

系统科学包括：

（1）一般系统论（generale Systemtheorie）：由美籍奥地利生物学家贝塔朗菲（Bertalanffy）提出。

（2）控制论（Kybernetik）：不要忘记维纳等人的名字。

（3）信息论（Informatik）：美国数学家、电子工程师和密码学家香农（Claude Shannon）是信息论的创始人。1948 年，香农发表了划时代的论文《通信的数学原理》，开创了信息学的时代。

（4）系统工程（Systemsmechanik）。

（5）大系统理论（grosse Systemstheorie）。

（6）系统动力学（Systemsdynamik，简称 SD）：美国科学家福斯特（J. W. Forrester）约在 1958 年创建。

（7）运筹学（Operationsforschung）。

（8）博弈论（Spieltheorie）：不要忘记冯诺依曼和纳什等人的名字。

（9）耗散结构理论（Dissipationstheorie）：由 Ilya Prigogine 提出。

（10）协同学，协调合作之学（Synergetik）：由德国科学家哈肯（Hermann Harken）在 1969 年提出，其同名书籍已有中文译本。

（11）超循环理论（Supercirculationstheorie）：由诺贝尔奖得主德国化学家艾根（Manfred Eigen）1971 年提出。

（12）生命系统论（Lebenssystemtheorie）：由美国科学家米勒（J. G. Miller）在生物学基础上，通过对信息论、控制论，系统论和社会学等理论的研究提出的新理论。

（13）社会系统论（Systemtheorie）：德国社会学家卢曼的社会系统论（Niklas Luhmann）深入人心，在国内已有其作品中文译本。

（14）泛系分析（pansystematic analysis）。

（15）灰色系统理论：由中国科学家邓聚龙在 20 世纪 80 年代提出，灰色系统论区别于黑匣子（信息不明确的系统）、白匣子理论（信息明确的系统），研究信息不确定和信息缺失的系统，与混沌理论有点联系。

3. 浅谈科学精神和批判思维

(写于 2018 年 7 月 24 日和 7 月 18 日)

什么是科学（Wissenschaft）、自然科学（Naturwissenschaft）、社会科学（Sozialwissenschaft）、人文科学（Geisteswissenschaft）？按照德语国家的标准，人文科学和社会科学统称为"精神科学"（Geisteswissenschaft）。

在德语中，"科学"这一名词就是由"知识"（Wissen）和 schaft（名词后缀，通常指汇集，集合）构成，意即一个时代的知识、认知和经验的集合。

那么什么是"知识""科学"及其相关概念？

科学就是若干个系统工程——人文、社科、自然科学的系统工程，而且各个系统之间的联系和汇合以及协助从来没有终止过，从来没有中断过。那么，不管是在人文社科科学，还是自然科学中，人类需要遵循以及创造的"科学的价值"（die Werte der Wissenschaft）是什么？

有这么几个关键字需要牢记：

①清晰（Eindeutigkeit）；

②透明（Transparenz）；

③客观（Objektivitaet）；

④可检性（Überpfüfbarkeit）；

⑤可靠（Verlässlichkeit）；

⑥公开开放以及诚实（Offenheit und Redlichkeit）；

⑦新颖（Neuigkeit）。

科学精神中，批判精神很重要。

培养批判性思维的要求在我国古已有之："博学之，审问之，慎思之，明辨之，笃行之。"说的就是"批判性思维"的思维过程。那么"批判性思维"这个西方哲学及教育理念概念的提出者是谁呢？

世界上第一个定义"批判性思维"（Kritisches Denken）的人是美国哲学家约翰·杜威（Jahn Dewey），他在其 1910 年出版的《我们如何思考》(*Wie wir denken. Eine Untersuchung über die Beziehung des reflektiven Denkens zum Prozess der Erziehung*) 中称之为"反思性思维"（Reflektives Denken）。他的

定义如下：（反思性思维是）对观点和被认同的知识所采取的主动的、持续的、仔细的思考；其方式是探究知识具备什么样的支撑，可以得出什么样的结论？这种思维训练模式根植于盎格鲁萨克森教育体系，通俗而言，就是提出了以下几个思维步骤：

（1）避免迅速下判断，在下判断之前思考一下。

（2）询问一下：您的信息来源是什么？原因是什么？

（3）有目的地寻找可选择的假设情况、解释和起因，以及寻找可选择的其他计划以及解决方案。

这就是"批判性思维"的基本思维过程，你明白了吗？换言之，就是我们的——"博学，审问，慎思，明辨，笃行"。

4. 浅谈系统论、控制论和信息论

（写于 2018 年 4 月 12 日）

在人工智能大发展的时代，文理工兼容的步伐越来越紧迫。文理分家的情况可能正在逐渐成为历史，在专通兼修的基础上，跟进时代的步伐，不以一种封闭的态度看待社会环境这个系统，而是以开放的、系统的扩展视域（Horizont）来完善个人的知识结构，是我们身处这个纷繁复杂而又时常简单粗暴的世界中，需要掌握的生存和生活技能。

2018 年，教育部颁发了针对 AI 的特色专业设定计划。随着社会的发展，对人的塑造体现在教育领域，即将一个社会人，或者是一个初入社会的人，进行教育（erziehen），并令其得以塑造，成为受过教育之人——gebildet sein。

在教育部提出的与人工智能与工理文相结合的学科建设的科目中，提到了"社会学"这个重要的研究社会的科目。"社会学"顾名思义，就是研究社会的学科。那么社会是什么？怎么看待这个社会？就需要了解一位著名的人文社会科学家——卢曼（Nokolas Luhmann，1927 年—1998 年）的理论的系统论（Systemtheorie）。

将社会诸现象纳入一个宏大的系统的理论。我之前已经在我的微信公众号中介绍了很多次卢曼，在我翻译的《品牌社会学》一书（2019 年 12 月出版）中，作者黑尔曼（Kai-Uwe Hellmann）教授多次涉及了卢曼的系统论和维纳的控制论,从一个侧面上阐述了广告的系统化生成过程以及对人的控制。

系统论和控制论是人文学家无论对其褒贬都无法避开的重要理论,尤其在分析人与社会的过程及现象中。无数历史上杰出的人文社科学家都或多或少具备缜密而深刻的逻辑思维能力和广博视野,而这数理逻辑能力恰好是属于狭义的"理科"范畴。

而文理相融的趋势自古就有,众多杰出的自然科学家都具备广博而深刻的社会及人性认知。所以再来了解一下一位在计算机领域、数学领域、控制论纲领均有所建树的自然科学家的理论,维纳(Norbert Wiener,1894—1964)的控制论(Kypernetik)。在这个理论里,人不再是被视为万物的主宰,人在试图控制万物,也处于被控制的境地。人和机器的地位在一定程度上是等同的。

首先,人文科学告诉我们,社会是一个宏大的系统,其中交流(Kommunikation)以及认识社会系统内部的子系统的意义(Sinn)都很重要。其次,自然科学家告诉我们,在这个宏大的社会系统中,人不能自视为万物之灵,与其他生物,乃至机器相比较,人不见得就具有绝对的优势地位。因此,这种综合性地看待世界万物的书籍,虽然有争议,但是在他们的年代让人脑洞大开,改变了世界也改变了很多认知观念。比如《社会系统》(*Soziale Systeme*),《社会之社会》(*Die Gesellschaft der Gesellschaft*),《社会之经济》(*Die Wirtschaft der Gesellschaft*),《社会的科学》(*Die Wissenschaft der Gesellschaft*)等,以及《控制论或对动物以及机器的控制和交流》(*Cybernetics or control and communication in the animal and the machine*),《人类的人类功用——控制论和社会》(*The Human use of Human being——Cybernetics and Society*)等书至今仍旧很有意义。

它们是在这个人工智能迅猛发展的时代里,不能被忽略的重要著作。我们人类将来如何在社会这个大系统中与"新"人类——机器人并存?如何和平和谐地并存,让人工智能以及机器人朝着助力人类智能的大方向发展,而不是对人类有害?那就需要人文科学家和自然科学家协力对人与社会,人与科技,科技与社会的各系统进行各种探讨以及发表洞见。所以,应看看人文社科科学家怎么说,再看看自然科学家怎么说,以及他们之前之后的各种观点。从广义而言,人工智能(AI),决策论(Entscheidungstheorie），机械控制论（Technische Kybernetik），机器人制造（Robotik），社会控制论（Soziokybernetik），管理学（Management）等等领域均属于控制论的范围，即人与人，人与机器之间的博弈和角力。

人工智能这门学科建立于 20 世纪 50 年代中期，经过这么多年的不断努力，才有了今天学以致用的可能，才有了转化为应用领域的可能。那么，在漫长的理论铺垫和构建，以及努力运用到实践的过程中，怎么能忽略掉这些先行者的重要理论和著作，还有他们的先行者和践行者及后来者呢？

自从古典时期以来，关于系统性思想的著作就不断涌现。在 1834 年，法国物理学家安培（André-Marie Ampère）写了一篇论述科学哲理的文章，他进行科学分类时，把管理国家的科学称为"控制论"——cybernétique。

在德国，控制论理念（Kybernetik）的创立者是 Hermann Schmidt，他在 1944 年被任命为柏林理工大学的控制技术（Reglungstechnik）教席的教授。1957 年，哲学家 Gotthard Guenther 出版了控制论相关著作，名为《机器的意识——控制论的形而上学》（*Das Bewusstsein der Maschinen-Eine Metaphysik der Kybernetik*）。随后，1961 年，德国数学家和哲学家 Georg Klaus 出版了《哲学视野中的控制论》（*Kybernetik in philosophischer Sicht*）一书，这本书广受欢迎，到 1964 年就已经再版四次。随后，在德国还出版了一系列关于控制论的书籍，大量的科普作品。

我国著名科学家钱学森 1954 年出版了英文著作《工程控制论》（*Engineering Cybernetics*），其中首创把控制论推广到工程技术领域，是控制论的一部经典著作，被译为德文和俄文版，获得广泛关注。本书曾荣获中国科学院 1956 年一等科学奖。

在今天，控制论应用在人文社科领域和自然科学的方方面面。在技术领域，被称为技术控制学，在人文社科领域，被称为系统学或者二阶控制论，以及管理学控制论或者社会控制论，在生物科技，被称为生物控制论，在建筑学被称为建筑控制论（Baukybernetik）。

而到了 20 世纪 40 年代，随着 1946 年世界上第一台电子计算机 ENICA，被计算机先驱埃克特（John Presper Eckert，1919—1995）和莫希莱（John Mauchly，1907—1980）设计并制造出之后，科技界出现巨大革新，同样在语言转换领域，也是重新掀起了研究机器翻译的世界热潮。

信息论的先驱之一，科学家沃伦·韦弗（Warren Weaver，1894—1978）

提出了用计算机来进行语言转化。韦弗在 1947 年 3 月 4 日还给控制论学者维纳（N. Wiener）写信，讨论了机器翻译的问题。1949 年，他写了一系列机器翻译的文章，出版了《韦弗备忘录》（*Weaver-Memorandum*），正式提出了机器翻译的问题。虽然韦弗认为机器翻译是借助通用语言（universal language）或中间语言（Interlingua）进行解密码的过程，与现代机器翻译的理论有出入，但是韦弗因其开创性的工作被视为"机器翻译之父"（Vater der maschinellen Uebersetzung），而且，他和香侬（Claude Shannon）一起，被视为信息论的奠基人（Begründer der Informationstheorie）。

信息论、系统论和控制论这三论密不可分。

附：控制论的简单发展历史。

1868：控制理论（James Clerk Maxwell）奠定理论基础。

大约 1945 前后：控制论（Norbert Wiener），联结主义（W. S. McCulloch, W. Pitts 等人）。

1946—1953：在美国举办的一系列关于控制论的会议。

1950：控制以及调控技术。

1950：计算机建筑学和计算机科学（John von Neumann）。

1956：人工智能（John McCarthy）。

1959：心灵研究（Gregory Bateson，Paul Watzlawick）。

1959：管理控制学（Stafford Beer）。

20 世纪 50—60 年代：钱学森把控制论推广到工程技术领域。

1960：动力系统（Jay Wright Forrester）。

1960：行为控制学（Karl Ulrich Smith）。

1970：二阶控制论（Heinz von Foerster）。

1970：系统治疗。

1971：控制论教育学（Helmar Frank）。

1973：自我再生（Humberto Maturana，Francisco Varela）。

1976：激进建构主义（Ernst von Glasersfeld）。

1980：社会系统理论（Niklas Luhmann）。

1980：生物控制论。

5. 浅谈混沌理论是什么？

（写于 2018 年 10 月 4 日）

今天，我介绍一下混沌理论（Chaostheorie），它是复杂性系统理论中，对非直线型动力系统或者动力系统中的不可界定的一部分的表述。是属于数学物理和实用数学中的一个重要概念。我之前在一篇文章中提到过的"蝴蝶效应"（Schmettlingseffekt），就是混沌理论的一个体现。

在 19 世纪末、20 世纪初，法国数学家、天体力学家、数学物理学家、科学哲学家亨利·庞加莱（Jules Henri Poincare，1854—1912）在拓扑学、天体力学、数学物理、多复变函数论、科学哲学等许多领域做出了杰出的贡献，被公认是 19 世纪后半期和 20 世纪初的领袖数学家，是对于数学和它的应用具有全面知识的最后一个人。

庞加莱在数学方面的杰出工作对 20 世纪和当今的数学产生极其深远的影响，他在天体力学方面的研究是牛顿之后的一座里程碑，他因为对电子理论的研究被公认为相对论的理论先驱。他"整个地改变了数学科学的状况，在一切方向上打开了新的道路"。当时，庞加莱在一个预证实太阳系是否是稳定的比赛中，赢得了奖金。他认为其是不确定的，系统的演变通常是混沌的。这通常被认为是混沌理论的开始。而直到 20 世纪中期，这一理论在计算机建模（Modellbildung）的帮助下得以实用化。这一个数学和物理中的常见概念，已经实际运用在人文社科和自然科学的方方面面。即对系统中，尤其是动力系统中的非直线型不确定的因素的研究。

"混沌系统"不仅适用于自然领域，也适用于人文社科领域，虽然有些学者对此有所争议。但是世界和人的社会中的不确定性因素正是构成了这一理论的跨学科基础。大到股市走向、天气预报、心脏跳动，小到面包发酵都可以用混沌理论来解释这个复杂中有规律同时也有很多不确定性的世界。

在自然科学方面：自然界中绝大多数行为和进程都是非线性的，蕴含着各种不确定性因素，我们称之为复杂系统中的不确定性。混沌理论适用于天气研究，物理学中的双摆效应、磁力摆、计算机模拟、撞击球系统、宇宙研究，医学中的心脏治疗，化学中的涡流，震荡反应，以及人口动力学等领域。

在人文社科领域，混沌理论适用于汇率波动研究、经济发展趋势研究、历史学研究中的危机研究和过度状态预测、传播学中的新闻研究、心理学、语言治疗学、犯罪学等领域。

6. 浅谈全球化、逆全球化和全球主义

（写于 2018 年 5 月 6 日和 6 月 9 日）

"全球化"这个单词耳熟能详，为众人所知。那么，什么是"全球化""逆全球化"以及"反全球化"呢？

世纪之交，我经常会在慕尼黑街头看到各种反全球化的标语和宣传牌。那时，欧美国家在经历了 1998 年席卷全球的金融危机之后，迎来了反全球化的高峰，体现为国家层面经济政策趋向贸易保护主义，而民间抗议性标语和集会急剧增多。我们中国在改革开放以后，是经济全球化的受益者，所以一直以来，我们国家对全球化抱有肯定的态度，较少有反对声音。而在西方国家，部分人却因为全球化的深入和持续带来的工作机会和岗位的外流而失业，从而对全球化的趋势抱有不满。

"全球化"从诞生开始就与各种不协和的声音相随相伴，并且一直走到了现在。"全球化"（Globalisierung）这个概念源于 20 世纪 60 年代。从 20 世纪 80 年代中期开始，在德国出版的大量书籍中开始出现"Globalisierung"这个单词。这个概念从 20 世纪 80 年代中期开始广为人知。而全球化的周期性在全球贸易额的升降中可见一斑。

在德语中，另一个使用频率比较少的单词是 Mondialisierung，意为"世界化，全球化"。一些学者专家使用这个概念，用来描述一种"去民族化"（Entnationalisierung）之意。如果我们知道英国是乌托邦主义（Utopia）的发源地，那么对这个单词的理解会深刻一些。

这个单词没有流行起来，使用不多。与"全球化"（Globalisierung）这个概念还比较接近的有德国存在主义哲学的代表人物雅思贝尔斯（Karl Jaspers）1932 年就提出的一个名词 Planetarisch（星际化），在其作品《时代的精神状况》（*Die geistige Situation der Zeit*）中，他提出了这个概念："作为技术以及经济问题，所有问题都似乎变得星际化。"

全球化以及与全球观相似的概念诞生并没有多久，但是全球化的现象是早已有之。关于全球化的现象——即世界各个国家经济政治文化融合互通的年代起始，众说纷纭，没有定论，有人认为是"二战"后才开始形成全球化的现象，也有人认为是 19 世纪开始的。一般认为是地理大发现时代的全球贸易流通为全球化的标志，也有人认为更早。古时人们就曾因为贸易交往而有国际化的概念。我国早就有与西方通商贸易的概念，输出丝绸和茶叶，来赚取大量外汇，以及后来的郑和下西洋也是开启了我国的海洋探索之路。无论是陆路还是海陆，都是开启与外界沟通的渠道。18 世纪的德国学者李希霍芬（Ferdinand von Richthofen）把通商贸易陆路取名为丝绸之路（die Siedenstrasse）。而广义上的"丝绸之路"，有陆路和海陆之分。随着后来奥斯曼土耳其帝国崛起，通商贸易受阻，于是西欧国家纷纷到海上探险寻找新丝路，开启了历史大发现时代，这一般称为早期全球化的开始。而我们国家现在的"一带一路"倡议正是在原有的"丝绸之路"的基础上发展而来，对全球化的发展影响深远。

全球化出现以及在近几十年迅猛发展的最主要原因有以下几点：技术的进步，产品和生产过程的革新，沟通技术和交通技术的革新。近几十年的互联网以及数码革命（Digitale Revolution），当然还有自由贸易观念作为基础，以及世界人口的增长继续探寻新的资源以及更为优质和价廉物美的商品，这都成为历史上全球化开始繁盛的动因。比如从一架飞机的生产制造的过程配件供应来源自世界各地，就能看出全球化的重要性和必要性。全球化概念的具体化又体现在经济政治，文化科技，语言和全球环境问题治理等众多方面。

而伴随着全球化的发展，"反全球化"（Anti-Globalisierung）的声音一直没有停止过。最近几年，随着欧美国家内部贫富分化趋于严重，倡导全球化的有些西方欧美国家，"反全球化"的声音日益高涨。贸易保护主义就是这一体现。随之共生的是排外和民粹主义。我们可能正在迎来一个"逆全球化"的周期性反复。

德语中，在提到全球化时，单词需要区分：全球化（Globalisierung）和全球主义（Globalismus），它们的区别在哪里？

"全球化"这一概念主要出自 20 世纪 60 年代，狭义的全球化通常是指欧洲地理大发现之后的全球化的贸易和经济交往，曾经与殖民主义伴生。

经济关系和经济交往是全球化中最为重要的部分。虽然全球化涵盖了政经文化教育等各个领域的"国际化链接",但是通常提到这个单词时,更多的是指"经济全球化"。

2018年9月特朗普不断宣称自己是"民族主义者""反对全球主义者",遵循"原则上的现实主义","全球主义"这一概念热度随之上升,经常被用来与"全球化"这一单词做比较研究。这一概念更多的是一个政治概念,是国际关系理论中的一个重要概念,指的是一个国家在积极的全球化行为中作为国际行为主体而行动,并且在跨国家行为中不断增强其行为力,从而积极参与世界政治领域行动,并展示出其在其中通过全球治理的愿景,借助良好合作,来解决问题的国家行为。"全球主义"这一词汇通常被视为自由主义理论的范畴,其与国际关系理论中的"现实主义"理论和"新现实主义"理论相悖,现实主义国家理论是以自身国家为中心的理论为基础。所以在国家关系及国家理论研究中,"全球主义"和"现实主义"是一对基本对立的词汇。

7. 浅谈民族主义和乡土主义

(写于2018年8月25日,整理自2018年4月到6月教的德国国情和国际关系课件)

"民族主义"(Nationalismus)和"乡土主义"(Provinzialismus)这两个概念具有不同的内涵和外延。

民族主义(Nationalismus)是一种意识形态,它寻求认同和团结一个国家的所有成员,并将后者与一个主权国家联系起来。民族主义(首先)由民族运动和相应的国家制度所承载。根据各自民族主义的起源历史,民族主义所推动的民族认同是不同的。区别标记可以包括国籍、文化、民族、宗教和/或祖先特征。民族主义思想在18世纪首次达到历史性的高度。19世纪,美国大革命和法国大革命产生了国际性的政治影响。在19世纪,欧洲国家形成,德国等文化民族国家逐渐形成。在欧洲以外,西方列强的海外殖民地风起云涌,纷纷独立。总体而言,民族主义并不局限于某一特定的政治制度。反对民族主义的运动和意识形态是反民族主义。欧盟的超民族主义有时也被看作是反民族主义的世界主义的一种途径。

而"乡土主义"（Provinzialismus）作为一种地方主义，是指人们把自己的地域或地方传统狭隘地作为衡量一切事物的标准的一种态度，反义词是"城市化"或"世界主义"。

8. 浅谈区域主义、中心主义和联邦主义

（写于 2018 年 5 月 22 日）

在万物互联的时代，有很多概念需要理清，甚至赋予新的理解。

我在德国读书的时候，曾经关注过一阵 Heimatliteratur（家乡文学，乡土文学），后来将 Heimatliteratur 列为博士论文主题。这个概念引申出的内涵和外延很广泛，格局很大。

在查阅资料的过程中，我查看了大量的与其相关的 Regionalismus（地区主义）的文献资料。其中离不开 Zentralismus（中心主义）这个概念。Zentralismus 是 Regionlismus 的一个反义概念或者是其一个补充性的概念。而 Zentralismus 是 Zentralisation 和 Zentraliseirung 的一个角度。怎么理解这两个概念？

在文学作品中，Heimatliteratur 就是"乡土文学，家乡文学"之意，它的概念变迁在德国与中国是不太一样的。随之对相关的"Regionalismus"概念理解更是重中之重。但 Regionalismus 这个概念内涵及外延要广泛得多得多。

文学视野仅仅是众多视角中的一个角度而已。如何从政治、经济、宗教、社会心理学、语言学、文学、本地化的角度理解这两个单词 Regionalismus 和 Zentralisation 的若干层面的含义，对我们了解国际关系中的两大热门要素——区域化和集中化是至关重要的。

每个人都出生于一个"地区"，一个"特定的区域"。即使在目前全球化的大背景下，区域与区域之间的合作、协助、误解，甚至歧视、争斗始终持续，都带有浓郁的"地方色彩"。而经济的"区域化""本地化"——Regionalisierung 和 Lokalisierung 是否是"全球化""国际化"——Globalisierung 和 Internationaliserung 的对立面？

严格意义而言，经济"区域化"是"全球化"趋势中市场分配的一个区域体现。很多时候，经济区域化就是经济一体化，它们在一定程度上

是相辅相成的。在目前全球化和逆全球化的浪潮交替出现的历史进程中，归根究底其实就是围绕着"是要更多关注区域经济"还是放眼全球。所以需要先了解什么是"Regionalismus"这个概念。再理解 Globalisierung 就简单了。

无论是西方还是我们东方的人文社科和自然科学研究，对概念（Begriffe）都极其重视，名不正则言不顺。而概念史（Begriffsgeschichte）更是研究的重中之重。任何事物都是处于变化之中，"概念"也是如此。

"区域主义/地区主义"（Regionalismus）在有权作出自主决定的地理区域内寻找机构合作，扩大了现有机构的权限，确定某一地区或者某一地区的人，以及语言、文学和艺术中的区域性表现形式。这一概念不同于"区域化"（Regionalisierung）概念，后者"区域化"一般指的是政治、行政、社会或经济空间的构成或变化过程，无论这些空间是从区域本身还是从外部开始的，旨在促进区域治理和权力下放。

"中心主义/集中主义"（Zentralismus）的概念是一个结构原则，以确定一个中央组织的社会空间规划。一般而言，中央集权被看作是区域主义的反义词或补充原则。在政治上，中央集权意味着努力将所有权力集中在拥有中央最高权力的国家，其特点是政治主权在国家一级的完全集中。在宗教中，这个词用来描述教会系统组织的中心主义结构。在经济中，它用来识别计划经济和中心主义集团结构。

而"集中化"（Zentralisation, Zentralisierung）代表集中趋势，同样具有多层次含义：在经济中是类似或相似任务的总体集中化，在政治上将国家权力集中于中央最高权力机构的政治努力，在城市规划中是将空间规划、经济和社会因素集中在大城市和城镇，而不是区域化。

9. 浅谈建制主义和建构主义

（写于 2018 年 6 月 5 日）

今天补充几个和"建构""建制"相关的容易混淆的单词，解释一下。
——建制派（Establishment）
——建构主义（Konstruktivismus）（以皮亚杰为代表）
——建构主义（Konstruktionismus）（以派帕特为代表）

——新自由制度主义（Neo-Institutionalismus）

2016 年的美国大选中，经常出现一个单词 The Establishment，就是"建制派"，比如共和党建制派、民主党建制派，原意指的是比较传统的、温和的保守派，长期在美国两党中掌握较大的权力，并出于政治上的考量，愿意做出较多的妥协和让步来保持低位的精英阶层。这是"建制派"。

国际关系中的"建构主义"（Konstruktivsmus），即社会建构主义国际关系，也称为"社会构成论"，是兴起于 20 世纪 90 年代的一种国家理论，关注行为体和结构的互相建构，注重社会规范结构。而这个单词 Konstruktivismus 是从教育学衍生而来，是作为改进教学而提出的学习理论，主要目的在于了解发展过程中的各式活动如何引发孩童的自主学习，以及在学习过程中，教师如何适当地扮演支持者的角色。

教育学中，建构主义（Konstruktivismus）最早提出者可追溯到瑞士的皮亚杰（Piaget，1896—1980），这个赫赫有名的教育学家和心理学家是认知发展领域最有影响的一位心理学家，他所创立的关于儿童认知发展的学派被人们称为日内瓦学派。他的理论充满唯物辩证法，坚持从内因和外因相互作用的观点来研究儿童的认知发展。他认为，儿童是在与周围环境相互作用的过程中，逐步建构起关于外部世界的知识，从而使自身认知结构得到发展。

而他的学生西蒙·派帕特（Papert），是著名的教育信息化奠基人，数学家、计算机科学家、心理学家、教育家，近代人工智能领域的先驱者之一，在皮亚杰的建构主义基础上提出了新的建构主义理论（Konstruktionismus）。西蒙的最著名的成就之一是于 1968 年发明的 LOGO 编程语言（LOGO programming language），1970 年与其同事合著了人工智能著作《认知器演算法》（*Perceptrons*）。自 20 世纪 70 年代开始，他一直致力于通过 LOGO 语言帮助儿童成为他们自己"智力建设"的建设者。在其 1980 年出版的著作《头脑风暴：儿童、计算机及充满活力的创意》（*Mindstorms. Children, Computer and Powerful Ideas*）中，他系统阐述了自己的建构主义观"做中学"（Learning by making），在他看来，好的教育不是如何让老师教得更好，而是如何提供充分的空间和机会让学习者去构建自己的知识体系。西蒙·派珀特把计算机作为帮助学习者形成算法、解决问题并在此过程中学习和锻炼智力的强有力的工具。

一言以蔽之：皮亚杰的建构主义强调由内而外的个人知识模型的改变，强调同化，派帕特的建构主义强调由外而内的个人知识模型改变，强调调试。

最后说 Neo-Institutionalismus，是 20 世纪 70 年代兴起的"新自由制度主义"，意即新自由主义（Neoliberalismus），承认国家是唯一重要的国际关系行为体，强调合作理论，认为合作是普遍的，主张互相调节，协调性合作。这也是欧洲及欧盟政治经济理论的基础之一。

10. 浅谈自由贸易和贸易保护主义

（写于 2018 年 7 月 19 日）

我 2018 年 4 月份到 6 月份教了一门"德国国情"课，讲了很多国际关系和国家理论方面的内容。因为在现在的地球村，要想研究一个国家，必须要将其放置于国际大环境下，也就是要具有"世界视角"（Weltperspektive），甚至宇宙视角。

面对世界贸易保护主义（Protektionismus）的逐步升温，其与建立在古典自由经济主义（klassischer Wirtschaftsliberalismus）观念之上的自由贸易（Freihandel）的深度和维度悄然加深的情况此起彼伏，此消彼长。这里的自由贸易指的是主权国家内部的国际贸易（Aussenhandel），不指国内贸易（Binnenhandel）。

贸易保护主义和自由贸易的博弈的背后就是国际关系的起起伏伏。国际关系的风云变化导致经济贸易的政策方面的博弈从来就没有停止过。好的国家关系能促进贸易发展，而国际关系不好时，就会出现贸易保护主义，以及贸易制裁（Sanktionen），比如欧盟和美国对俄罗斯的制裁。

2018 年 7 月份，欧盟（EU）和日本签署了自由贸易协定 Das Frehandelsabkommen EU-Japan，简称 JEFTA），加深了两个地区之间的贸易合作和往来。

自由贸易和贸易保护主义此长彼消，博弈了千百年。欧盟内部是无边界、无关税的各民族国家构成的"自由贸易"的世界主义乌托邦理念的现实实践，也是人类各民族国家合作与发展新形式的有益尝试。事实也证明，发展大趋势是好的，积极的，值得借鉴的，但是也是有弊端。各民族国家中比较弱小的国家的民族企业很可能在零关税，零边界的自由贸易的大潮中受到冲击，甚至被摧毁。所以欧盟内部各项政策和决策力度也需要完善和调整，而不是在扯皮和无穷无尽的会议中内耗。而世界上最富有的国家——美国举起了"贸易保护主义"的大旗，一副要和世界公平平等交易，再不想"吃亏"的模样，引来了全世界的声讨。

贸易保护主义和自由贸易的博弈，不论是什么形式，归根到底就一个原因：利益使然。这两种截然相反的贸易政策在世界范围内的激烈起伏，也意味着我们的世界发展迎来了一个让人忧心忡忡的转折点。因为世界早就变成了"世界村"，"蝴蝶效应"（Schmetterlingseffekt）比以往更为剧烈。

众多商品日益无国界化。所以我们国家的多边贸易主义和反对贸易保护主义的经济政策让今天的我们吃到了用到了世界各地的商品。改革开放这四十年来的生活巨变让我们每个中国人刻骨铭心，希望在改革开放的大潮下，我们国家的民族企业——除了国之根本的粮食能源等——更加日益壮大，更多地参与到世界竞争中。

11. 浅谈人类学的意义与影响

（写于 2018 年 6 月 14 日，2018 年 9 月 9 日和 2017 年 7 月 30 日）

研究人，研究环境，研究人与社会是重要的社科研究角度。人类学（Anthropologie）的主旨就是研究人以及人与社会的关系。

人类学之父，古典进化论的主要代表人物，社会人类学（Sozialanthropologie）的奠基人泰勒（Edward Burnett Tylor，1832—1917）1881 年撰写的《人类学：人类和文明研究导论》（*Einleitung in das Studium der Anthropologie und Civilisation*）奠定了现代人类学的文化概念和理论的基础。泰勒对文化的定义影响深远："文化是一个复杂的整体，它包含知识、信仰、艺术、道德、法律、习俗以及人类作为社会成员所获得的所有其他能力和习惯。"对于泰勒而言，对文化进行比较是确定文化发展的重要衡量标志，其将文化发展类型分为：进步（Fortschritt），衰败（Verfall），生存（berleben），复兴（Wiederauferstehung），转换（Umgestaltung）。按照泰勒的观点，任何一种文化都有可能朝着以下三种发展方向发展：进步（Fortschritt），偏移（seitliches Abirren），退步（Rückschritt）。

这是泰勒的重要文化观点，对后世影响极大。那么人类学的一大分支——文化人类学（Kulturanthropologie）的奠基人是谁呢？

让我们来了解一下：

在这个人的出生地，德国 Minden，自从 2008 年起为这个人所说的故居纪念铭牌上写着："美国文化人类学的奠基人弗兰兹·博阿斯就是在这所房子里长大的。他是第一个伟大的民族学领域研究员，在纽约市任教近四十年。他强调所有人类文化的独特性和等值性，并从活生生的人文主义出发，与美国和德国的种族主义意识形态作斗争。"在这个人去世后，他的挚友——将人类文化分为"热文化"与"冷文化"的著名的法国人类学结构学家列维·斯特劳斯（Claude Levi-Strauss）说道："博厄斯去世之后的美国，百科全书式的人物没有了。每个人都在博厄斯开垦的土地上各捡一小块耕耘。"对，他就是文化人类学的奠基人博厄斯（Franz Boas，1858—1942）。

他是著名的德裔美国人类学家、伦理学家、语言学家、物理学家、地理学家等，涉猎之广博，令人叹为观止，著作之丰富，更是令人目不暇接。他也是文化人类学的奠基者，是博厄斯学派的开创者，该学派的传承者中有写出了《菊与刀》的露丝·本尼迪克特（Ruth Benedict）、萨丕尔（Sapir）、玛格丽特·米德（Margaret Mead）等著名的人类学家及语言学家。该学派所开创的文化区域论、年代—区域说、文化类型与文化模式研究、文化独立（实体）论、文化价值平等观、文化相对论（Kulturrelativismus）等领域迄今影响深远。总之，从人类学的角度多加梳理，才能对文化这个重要的概念有更深刻的理解，才能更好地理解文化现代化以及文化全球化的内涵。

Kultur 一词是从拉丁语中"种植，耕种，加工"一词引申而来，动词是 kultivieren。Kultur 作可数名词时，有"文化""菌类，微生物培养"或者"农作物，经济作物"的意思。Kultur 作不可数名词解，有"文明，文化修养，教养"以及"开垦，种植，栽培"的意思。

Zivilisation 是"文明"之意，源自拉丁语，动词 zivilisieren 有"给……带来文明，使文明化，使开化"的意思。最早指罗马的平民阶层，市民，从中世纪中期以来，指代"公民""民众"。德语中的 Zivil 即指"平民"。

总体而言，"文化"指的是相对于政治经济而言的人类全部精神活动及其精神产品的总和。而文明是人文精神，发明创造和公序良俗的总和以及社会表现出较高发展阶段的状态。

"文化相对主义"（Kulturrelativismus）是著名德裔美国人类学家及博物学家博厄斯重点强调的一种文化观，并被其追随者露丝·本尼迪克特，玛格丽特·米德和雷·博威斯特（Ray Birdwhistell）等发扬光大。其核心观点是每一种文化都有自己长期形成的独特历史，其形态并无高低之分，衡量文化没有普遍绝对的评判标准。还有一个需要提到的持文化相对主义观点的是意大利哲学家尤里乌斯·埃弗拉（Julius Evola，1898—1974），也是隐微论者、文学家、画家，传统主义学派重要成员。

与文化相对主义相对应的概念是文化普遍主义（Universalismus），看重各种不同文化之中的普遍性和普适性。这种观点的代表人物有柏拉图，亚里士多德和黑格尔（Hegel）。这种观点的代表人物到了近现代，有奥特马·施潘（Othmar Spann，1878—1950），他是奥地利保守主义哲学家，经济学家；英国哲学家阿弗烈·诺夫·怀海德（Alfred North Whitehead，1861—1947），他是现代著名哲学家及哲学家和教育理论家；还有哈贝马斯也是普遍主义的代表人物之一。

12. 浅谈"松散社会"和"紧密社会"
（写于 2020 年 3 月 20 日）

刚才我看了一篇文章，觉得挺有意思，介绍一下其中提到的两个概念：松散社会和紧密社会。

托马斯·弗里德曼（Thomas Friedmann）的著名畅销著作《世界是平的》*Die Welt ist flach：Eine kurze Geschichte des 21. Jahrhunderts*）至今依旧读者很多，他 2020 年 3 月 17 日写了一篇文章《新冠肺炎是新的历史分期的起点》（*Our New Historical Divide：B. C. and A. C. ——the world before corona and the world after*），在这篇文章中他提及了新冠肺炎这一疫情对世界的重要影响。在弗里德曼的这篇文章中，他提到了一位生物心理学家和行为科学家 Michele Gelfang 的名为《规则制定者和规则破坏者》的著作，在这本书中，Gelfang 提到了两个重要的区分世界不同文化特性的表述：松散社会和紧密社会，"两类社会的分类依据是：是否注重社会规则（gesellschaftliche Normen）和自我控制（Selbstkontrolle）和自由等因素。而这种不同紧密度的原因：是因为这些国家在历史上面对"威胁"（Bedrohungen）的时候，如战争、自然灾害、饥荒、疾病所培养起的不同的反应机制和被固化下来的行为准则。Gelfang教授认为典型地体现出"松散社会"文化特征的国家如美国、意大利和巴西具有松散文化，规则较弱，但会比较开放，愿意改变。而体现出"紧密社会"特征的国家如中国、新加坡和奥地利等国家，习惯于较高程度的监管，规则较强，而较不易改变。Gelfang认为在现代社会人们应该在IQ和EQ之外，具有CQ（文化商），了解不同文化的差异性，并在遇到这种差异性的时候能做出更具有理解性的反应和自我改进。

这本书从一个角度分析众多国家的不同的行为规范和准则的背后的文化因素和历史渊源，感兴趣的可以多了解一些。

在现代社会，社会的发展，全球化的实际实施所带来的世界流动性的极大增强，也加剧了这种文化理解上的急需性和迫切性，在天下太平的时候很多被礼貌所掩盖的危机和差异，在遇到灾难的时候容易被凸显出来。

总体而言，这次蔓延世界的疫情可能会出现一次大转型时期，松散文化和紧密文化在彼此借鉴和吸取教训过程中是否会彼此都有进一步的改善呢？而作为个体的每个人，在提升自己的IQ，EQ，AIQ（人工智能商）的同时，急需增强CQ（文化商）。

13. 通识教育两本书籍

（写于2019年2月19日）

相比较翻译，我更喜欢上课和写作，因为更有创造性，更符合我的个性。

关于写作，我经常想，怎么才能靠写作发家致富，写出又有社会效益，又有经济效益的书？写什么？我在微信公众号"律一德语学习室（lvlvgerman）"写这么久了，一点不挣钱。怎么办？我今天从网上找了两本书，看看怎么写出又通俗易通，又信息量丰富的科普性畅销书籍。看看十年后我能不能做到。

所以今天我给大家介绍一下这两本德语书：

Bildung：Alles，was man wissen muß（《教育：应学大全》，国内已出版中译本改为：《欧洲：一堂丰富的人文课》），是德国教授施万尼茨（Dietrich

Schwanitz，1940—2004）出版于 1999 年的作品，这是十几年前的德国畅销书，很有名，我也有幸翻看过。这本又有知识含量，又幽默风趣的百科全书式的书把欧洲文化和博雅教育所包含的方方面面（文史哲，艺术音乐等）解释和介绍得又系统，又全面，值得一看，是很不错的通识教育书籍，而且有丰富的书目。

遗憾的是，作为一名文科教授的施万尼茨教授对理工科知识和科技等领域比较不熟，在书中也没怎么说，显然是把理工科自然科学视为通识教育的边缘领域了。所以另一位也很著名的德国教授不服，赶紧写了本《另一种教育：自然科学应学之物》（*Die andere Bildung. Was man von den Natur-wissenschaften wissen sollte*），从日常生活中的自然科学常识入手，深入浅出地介绍了生物学、数学和物理学等各重要自然科学领域的知识。非常不错，尤其对于存在这些方面知识缺陷的文科生而言。这位教授叫作费舍尔（Ernst Peter Fischer，1947—　　），是一名数学教授，经常在各大德国报纸杂志撰写文章，撰写科普书籍。

这两本书结合起来，将人文社科和自然科学的知识结合起来，就是比较全面的通识教育内容了，当然主要是从欧洲视角出发的，视角有所欠缺。

14. "兰花专业" 和 "薄荷专业"
（写于 2018 年 11 月 18 日）

在德国，有两种非常有意思的对各种专业的表达：一种是 Orchideenfächer（兰花专业），另一种是 MINT-Fächer（薄荷专业）。前者指的是就业前景一般，甚至不好就业的小专业（Kleine Faecher），主要指语言以及艺术专业。反义词是"大众专业"（Massenfach）。

Orchideenfächer "兰花专业" 这一概念的由来是什么？在西方文化中，兰花是一种娇贵的需要呵护而且昂贵的植物，这种花的名称用在专业上就是指的是那些没有"实际用处"，不能马上见到社会效益而且就业前景不佳而且挣钱少的纯文科专业。这一名词用于形容专业的情况首先出现在 20 世纪 60 年代中期，并在 70 年代得以盛行，并以奥地利著名拜占庭专家及拜占庭学维也纳学派的创立者赫尔伯特·洪格尔（Herbert Hunger）教授的一篇经常被引用的文章得以"固定"下来，用来指拜占庭学这种"小专业"在奥地利学界的研究已经成为一门学科。很多时候也指对具有异国情调的学科的研究，比如一些小语种研究。到了 20 世纪 90 年代，对这一概念的使用外延又有所扩展——Orchideenthema（兰花主题）指的是少见但仍旧必需的主题。

而 MINT-Faecher 指的是工科热门专业，即数学（Mathematik）、信息学（Informatik）、自然科学（Naturwissenschaft）和技术（Technik）的单词首字母缩写。就类似我们现在经常提到的要大力发展的 STEM 专业——科学（science）、技术（technology）、工程（engineering）和数学（mathematics）。

我今天为什么想写这个主题？因为我昨天刚看了一篇文章，说在美国 2008 年金融危机之后，就读这种人文社科专业如文学、语言、历史、艺术的学生人数大幅度下降，一直到最近这几年才有所好转。而我在德国读书的时候（1998 年到 1999 年，2000 年到 2006 年），德国大学这种文科专业人数及经费不断缩减的新闻也是时有耳闻，而且这种"要不要减少兰花专业的经费？"的争议问题始终存在。

我们国家也是一样。在我 1993 年开始在北外就读德语专业，到了三年级分研究方向时，选择文学和语言学方向的学生，也就是致力于研究德语文学和语言学的学生数也是很少的，必须要任课教师分班才能凑够人数。

文史哲语言学艺术学都是"兰花专业"，全世界如此。我这个从小家境困难的学生，无论是在国内还是在德国都选择了德语文学、语言学和汉学这样的无论是德国人眼中还是中国人眼中标准的"兰花专业"，所以到了现在，我难免是个清贫的中年人了。但是只要甘于清贫和寂寞，专心写书做研究，也是很有意义的吧。而且我广泛的兴趣爱好和努力培养的跨学科视野也增加了我对本专业的更深入认识，相辅相成。

跨学科，文理兼通，专通兼备，是新时代的要求。我这个四十多岁的纯文科生当然也不例外。但是 MINT 专业中的大部分内容对于我而言，无法深入下去。

另外，这位奥地利的拜占庭学专家的姓是"Hunger"（饥饿）。以这种名词作为姓，这可能也表明这位教授的先祖曾经非常饥寒交迫吧。对了，在德国，姓名学（Namengebung）也是"兰花专业"。

15. 慕课和后慕课时代

（写于 2018 年 1 月 18 日和 2019 年 10 月 7 日）

什么是慕课？是 MOOC 的音译，全称是 Massive open online courses。在德语中 MOOC 是 offener Massen-Online-Kurs。开放的、免费的课程，只需要借助网络的上课方式，就会令无数求知若渴的学生以及教师受益。2012 年美国顶尖大学开始陆续设立网络学习平台，我国则从 2013 年开始建设自己的慕课，迄今，已经成为全球慕课数量最多的国家。

你知道我们国家都有多少精品慕课吗？据新闻报道，前几天，教育部正式推出了 490 门"国家精品在线开放课程"，以本科教育和高等职业教育公共课，专业课为基础。到 2020 年，我国将以国家名义推出 3000 门"国家精品在线开放课程"，和 1000 个"示范性虚拟仿真实验教学项目"，从而带动 1 万门慕课和 5000 个虚拟仿真实验性教学项目在线运行，还将推出中国慕课标准，将更多的慕课推广到教育资源不平衡的地区，令更多的学生受益。对于学生，当然还有教师而言，都可以在哪里看慕课呢？我提到过了，有以下平台可以看慕课：网易公开课，Coursera，学堂在线，中国大学慕课，Ted 等都汇集了众多的精品课程。

作为德语教师，我非常高兴，我看过很多慕课，也尝试过慕课形式，也出版过教学视频，正式的慕课形式我也跃跃欲试。能让自己的所学所得惠及更多人，是教师的终身目标。自从我 2017 年初开始陆续开设了不同网络平台，借助不同网络个人平台写作德国初级知识普及的文章后，深深体会到了这一点。在我 1998 年第一次走上讲台，开始教书之后，至今面授学生大概也就几百人吧。因为德语是小语种，每个班级的人数都会有限制，是小班教学。但是自从我在微信公众号"律一德语学习室（lvlvger-man）"、喜马拉雅电台、微博、今日头条、豆瓣阅读上进行德语初级知识以及学习教学经验的普及后，受众翻了几番。能让更多人受益，是件欣慰的事。

慕课属于远程教育（Fernunterricht）的现代化延伸，而早从 19 世纪开始，教学者就已经开始采用不同媒介，最开始是书信，后来是电话、电视进行远程教学。相信我们很多人早年间都可能采用过书信向他人咨询学习，从电视上学过那些著名的教学节目，比如"跟我学"等。所以感谢人工智能的大发展，感谢智能时代，让教与学的关系不再拘于一室，而具有更为广阔的学习空间，我们称之为网络世界的学习模式。那么，对于教师而言，如何来开设慕课（Gestaltung eines MOOCs）呢？按照 Laura Pappano 的观点，慕课质量、热情和投入以及与学生的互动是最为重要的因素。

近年来，慕课的发展对于缩小教育地区差距和实现教育资源和教育质量的地区平衡起到了重要作用。据新闻报道，2012 年被称为慕课元年，2014 年后则进入了后慕课时代。今年已经是 2019 年，后慕课都有些什么形式呢？

首先，"后慕课时代"是什么意思？

随着慕课的快速发展，为了克服大规模慕课的一些缺陷，如监管乏力、学习者不宜坚持、考核问题、学分获取等，一些在线学习的新形式不断出现，作为传统慕课的良好补充，丰富了慕课的形式，增进了选择的可能性。我简单介绍一下后慕课的形式。我国从 2013 年开始，南大，清华，北大等高校相继在国际和国家慕课平台上发布课程，掀起了国内慕课建设的热潮。2017 年底，中国外语高校慕课联盟成立，加速了外语学习的慕课时代的发展。慕课的最初形式可以追溯到一百多年前的远程教育的兴起。2008 年，加拿大的乔治·西门子（George Siemens）和斯蒂芬·唐斯（Stephen Downes）开通了第一门基于联结主义（Konnektivismus und Konnektischer Wissenserwerb）的在线课程，根据这门课程的新形式，戴夫·科米尔（Dave Cormier）和布莱恩·亚历山大（Bryan Alexander）发明了"MOOC"（慕课）一词。2012 年随着慕课形式的大爆发，慕课进入高发展阶段，被称为慕课元年。2013 年美国罗伯特·略（Robert Lue）教授指出："慕课代表在线教育取得的第一阶段进展，现在该阶段已经被超越，我们进入了后慕课时代（Post-MOOC-Zeit）。"后慕课时代的典型代表形式就是课程形式的丰富和多样。其主要形式有：

——SPOC（Small Private Course Generation System，私播课）：小规模在线课程，能提供更有针对性的教学。

——Meta-MOOC（Meta-Massive Open Online Course，超级公播课）：与面对面课堂构成的同步公播课，构成学习共同体。

——DLMOOC（Deep Learning MOOC，深度学习公播课）：深度学习实

践体。

——MobilMOOC（Mobile MOOC，移动公播课）：通过移动学习设备学习的公播课。

——MOOL（Massive Open Online Labs，大众开放在线实验室）：可全天候开放的虚拟实验课程。

——DOCC（Distributed Open Collaborative Course，分布式开放协作课）：多专家多地点授课，强调协作学习。

——PMOOC（Personalized MOOC，个性化公播课）：适应学习者的个性化学习的公播课。

——MOOR（Massive Open Online Research，大众开放在线研究课）：大众研究课程，提供从普通学习到深度研究的通道。

——DCGS（Dynamic Course Generation System，动态课程生成系统）：大数据驱动，采用智能识别方式，精准匹配教师和教材。

（二）各领域比较部分

粮食、矿产、能源部分

小麦的起源和杜兰小麦

（写于 2019 年 9 月 28 日）

前几天，为了方便做饭，我买了很久没吃的意大利面和面酱。真好吃啊。所以我今天介绍一下意大利面，顺便说说小麦的起源和分类。

在德国期间，意大利面因其方便快捷营养丰富，是我最主要的食物之一。因当时国内意大利面还是属于比较昂贵的面食，我在德国时还特地邮寄了一箱意大利面和各种德国零食给我国内的父母和妹妹一家，让他们尝鲜。由此可见当年意大利面在我心目中的地位，让我不惜万里迢迢寄回国给我父母和妹妹一家尝尝。

回国后，我很少吃意大利面了，一是价格不如国产挂面便宜，二是意大利面比较难煮，费火。但我这一阵发现，意大利面也很平价了，和普通挂面差不多，那就继续吃一些吧。而且国产挂面里钠含量较高，就很少吃，改吃据称不含钠的意大利面了。

意大利挂面，也叫意大利直面（Spaghetti），是由小麦品种中最硬质的杜兰面粉磨粉制成的粗面条。"杜兰"一词在拉丁语中就是"坚硬"的意思，是近 100 万年前一种野生小麦和一种野生山羊草混合而成，质地坚硬，属于最硬质的小麦（Hartweizen），含有优质的淀粉、蛋白质与面筋，所以用这种面粉做出的面条口感很好。加拿大，美国和欧盟等地是杜兰小麦的主要产地，在欧洲主要就在意大利的中南部地区；还有土耳其和叙利亚等地也大量出产杜兰面粉。

杜兰小麦最早出自地中海东岸，罗马时代之前就扩散到地中海地区，成为当时的两大小麦——二粒小麦和四倍体小麦——之一。二粒小麦比较适合在潮湿气候区栽种，谷粒含丰富的淀粉。杜兰小麦是最重要的四倍体小麦，硬质小麦，能适应半干旱地区，谷粒外观平滑。

那么，小麦起源于什么时候，什么地点？普通小麦和杜兰小麦有什么关系呢？

综合多方信息，小麦起源于亚洲西部，在西亚和西南亚一带至今还广泛分布有野生一粒小麦，野生二粒小麦及与普通小麦亲缘关系密切的节节麦。小麦是小麦属（Triticum）植物的统称，通常专指其中最广泛种植的种——小麦（Triticum aestivum），是一种主要的粮食和饲料作物，禾本科植物，实际上是野草的一个种类。学术界一般认为，小麦起源于中东的新月沃土区（Fruchtbarer Halbmond）。

"新月沃土"是指中东两河流域及附近一连串肥沃的土地，包括累范特、美索不达米亚和古埃及，位于今日的中东地区和埃及北部，由于在地图上好像一弯新月，所以美国芝加哥大学东方历史与埃及古物史研究所博物馆的创始人詹姆士-布雷斯特德（James Henry Breasted，1865—1935）把这一大片肥美的土地称为"新月沃土"。美国历史学会以他的名字命名了布里斯底特奖。目前，小麦是世界上总产量占第二位的粮食，仅次于玉米。玉米、小麦和大米是人类目前最为重要的主粮，都是经千百年的人类对食物的驯化过程中精选出来的优秀"前野草"。那么，世界上都有哪些国家盛产小麦呢？

据中国产业信息网（http：//www.chyxx.com/）2018 年数据，世界上

种植小麦的国家很多，产量主要集中在欧盟各国、中国、印度、俄罗斯、美国、乌克兰、澳大利亚和阿根廷等地，其中，欧盟、中国和印度小麦产量位居世界前三，2018年合计占全球总产量50%左右。中国是唯一总产量超过1亿吨的国家，位居世界第一，其次是印度、美国和俄罗斯。在欧盟内部，德法两国是小麦产量最多的国家，法国小麦年产量超过三千万吨，德国小麦年产量两千多万吨。德国粮食自给有余，主要品种有小麦、大麦、黑麦、燕麦和玉米，年产总量近5000万吨（不含大豆和薯类），均有出口。德国主要把玉米、稻谷、大豆作为调剂品种适量进口。2018年因为欧洲大旱，影响了德国的小麦产量。目前，世界上出口小麦的国家和地区前五强是澳大利亚、加拿大、欧盟、俄罗斯联邦、美国；进口小麦最多的国家前五强有印度尼西亚、埃及、巴西、阿尔及利亚和日本。

以上是小麦的起源和世界主要产地，那么小麦是如何分类的呢？

按照植物学家尼古拉·伊万诺维奇·瓦维洛夫（NikolaiIvanovich Vavilov，1887—1943）的分类，可将小麦可分为三类，每一类都有数量不同的染色体（Chromosom）。瓦维洛夫是苏联植物学家，遗传学家，他一生都在研究小麦、玉米和其他支撑世界人口存活的谷物，并取得了巨大的成就。软质小麦（包括普通小麦和面包小麦）有21对染色体，我们可称其为六倍体小麦，又称面包小麦，也是目前全球种植最广泛的小麦品种；硬质小麦（包括二粒小麦）有14对，称为四倍体小麦，是意大利面的主要原材料；而一粒小麦则只有7对。综合多方信息：一粒小麦是小麦的基石，在遥远过去的某个时刻，某一谱系小麦的染色体发生了倍增，这就形成了一个细胞有两组染色体的情况。古时的这种倍增创造出了一种四倍体小麦，它有14对染色体。这种情况发生在距今50万年到15万年（即新石器革命之前很久）的二粒小麦和硬质小麦上。然后在种植类二粒小麦（四倍染色体）和山羊草（二倍染色体）时发生了一次杂交，结果产生了一种有21对染色体的小麦，它有3组成对的染色体，即六倍染色体。据估计，这次杂交发生在大约1万年前，就是它创造出了小麦——普通小麦或面包小麦。小麦属内有a、b、d、g四种染色体组（Genom）。二倍体皆具a染色体组。四倍体种，有ab染色体组和ag染色体组两大类，具ab染色体（Chromosom）的种是由乌拉尔图小麦与拟斯卑尔脱（或其他）山羊草经天然杂交和染色体加倍而来，它包括野生种、原始种和栽培种三类。六倍体种，在自然界中存在abd

和 aag 染色体组两大类。具 abd 染色体组的种是由具 ab 染色体组的四倍体种与粗山羊草经天然杂交和染色体加倍而来。简言之，我们吃的普通小麦面粉是六倍体小麦，而做意大利面的杜兰面粉是四倍体，结构不同，性状和组成也不同。但它们都是由原始一粒小麦通过长期的育种发展演化而来。杜兰小麦是硬粒小麦，是最重要的四倍体小麦。全世界出产的杜兰小麦，基本全部用来制作意大利面条，杜兰面粉约占全世界小麦产量的百分之十左右。虽然我国是小麦生产大国，但我国目前因气候所限，不生产杜兰小麦。

Spaghetti 这个单词首次出现在英语中是在 1874 年，这个单词来自意大利面食拉丁语 pastos，意思是"撒上盐的，咸味的面团，糕饼蛋糕"。意大利面食统称为 pasta，原意是经过揉搓的面团，根据地理学家伊德里西（Al Idrisi，1100—1166）12 世纪所著的《罗吉尔之书》（*Tabula Rogeriana*）记载，意大利面当时就已经在西西里岛非常流行。喜好美食的意大利人对制作意大利面投入了很多奇思妙想，所以今天我们见到的意大利面不仅有意大利直面，还有各种形状的非常漂亮的面条，和我们俗称的各种形状的通心粉。

人类对"一种野草"的漫长的培育让其演化成了能制作成种种美食的世界最重要的粮食作物之一。这其中，人类与人类千挑万选的食物之间的互驯（gegenseitige Zaehmung）值得人类了解。

经济部分

1. 中美德的造墙和拆墙运动

（写于 2018 年 4 月 8 日）

我 1976 年出生，在 20 世纪 90 年代，我就知道一个著名的乐队，是英国的摇滚乐队 Pink Floyd。为什么提起这个著名的乐队？有两点不得不提，首先他们是 Multi-Media 这个单词的发明者，是"多媒体"概念的首创者，也就是在音乐的背景下，加入其他的媒体讲述形式，构成丰富的音乐表达方式。现在提起这个很平常，但是在 20 世纪 70 年代，能有这种音乐先锋意识，堪称一代大神。另一个不得不提的是，他们发行于 1979 年的著名专辑《墙》（*The Wall*），道尽了个体进入世界的隔膜和内心挣扎。20 世纪 90 年代初，这个乐队的主唱在柏林墙倒塌后，在柏林举行的演唱会，观众云集，大获成功。*The Wall* 更是突破了个体的局限，延伸了"墙"这个意向，将其内涵表现得更为丰富而有哲理。

柏林墙是曾经隔绝东西德的著名地标，是学习和教授德语的人都了解的著名历史事件。在第二次世界大战后，东西德分别各自建国，一个德国被分为东西两个国家，并分属东西方两大政治阵营，与此相应的是，国家的分裂在形式上具有了一个隔绝的地标。柏林墙的建立是为了防止东德人进入西德，也为了给西德人士进入东德设立关卡，于是，1961 年 8 月 13 日柏林墙的最后一块砖头填补上之后，东西德被一堵墙堵得严严实实。一面沉重的墙，高四米，长 1678 公里的墙，记录了不少死者的身影。还有当时东德为柏林墙建造十周年发行的纪念邮票。1989 年 11 月 9 日晚上，柏林墙的开放，终结了这面墙的历史，在德国民众的钉锤敲击声下，柏林墙只留下一些残骸作为纪念，供后来者凭吊。柏林墙的倒塌在德国电影《再见，列宁！》（*Goodbye，Lenin*！）中，通过一个德国家庭的分合体现得淋漓尽致。这就是一面墙的建立和倒塌，二十几年，它见证了一个时代的变迁。但从另一个角度而言，这面墙也是德意志民族的耻辱。

而在我们国家，我们中国人有着让我们甚为骄傲的万里长城（die Große Mauer），并有着"不到长城非好汉"的说法。长城的建造要追溯到公元前七世纪，并在公元前 221 年秦朝统一中国后，于公元前 214 年后得以迅速扩建，成为坚固的防御工事。从秦时长城的恢宏，到汉长城的壮丽，再到明长城的气势磅礴，中国历代王朝为了抵抗北方游牧民族的入侵，陆续修建巩固起了这个绵延万里的防御工事（Grenzbefestigung）。历史上，它为保护长城内中原居民的安居乐业立下了汗马功劳。按照最新的统计，经过历代的修建以及后世的考古发掘，现有长城的总长度已经达到 21000 多公里。堪称绵延万里的巨无霸建筑，铭刻了中华民族的历史兴衰。在现在的和平年代，我们的万里长城已经成不再具有防御功能，而更大程度上成为知名的名胜古迹，是景点（Sehenswürdigkeit），也是世界文化遗产（Weltkulturerbe）。这面绵延不绝，气势恢宏的墙，是中华民族的骄傲。我们的万里长城举世闻名，在德语国家作家 Franz Kafka 和 Max Frisch 的作品中，都有对中国长城的描述。感兴趣的可以去看一看。

除了这两面著名的成为历史古迹的墙，还有一面墙正在建造中——一面建成后长达三千两百多公里的墙。你知道吗？乍一听这新闻，给人一种啼笑皆非的感觉。但是它已经实实在在地建造了。看前一阵的新闻，美国，这个正在和我们打起"贸易战"，竖起贸易保护主义壁垒的国家，一边造起无形的"墙"，另一边在美国和墨西哥边境上要逐渐建起一面实实在在的有形的"墙"。美国和墨西哥边境绵延三千多公里，途径美国的四个州和墨西哥的六个州，是世界上人员往来最频繁密集的边境线之一，合法的和不合法的越境次数每年分别达到了上亿和几十万，惊心动魄的数字。

现代社会的这个造墙运动，不再涉及意识形态或者战争需要，而是因为经济的不平衡。美国和加拿大的边境线长达八千多公里，也没见这两个国家在边境线上筑起高墙啊！加拿大 Quebec 和美国 Vermont 之间，就这么随意地用几个大花盆标示出了两个国家的重要边界。为什么？经济发展程度的近似，在自己国家就能过上比邻居毫不逊色的生活，有什么动力千辛万苦地翻越国境线，甚至以不合法的方式"偷渡"呢？

无论是隐形的墙，还是实实在在的墙，它们的建造，背后都显示了国家竞争和国家经济之间不平衡所导致的自由贸易和保护主义之间的角力。这个新世纪的"新造墙运动"，在啼笑皆非之余，也令人深思。自强不息，努力发展，强大自我是每一个国家的发展之路，但是，新世纪的无论是无形的墙还是有形的墙，都会逐渐倒塌的吗？

2. "全球六大央行"和"全球央行"简单比较

（写于 2019 年 8 月 2 日）

新闻报道，在北京时间 2019 年 8 月 1 日凌晨，美国联邦储备委员会（Federal Reserve）决定将联邦基金利率目标区间下调 25 个基点至 2%—2.25%。这是自十年前的席卷全球的经济危机以来，美联储首次采取降息举措。

2008 年的经济危机浪潮中，美联储一年内降息多次，为了提振美国经济，降低经济下行风险。而这次美国开启降息，也是为了"防范美国经济下行风险和通胀下滑"，美联储正密切关注"全球经济增长疲软带来的影响"。

综合多方资料，美联储是"全球六大央行"之一。全球六大央行指的是美联储、加拿大央行、瑞士国家银行、欧洲中央银行、英格兰银行和日本央行。中央银行对一个国家的货币政策和经济金融活动起到举足轻重的作用，通常具有以下职能：是发行货币的银行，具有货币发行特权，是国家唯一的货币发行机构；是银行的银行，在整个金融体系中居于领导地位，并与商业银行和其他金融机构进行存放汇等业务往来；是政府的银行，代表国家贯彻执行货币金融政策，代为管理政府财政收支并为政府提供各种金融服务。

美国联邦储备系统，简称为美联储，承担和履行的是美国的中央银行的职责。1913年12月23日，美联储系统根据《联邦储备法》成立。美联储系统的核心管理机构就是美国联邦储备委员会（The Board of Governors of The Federal Reserve System），简称美联储委员会（Federal Reserve Board），是美国中央银行的管理部门，办公地点位于美国华盛顿特区（Washington D. C.），是私立银行系统，委员会七名成员由美国总统任命。

欧洲中央银行（Europäische Zentralbank），简称欧洲央行，负责欧盟欧元区的金融及货币政策。根据1992年《马斯特里赫特条约》的规定，于1998年7月1日正式成立，是为了适应欧元发行流通而设立的金融机构，同时也是欧洲经济一体化的产物。总部位于德国法兰克福。其一千多名员工均来自欧盟国家，是世界上第一个管理超国家货币的中央银行。独立性是其特点，不受欧盟领导机构的指令，不受各国政府的监督。1999年1月1日欧元在欧洲正式启动后，欧元国政府随之失去制定货币政策的权力，而必须施行欧洲中央银行制定的货币政策。而欧元国之一的德国，其德国中央银行（Deutsche Bundesbank）是德意志联邦共和国的中央银行，成立于1957年6月26日，总部也位于法兰克福。当今的德国中央银行即德意志联邦银行，是欧洲中央银行系统的一部分，是直属联邦的公共法人机构。德国于1957年6月26日颁布了《德意志联邦银行法》，废除了两级中央银行体制，尽管德国各联邦州的中央银行仍然保留了自己的名称，但实质上已失去了独立性，成为德意志联邦银行的分支机构。

日本银行（Bank of Japan，BOJ），是日本的中央银行，在日本经常被简称为日银。日本银行本店，位于东京都中央区日本桥。日本银行的代表者是该行的总裁。日本中央银行的市场干预效果很强，但大大逊色于美国和欧洲的央行。日本央行因为从属于日本大藏省（即日本财政部）而缺乏应有的独立性。

加拿大银行（Bank of Canada）是加拿大的中央银行，1934 年依据加拿大中央银行法案而建立，目的在于推动加拿大的经济和维持加拿大的财政稳定，主要负责加拿大的货币发行。其总部设于位于惠灵顿和渥太华下城区的银行街之间的加拿大中央银行大厦。

英格兰银行（Bank of Engand）是英国的中央银行，创办于 1894 年，是最古老的中央银行，当年由英国皇室特许苏格兰人威廉-彼得森（William Peterson）等人创办，创始初期主要是为了当时的英国政府筹措战争费用，从而获取了货币发行权。1844 年英格兰银行根据新的银行法改组，逐渐放弃商业银行业务，成为中央银行，1946 年由英国工党收归国有。英国不属于欧元区，英格兰银行有独立的货币发行权。

瑞士国家银行（德语 Schweizerische Nationalbank）是瑞士的中央银行，是根据 1905 年瑞士联邦宪法创建的联合股份银行，1907 年开始营业，约 55%的股份是由公共机构掌握，例如州或州银行，剩下的股份则在交易所上市交易，主要为个体投资者拥有。瑞士联邦并没有其股份。瑞士国家银行董事会大部人选由联邦政府指派，向瑞士联邦议院负责。

在我国，中国人民银行（The People's Bank Of China，简称 PBOC），简称央行，是中华人民共和国的中央银行，中华人民共和国国务院组成部门，在国务院领导下，依法独立制定和执行货币政策，防范和化解金融风险，维护金融稳定；不受地方政府，社会团体和个人的干涉。1948 年 12 月 1 日，在华北银行、北海银行、西北农民银行的基础上在河北省石家庄市合并组成中国人民银行。在 1995 年的《中华人民共和国中国人民银行法》通过后，中国人民银行作为我国的中央银行以法律形式被确定下来。

我国的中国人民银行不属于"全球六大央行"。为什么？

因为我国的中国人民银行是国务院直属政府机构，是国家金融行政管理机构，性质不同，是管理机构，非营业性，不是金融机构。主要职责是：货币发行、制定和执行货币政策、对金融机构的融资、监督和管理境内的金融机构、维护金融市场的秩序和币值的稳定，代理保管国库资金。

我国的中国人民银行是"全球央行"的成员。"全球央行"又被称为

"金融稳定委员会"（Financial Stability Board，FSB），是七个发达国家（美日德英法意加）为促进金融体系的稳定而成立的合作组织，在中国等新兴市场国家对全球经济增长与金融稳定日益显著的大背景下，2009 年 4 月 2 日在伦敦举行的 20 国集团（G20）金融峰会决定，把金融委员会的成员扩展到所有 G20 成员国，并更名为金融委员会。自此，我国正式成为金融稳定委员会的成员，成为全球央行的一员。全球央行的成员机构包括 20 多个国家的央行、财政部和监管机构以及主要国际金融机构和专业委员会。中国财政部、中国人民银行、银监会以及中国香港金融管理局均为该委员会的成员机构。2009 年 1 月，我国加入泛美开发银行（Inter-American Development Bank，IADB），泛美开发银行又称"美洲银行"，成立于 1959 年，是世界上最早最大的区域性多边开发银行。其宗旨是"集中各成员国的力量，对拉丁美洲国家的经济，社会发展计划提供资金和技术援助"，并协助它们"单独地和集体地为加速经济发展和社会进步作出贡献"。2009 年 3 月我国加入巴塞尔银行监管委员会（Basel Committee on Banking Supervision，BCBS），又称"巴塞尔委员会"（Basel Committee），是 1974 年由十国集团中央银行行长倡议建立的一个由中央银行和银行监管当局为成员的委员会，主要任务是讨论有关银行监管的问题。我国在主要国际金融组织的席位中开始占据重要地位。2009 年 4 月，我国成为全球央行的成员。全球央行具体职能包括："评估全球金融系统脆弱性，监督各国改进行动；促进各国监管机构合作和信息交换，对各国监管政策和监管标准提供建议；协调国际标准制订机构的工作；为跨国界风险管理制订应急预案等"。

3. "股市" 的来源及德语表达
（写于 2018 年 10 月和 2020 年 3 月 10 日）

我早在十几年前就开了个股票账户，因为那时候国内股市真好，看得我心痒痒。而且那时也正是我 2006 年我从德国回北京没多久，想攒钱买房子的时候，正赶上股市大涨，真想学学股票挣点钱。可惜我当年观望了很久，实在不敢把仅有的积蓄放到股市里，于是就错过了挣钱的机会。

时至今日，我的股票账户里还是一分钱也没有。股票风险大，我实在不敢买。但是余额宝性质的货币基金我买过一点，但也就是一点而已，挣了几百块钱利息，就不买了。这说明我在理财方面，风险意识和危机感很强，同时抗风险能力也比较弱，因为实在没钱。也好，错过了涨钱的机会，不过也躲过了赔钱的可能。不过，我对于股市的新闻还是会很关注，毕竟这是经济和社会市场的晴雨表。

2018 年的时候，全球股市起起伏伏。我也多关注了下这方面的新闻，也包括一些证券交易所的常识。股票交易所在中国出现是在 20 世纪初期，是 1905 年的上海众业公所和 1918 年的北平证券交易所。而世界范围而言，最早的证券交易所早在 1602 年就在荷兰出现了。

这么早？是的，的确这么早。而且 Börse（证券交易所）这个名称出现得更早。德语中 Börse 一词出自 Burse，它出自拉丁语 Bursa，其中一个含义是"皮袋，钱包"（Ledertasche，Geldsäckchen），源自古希腊语，最初的意思是"被剥下的动物皮毛"。从古典时期到中世纪，这一词逐渐演变成对一种共同的款项收支及其建筑物的表达。

而这一词还有另一个来源。13 世纪，身居荷兰布鲁日（Bruegge）地区的名为 von der Burse 的商人之家，其家的徽章上刻画着三个钱包，逐渐地，他们在 Bruegge 购置的房子成了与其他商人进行交易之地。久而久之，他们的名字就转变为荷兰语中的 borse，取其"钱包"和衍生义，成为后世"证券交易所"一词的由来。在这种词源分析中，德语 Börse，丹麦语 bØrs，意大利语 borsa，均是出于这一人名转变而来的"证券交易所"的含义。

具体的商业交易性的证券交易所直到 16 世纪，在早期资本主义时期才在荷兰出现，而这一单词也从此具备了现代意义上的"证券交易所"的含义。人类历史上第一个"证券交易所"1602 年在荷兰成立。

德国的联邦金融管理局对德国证券市场制定了两条根本原则：一是禁止原则，即禁止裸卖空股票、公共债券及针对公共债券的信用违约掉期（CDS）；二是透明管理原则，即股票、公共债券及有关 CDS 的净卖空头寸有义务向监管机构报告并公开。其中，超过一定规模的股票净卖空头寸必须通过联邦司法部公报对外公布。德国股市采用联邦、州、交易所三级监管模式，并设有独立的交易监督调查机构——交易监督所。其中，2002 年成立的联邦金融管理局（BaFin）是德国联邦层面唯一的金融监管机构，同时负责监督银行业、保险业及证券期货业。

4. 从塔勒到欧元

（写于 2020 年 2 月 8 日，和 2018 年 6 月 4 日）

"塔勒"或被译为"泰勒"（Thaler），是一种曾经从现代早期到 19 世纪中下期被广泛使用的极其重要的欧洲银币（Silbermuenze）名称及货币单位。

塔勒是什么时候诞生的？

Thaler 一词是银币类型"约阿希姆斯塔勒尔"（Joachimsthaler）的简称，是用波希米亚城市亚希莫夫的德语名字 Joachimsthaler 命名的，这种货币由亚希莫夫在 1518 年最早开始锻造。其前身就是在欧洲已经广泛使用的大银币，塔勒式的大银币的起源和发展可以追溯到 15 世纪中期。

15 世纪末因为战争的损耗和向远东和印度等地输出银币等原因，欧洲多个国家处于货币短缺的状态。持续的贬值已经使得一个格罗申（Grosch）式的硬币含银量极低，货币的价值已经远远低于锻造时的价值。

为了应对这一情况，也随着欧洲大量银矿的开采，意大利首先开始试探性地迈出了锻造大银币的步伐，发行了几克重的大银币作为货币单位，法国和奥地利也紧随其后，锻造大银币作为货币计量单位。

其中，哈布斯堡王朝的外奥地利大公西吉斯蒙德（Siegmund in Österreich-Tirol，1427—1496）在 15 世纪 70—80 年代，进行了激进的货币改革，Tirol 地区拥有银矿能够增加财富锻造银币，再加上使用了新的开采方式和技术，当时大量停产的银矿被重新投入生产，首先是在 1486 年在 Hall in Tirol 锻造银币 Guldiner，重达十几克，被视为随后风行欧洲的塔勒银币的前身，在 Tirol 锻造的银币成为欧美日后的银币始祖。这些银币从 1500 年开始逐渐成为欧洲广泛使用的货币单位。直到 16 世纪初期，重量达到二十几克的"Thaler"（塔勒）这个货币形式出现。

塔勒在德国的发展史是怎样的？

简单地说，"Thaler"（塔勒）在德国的发展史大概经过了帝国塔勒、协定塔勒、王冠塔勒和联盟塔勒这四个阶段。

（1）帝国塔勒（Reichstaler）

1524 年神圣罗马帝国皇帝查理五世曾建立了一种共同的货币标准，重申 1 塔勒重 29.2 克，含银 0.937 克，1 塔勒=24 格罗森=72 克莱采=288 芬尼。由于德意志帝国一直缺乏像英法等国那样的强有力的中央集权政府，制币权下放到地方诸侯，境内各邦国的币制比较混乱。这种币制在奥地利和南德意志地区并没有被推行，当地使用的是比塔勒面值稍低的古尔登（Guldenmuenze）。

1566 年在莱比锡召开的帝国会议上引入帝国塔勒体系。1701 年，勃兰登堡地区的霍亨索伦侯爵家族的诸领地统一为普鲁士王国。1750 年，北德邦国普鲁士颁布了格劳曼的 14 塔勒纯度，引入新的帝国塔勒（Reichstaler）体系，规定塔勒重 22.2 克，含银 0.75 克、14 枚硬币含 1 科隆马克银。这个体系成为北德未来的基础货币体系。

（2）协定塔勒（Konventiontaler）

北德普鲁士进行改革的同时，南德的塔勒改革也在进行。1753 年奥地利和巴伐利亚在维也纳签订了《巴伐利亚和奥地利硬币协定》（*die Bayrisch-österreichische Münzkonvention von* 1753），正式引入新的货币体系，规定每枚塔勒重 28.0644 克、含银 0.833 克、10 枚塔勒含 1 科隆标准银。由此后按这个协定制造的一系列硬币就冠以"协定"之名，其塔勒即为"协定塔勒"。

（3）王冠塔勒（Kronenthaler）

王冠塔勒最早在 1775 年由奥地利发行于奥属尼德兰，最初币重 29.53克，含银 0.872 克，铸造标准是 9.5 枚含 1 精良维也纳马克银，币面上有一顶或多顶大皇冠。1794 年奥属尼德兰被法国占领，王冠泰勒被法郎取代。南德巴伐利亚、巴登、黑森-达姆斯塔特、符腾堡开始铸造这种塔勒（克朗塔勒）。1804 年后，协定塔勒被王冠塔勒挤出了南德的流通市场，19 世纪初王冠塔勒成为南德的主币。

1838 年《德累斯顿货币协议》（*Dresdner Münzvertrag*），是南德经济区全部融入以普鲁士为核心的关税同盟的货币配套措施。主要内容是普鲁士系统（安哈尔特诸邦、瓦登克、施瓦茨堡等等），萨克森、黑森等全部发行一种等同于普鲁士王国塔勒，每 14 枚塔勒硬币=1 科隆马克纯银。另设定原有普鲁士标准的古尔登（盾），21 枚=1 科隆马克纯银，即 1 古尔登=3 分之 2 塔勒，2 塔勒=3.5 古尔登。

（4）联盟塔勒（Vereinsthaler）

1857 年《维也纳货币协议》（*Der Wiener Münzvertrag*）废除科隆马克银

标准，使用统一的联盟塔勒。将 1 磅作为新的标准计重，规定币重 18.52 克，成色 900，30 枚 1 磅，（1 联合泰勒，30 枚含 1 磅优质银）。至此普鲁士帝国塔勒、协定塔勒都被联合泰勒取代，德国塔勒完成统一。不过，各邦在发行联盟塔勒的同时，仍然继续使用当地的小面额币，而大多数最小面额的硬币为铜币。

　　那么，塔勒是什么时候退出金融市场的？

　　1871 年普鲁士领导的德意志军队完成了德意志帝国的统一。1871 年 12 月 4 日，《德意志帝国的第一个货币法案》（*Das erste Reichsmünzgesetz des Deutschen Reiches*）开始生效，新的货币体系以 1 马克 = 100 芬尼。马克可以在帝国的任何领土内流通，还有一种金币单位叫克朗（格罗纳），是由 10 个 1 马克组成的，也诞生了。1873 年 7 月 9 号，马克成为全德国统一的货币，不过当时只发行了 0.5、1、2、5 马克这几种银币，金币 10、20 马克。这不仅是联合塔勒的过渡期，一起要被替代的还有南德古尔登、自由市的货币。

　　1876 年 1 月 1 日马克成为德国境内唯一法定货币，不过 3 马克一直没有发行，联合塔勒一直被当成 3 马克使用，因为它们的价值几乎差不多（联合泰勒的含银量高一点）。1908 年，3 马克（16.6667 克，含 15 克纯银）终于上市，联合塔勒退出流通，标志着塔勒的历史使命的结束。

　　就塔勒这种货币我最后提个问题：大概在 19 世纪中期，北部德国地区，普通百姓使用的是什么塔勒？大概重量多少？含银量多少？感兴趣的可以多了解一些。

　　我看当时 19 世纪中期的德国报纸《新莱茵报》，当时一本几百页的书大概要花费 1 个多塔勒，订一个季度的报纸大概要花费两个多塔勒。塔勒是很值钱的货币单位。作为世界货币发展历史上非常重要的一个银币类型，塔勒在欧洲货币发展史上占有极其重要的地位。

　　2002 年 1 月 1 日，马克在德国也退出了历史舞台，不再作为法定货币，取而代之的是欧元（Euro）。获得 1999 年诺贝尔经济学奖的加拿大经济学家蒙代尔（Robert Mundell，1932—），被称为 "欧元之父"。他的最优货币区理论为实施区域内的货币统一提供了有力的理论基础，他因为该理论以及在货币政策动态研究方面的成就获得 1999 年诺贝尔经济学奖。

　　什么是 "最优货币区理论"（Theorie optimaler Währungsräume）？指在某

一地理区域之内，整个地区实行统一的货币的时候，可以实现经济的最大化。但他也同时指出了单一货币带来的货币政策和外汇政策的灵活性缺失。

2001 年的诺贝尔经济学奖得主斯蒂格利茨（Stiglitz），是世界银行的前首席经济学家，他认为，在现在 2017 年的情况下，即使更进一步的政治联盟的体系也是相对落后的，一般而言，当地政府才更了解当地情况，"去中心化"（Dezentralisation）的地方政府可以根据当地情况制定更好的政策，中央集权并不适合大的政治题。于是两者要怎么平衡，更为挑战欧洲治理者，即欧盟的能力。

欧盟内部，一直存在对欧盟未来的探讨，是 Förderalismus（联邦主义）还是 Zentralismus（集中主义）更适合欧洲这个庞大而又民族个性极强的国家联邦（Staatenbund）？显然是 Förderalismus.。而这其中的权力分配（Machtverteilung）和利益平衡（Interessenausgleich），是困扰欧盟继续发展的重要因素。这其中，欧洲的经济实力和东西部发展不平衡以及发展困局和债务困顿一直困扰着整个欧洲发展的前景。

作为人类历史上的世界主义欧洲乌托邦的现实版，也是全球化的缩小版，欧盟一直是所有人关注的对象。为什么今天我提起欧元这一欧洲统一货币（Gemeinschaftswaherung）？

2018 年 5—6 月份，我一直关注意大利的组阁。和德国这次选举之后组阁过程纠纷不断，困难重重一样，意大利自从右翼民粹政党"五星运动"（Fuenf-Stern-Bewegung）获胜之后，组阁过程也是困难重重，虽然已经在前几天磕磕绊绊地完成组阁，但是带来的问题也是让人困惑。即意大利的债务问题（Staatsverschuldung）和这个国家与欧盟以及欧元的关系问题。

我看新闻，说是意大利想推行一种名为 Lira 的"副货币"，或者说是"里拉的回归"。在 2002 年意大利里拉正式退出历史舞台之后，2017 年在意大利又出现了意大利里拉 2.0 版本，以一种类似比特币的数字货币（elek-tronische Waehrung）形式回归，意大利里拉项目在 2017 年成立，其团队想创建独立于政府的支付系统。这种与统一的单一货币欧元背道而行的一种货币形式，虽然是以数字货币的形式出现，但是也是对欧元区的发展和扩大敲响了警钟。这个项目应该是没有成功。

我在德国读书工作的时候，去过一次意大利短途旅游，印象很好。感叹于这个国家得天独厚的地理条件和深厚的文化底蕴。但是也能从在欧元施行之前，意大利纸币的最大面值曾经达到过五万里拉（约等于两百多人民币），可以看出，曾经意大利的经济货币政策与欧元统一货币的经济政策是多么得不一致。所以意大利在欧洲统一货币欧元使用下无法通过大量发行货币来稀释本国债务，从而导致国家债务越来越多，也就不难理解了。

经济是一个国家的命脉，很大程度上体现在货币的稳定和货币的保值上。所以期待欧元区推行了十几年的人类历史上的新货币形式能够更为稳健，更能在欧元区的各个国家间达到尽可能的利益平衡。

我在意大利旅游时，对这个国家的印象很好，但那是十几年前的事了。衷心希望这个欧元区第三大经济体走出经济困境。经济问题的最大问题归根到底就是个负债问题，无论是个人还是国家，都不要负债消费。我 2016 年底才办了一张额度高的建行信用卡，但是现在已经很少用信用卡了，除非用来应急周转，因为我想明白这个道理了。

"塔勒"分类部分内容我参考了名为"钱眼大哥"的新浪博客："德邦硬币（币值）"一文 http：//blog.sina.com.cn/s/blog_ 92a93b0b0102vxmp.html

附：欧元是什么？哪些国家在使用欧元？

欧元（Euro）是 19 个欧盟国家的单一货币（货币联盟）：德国、法国、意大利、荷兰、比利时、卢森堡、爱尔兰、西班牙、葡萄牙、奥地利、芬兰、立陶宛、拉脱维亚、爱沙尼亚、斯洛伐克、斯洛文尼亚、希腊、马耳他、塞浦路斯。

另外，欧元也是 4 个非欧盟国家的货币：摩纳哥、圣马力诺、梵蒂冈、安道尔，这 4 个袖珍国根据与欧盟的协议使用欧元。除此之外，还有两个国家和地区黑山和科索沃地区单方面使用欧元为实际货币，与欧盟之间没有任何法律上的协议，没有参加欧洲中央银行体系。

欧元是欧洲经济和货币联盟的一种货币，由欧洲中央银行发行，在组成欧元区的 19 个欧盟成员国以及其他 6 个欧洲国家充当共同官方货币。继美元之后，欧元是世界上最重要的储备货币。欧元代表了欧洲的经济一体化思维。

在 1992 年的《马斯特里赫特条约》中，欧盟成员国商定了一些必须满足的趋同标准，以便将欧元作为一种货币引入欧盟。其中特别包括公共预算的稳定性、价格水平、与其他欧盟国家的汇率以及长期名义利率。在当时的德国财政部部长西奥·怀格尔（Theo Waigel）的倡议下，除了引入欧元之外，1996 年都柏林峰会还制定了第一个标准。这项稳定与增长协定允许欧元区国家每年承担高达 3% 的债务，总债务最高不能超过其国内生产总值的 60%。西奥·怀格尔和蒙代尔一样，也被视为"欧元之父"。

1999 年 1 月 1 日在实行欧元的欧盟国家中实行统一货币政策（Single Monetary Act），2002 年 7 月欧元成为欧元区唯一合法货币。这样，它取代了国家货币作为一种支付手段，欧元硬币由 19 个欧元区国家的国家中央银行以及其他 4 个有特定国家背景的国家标记。

5. 浅谈人民币的国际化

（写于 2018 年 4 月 9 日）

我喜欢收集硬币，但是至今也没有收集到多少。在我小时候，我父母家里还有一块我眼中非常值钱的"袁大头"银币。北洋政府为了整顿币制，划一银币，于民国三年（1914 年）二月，颁布《国币条例》十三条，决定实行银本位制度。

用银子铸造的货币，就是银本位货币。这块宝贵的银币是我父母在西北宁夏西海固地区工作时，我母亲在被翻挖的土地上偶然发现的，就这一枚，成了我家里的宝贝。

1987 年，我父母举家搬回到了江苏无锡老家。十几年前，我父母在江苏老家工作时，我父亲生病，家里捉襟见肘，钱实在不够用。无奈之下，我母亲还想着去把这枚银币卖掉，结果一询问，一枚才几百块钱，于是作罢。幸好我妹妹和我（我特意从德国回国）都给我父母带了一些钱，解了家里的燃眉之急。不过由此可见，银币在我们普通老百姓的眼中是很值钱的，只不过和评价机构的认知之间有一定差距。

后来我关注过这种银币的价值，发现因铸造年代不同，袁大头的价值也不等。这就不说了。反正我父母家精心保存的袁大头银币就值几百块钱。后来，我还买了一些银器，有银首饰等等，主要是送父母亲戚，结果发现，银子的确便宜，相比金子一克两三百块钱，银子一克只要几块钱，所以这种早年间昂贵的贵重金属也变成在某种程度上随心可买的首饰了。

在中华人民共和国成立后我们国家迄今发行了五套人民币。看前一阵的新闻，第四套人民币很快就要停止流通了。而我们国家第一套硬币从

1955 年开始铸造，1957 年 12 月 1 日正式发行，1955 年版铝镁合金的流通金属硬币，作为人民币的辅币，迄今已经是第五套人民币了。2019 年 8 月底 2019 年版第五套人民币发行。

硬币通常是金属锻造，而其中因金银是贵金属，所以是最为值钱，金属硬币具备了等值交换的属性，即它的价值就等于它的购买力。

那么纸币呢？纸币是由柔软的材料（通常是纸和棉）制成的，就纸币本身的价值而言，并不值钱，是由国家或者某些地区发行并强制使用的价值符号。所以纸币的流通和发行是货币史上的一大重要革命。纸币本身不具备价值，虽然作为货币的一种，但其不能直接行使价值尺度职能。纸币是当今世界各国普遍使用的货币形式，而世界上最早出现的纸币是古代中国劳动人民的发明，即中国北宋时期四川成都的交子，中国则是世界上使用纸币最早的国家，比美国（1692）、法国（1716）等西方国家发行纸币要早六七百年。交子是我国历史上也是世界历史上第一次出现的纸币，最早是在宋朝民间出现，在四川地区，民众之间用"交子"进行货物买卖。后来宋朝朝廷在 1023 年将其收归国家发行，称为"官交子"，作为官方法定的货币流通。

在德语中，货币的表达是 Waehrung，英语中是 Currency，从这两个单词就可以看出，货币在德语中是从动词 wahren 和 waehren 派生而来，是"保卫，保护"，以及"持续存在"的意思，英语中的 currency 则是从 current "现实的，流通的"的意思而来。这都表明，首先，货币具有持续性，一个国家或者地区发行的货币是持续使用，具有长期性。再者，货币是维护一个国家金融稳定的重要工具和手段，是保护和保卫国家金融安全的利器。最后，货币具有现实性，体现了时代的发展和文化以及国家特点。

所以，请珍惜我们手里的人民币。2016 年 10 月 1 日，人民币正式纳入国际货币基金组织（IMF）特别提款权（SDR）货币篮子，成为继美元、欧元、日元、英镑之后入篮的第五种世界货币，人民币在加速国际化。2018 年 3 月 26 日，人民币与石油绑在一起，可以结算石油期货。

攒钱，省钱，开源节流，节省每一分钱，尽量不负债，少借钱，个人如此，家庭如此，国家亦如此。

附：什么是货币（currency，Währung）？

货币是主要通过硬币和钞票来实现货币功能，任何公认的交换和支付手段。但无形货币如以具有货币功能的信用卡的形式发挥着重要作用。今天的货币形式从原始货币，如贝壳或大米，演变而来，被公认为商业生活中的一种交换手段，最初是祭祀和法律领域的一部分。在一个国家的货币体系中被指定为法定货币（gesetzliches Zahlungsmittel）的货币称为货币。货币的契约本质决定了它可以有不同的表现形式，比如一般等价物、贵金属货币、纸币、电子货币等。它可以用作交易媒介、储藏价值、延期支付标准和记账单位。

在14世纪之后货币作为一种"标志性的支付手段"发挥重要作用。19世纪金本位制（Goldstandard）存在于许多国家，在这些国家，法定货币（硬币、钞票）的兑换被承诺一定数量的黄金。大约到20世纪30年代，几乎世界主要国家都放弃了金本位制。各国央行采取货币政策措施，以确保物价水平稳定，而不是采用同一标准。

在实际使用中，货币是一种支付手段，它不同于简单的交换手段，因为它不能直接满足交换伙伴的需要。但可以做进一步的交换。

在经济学中，货币的定义是功能性的。马克思在其主要著作《资本论》中把货币的功能描述为充当一般等价物的"特殊商品"，把货币描述为"商品流通"（Warenzirkulation）过程中的"价值尺度"（Maß der Werte）。在宏观经济学中，货币不仅是指现金，而且是现金加上一部分有形和无形的资产。

金钱是一种节约价值的手段。金钱是一种衡量价值的工具，也是一种记账单位。货币单位的价值叫作购买力。一个商品越能发挥其货币功能，就越被视为货币。

因为金钱在日常生活中的广泛传播和重要性，人们不断创造出无数金钱的同义词，具有不同的命名动机，许多术语来自燃料，动植物，食物，石头，各种物品等。有些新词往往不仅代表货币本身，而且也代表了其物质上的等价物。如在二战后因燃料的短缺，煤炭被视为货币等价物，所以Kohle（煤炭）这个词就是"钱"的一个新名称。

一种货币是一个国家整个货币体系的构成和秩序，特别涉及货币使用区内货币和面额制度的定义。货币区是一种货币的使用范围，它允许货物和服务的转让，而不以其他货物和服务的形式提供等价。

货币一词广义上指货币构成，即一国货币体系的法律秩序。然而，货币往往是一国的合法支付手段。大多数国家都有自己的国家货币。欧元是例外。

货币或货币单位也是国家认可的货币类型（一国的法定支付方式）。大多数货币在国际外汇市场上交易。由此产生的价格称为汇率（Kurs）。现在几乎所有的通用货币都是以十进制为基础的，即有一个主单位和一个辅单位，辅单位表示主单位（十进制货币）值的小数部分。

6. 浅谈"指数"的概念和几个相关指标

（写于 2020 年 3 月 26 日）

这几天看新闻，除中国之外的世界疫情数值出现了令人瞠目结舌的指数级增长。指数级增长，通俗一点说，就是指短时间内数值翻倍。这真是让人忧心。希望加强国际合作，摒弃偏见，早日研发出有效疫苗和药物，开展中西医协作。

人类历史上遇到的大灾难不外乎战争，瘟疫和饥荒等几大类。而这些灾难通常会带来一连串的危机，需要未雨绸缪。那么如何识别这些危机，就要关注一些市场指标。而这些指标，其中很多也是以指数的形式体现出来的。

那么，我就简单解释一下，什么是指数（Index），有哪些重要的指数指标？

从最基础的数学角度而言：指数是幂运算 a^n（$a \neq 0$）中的一个参数，a 为底数，n 为指数，指数位于底数的右上角。

（1）从预测未来的文明类型而言，有卡尔达肖夫指数（Kardaschow-Skala），它是根据一个文明所能够利用的能源量级，来度量文明层次以及技术先进程度的一种方法。是由苏联天文学家尼古拉–卡尔达肖夫（Nikolai kardaschow，）在 20 世纪提出。它的指标有三个类别：

I 型文明：能使用在其故乡行星所有可用的资源。

II 型文明：能利用它的恒星的所有的能源。

III 型文明：则能利用它所在星系的所有能源。

这个预测把文明的能源消费放在了宇宙的角度来对待。物理学家加来道雄（Michio Kaku，1947—）认为，人类可能会在一两百年内达到 I 型文明状态，在几千年后达到 II 型状态，而大约在 10 万到 100 万年后达到 III 型状态。

（2）从预测行星撞击地球的角度而言，有杜林危险指数（Torino scale，Turiner Skala），它是用介乎 0 到 10 之间的整数数值（数值越大，危险越大）来衡量行星撞击地球的指标，包括小行星和彗星。通常是由天文学家给公众通过把撞击机会率和破坏率集成为一个数值，来评估小行星撞击地球的严重性。类似的指标还有巴勒莫撞击危险指数（Palermo Technical Impact Hazard Scale），但相比前者比较复杂。

（3）从空气污染角度而言，有空气污染指数（Air Pollution Index，API，Index der Luftverschutzung），它是反应空气污染物水平的一个指数，通常被用来对公众发布"空气质量日报"，让人们知道目前的空气质量，从而规划行程和工作。各个国家或地区对空气污染指数的计算方式不一样，称谓也有所不同。

（4）从经济角度而言，有生产者物价指数（Producer Price Index，PPI），它是衡量工业企业产品出厂价格变动趋势和变动程度的指数，是反映某一时期生产领域价格变动情况的重要经济指标，也是制定有关经济政策和国民经济核算的重要依据。

基尼系数（Gini coefficient，Gini-Koeffizient），它是 20 世纪初意大利学者科拉多-基尼（Corrado Gini，1884—1965）根据劳伦茨曲线所定义的判断年收入分配公平程度的指标，是比例数值，在 0—1 之间。基尼指数（Gini-Index）是指基尼系数乘以 100 倍作百分比表示。

基尼系数越小，年收入分配越平均，基尼系数越大，年收入分配越不平衡。通常把 0.4 作为收入分配差距的警戒线，越过 0.4 的警戒线，如果达到 0.6 的危险线，贫富分化就较为容易引起社会阶层的对立而导致社会动荡。基尼系数一般按照年收入来计算，不计算已有财产，因此不能反映国民的总积累财富分配情况。

（5）从消费者物价指数而言，有消费者物价指数（consumer price index），又名居民消费价格指数，简称 CPI。是一个反映居民家庭一般所购买的消费品和服务项目价格水平变动情况的宏观经济指标，是在特定时段内，如一个月内，度量一组代表性消费商品及服务项目的价格水平随时间而变动的相对数。

（6）从股票角度而言，有股票价格指数（stock index），它是描述股票市场总的价格水平变化的指标。当股票价格指数上升时，表明股票的平均价格水平上涨；当股票价格指数下跌时，表明股票的平均价格水平下降；是灵敏反映市场所在国（或地区）社会、政治、经济变化状况的晴雨表。

①道琼斯工业平均指数，它最早是在 1884 年由道琼斯公司的创始人查尔斯·亨利·道（Charles Henry Dow 1851—1902）开始编制的一种算术平均股价指数。道琼斯指数是世界上历史最为悠久的股票指数，它的全称为股票价格平均指数。

②德国达克斯指数（Der Dax：Deutscher Aktienindex），它是德国重要的股票指数，由德意志交易所集团（Deutsche Börse Group）推出的一个蓝筹股指数。德国 DAX30 与美国标准普尔 500、法国 CAC-40 股指及英国伦敦金融时报 100 股价指数一样，是以市值加权的股价平均指数，而不是简单平均的股价平均指数。

（7）从统计学角度而言：

统计指数是分析社会经济现象数量变化的一种重要统计方法。它产生于 18 世纪后半叶，当时由于美洲新大陆开采的金银源源不断地流入欧洲，使欧洲物价骤然上涨，引起了社会的普遍关注。经济学家为了测定物价的变动，开始尝试编制物价指数。在经济学和统计学角度的指数指标中，有一个重要的指标：采购经理指数。

那么，什么是采购经理指数？各个国家都有吗？我简单比较一下。

采购经理指数（ISM-Einkaufsmanagerindex）：采购经理人指数，最早指美国的采购经理人指数，它是衡量美国制造业的"体检表"，目前已经有美德英中日新等二十多个国家制定了 PMI 指数。制造业 PMI 综合指数由以下扩散指数加权组成：新订单指数（订单）、从业人员指数（雇员）、供应商配送时间指数（配送）、主要原材料库存指数（存货）。

采购经理经济指数综合指数计算公式如下：

PMI＝订单权重×30%＋产品生产权重×25%＋就业情况权重×20%＋厂商表现权重×15%＋存货权重比例×10%。

采购经理人指数按照百分比来表示，通常以 50% 作为经济轻弱的分界点：当指数高于 50% 的时候，则被解释为经济增长的信号。当指数低于

50%的时候，尤其是接近 40% 的时候，则有经济萧条的忧虑，一般在 40—50 之间的时候，说明制造业处于衰退，但是整体经济还在扩张。

美国的 ISM 采购经理人指数分为制造业 PMI 和非制造业 PMI。是宏观经济检测指标体系之一，对国家经济活动的监测和预测具有很重要作用。采购经济指数涵盖生产与流通，制造业与非制造业等领域，分为制造业 PMI，服务业 PMI，一些国家也有建筑业 PMI。

中国采购经理指数（CFLP-PMI，CPMI）主要是国家统计局每月发布的制造业 PMI 和非制造业商务活动指数。2005 年 4 月底，我国在北京和香港两地发布了"中国采购经理人指数"。这是中国首次发布这一经济指数。建立中国 PMI 可以在两个方面与国际接轨：一是调查方法与统计方法的接轨；二是数据的可比性。

德国制造业采购经理指数（PMI）是衡量制造业中采购经理活动水平的指标。任何超过 50 的指数表示扩大，小于 50 的表示缩小。它说明了德国制造业的健康度和产量增长。交易商们对这些指标进行细心的研究，因为采购经理通常可以较早获得其公司业绩的数据，这些数据可以作为整体经济业绩的一个领先指标。如果该指标比预期更高，则应认为欧元强势/看涨，而如果该指标比预期更低，则应认为欧元弱势/看跌。

同样，英国、日本、新加坡等国也有各自的采购经理指数。

部分参考：http：//intl. ce. cn/zhuanti/data/pmid/pmiddata/200911/05/t20091105_ 1471996.shtml

https：//cn. investing. com/economic-calendar/manufacturing-pmi-202/

教育部分

1. 德语中一些关于"教育"的名言

（写于 2018 年 9 月 10 日）

我国素有"十年树木，百年树人"之说。"树人"的过程就是受教育的过程，从 sich bilden（受教育），到 gebildet sein（有教养）的过程。

虽然我仅是一名德语老师，所授学科比较偏，但是我对各阶段的教育都非常关注，无论是幼儿教育、中小学教育、大学教育，还是成人教育、老年教育。在每一个阶段的教育模式中，我们国家都在奋力前进，这么多年的成果可圈可点。但是也都有所缺憾，需要我们更加努力。在现代，"终身教育"（Lebenslanges Erziehen）和终身学习（lebenslanges Lernen）是每个人的必备。

听听这些德语国家的著名人士是怎么定义"教育"（Erziehung）的。其中明确提到了教育要说真话的重要性、女性教育的极端重要性、西方宗教对西方人成长的巨大影响力、自我终身教育的必要性等各因素。

Aufgabe der Erziehung wäre es, den metaphysischen Hunger des Menschen durch Mitteilung von Tatsachen in weisem Maß zu stillen, statt ihn durch Märchen, was ja die Dogmen sind, zu betrügen.

（——Arthur Schnitzler）

教育的任务是通过在很大程度上交流事实来满足人的形而上学的欲望，而不是通过童话来欺骗他，童话就是教条。

（——阿图尔·施尼茨勒）

Denken Sie an den betrübenden Kontrast zwischen der strahlenden Intelligenz eines gesunden Kindes und der Denkschwäche des durchschnittlichenErwachsenen. Wäre es so ganz unmöglich, dass gerade die religiöse Erziehung ein groβes Teil Schuld an dieser relativen Verkümmerung trägt?

（——Sigmund Freud）

想想一个健康的孩子容光焕发的智力和普通成年人思维薄弱之间的悲哀对比。尤其是宗教教育，要为这种相对恶化承担很大的责任，难道这是完全不可能的吗？

（——弗洛伊德）

Die beste Erziehungsmethode für ein Kind ist, ihm eine gute Mutter zu verschaffen.

（——Christian Morgenstern）

养育孩子的最好办法是给他一个好母亲。

（——克里斯汀·摩根斯特恩）

Die Forderung, dass Auschwitz nicht noch einmal sei, ist die allererste an Erziehung. Sie geht so sehr jeglicher anderen voran, dass ich weder glaube, sie begründen zu müssen noch zu sollen.

(——Theodor W. Adorno)

要求奥斯威辛集中营不要重蹈覆辙，这在教育领域是最重要的。它远远领先于其他要求，我认为我不必为它辩护，我也不应该为它辩护。

(——阿多诺)

Einzelne Regeln ohne den Geist der Erziehung sind ein Wörterbuch ohne Sprachlehre.

(——Jean Paul)

没有教育精神的个别规则，就好似没有语言教学的字典。

(——让·保罗)

Jede Erziehung ist Selbsterziehung, und wir sind eigentlich als Lehrer und Erzieher nur die Umgebung des sich selbst erziehenden Kindes.

(——Rudolf Steiner)

每一种教育都是自我教育，作为教师和教育家，我们只是进行自我教育的孩子的环境。

(——鲁道夫·施泰纳)

2. 通识教育联盟大会和中美德俄日英"知识树"

（写于 2019 年 7 月 13 日和 2019 年 1 月 17 日）

2019 年 7 月 12 日，我去参加了第四届通识教育联盟大会。作为一名长期关注外语教学中的通识教育以及在编写相关书籍的普通德语教师，我觉得关注通识教育在教育环境中的普遍化和终身化以及与专业教育的相通是至关重要的，此外，更要关注通识教育在我国的现状和发展趋势及可能存在问题，因为这关系到如何培养我们这个国家的一代代的年轻人，助力他们成为什么样的人才，塑造什么样的世界观、人生观和价值观，如何把自身的发展与国家与民族的命运紧密联系在一起的重要问题。听完一天的会议报告，我很有收获。适合我国国情、立足世界视野、专通兼备、学深学宽、打通文理壁垒的良好的通识教育模式需要很多人的努力奋斗和投入。

今天我简单介绍一下"知识树"这个概念（Baum der Wissenschaft）。

我之前简单介绍过狄德罗的知识树结构，还有我国以及德国等国家的学科和学位设置。我们在看待人类、人类生存的自然界，以及人类想要探知的大海星辰的不断探索过程中，细化出了很多学科及专业。在人文和自然科学等各种人类智慧结晶构成的庞大的"知识树"中，我们不断在探索通识教育的可能性和可行性。

无论是读书还是教书的人，对我国各图书馆的图书分类《中图法》必然不陌生。把这些知识类别串起来，融会贯通，求宽求深，就构成了通识（Allgemeinbildung）的部分基础。自中华人民共和国成立以来，我国的中图分类法逐渐建立并完善起来，包括了马列主义，毛泽东思想；哲学；社会科学；自然科学；综合性图书 5 大部类，22 个基本大类，具体为：

A 马克思主义、列宁主义、毛泽东思想、邓小平理论

B 哲学、宗教

C 社会科学总论

D 政治、法律

E 军事

F 经济

G 文化、科学、教育、体育

H 语言、文字

I 文学

J 艺术

K 历史、地理

N 自然科学总论

O 数理科学和化学

P 天文学、地球科学

Q 生物科学

R 医药、卫生

S 农业科学

T 工业技术

U 交通运输

V 航空、航天

X 环境科学、安全科学

Z 综合性图书

以上是我国的基本"知识树"解构。其中思想政治教育的重要性在我国图书和教育的重要性不言而喻。我国高校思想政治理论课是具有我国纯粹中国特色的大学课程，在我国高校中占据着十分重要且不可替代的地位，是帮助大学生树立正确的世界观，人生观和价值观，培养人才的基石和核心课程。2018 年，教育部颁布了《新时代高校思想政治理论课教学工作基本要求》，对我国高校思想政治课的教学提出了新要求，统一了标准，提出了思想政治理论实现课前、课中和课后的全流程管理等各项标准，提升思政课的思想和价值引导作用，并鼓励各个高校结合实际开设思想政治理论课选修课。

虽然我不是思政课教师，但是我在我的德语课上，始终坚持建议并推荐学生去阅读马克思、恩格斯的德文原著，了解奠定我们中国特色社会主义道路的理论基石，了解更多人文社会科学以及自然科学的思想精华的历史脉络和方法论，因为我认为，大学里的每门课都应该是思政课，课堂是帮助大学生们梳理并树立正确三观的最佳场所。

那么，出国读书的人，如何迅速便捷地在相应国家的"知识树"中查找自己想阅读的书籍，逐渐构建完善自己的知识体系呢？那就要了解欧美国家常用的图书分类法。

美国的杜威十进制图书分类法（die Dewey-Dreizimalklassifikation，简称 DDC），是由美国图书馆专家麦尔维·杜威（Melvil Dewey，1851—1931）于 1876 年发表，经过二十多次的大改版后，内容已经有相当程度的修改与扩充。最新的版本为 2004 年版。这种分类法以三位数字代表分类码，可分为 10 个大类，100 个中分类以及 1000 个小分类。

DDC 十个大类为：

000-计算机科学，信息与总类

100-哲学与心理学

200-宗教

300-社会科学

400-语言

500-科学（自然科学）

600-技术（应用科学）

700-艺术与休闲

800-文学

900-历史与地理（含传记）

DDC 这一图书分类法被译成二十多种语言，使用广泛。2005 年这一分类法被译成德语，2006 年起，德国国家图书馆（Deutsche Nationalbiliothek）开始使用这一杜威图书分类法。杜威图书分类法（DDC）的十进制分类法最早是出自德国百科全书式的大科学家莱布尼茨的想法，后来在 19 世纪被美国图书学家杜威付诸实践，并逐渐推广。

相比较在美国非常普遍的杜威图书分类法，在很多国家更常用的是国际十进位图书分类法（Universelle Dezimalklassifikation），又被称为通用十进制图书分类法。目前，国际十进位图书分类法是世界上规模最大、用户最多、影响最广泛的文献资料分类法之一。在 19 世纪末，比利时学者奥特勒（Paul Otlet）和拉方丹（Henri la Fontaine）共同主编和出版了 UDC 的法文第一版，现在已经有二十多种语言的各种详略版本。俄罗斯 20 世纪 70 年代出版了图书分类法，以 UDC 为科技文献分类的一定标准。据资料显示，英国，匈牙利和西班牙等国家把 UDC 定为分类标准。日本的图书分类系统也是建立在 UDC 的基础上。

UDC 由主表、附表及索引构成，综合多方资料，主表主要可以分为以下十大类：

0. 总论，科学和知识

1. 哲学和心理学

2. 宗教和神学

3. 社会科学（社会学，政治，经济，法律，教育和人类学等）

4. 空（由图书馆具体添加）

5. 数学和自然科学

6. 应用科学，医学和技术，企业经济学，计算机

7. 艺术，娱乐和体育，手工艺品，音乐

8. 语言，语言学和文学

9. 地理，传记和历史，生物

通识教育打下的在培养人的过程中的塑造出的德智体美劳各知识和认知基础全方位发展，会让个人、国家和民族受益无穷。说到通识教育，我

上大学后，在各大北京图书馆，在德国各图书馆里，一个一个书架地浏览过去，体会到了知识树结构的庞大，感受到的人类探索自身及世界的世代累计的思想财富的清晰脉络。

我是一名普通德语教师，在我漫长的读书和教学生涯中，我始终关注跨学科，关注文理相通，我现在虽然很少去图书馆了，因为电子书，网上查阅太方便，但是"知识树"依旧，而且它在不断扩大外延和内涵，"知识树"上的空白和需要人类探索的新领域越来越多。人类认知思想财富中，还有巨大的空白和空缺，等待人类去探寻和填补，而良好的通识教育是强大的助力器。

（三）交通和传播部分

1. 媒介理论先驱伊尼斯和麦克·卢汉
（写于 2019 年 8 月 4 日）

属于文学理论之一的媒介理论（Medientheorie）从 20 世纪 60 年代起，因为两位媒体理论界的先驱哲学家的发展，成为至今不衰的重要媒体哲学理论。

众所周知，马歇尔·麦克卢汉（Herbert Marshall Mcluhan，1911—1980）的热媒体和冷媒体之分，以及其"媒体就是人体的延伸"等论点，还有他对地球村和电子媒介的前瞻性论述，已经让他成了现代媒体理论的开创者。

而伊尼斯（Harold A. Innes，1894—1952）是加拿大著名的传播学者和经济学家，没有他的媒介理论，就没有麦克卢汉的媒介哲学观。伊尼斯是把媒介技术和人类文明发展史联系起来进行探讨的学术先驱，沿着伊尼斯的研究路径，麦克卢汉强调了媒介技术对整个文明和文化的巨大影响力。

20 世纪中期，伊尼斯的著作《传播的偏向》（*The Bias of Communi-cation*）和《帝国和传播》（*Empire and Communications*）相继出版。这两本书都有中译本，感兴趣的可以了解一下。在《传播的偏向》一书中，伊尼斯提出了特定的媒介具有不同的传播偏向（the bias of communication），第一次提出了传播偏向理论。构成传播偏向理论的三个基础是媒介、权力和制衡。在随后出版的《帝国与传播》中，伊尼斯又进一步论述了时间偏向与空间偏向。

麦克卢汉也是加拿大学者，原本是个不太得意的文学教授，他完成了五个学位，各学位之间的跨学科性极强，从工科，到文学，到哲学，到文学批评，到社会批评，到大众文化研究，再到媒介研究。他前期出版的《机器新娘》（*Die Mechanische Braut*）没有引起多少反响。到了 20 世纪 60 年代，他的《理解媒介》出版后，其开创性的媒介哲学理论引起了轰动，自此他成为 20 世纪最为重要的媒介思想家，甚至产生了"麦克卢汉学"，他被称为"电子时代的代言人，革命思想的先知"。

"内爆"（Implosion）也是由马歇尔·麦克卢汉在其《理解媒介》一书中提出来的概念。麦克卢汉说："凭借分解切割的、机械的技术，西方世界取得了三千年的爆炸性增长。现在它正在经历内向的爆炸。真实和意义的内爆，一个直接而严重的后果是整个社会的内爆，这是资本主义在媒介主导下内爆的最后形态。"让·鲍德里亚又进一步深入阐述了"内爆"这个概念。感兴趣的可以多了解一些。麦克卢汉的预言性和对时代的前瞻性，让其理论迄今依旧具有极其旺盛的生命力。

伊尼斯和麦克卢汉的著作都有中译本，也有德译本。如：《谷登堡星汉璀璨：印刷文明的诞生》（*Die Gutenberg-Galaxis*），《媒介即按摩》（*Das Medium ist die Massage*）。

2. 传播学的含义和类型

（写于 2019 年 12 月 9 日）

传播学（Kommunkationswissenschaft），是一门研究传播与交流过程的学科，通常被定义为跨越一定时间与空间的符号共享。这使得传播学所包含的意义非常广泛，它可以指任何信息在个体间传播交流的过程，也涵盖了沟通、通讯、通信等内容。早期西方学者对"传播"定义为：发送者通过某种媒体以某种格式来传递信息到收信者，以达到某个目的，但是学科发展至今，其定义远不止于此。

当代传播学含义广泛，具体的定义与内容虽有所不同，但通常会分为大众传媒、组织内交流、家庭关系、人际交流等几大范畴。按照传播渠道分，又可以分出非语言交流、电信等几个分支；按照信息内容以及目的来分，又可以分出新闻学、公共关系学等领域。有些领域过于复杂，一般被单独划分为学科，如语言学、电影学、电子信息技术等，但是实际上，这些领域的研究内容可以说是与传播学研究互相重叠的。

在中国古代，人们通过驿站、飞鸽传书、烽火传警、符号、身体语言、眼神、触碰等范式进行讯息的传递。到了今天，随着科学水平的飞速发展相继出现了无线电、固定电话、移动电话、互联网甚至视频电话等各种通信方式。信息的传播可以覆盖全球并且在人们的生活中扮演着极其重要的角色。而与此同时，通信技术的发展极大地丰富了传播学研究的理论和内容，并且与其他学科之间的联系也更加繁复。

传播学是一门非常年轻的学科。在 20 世纪初，五个传统的社会科学学科正式创建，经济学、心理学、政治学、社会学和人类学，到了 20 世纪 40—50 年代，因韦尔伯·施拉姆（Wilbur Schramm，1907—1987）的研究和推广，传播学正式成为一门学科，他被称为"传播学之父"。施拉姆一生撰写和主编了近 30 多部著作和大量的学术论文，创建了第一个大学的传播学研究机构，编撰了第一本传播学教科书，授予了第一个传播学博士，是世界上第一个具有传播学教授头衔的人。我国的传播学研究起步较晚，在 20 世纪 80 年代才开始（不包括传统的广播学院等）。传播学派很多，主要分为经验学派、批判学派和技术学派等。

传播主要分为以下几大类：

——自我传播（intrapersonale Kommunikation）

——人际传播（zwischenmenschliche Kommunikation）

——组织传播（organisatorische Kommunikation）

——大众传播（Massenkommunikation）

——对外传播

——传播史（Kommunikationsgeschichte）

——网络传播学（online-medien）

——科技传播学（Wissenschaftskommunikation）

——新闻学（Journalismus）

——公共关系学（das Management der oeffentlichen Kommunikation）

3. 全球海底电缆一览

（写于 2019 年 11 月 15 日）

今天，我继续简单介绍一下沟通、通信。在移动通信迈向 6G 的时代，有没有想过，每天，几乎每个人都已经离不开的互联网（Internet）是通过什么方式传输的？

为了更便捷更快速地彼此沟通，在百年来的科技发展过程中，人类学会了"上天入地"，来实现更好的沟通。其中最为重要的国际通信沟通方式就是 19 世纪中前期开始，在摩斯电码被发明之后，兴起的海底电缆铺设（Verlegung des Tiefseekabels）。全世界第一条海底电缆是 1850 年在英国和法国之间铺设的。中国第一条海底电缆在 1887 年铺设完成（现在已经停用）。1993 年 12 月 15 日，中国的第一条海底光缆正式开通，极大提高了国际通信能力。

海底电缆（Tiefseekabel），又被称为海底通信电缆，使用绝缘材料包裹的导线，铺设在海底，用来设立国家之间的电信传输。首批海底通信电缆提供电报通信，后来开始引入电话通信，以及互联网通信。现代的电缆还用了光纤（LWL：Lichtwellenleiter，LLK：Lichtleiterkabel，Glasfaserkabel）技术，并且设立了更先进的电话通信，互联网以及私人数据通信，被称为海底光纤（Lichtleiterkabel in der Tiefsee），与通信卫星和陆上通信设备相辅相成，构成了人类目前沟通无极限的重要的基础设备。因铺设程度相对简单便捷，海底干扰相对较少，与通信卫星相比，海底光纤用来传输数据，有着很大的优势。

目前，除了南极洲之外，海底光缆已经可以覆盖联通地球上的所有大洲。据新闻报道，全球百分之九十以上的国际电信和互联网连接是由海底光纤提供，"信息时代的基础是埋在海底的光纤电缆，它们连接着不同的大陆和人类文明最遥远的角落"。

4. 什么是陆地基站？

（写于 2019 年 11 月 17 日和 2020 年 3 月）

今天，我继续简单介绍一下沟通和通信。目前，移动通信已经迈向 6G

的时代，不过，6G 是未来。近在眼前的是 5G 的全面商用。像我这样经济紧张的普通百姓大概也能在几年后用上 5G 手机了。

据新闻报道，2019 年 6 月 6 日，"工信部正式向三大运营商发放 5G 商用牌照，中国正式进入 5G 商用元年"，2019 年 10 月 31 日，"三大运营商公布 5G 商用套餐，并于 11 月 1 日正式上线 5G 商用套餐"。而且据新闻报道，2019 年 11 月 17 日，5G 电脑也已经被推出。截至 2019 年年底，我国的 5G 陆地基站建设有 13 万个，2020 年还会进一步加大建设力度。

我之前简单介绍过，6G 通俗地说就是 5G + 卫星通信。那么，5G 是什么？

首先，我们要明确什么是移动通信和固定通信。

移动通信（Mobilkommunikation）指的是移动用户与固定点用户之间或移动用户之间的通信方式。而固网电信（Festnetz）的原理是通过金属线或者光纤线等固态媒介发送信号的电信网络，有别于透过大气电波发送的无线通信。固网一般能提供较高素质的通信品质和较高带宽，以及可以在没有通信信号的地点下使用。而移动通信则不受地点限制，更为灵活，具有漫游功能。

据新闻报道，2019 年 1 月，在被公布的《2018 年通信行业报告》中，"本次报告涵盖十大板块，涉及运营商、设备商、云计算、物联网等四个行业领域，并推出了各项排名及年度榜单"。其中重点之一就是物联网（Internet aller Dinge）的重要性。连接一切的物联网让人类的生活会非常便捷。那么实现物联网的关键是什么？就是 5G。

5G，就是第五代移动通信技术（die fünfte Generation der kabellosen Übertragungsverfahren，简称 5G 或者 5G 技术），是最新一代蜂窝移动通信技术（Cellular Mobile Communication）。蜂窝移动通信技术是采用蜂窝无线组网方式，在终端和网络设备之间通过无线通道连接起来，进而实现用户在活动中可相互通信。其主要特征是终端的移动性，并具有越区切换和跨本地网自动漫游功能。而 5G 网络，就是数字蜂窝网络，在这种网络中，供应商覆盖的服务区域被划分为许多被称为蜂窝的小地理区域。表示声音和图像的模拟信号在手机中被数字化，由模数转换器转换并作为比特流传输。5G 是第五代移动通信，相比于 4G，可以提供更高的速率、更低的时延、更多的连接数、更快的移动速率、更高的安全性以及更灵活的业务部署能力。

综合多方数据，5G 广泛应用于物联网建设、智慧城市、远程医疗、AI 医疗辅助系统、工业设备远程遥控、数据采集、云 VR/AR、车联网、智能制造、无线医疗、无线家庭娱乐、联网无人机、社交网络、个人 AI 辅助等领域，是人类通信领域的一大飞跃。

要达到以上目标，就涉及极其重要的陆地基站的建设。比如，要形成如以智能家居的形式出现的物联网应用，5G 就需要更加密集的基站建设。所以，和海底电缆、卫星传输一样，陆地基站（Basisstation）在通信实现的过程中是极其重要的。

公共陆地移动网（öffentliches terrestrisches Mobilfunknetz，简称 PLMN），是由政府或政府批准的经营者，以为公众提供陆地移动通信业务为目的而建立和经营的网络。该网络通常与公众交换电话网（öffentlich vermitteltes Telefonnetzwerk，简称 PSTN）互连，形成整个地区或国家规模的通信网。

综合多方资料，PLMN 与 PSTN 同为通信网络，它与 PSTN 网络的最大差别在于有线与无线的区别，PSTN 用户由一根用户线与网络中的交换机相连，电话终端位置固定不便移动，PLMN 用户使用移动终端与基站之间通过无线信号相连，最终通过网络中的交换机实现移动过程中的便捷通信。而移动基站的建设是公共陆地移动网建设的核心。5G 的建设和完善对公共陆地移动网的建设提出了更高的要求，也显示了我国在这一行业的世界领先地位。

据 2020 年 3 月新闻报道，德国、日本等工业强国已经或者正在为工业等行业 5G 应用分配频谱，打造行业专有 5G 网络，而且主要的设备形态是微小基站。在 5G 时代，要加强微小基站（微基站：功率 500mW-10W，可同时接入用户数 100 多到 500 多；皮基站：功率为 100—500mW，同时可接入用户数在 100 个左右；飞基站：功率小于 100mW，可同时接入用户数 10 个左右）和宏基站（功率在 10W 以上，可同时接入用户数 1000 左右）的建设。宏基站适用于广域覆盖，微基站偏向局域覆盖，皮基站适用于企业级 WiFi，而飞基站则与家庭路由器相当。这样，宏微基站彼此交错，才能构成更为密集使用实用的 5G 网络。

5. 中美德日法英等国 "城市地下管线" 和 "综合地下管廊" 比较
（写于 2019 年 8 月 3 日）

　　今天我简单介绍一下城市地下管网系统（unterirdische Konstruktion einer Stadt）。这些线路关系到千家万户的用水用电、通信收视、供暖做饭，覆盖了百姓生活的方方面面，意义重大。这些年来，城市里洪水内涝、道路塌陷、管线爆裂、燃气泄漏伤人等事故层出不穷，这就要求城市管理相关部门和施工单位以及抢险救灾部门充分掌握现有管线的基本信息，并在新城建设和维修重建过程中，更为合理地规划地下管线系统。据新闻介绍，2019 年 7 月 31 日，我国住建部批准《海绵城市建设评价标准》为国标，将于 8 月 1 日起施行。

　　在完善城市地下管线及综合管廊建设的同时，因每逢夏季雨季汛期，很多城市容易发生内涝，造成伤亡事故及巨大的财产损失，所以建设海绵城市（Schwammstadt），提高城市本身的蓄水能力，建设生态文明城市，是综合合理运用降水资源，减轻地下排水管线的压力，规划城市发展的良好和重要措施。

　　据新闻报道，2014 年 6 月，我国发布的《国务院办公厅关于加强城市地下管线建设管理的指导意见》中提出，我国计划在 2015 年年底前，完成城市地下管线的普查工作，建立综合管理信息系统，编制完成地下管线综合规划。力争用五年时间，完成城市地下老旧官网的改造，把管网的漏失率控制在国家标准内，降低事故率。用十年左右时间，建成较为完善的城市地下管线体系，让地下管线建设管理水平能够适应经济社会发展的要求，应急救灾能力大幅提升。所以，为了百姓安居乐业，为了城市发展有序安全，地下管线系统的安全规划、审批、建设、检修、维护，从而避免重大事故，降低事故发生率，是极其重要的。

　　对于非从业人士的普通百姓而言，我们生活在城市的地表，每天的生活工作之余，使用着无数的家居设备和工作设备，有没有想过让它们正常运转的管线在哪里？这个城市的地下是怎样的？每个人都应该对此有所了解，对自己生活的城市的地上及地下设施的基本建设有基本了解。"一个城市的下水道是这个城市的良心。"而下水道仅仅是一个城市的庞杂巨大的地下管网中的一支而已。

随着时代的发展、科技的进步，每座城市的地下管线都逐渐变得规模越来越大，范围越来越广，管线种类越来越繁多，包含了供水、排水、燃气、热力、电力、通信、广播电视、工业等管线及其附属设施，以及可能的防洪设施和人防设施等。并具有空间分布复杂、变化大、增长速度快、行程时间长等特点。城市地下工程官网系统是保障城市运行的重要基础设施和"生命线"。而如果"生命线"安装不到位，水电气等能源和电信通信广播电视等线路不通畅，无法使用，或者因为标识不清，施工野蛮，误挖误断，就会造成轻则断水断电断通信，重则造成惨烈的财产损失和人身伤亡。

世界上各个国家都在这方面因为早期不重视，立法不严格，而遭受了巨大的损失。所以痛定思痛，城市地下管线综合的重要性不言而喻，合理规划，学习先进经验，谨慎施工，立法保障，才能尽可能把损失降低到最少。

城市地下工程管线综合（unterirdische Konstruktion mit umfassendem Ingenieurbau in der Stadtplannung）主要包括：

（1）给水工程管线：用于为城市居民和工业企业的各种用水，对密封性要求很高，地下给水管线沿线需要布设消防栓。国家规定给水管道和燃气管道的间距不能小于一米。

（2）排水工程管线：一般是雨污分线，也有雨水和污水同线。对管线密封性要求很高。污水管线和雨水管线一般靠重力自排，需要有一定的坡度。国家规定，给水管道和排水管道之间的间距不能小于 1.5 米，以免污水雨水管线出现渗漏时污染饮用水。

（3）电力工程管线：城市电力管线的输送电压一般在 10KV 及以上，电流为交变电流。为了保证道路两侧地块用电的可靠性，电力管线沿线会布设环网柜、分线箱等设施。

（4）电信工程管线：通信信号的传送媒介主要是电缆和光缆。电缆依靠金属导线传递电信号，而金属导线受雨污或地下水的影响，会发生化学反应或电化学反应，需要做好防护。光缆传输相对于电缆传输而言，传输容量更大，受电磁干扰小。

（5）热力工程管线：属于压力管线，周边温度较高，要做好安全防护和密封。分为供居民生活用的热水和工业企业生产用热为主的蒸汽。热水管道一般为双管制，即用平行布设的供水管和回水管组成，需要占用较大空间，但相对较为安全，卫生。蒸汽管道为单管制，传热量大但是易损坏。

（6）燃气工程管线：燃气管道属于压力管道，压力越大，管道的接口、管道自身容易发生漏气现象、具有较高的危险性，一旦漏气可能会引发火灾、爆炸，造成人员伤亡、财产损失。因此国家规定，中低压燃气管道要采用聚乙烯管和钢管，次高压燃气管道要采用钢管，谨防漏气。

在地面之下，需要布设这么多重要而又具有一定危险性的管线，就对城市管理者的规划和协调以及安全提出了很高的要求。正如我在文章前面所写，全世界很多国家正是在遭遇了很大的安全危机和损失惨重的事故之后，才痛定思痛，逐步完善起地下管线的建设和布设。

首先在普查上，据相关信息显示，可以建立起信息库，逐步建立起 GIS（Geo-Informationssystem）地理信息资源网，运用计算机硬软件及网络技术，实现对城市基础地理数据的输入、存储、查询、检索、处理、分析、显示、更新和提供服务与应用。科学地管理地下管线档案，完善而翔实的城市管网 GIS 系统，能成为城市管线防灾减灾的重要技术支持，对现代化城市合理规划及利用地下空间以及整个城市的可持续发展具有重要的意义。

其次，逐步推进城市地下综合管廊（unterirdische Raumplanung），（又称为"共同沟，共同管道"）的建设。就是建设地下城市管道综合走廊，即在城市地下建造一个隧道空间，将电力、通信、燃气、供热、给排水等各种工程管线集于一体，设有专门的检修口、吊装口和监测系统，实施统一规划、统一设计、统一建设和管理，是保障城市运行的重要基础设施和"生命线"。

地下综合管廊系统不仅能解决城市的交通堵塞问题，而且极大方便了电力、通信、燃气、供排水设施的维护和检修，并具有一定的抗震减灾作用。而且，地下综合管廊的建设要朝着智慧化的方向发展，在人工智能的助力下，建设成为"智慧管廊"。

2015 年 8 月，我国发布了《国务院办公厅关于推荐城市地下综合管廊建设的指导意见》，目标是到 2020 年，建成一批具有国际先进水平的地下综合管廊并投入运用。建成具有国际先进水平的城市地下管线系统，并逐步扩大城市地下综合管廊的建设里程和城市范围，需要本着自力更生的精神，结合我国实际情况，并学习国际先进经验。目前，我国只有北上津广等少数几个大中城市建有综合管廊，加强城市综合管廊建设在大中小各种规模城市中正在逐步推进。城市地下综合管廊的一次性投资通常会高于各管线独立铺设的成本，但是综合节省出的地下空间，后期维修和养护的便利，都使地下综合管廊建设成为需要大力推广的提升城市规划和建设品质的重要举措。

我国的地下综合管廊建设起步较晚，需要大力推进，以提高城市居住的安全和便捷以及加速城市智能化管理程度。1958年，我国的第一条地下综合管沟建造于北京天安门广场下，是一条宽4米、高3米、埋深7—8米、长1公里的综合管沟，收纳了电力、电信和暖气等管线。前几年，在上海世博会前建成的世博会地下综合管廊"是目前国内系统最完整、技术最先进、法规最完备、职能定位最明确的一条综合管廊"。2019年1月7日上午，北京冬奥会延庆赛区"生命线"综合管廊隧道全线贯通。这是中国首次在山岭隧道中建设综合管廊。

在城市中建设地下管线综合管廊的概念，起源于19世纪的欧洲，1833年，因为巴黎前一年发生了霍乱，为了解决饮用水安全问题，巴黎布设了世界上第一条地下管线综合管廊系统，在管道中收容自来水管、电信电缆、压缩空气管及交通信号电缆等管线。

1893年，德国汉堡市的Kaiser-Wilheim街两侧人行道下方兴建了450米的综合管廊，布设了暖气管、自来水管、电力缆线、电信缆线及煤气管，但不含下水道。

英国于1861年在伦敦市区兴建综合管廊，采用12米×7.6米的半圆形断面，收容自来水管、污水管及燃气管，电力、电信缆线外，还铺设了连接用户的供给管线。

日本综合管廊"共同沟"的建设始于1926年，迄今为止，日本是世界上综合管廊建设速度最快、规划最完整、法规最完善、技术最先进的国家。

西班牙在1933年开始计划建设综合管廊，还有很多欧洲国家均在城市建设和管理中具有丰富的地下综合管廊建设经验。

美国自1960年起逐步开始对综合管廊的研究。1970年，美国在White Plains市中心建设综合管廊，除了煤气管外，几乎所有管线均收容在综合管廊内。2005年，美国设立了"811"一呼通专线，这是美国为了防范地下管线泄露造成的安全危险，设立的统一地下管线服务专线，要求施工方大到建商场，小到种树，都要打 811 报备并请专业人员绘制待开挖地的地下管线图，否则造成的后果责任自负。这也说明了加强城市地下管线安全和应急防灾知识的普及教育，对降低安全事故的重要性。

据新闻报道，2012 年，在《2012 低碳城市于区域发展科技论坛》中，"海绵城市"这一个概念首次被提出，是新一代的城市雨虹管理概念，国际通用术语是"低影响开发雨水系统构建"，在下雨时吸水、蓄水、渗水、净水，而在需要时利用存好的水，充分实现生态城市文明建设，降低城市地下排水管线的压力，增强城市蓄水和自净能力。

德国具有发达的地下管网系统、先进的雨水综合利用技术和规划合理的城市绿地建设，"海绵城市"建设很有成效。

20 世纪末，瑞士在全国推行"雨水工程"，让每家每户通过改建房屋的方式，存蓄雨水，降低地下排水管网压力，节省生活用水。

美国大多数城市秉承传统的水利设施设计理念，在郊外蓄雨水，利用水渠送到市区，污水通过地下沟渠排走。

新加坡雨水充沛，却很少有城市内涝，城市排水系统和雨水收集系统比较完善合理，还有严格的地面建筑排水系统。

于晨龙　张作慧：国内外城市地下综合管廊的发展历程及现状，载：《建设科技》，2015 年 9 月。

6. 中美俄德匈英法日印等国地铁比较

（写于 2019 年 11 月 28 日）

我家住北京昌平沙河高教园，没有汽车。每次，我进城，除了坐公交车，偶尔打出租车，就是坐地铁，所以一直很关注北京城市规划，心想着什么时候地铁路线、公交路线规划得再多一些，让出行更方便一些。昨天我看了一些北京的未来城市规划图，今天简单介绍一下城市规划中很重要的一环——地铁。

我 1993 年到北京来上大学的时候，北京只有两条地铁线——一号线和二号线。而如今，综合多方材料，截至 2019 年 11 月末，北京地铁在建线路 15 条。到 2020 年，北京地铁将形成由 30 条运营线路构成，总长 1177 公里的交通网络。据新闻报道，"北京市正在编制轨道交通三期规划（2021 —
2035 年），新增线路将加密中心城区、服务副中心，以及串联北京市域内各
座新城"，地铁里程也将大大增加。

北京地铁规划于 1953 年，始建于 1965 年，第一条线路于 1971 年 1 月
15 日正式开通试运营，是中国第一个地铁系统。随着经济的发展和城市建
设的需要，我国进行地铁建设的城市越来越多，目前北京是我国地铁运营
里程第二的城市，地铁运营里程仅次于上海。广州的地铁运营里程位居
第三。

我找到的数据比较旧：截至 2016 年 6 月，就城市而言，中国共有直辖
市 4 个，两个特别行政区，地级市 293 个，县级市 366 个。截至 2019 年，
在全国这六百多个城市中，有四十多个城市满足建设城市地铁的要求，并
已经建设和开通地铁。

那么，在我国，一个城市建设地铁需要满足什么样的条件呢？

按照 2018 年底颁布的《国务院办公厅关于进一步加强城市轨道交通规
划建设管理的意见》，申报地铁的城市要求更为严格，需要满足以下条件：
"申报建设地铁的城市一般公共财政预算收入应在 300 亿元以上，地区生产
总值在 3000 亿元以上，市区常住人口在 300 万人以上。引导轻轨有序发展，
申报建设轻轨的城市一般公共财政预算收入应在 150 亿元以上，地区生产总
值在 1500 亿元以上，市区常住人口在 150 万人以上。"

地铁对于各个国家的城市交通运行，疏解地面交通拥堵，缓解城市交
通压力，具有极其重要的作用，并且具有一定的国防安全功能。地铁在城
市轨道交通系统（Schnellbahn）中具有非常重要的作用，一个城市的"轨
道交通"是指以轨道形式为主的交通形式，其中包括通勤铁路、地铁、轻
轨、单轨铁路、有轨电车、导向公交、缆索铁路、索道、无轨电车等。

地铁（U-Bahn）是什么意思呢？地铁涵盖了地下与地上的路权专有，
与其他形式的交通没有平交，主要以电力驱动，是高密度、高运量的城市
轨道交通系统，也包括高架铁路或路面上铺设的铁路。因此，铁路是路权
专有的，无平交的，这也是铁路有别于轻轨运输系统的主要特色。

地铁是什么时候发明的呢？世界上首条地下铁路系统是在 1863 年开通
的伦敦大都会铁路（Metropolitan Railway），蒸汽驱动，为了排除蒸汽机的废
气，当时的隧道每隔一段距离便要有与地面打通的通风槽。地铁建设主要

有明槽挖掘方式和钻挖式。我之前介绍过的钻挖式地铁的工具——盾构机——的构想和发明也从 19 世纪开始，被逐渐发明出来，并得以不断更新。同时，地铁驱动装置也在逐渐更新为电力系统。1905 年伦敦市内的地下铁路全部电气化。1896 年，当时奥匈帝国的城市，现匈牙利首都布达佩斯开通了欧洲大陆第一条地铁，共 5 公里，至今仍旧在使用。1896 年 12 月，英国的格拉斯哥的地铁开通。法国巴黎的地铁在 1900 年开通。柏林地铁（Berlin U-Bahn）于 1902 年通车，与柏林 S-Bahn 同为柏林公共运输系统骨干。继英国伦敦（London）、匈牙利布达佩斯（Budapest）、英国格拉斯哥（Glasgow）和法国巴黎（Paris）之后，柏林（Berlin）是历史上第 5 个建成地铁的城市。

1904 年，美国纽约建成第一条地铁。1927 年，日本的第一条地铁在东京开通。1935 年，苏联第一条铁路在莫斯科通车运行。

在亚洲国家中，日本应该是第一个建造地铁的国家。亚洲很多国家城市人口密集，地铁作为减轻交通拥堵的良好轨道交通方式虽然发展较晚，但是发展势头很猛。我国第一条地铁 1971 年在北京正式运营，发展至今，目前，我国的地铁通车里程已经位居世界第一。伊朗德黑兰从 20 世纪 70 年代开始修建地铁，1986 年开始正式执行地铁建造方案，到 20 世纪末地铁通车。印度的第一条地铁是 1984 年在加尔各答开通。新加坡地铁开通于 1987 年。泰国曼谷的地铁从 2004 年开始启用。2011 年，哈萨克斯坦首条地铁在其首都阿拉木图正式通车。马来西亚的吉隆坡的地铁 2017 年全线通车。2019 年 4 月，印度尼西亚雅加达开通第一条地铁。

据新闻报道，菲律宾的马尼拉将在 2020 年开始启动修建第一条地铁的准备工作。

7. 中美俄德日英法印等国高铁简单比较
（写于 2019 年 11 月 30 日）

看新闻，2019 年 12 月 31 日京张高铁即将通车，沿途经过十个车站，是我国八纵八横通道之一——京兰通道的东段。因为我家住北京昌平沙河高教园，这条京张高铁的建设途经站点有昌平沙河站，虽然看新闻发现沙河站只是货运，但是我还是格外关注了一下。

京张高铁是我国即将建成的智能高铁动车组，是我国智能出行的标志，是2022年北京冬奥会的重要交通保障设施，也是一百多年前由中国铁路设计师和工程师詹天佑建成的京张铁路的姊妹铁路。

今天我继续对交通的一个重要方面做一下简单的国家对比。高速铁路，简称"高铁"，在不同的国家有不同的称谓。

我之前简单介绍了在一个城市内的轨道交通之一——地铁。那么城市之间的轨道交通呢？是铁路，是城市间重要的交通方式之一。我国目前主要的城市间交通运输方式有铁路（Eisenbahn），公路（Autoverkehr），航空（Flugverkehr）和水路（Wasserverkehr）等，它们把全国重要城市、工业中心、交通枢纽、沿海港口等连接起来，构成四通八达的交通网络。

首先，我先简单介绍一下，铁路是什么？

铁路是供火车（Zug）等交通工具行驶的轨道线路，是一种陆上运输方式，用机车牵引列车车辆，在两条平行的铁轨（Eisenbahnschiene）上行驶。广义的铁路运输还包括磁悬浮列车、缆车、索道等非钢轮行进方式，也被称为轨道运输。

铁路起源于第一次工业革命时期的英国，1825年第一条铁路在英国建成，驱动动力是蒸汽机机动车牵引车列，在轨道上行驶于城市之间，输送货物或旅客，这标志着铁路历史的开始。这条铁路的轨距（Spurweite）1435毫米沿用至今，成为国际标准。1825年英国建成第一条铁路后，美国、德国等相继开始修建铁路。从此，铁路建设在各国蓬勃发展。

1905年开工建设，1909年建成通行的京张铁路，连接北京和张家口，是中国首条不使用外国资金及人员，由中国人自行设计并投入营运的铁路，现称为京包铁路。以前的京张段为北京至包头铁路的首段，是中国人的骄傲。2008年1月，京张铁路段入选"中国工业遗产保护名录"。

1950年开始建设，至1952年6月13日，新中国第一条自主修建的铁路成渝铁路（成都到重庆）竣工，1953年正式交付运营，这也是中国西南地区的第一条铁路干线，是之前任何时代都不可想象的奇迹，在中国铁路发展史上具有极其重要的意义。

1958年1月1日，蒸汽机牵引的宝成铁路（宝鸡到成都）建成通车，随后1958年6月，宝成铁路逐渐进行电气化改造工程，到1975年，宝成铁路全线完成电气化改造，中国第一条电气化铁路宝成铁路建成，结束了

"蜀道之难，难于上青天"的历史。从此，我国的电气化铁路建设进入了高速发展期，2006年，青藏铁路开通，创造了多项世界铁路之最。

我找到的数据比较旧，以下是截至2018年年底世界各国铁路和高铁里程排名，图表出自"爱铁路的博客"（http：//www. aitielu. cn）。

世界各国铁路里程排名

序列	国家	公里数
1	美国	226，427
2	中国	131，000
3	俄罗斯	128，000
4	印度	63，327
5	加拿大	57，216
6	德国	41，896
7	澳大利亚	38，550
8	阿根廷	35，897
9	法国	29，901
10	巴西	29，817
11	日本	23，474
12	波兰	23，072
13	乌克兰	22，473
14	南非	20，872
15	意大利	19，460
16	墨西哥	17，665
17	英国	16，567
18	西班牙	14，974
19	哈萨克斯坦	13，700
20	瑞典	11，528
21	罗马尼亚	11，385

据新闻报道，到2019年年底，中国铁路营运里程将达到13.9万公里以

上，其中高铁 3.5 万公里，居世界第一。我国的高速公路里程也是世界第一。

世界各国高铁里程排名

排名	国家	公里数
1	中国	29，000
2	日本	2，615.7
3	西班牙	2355.6
4	法国	1985.9
5	意大利	959
6	德国	941.2
7	土耳其	839
8	韩国	620.8
9	比利时	308
10	荷兰	125
11	英国	113.4

那么，我国第一条高铁什么时候建成的？中国首条新建高速铁路是学习了德国高铁技术的京津城际铁路。京津城际铁路于 2005 年 7 月 4 日开工建设，2007 年 12 月 15 日全线铺通，2008 年 8 月 1 日运营。2017 年，具有完全自主知识产权的中国标准动车组"复兴号"投入运营，标志着中国高铁技术装备开始领跑世界。

三大国际铁路组织是什么？国际铁路联合会（IRCA）、国际铁路联盟（UIC）和国际铁路合作组织（OSJD）同列为三大国际铁路组织。

国际铁路联合会（IRCA）于 1884 年 12 月 13 日在布鲁塞尔（Brussel）成立。1937 年，国际铁路协会做出规定：以 1435 毫米的轨距作为国际通用的标准轨距。但是，由于地缘政治和国家利益的影响，直至现在，各国的铁路轨距仍未能够统一制式轨距，有各种不同轨距标准。

世界铁路联盟，又被称为国际铁路联盟（UIC），简称铁盟，是世界铁路最大的国际性标准化机构和非政府性的国际铁路组织，1922 年 12 月，按照在热那亚举行的国际经济会议建议，在法国巴黎（Paris）成立，目前有包括我国相关机构在内的 200 多家成员单位。综合多方资料，世界高速铁路大会由国际铁路联盟（UIC）发起并组织举办，首届大会始于 1992 年，每 2 到 3 年举办一次，截至 2019 年 9 月，已举办过十届，已成为展示和交流世界高速铁路发展的窗口。2010 年，第七届世界高速铁路大会在我国北京举行，十年之后，2020 年 6 月底到 7 月初，第十一届世界高速铁路大会（HIGH SPEED 2020）又将在北京召开，标志着我国在铁路行业的引领地位。

我国也是铁路合作组织（OSJD）的成员。铁路合作组织是政府间组织，总部设在波兰华沙。截至 2011 年，该组织有 20 多个成员国，"铁组的宗旨是发展国际货物和旅客运输，建立欧亚地区统一的铁路运输空间，提高洲际铁路运输通道的竞争能力，以及促进铁路运输领域的技术进步和科技合作，具有国际协约性质的铁组章程是铁组存在和工作的基础"。

我国从 2011 年起 3 月开始成功运行，并陆续投入使用的中欧班列（China Railway Express），是"按照固定车次、线路等条件开行，往来于中国与欧洲及一带一路沿线各国的集装箱国际铁路联运班列"。"铺划了西中东 3 条通道中欧班列运行线：西部通道由我国中西部经阿拉山口（霍尔果斯）出境，中部通道由我国华北地区经二连浩特出境，东部通道由我国东南部沿海地区经满洲里（绥芬河）出境"。亚欧之间的物流通道主要包括海运通道、空运通道和陆运通道，中欧班列目前已经发展成具有二十多条路线的铁路货运系统，以其运距短、速度快、安全性高的特征，以及安全快捷、绿色环保、受自然环境影响小的优势，已经成为国际物流中陆路运输的骨干方式。截至 2019 年 10 月底，中欧班列累计开行近两万列，为我国的"一带一路"建设做出了巨大贡献。而我国建议并提出的亚欧高速铁路（Eurasian High-speed Rail）也在建设推进中。

按照国际铁路联盟（UIC）的规定，凡新建运行速度 250 千米／小时以上，即有线改造运行速度 200 千米／小时以上的铁路都称为高速铁路。

综合多方资料，中国铁路在速度方面上分为高速铁路（250 千米/小时—380 千米/小时）、快速铁路（160 千米/小时—250 千米/小时）、普速铁路（80 千米/小时—160 千米/小时）三级。也就是说，在我国，铁路速度在 250 千米/小时到 380 千米/小时区间内，才被称为"高铁"。

除了速度，高铁与普通铁路的铁轨有不同吗？与普通铁路轨道下方铺设碎石子分散压力不同的是，世界各国高速铁路一般采用无砟轨道（又被

称为无渣轨道 schotterlose Eisenbahn-schiene），也有少部分采用有砟轨道
（Schotterfahrbahn）。无砟轨道是指采用混凝土、沥青混合料等整体基础取代
散粒碎石道床的轨道结构，避免了道砟（Gleisbettschotter）飞溅，平顺性
好，稳定性好，使用寿命长，耐久性好，维修工作少，列车运行时速可达
350 千米/小时以上，但也有建设费用高等缺点。

　　什么是我国高铁建设的"八纵八横"和"十纵十横"？从 1992 年国家
制定的《京沪高速铁路可行性研究报告》算起，我国的高铁建设技术，经
过了学习，发展并加以创新的阶段，突飞猛进。目前，我国是高铁规模世
界第一。我国建设的国内高铁网由原来的"四纵四横"向"八纵八横"发
展，未来将建成"十纵十横"。正如我在文章前面所介绍的，到 2019 年年
底，中国铁路营运里程将达到 13.9 万公里以上，其中高铁 3.5 万公里，居
世界第一。中国高铁仅用了二十多年的时间，"已经是当今世界高铁发展最
快、运营里程最长、运营时速最高、在建规模最大、拥有系统技术最全的
国家"。中国高铁的主力车型为"和谐号"和"复兴号"。我国拥有完全自
主知识产权的"复兴号"高铁，时速 350 千米/小时，更快，更节能。中国
高铁不仅里程世界第一，而且是全世界最快的。日本、法国、德国的高铁
通常不超过 320 公里/小时，而中国最高时速是 350 公里。2016 年 7 月，我
国颁发了铁路建设的《中长期铁路网规划》，对 2016 年到 2030 年新时期
"八纵八横"高速铁路网进行了整体规划。"八纵八横"是中国高速铁路网
络的中长期规划图，为了在 2020—2035 间基本建成交通强国，2035—2050
全面建成交通强国，铁路发展面临新的规划建设任务，启动新时代中长期
铁路规划 2035 编制，将为新时代交通强国铁路建设提供新的指导规划。
2017 年 2 月 3 日，《国务院关于印发"十三五"现代综合交通运输体系发展
规划的通知》在八纵八横高铁线路的基础上，"要构建横贯东西、纵贯南
北、内畅外通的'十纵十横'综合运输大通道，加快实施重点通道连通工
程和延伸工程，强化中西部和东北地区通道建设"。据新闻报道，《新时代
中长期铁路网规划（2035 年）》和《"十四五"铁路发展规划》研究编制
工作也在进行之中，从而更好地为国家战略和地方经济发展服务。

　　我国的高铁建设已经是里程位居世界第一，高铁速度也是世界第一。
那么，世界其他国家的高铁建设呢？从 20 世纪 60—70 年代起，日本开始高
速铁路建设——新干线建设——以来，很多国家都开始了各自国家的高铁

建设和国家之间的高铁建设（如欧洲之星，德国的 ICE，法国的 TGV），还有洲际铁路建设（如我国推进建设的欧亚高速铁路）。欧洲高速铁路经过多年建设，已经形成了规模庞大，交通便捷的高铁网络。

综合多方资料，世界上第一条正式的高速铁路系统是 1964 年建成通车的日本东海道新干线，连通东京、名古屋和大阪所在的日本三大都市圈，促进了日本的高速发展："其设计速度为 200 千米/小时，因此高速铁路的初期速度标准就是 200 千米/小时。后来随着技术进步，火车速度更快，不同时代不同国家就对高速铁路有了不同定义，并根据本国情况规定了各自的高速铁路级别的详细技术标准，涉及的列车速度、铁路类型等就不尽相同"。诞生于 1964 年的日本新干线（Shinkansen），是世界高速铁路的先驱，和中国高速铁路、法国 TGV、德国 ICE 一起，并列为世界高铁四巨头。

法国高铁（TGV），1981 年法国第一条高速铁路在巴黎和里昂之间开通。TVG 是法铁的注册标志。

德国的铁路研发技术一直位居世界前列，是世界铁路高速化的引领者，他们于 20 世纪 30 年代创造的时速 230 公里的铁路列车（试验性列车，没有投入商用）世界纪录直到 1955 年才被法国人打破。德国（ICE）是德国城际高速列车，简称德国 ICE，德国高铁。ICE 是德国国铁为迈向国际化所注册的英文名字，也被德国国铁（Deutsche Bahn AG）注册为商标。在 20 世纪 80 年代，德国研究并开发出了 ICE 高速铁路系统及列车，高铁技术非常强，1988 年 4 月 28 日德国研发的 ICE1（动力集中型）试验时速突破了 400 公里，这是人类历史上轮轨时速首次突破 400 公里。1991 年 6 月 2 日，德国汉诺威-维尔茨堡高铁正式开通，德国进入高铁时代。其高铁服务范围除涵盖德国境内各主要大城外，还跨越邻近国家行经多个城市。现在，德国的 ICE 高速列车系统已发展至邻近各国的主要城市，在荷兰、瑞士、维也纳、比利时等国家的各重要城市间形成了小型 ICE 网络，在瑞士、奥地利的 ICE 网络通常是无附加费的。

英国高铁 1 号线，前身为英法海峡铁路隧道的高铁 1 号线，是英国第一个专用高速铁路线，使伦敦和巴黎仅相隔两小时的距离。英国高铁一号线（High Speed 1，HS1）连接伦敦 St Pancras 车站到英吉利海峡隧道。英国高速铁路 2 号（High Speed 2）即英国 HS2 工程，是英国政府于 2012 年 1 月 8 日批准的一项高铁工程，2019 年 8 月暂停。

欧洲之星（Eurostar）列车是在 1994 年 11 月开始的，是一条连接英国伦敦圣潘可拉斯车站（2007 年 11 月 14 日后改为此站）与法国巴黎北站、里尔以及比利时布鲁塞尔（南站）的高速铁路。

西班牙、芬兰、比利时、丹麦、瑞典等欧洲国家都建设了里程不等的高速铁路，构成了欧洲便捷和快速的高铁网络。美国、韩国、俄罗斯、土耳其、乌兹别克斯坦也有高铁路线。据新闻报道，印度高铁 2018 年底开建，预计 2022 年建成。澳大利亚在 2013 年完成高铁建设可行性研究，建设高铁尚未提上政府日程。

亚洲和欧洲国家普遍人口稠密，城市集中，建设高铁的国家很多，高铁建设也都取得了巨大的经济和社会效益，加速了人员和货物的流动速度和数量，为各国家和区域的发展提供了巨大而快捷的交通支持。这些年，我国高铁建设也在实行"走出去"战略，参与了其他大洲的高铁建设项目。相比较而言，美洲、大洋洲和非洲因为地广人稀或者地形的特点，以及资金问题、政局多变和经济不稳定，建设高铁的进度和里程要缓慢得多，但是这些年也在稳步推进和逐渐落实高铁建设。非洲的第一条高铁于 2018 年底通车。2007 年法国和非洲国家摩洛哥签署了建造高铁的协议，到 2018 年 11 月，建成通车。除了南极洲，世界各大洲基本均有了或准备建设高速铁路，体现了世界各国人民对更好更便捷更快速的沟通的良好愿望，也充分展示了科技的发展对人类生活带来的便捷。

8. 中美欧等国家及大洲天然气管道运输简单比较

（写于 2019 年 12 月 4 日）

据新闻报道，2019 年 12 月 2 日，中俄东线天然气管道正式通气，"起自俄罗斯东西伯利亚，由布拉戈维申斯克进入我国黑龙江省黑河。俄罗斯境内管道全长约 3000 公里，我国境内段新建管道 3371 公里，利用已建管道 1740 公里"，是"中俄能源合作的标志性项目，也是双方深度融通、合作共赢的典范。投产通气既是重要阶段性成果，更是新的合作起点"；"是新时代中俄全面战略协作伙伴关系确立后取得的重要的前期成果，更是一项惠及两国人民的民心工程"。

能源结构中更多天然气的使用对"煤改气"的顺利和稳步推进，对生态环境的改善，对清洁能源使用在能源配比的提高，具有至关重要的作用。

我家住在北京昌平沙河高教园北街家园，今年冬天的暖气格外好，暖气片摸着发烫，我终于不用大冬天的在家里穿着棉袄或者羽绒服了。希望未来也受惠于中俄天然气管道，能用上俄罗斯的天然气。

2014 年 5 月 21 日，俄罗斯天然气工业公司（Gazprom）与中国石油天然气集团有限公司签署中俄天然气供应协议，协议为期 30 年。约定俄方每年通过"西伯利亚力量"管道向中方供应 380 亿立方米天然气。东西工程竣工投入使用，西线工程也在实施中。

我国的煤炭和油气资源，总体而言是"富煤，少油，贫气"。综合多方资料，自从我国 1959 年建成第一条输油管道（从克拉玛依到独山子）运行使用，几十年来，我国已经建成了十几万公里的输油气管道，其中天然气管道到 2020 年将达到 6 万公里，为我国的经济建设以及居民的安居乐业做出了巨大的贡献。随着持续的研究和勘探，我国近年来发现了更多的开采天然气储量气田和油田，为国家能源安全提供了强有力的支撑。天然气管道的总体流向和秉持的输气原则是：西气东输、北气南下、海气登陆、就近供应等。随着我国对能源以及清洁能源需求量的急剧上升，加强国际合作，互惠互利，共建"一带一路"，建设更多安全稳定的能源供给通道成为我国的国家战略。继海上通道，我国陆续建设并投入使用的有中哈油气管道、中亚油气管道、中俄原油管道、中缅输油和输气管道、中巴油气管道等项目，为保障我国的能源安全提供了强有力的支持。

我国目前主要的城市间交通运输方式有铁路（Eisenbahn）、公路（Autoverkehr）、航空（Flugverkehr）和水路（Wasserverkehr）等，它们把全国重要城市、工业中心、交通枢纽、沿海港口等连接起来，构成四通八达的交通网络；还有运送能源（如石油和天然气）的管道运输（Rohrleitungstransport）。

其中，管道运输是一种一贯道输送货物的方法，而货物通常是液体和气体。有时候，气动管也可以做到类似的工作，以压缩气体输送固体仓，而内里装着货物。就液体和气体而言，凡是化学性稳定的物质都可以用管道输送，因此，废水、泥浆、煤渣、水，甚至啤酒都可以用管道传送。另外管道尤其对运送石油与天然气（Transport von Erdoel und Erdgas）十分重要——有关的公司多数会定期检查管道，并用管道检测仪做清洁工作。

现代石油天然气管道运输始于 1865 年美国宾夕法尼亚建成的第一条原油输送管道。"二战"后，石油工业迅速发展，各产油国和油气需求量大的国家开始大量修建输油管道以及油气管道，并卓有成效。据近日新闻报道，美国的页岩油革命引发的世界石油天然气格局的变化已经很明显，美国在 2019 年成为石油纯出口国。

欧洲没有统一的天然气管道网络，西欧和中东欧之间一直有能源利益博弈。出于对天然气清洁能源的大量需求和能源转型的需要，让西欧国家一定程度上摆脱对中东欧国家天然气管道的依赖，减少对美国和中东的能源依赖，以达成更好的战略平衡，2011 年"北溪"（Nord Stream）天然气管道（也称"北流"天然气管道或北欧天然气管道）由俄罗斯、德国、荷兰和法国共同建成投入使用，东起俄罗斯的维堡（Vyborg），西至德国的格赖夫斯瓦尔德（Greifswald），全长约 1224 公里，每年可为欧洲输送 550 亿立方米，设计使用年限为 50 年。因天然气用量巨大，2012 年"北溪管道"就已经达到最大运营能力，急需扩建。2015 年，是俄罗斯提出在"北溪 1 号"的平行路径上修建第二条通往德国的输气管道——"北溪 2 号"（Nord Stream 2），长度也是 1224 公里，联结俄罗斯圣彼得堡附近的乌斯季-卢加地区（Ust-Luga）和德国东北部的格莱夫斯瓦尔德（Greifswald），天然气输送能力为每年 550 亿立方米。建成后与"北溪 1 号"天然气管道一起，可满足欧盟国家约 1/4 的天然气需求。是俄罗斯天然气巨头俄罗斯天然气工业股份公司（Gazprom）和五家欧洲公司的合作项目。

北溪 1 号和 2 号天然气管道经波罗的海海底到德国，可绕过乌克兰把俄罗斯天然气输送到德国，再通过德国干线管道输送到其他欧洲国家。在欧洲，德国出于能源和商业利益需求，是"北溪 2 号"项目最坚定且最主要的支持者，能实现能源结构的优化，并一定程度上摆脱对美国的依赖，巩固德国在欧盟内部的领导地位。而在该项目推进过程中，美国以不利于欧洲能源市场安全等原因，企图通过对俄以及参与公司的制裁来阻挠俄罗斯与欧盟合作建设"北溪 2 号"输气管道，充分体现了能源安全和能源博弈在美欧盟和俄罗斯之间的举足轻重的战略地位。

9. 新能源汽车的发展历程和"无人驾驶"

（写于 2017 年 6 月 20 日，2018 年 5 月 3 日以及 2018 年 5 月 16 日）

讲到汽车工业，我先说一下汽车（Auomobil，n Auto）的定义：汽车是由发动机驱动的街道交通工具。如果用来运输人员，则称为私人汽车（Pkw），还有公共汽车（Bus）；如果用来运输货物，则称为货运车（Lkw）。无论何种汽车类型，均需要驾照（Fuehrerschein）。德国人卡尔·本茨（Karl Benz，1844—1929）在 1885 年 10 月研制成功世界上第一辆三轮汽车，标志着世界上第一辆汽车的诞生。本茨是世界公认的汽车发明者，被称为汽车之父、汽车鼻祖。

据数据显示，德国 8000 多万人口，在 2012 年私人小汽车的普及率就已超过了 50%，达到了 4300 多万辆，而电动自行车的份额少得可怜，自行车的使用率倒是不低，这让我想起我在德国留学时，为了省地铁月票钱，天天二手自行车通行的往事了。的确锻炼身体，受益匪浅。

我在北京一直摇不到号，我还关注过特斯拉以及特斯拉的新闻，心想：电动汽车，再配上无人驾驶，真是酷炫。但是一旦出现危险，也真是危险。直到 2018 年 6 月的一天，我才知道特斯拉是一个人名，和爱迪生一样是改变了人类历史的了不起的人物，他曾经是爱迪生的手下干将，在和爱迪生的直流电交流电之争中落败，因商业利益被爱迪生打压；一生发明无数，获得爱迪生奖章。

我很喜欢看新闻，包括社会新闻，就是看个世态万象。其中新闻中出现了比如无人驾驶汽车伤人的情况，这种情况怎么解决？立法跟上了吗？所以人工智能领域的伦理道德以及立法设定和研究就急需与时俱进，跟上人工智能大发展的步伐。

无人驾驶是人工智能时代的新发明，是人类挑战自身智能，发展自我认知能力，让机器服务于人的一大体现。那么现在火热的电动汽车呢？它是个新鲜事物吗？还是早已有之，今又为人所用呢？

人类历史上，电动汽车（Elektroauto）的发明要归功于一位著名的科学家——迈克尔·法拉第（Michael Faraday，1791—1867）及其前人的贡献。法拉第是英国物理学家、化学家，也是著名的自学成才的科学家，1831 年，

他做出了关于电力场的关键性突破，永远改变了人类文明。法拉第在 1821
年前后发现了电磁感应（Elektromagnetismus）现象，并进而得到产生交流
电的方法，1831 年，他做出了关于电力场的关键性突破，永远改变了人类
文明，从而发明了圆盘发电机，是人类创造出的第一个发电机。由于他在
电磁学方面做出了伟大贡献，被称为"电学之父"和"交流电之父"。法拉
第发明的第一台电动机是第一台使用电流将物体运动的装置。虽然装置简
陋，但它却是今天世界上使用的所有电动机的基础。有了电动机这一基础，
从 19 世纪 30 年代开始，基于各种电动机和电池（Elektromotor-und Batterie-
Variation）的交通工具的雏形和桌面模型（Tischmodelle）开始有所发展。
到 1832 年，苏格兰发明家及汽车发明的先行者 Robert Anderson 发明了第一
辆电动推车（Elektrokarre），滞后于蒸汽机驱动的交通工具（Dampf-Fahr-
zeuge）的发明者 Nicolas-Joseph Cugnot，但是要早于 Étienne Lenoir（1863）
和卡尔·本茨（1885）对内燃机（Verbrennungsmotor）驱动的汽车的发明。
第一辆德国人发明的电力驱动汽车是 1888 年机器制造厂制造成功的福劳肯
电动汽车（Flocken Elektrowagen）。这辆车被认为是世界上第一辆四轮电驱
动的个人小汽车。由此，全世界迎来了电动汽车的大发展。

　　据记载，在 1900 年左右，在美国注册的汽车达到三万四千辆左右，是
全世界汽车拥有量最大的国家，而在这些登记注册的汽车中，汽油驱动的
汽车占比刚过 20%，而电动汽车则与蒸汽驱动的汽车占比接近，均达到了
近 40%。可见当时电动汽车的受欢迎程度。在 19 世纪末到 20 世纪"一战"
前，全世界电动汽车的品牌达到了五百多种。而当时，无论是什么驱动力
的汽车，最高里程均在百公里左右，而时速均比较低。当时，德国在 1919
年对汽车时速做出了限定，仅为十几公里一小时。但当时有记录的最高时
速纪录的电动车时速超过了百公里每小时，令人惊叹。在 1910 年之后，电
动车的发展逐渐衰落，因为汽油和燃气驱动的汽车的发展迎来了繁荣期，
它们里程更长，油价更为便宜，所以电动车因其相应的短里程没有继续得
以大规模普及。直到 20 世纪 90 年代的海湾战争，引起了石油危机，电动汽
车的发展又迎来了复兴时期。而近些年，电动汽车因其低排放、少污染的
环保特点，迎来了繁荣发展时期，全世界的电动车销量节节攀升。2006 年
特斯拉电动汽车里程达到了近四百公里，从而激发了大量厂商又重新涉足
电动汽车领域。

在我们国家，这些年，出于节省宝贵的能源以及减少环境污染的考虑，电动汽车的研发生产和销售都迎来了繁盛时期。如果电动汽车的里程问题和充电问题的解决能更进一步，想必会有越来越多的人用电动汽车代步。

我前一阵买了辆小自行车，用来解决从我家附近地铁站到家的最后一公里的交通问题。2017 年我买过一辆二手电动自行车用来在这段距离通勤。虽然我没有汽车，无法比较汽油车和电动汽车的优劣，但就我去年短短的骑二手电动自行车的体验来讲，真是省力，干净。可惜用了半年就坏了，让我不敢再买。教训就是：交通工具不要买二手的，一开始就要买个新的。所以我热切期盼后年排到电动汽车牌号，买一辆代步电动汽车。这样，交通就方便多了，我也不受风吹雨淋和严寒抑或暴晒了。总之，人类的发展步伐，时而探索，时而迂回，但是发展的步伐从未停止过，从电动汽车的发展历史就能看出来。

2018 年 5 月中旬，我看了一则新闻：特斯拉（Tesla）已确定在我们国内建厂了。特斯拉是电动汽车，而且致力于解放人力的"自动驾驶"或者"无人驾驶"。看到这新闻挺高兴，虽然特斯拉我肯定买不起，但是科技的进步令人振奋，知道有这种"无人驾驶"的汽车类型也是好的。而且"无人车"我买不起，几百块钱玩具型的"无人机"我还是买得起的。人类致力于制造更为自由舒适的交通工具和玩具，这是人类智能，人类好奇心的发展和展现，令人激动。现在长翅膀会飞的汽车都有了，更何况自动驾驶的汽车。

德语中，"无人驾驶的交通工具"的表达是 fahrerloses Transportfahrzeug（FTF），"自动驾驶"的表达是 autonomes Fahren，automatisches Fahren，automatisiertes Fahren。这是相同的概念吗？不是，从"自动驾驶"到"无人驾驶"有很长的路要走。自动驾驶的发展早在 20 世纪 50—60 年代就已展开，近年，随着人工智能技术的发展，以及人们对驾驶体验的更高要求，自动驾驶的概念逐渐得以推广，并付诸实践。

目前全球汽车行业公认的两个分级制度分别是由美国高速公路安全管理局（简称 NHTSA）和国际自动机工程师学会（简称 SAE）提出的。以 SAE 版本将自动驾驶分为六个级别为例，从 L0 到 L5 级的自动驾驶技术分别承担不同的工作职责。其实，L0 到 L3 前四个级别都是离不开人的。真正意义上的"自动驾驶"，即"无人驾驶"要到 L5 才实现。而像特斯拉这样的"自动驾驶"汽车，其实也就是到了 L3 级别，即有条件的"自动驾驶"。

总之，自动驾驶就其根本而言，也是大概率离不开人的辅助的。毕竟道路条件复杂，完全的"无人驾驶"在复杂路面情况具备一定的危险性，并可能由此带来一系列法律和伦理问题，在更为固定简单的交通路线中则具备良好的实现可能。

（四）城市规划和绿色建筑部分

1. 城市规划和进城"相对论"

（写于 2018 年 8 月 21 日和 2019 年 6 月 27 日）

2018 年 8 月，这几天看新闻，北京大七环已经开始通车了。虽然我没有汽车，但是看到这样的新闻还是很高兴。城市规划非常重要。无论对于哪一个国家的人而言，生活在一个安静有序、井井有条、生活工作交通休闲方便的城市，是极大提高生活质量的必要条件。而且我们现在在建设"智慧城市"，借助人工智能的发展让整个城市成为一个井然有序分工明确的系统"大脑"。

德国的城市规划也挺有名。德国的"城市规划"（Stadtplanung）由来已久，注重社区公共管理和环境保护。今天我说说"进城相对论"。

二十多年前，我刚来北京上大学，一提起"进城"，想到的是从海淀镇（西三环）去"城里"——西单、王府井等一二环。自从我 2008 年在近北六环买房之后，"进城"变成了从昌平沙河镇去"城里"海淀镇（西三环），中间偶尔途径东升乡（五道口）和黄庄。至于西单和王府井这些一二环的地方，我一年也去不了一两次了。

爱因斯坦的相对论（Relativitaetstheorie）众所周知。相对论直接和间接地催生了量子力学的诞生，也为研究微观世界的高速运动确立了全新的数学模型。相对论是关于时空和引力的理论，按照研究对象的不同可分为狭义相对论和广义相对论。相对论和量子力学的提出给物理学带来了革命性的变化，它们共同奠定了现代物理学的基础。相对论极大地改变了人类对宇宙和自然的"常识性"观念，提出了"同时的相对性""四维时空""弯曲时空"等全新的概念。

北京城在这二十多年里建设得越来越好，不过因为高昂的房价，我这样的经济一般的居民住在北六环的郊区，进城不易。不过这在北京是常态，工作单程通勤一两个小时太正常不过了。随着城市的"生长"和"成长"，相对而言，"城里"这个概念也就发生相应变化了。

据多方数据和新闻媒体报道，1982 年，北京修订城市总体规划时，不再提"工业基地"。1993 年，北京城市定位为国家的"政经和文化中心"，"经济中心"仍然保留，直到 2004 年新版北京市城市规划出炉，北京不再致力于被建设成为"经济中心"，而是以"国家首都、政治中心、文化中心、宜居城市"为城市建设定位。2014 年以来，"四个中心"成为北京市的城市规划和建设战略定位，即全国政治中心、文化中心、国际交往中心和科技创新中心成为北京市的城市规划和建设目标。努力把北京建设成为国际一流的和谐宜居之都成为北京的城市规划和建设的总体目标。

我的自身感受也是北京这些年来越来越宜居，主要体现在空气质量上，我前些年买的空气净化器这几年基本闲置了，还有城市规划和绿化也越来越好。不过对于我这样的住在北京近北六环的居民而言，希望北京的交通和轨道建设越来越好，更加方便！

城市的发展让城市规划的主要任务也随之有所改变，如何设计和建造更宜居的城市，是城市规划者（Stadtplaner）的重要任务。以德国为例，目前，德国城市规划主题及面临的问题通常有以下几种类型。

（1）再城市化、旧城改造（Gentrifizierung）：通常指通过对一个城区的翻新或改造而使其升值，从而吸引更富裕阶层入住，原本居住于此的低收入居民逐渐搬离，如柏林东区画廊（Eastside Gallery in Berlin）。

（2）收缩型城市（Schrumpfende Stadt）：通常指因出生人口的下降和居民人口的减少出现的城市萎缩现象及相应应对措施。

（3）城市重建（Stadtumbau）：通常指随着城市的发展，城市原有的设施已经不能满足现有的要求，于是需要重塑，重建，以"东德重塑"为例。

（4）社会整合的城市（Soziale Stadt）：通常指支持城市解决社会问题和

某些城区的不利条件，德国 1999 年推出的城市改进项目。

（5）文化及节庆化城市建设（Festivalisierung）：通常指通过策略性战略性城市发展计划，借助城市文化类大项目的推进，进行城市有序改造。

（6）更人居化城市（Menschengerechtere Stadt）：通常指以居民工作生活娱乐为中心建设的小区，满足居民就业，生活，娱乐，育儿等各种功能的人居化城市规划。

（7）新城市主义（Neuer Urbanismus）：从 20 世纪 70 年代兴起的新城市主义，强调各社区功能的混合使用。

2. 中美德日绿色节能建筑评价标准和政策简单对比
（2019 年 9 月 11 日和 2020 年 3 月 8 日）

节能环保、新能源是现在世界各行各业的重要目标和手段，在"住"这方面也不例外，我今天简单介绍一下中美德日法英等国在节能环保建筑方面的特点和可能的政策。

我在之前的文章中，简单介绍过一些建筑方面的德语词汇，也介绍过一些此领域的专家，比如桑内特。众所周知，桑内特是现代著名的公共领域研究专家，是阿伦特的学生，和哈贝马斯一样，是在公共研究领域研究上卓有成果的著名学者，也是著名的跨学科全才，堪称我们这个时代最有影响力和创作力的理论家之一。桑内特的很多书籍有德译本和中译本，再版多次。在国内他的书籍中译本也很畅销，如《匠人》《公共领域的衰落》。桑内特的书都很畅销，在于他能从"别人眼未到之处着笔"，把日常生活分析得不那么寻常。他也是著名的城市规划学家，对城市历史的发展和规划——也就是未来人类主要居住的公共领域——的分析很有道理。

2020 年 3 月 4 日，我国颁布了进一步发展"新基建"的七大领域，"新基建"主要包括"5G 基建、工业互联网、特高压、城际高速铁路和城际轨道交通、新能源汽车及充电桩、大数据中心、人工智能七大领域。"这几大领域的很多内容我在之前的文章中都已经介绍过了。所谓"新基建"是指新型基础设施建设，与传统修桥铺路盖房子的"旧基建"不同，"新基建"主要发力于科技端的基础设施建设。无论是旧基建，还是新基建，绿色制造、构建生态文明都是其中重要的一个环节。我今天就简单介绍一下在建筑方面的这些年的大趋势之一——绿色建筑（Ökologisches Bauen），以及世界各主要国家在节能建筑方面的政策的和特点。

首先，什么是绿色建筑？

综合多方资料，绿色建筑或者绿建筑，指的是本身及其在使用过程，在生命周期内，如选址、设计、建设、营运、维护、翻新、拆除等各阶段均达到环境友善（umweltfreundlich），对于资源有效使用的一种建筑。也就是说，绿色建筑在设计上试图从人造建筑与自然环境之间取得一个平衡点，不仅仅指单纯的建筑，也包括建筑材料以及建筑方式等，从而达到保护环境和减少污染的目标，为人们提供健康、适用和高效的使用空间，与自然和谐共生的建筑。在过去，绿色建筑指的是"消耗最少的地球资源，制造最少的废弃物"的建筑物，而现在扩大为"生态、节能（energiesparend）、减废、健康"的建筑物。设计原则为"节约能源，节约资源，节约水资源，回归自然，舒适和健康的生活环境"等。目前，绿色建筑需要满足或者至少符合以下几大指标：绿化量指标、基地保水指标、日常节能指标、二氧化碳减量指标、废弃物减量指标、室内健康指标、水资源指标、污水与垃圾减量指标。

那么世界几大绿色建筑评价体系标准是什么呢？

据多方数据，国际主流绿色建筑评价体系是：英国的绿色建筑评价体系 BREEAM 标准、美国的绿色建筑评估体系 LEED 体系、德国生态建筑导则（LN B：Leitfaden Nachhaltiges Bauen）和德国的 DGNB（2007 年建立的标准，Nachhaltiges Bauen）以及被动式建筑标准（Passivhaus Standard）。此外，还有我国的《绿色建筑评价标准》、加拿大等国参与的 GB-Tool、澳大利亚的建筑环评体系 NABERS、法国的 ESCALE、挪威的 ECO-Profile、芬兰的 Promis E、日本的 CASBEE 等，我就不一一列举了。因为绿色建筑是世界人居的发展趋势，几乎大多数国家都推出了相应的绿色环保节能的建设人居的政策。

20 世纪 60 年代，意大利裔美国著名建筑师保罗·索莱里（Paolo Soleri，1919—2013）提出了生态建筑的新理念，探索生态与建筑二者的结合，被称为"生态建筑之父""生态建筑运动的创始人"（der Erfinder der Arcology-Bewegung）、"可持续性建筑先锋代表人物"。他提出了以"复杂性小型化"（Complexity-Miniaturization）理论为核心的城市建筑方式，并在美国亚利桑那州传说中的"建筑圣地"——阿科桑底（Arcosanti）加以设计和付诸实施，是阿克桑底的建造者。1969 年，伊安·麦克玛哈（Ian McHarg，1920—2001）出版的《设计结合自然》（*Design with Nature*）一书，标志着生态建筑学的正式诞生。20 世纪 70 年代，因为石油危机的原因，使得各种太阳能、地热、风能等各种建筑节能技术应运而生，从此，节能建筑成为现代建筑发展的重要及指导性的方向。

我在之前的文章中也提到过，"可持续性"（Nachhaltigkeit）这一概念，最早是在 18 世纪时，德国的一位林业工作者提出来，并扩展到了各行各业的一个重要概念。之后"可持续性发展"这一理念被扩展到了社会生产生活的方方面面，对人类与自然的和谐共生以及人类以及自然的可持续性发展的未来方向提供了重要的指导思想之一。从而，在 20 世纪 80 年代，节能建筑体系在这些理念的指导下，逐渐完善，并在德国，英国，法国，以及加拿大等发达国家广泛使用。

1990 年，世界第一个绿色建筑标准在英国发布，就是：英国建筑研究所环境评估法，BREEAM-Building Research Establishment Environmental Assessment Method，始创于 1990 年的 BREEAM 是世界上第一个也是全球最广泛使用的绿色建筑评估方法。这一评估体系采取"因地制宜，平衡效益"的核心理念，是全球唯一兼具"国际化"和"本土化"特色的绿色建筑评估体系，也为绿色建筑的设计设立了最佳实践方法，也因此成为描述建筑环境性能最权威的国际标准。

美国的 LEED（LEED：Leadership in Energy and Environmental Design 能源与环境设计先锋）标准创立于 1998 年，是美国的绿色建筑评估体系，是在 BREEAM 的基础上进行开发的。LEED 认证主要特点：国际认可的绿色建筑体系、由美国绿色建筑委员会（USGBC）开发、对多种类型建筑均适用、提供实用且可量化评估的绿色建筑解决方案。于 2000 年开始推行，在美国部分州和一些国家已被列为法定强制标准。

德国生态可持续建筑导则（LN B：Leitfaden Nachhaltiges Bauen）是德国政府制定的生态可持续建筑方面的纲领性的准则和实施指导性意见。德国的 DGNB 认证，是全面的德国品质标准——世界范围内通用标准、唯一的既注重可持续建筑的经济品质，又注重其生态品质的认证体系。DGNB 是德国可持续建筑认证标准（Deutsche Gütesiegel für Nachhaltiges Bauen）的缩写，同时也是德国可持续建筑委员会（Deutsche Gesellschaft für Nachhaltiges Bauen e. V.）的缩写。DGNB 是德国可持续建筑委员会与德国政府共同开发编制的，代表当今世界最高水平的第二代绿色建筑评估认证体系，包括生态质量、经济质量、社会文化及功能质量、技术质量、过程质量和基地质量六大领域。综合多方资料，DGNB 不仅是绿色建筑标准，而且涵盖了生态、经济、社会三大方面因素的第二代可持续建筑评估体系。DGNB 体系推出了建筑全寿命周期成本（LCC）的科学计算方法，包含建造成本、运营成本、回收成本的动态计算，DGNB 的认证过程能在项目的初期阶段为业主提供准确可靠的建筑建造和运营成本分析，使绿色建筑真正能够达到既定的建筑性能优化和环保节能目标，展示如何通过提高可持续性获得更大经济回报。其中，被动式建筑（Passivhaus）是德国提出并被广泛认可的一种建筑节能标准，和德国一般的建筑相比可节能 90% 以上，比新建建筑节能75% 以上。"被动房"建筑的概念是在德国 20 世纪 80 年代低能耗建筑的基础上建立起来的，1988 年瑞典隆德大学（Lund University）的阿达姆森教授（Bo Adamson）和德国的菲斯特博士（Wolfgang Feist，1954—）首先提出这一概念。他们被称为"被动房先锋代表人物"（Passivhaus-Pioniere），并于获得国际建筑大奖"可持续建筑奖"中的创新大奖。他们认为，"被动房"建筑应该是不用主动的采暖和空调系统就可以维持舒适室内热环境的建筑。1991 年在德国的达姆施塔特（Darmstadt）建成了第一座"被动房"建筑，在建成至今的十几年里，一直按照设计的要求正常运行，取得了很好的效果。自首座被动式建筑在德国的达姆施塔特问世以来，经历 20 多年的发展，被动式建筑标准成为世界范围公认的最高等级建筑节能标准。被动式房屋能够改善城市环境，而这也是目前中国城市面临的重要课题。被动房概念在我国已经有具体实施措施。感兴趣的可以多了解一些。

日本建筑物综合环境性能评价体系（CASBEE：Comprehensive Assessment System for Building Environmental Efficiency），通过五个等级来评价建筑环境，首创了环境效率和假想边界，封闭体系等概念，使得操作和实施更有具体范围。

我国的绿色建筑评价体系标准的发展是怎样的呢？

我国自 20 世纪 90 年代引入绿色建筑的概念之后，逐步推行和设定了相应的规章条例。

从 2006 年开始施行的我国《绿色建筑评价标准》（GB/T50378-2006）是我国首部绿色建筑方面的国家标准，对"规范和引导我国绿色建筑实现从无到有、从少到多、从个别城市到全国范围，从单体到城区、到城市的规模化发展，发挥了重要的作用"。2014 年，我国的住房城乡建设部发布公告，我国的《绿色建筑评价标准》修订版（编号为 GB-T50378-2014）2015 年 1 月 1 日开始实施，原《绿色建筑评价标准》GB 从 3T50378-2006 同时废止。2014 年修订的新标准中"总结了近年来我国绿色建筑评价的实践经验和研究成果，开展了多项专题研究和试评，借鉴了有关国外先进标准经验"，并且"对可再生能源替代率提出了明确要求"。2019 年，根据我国住房和城乡建设部 2019 年第 61 号公告，国标《绿色建筑评价标准》（GB/T50378-2019）将于 2019 年 8 月 1 日起正式实施，原《绿色建筑评价标准》（GB/T50378-2014）同时废止。十多年我国绿色建筑历经"3 版 2 修"，2019 年修订之后的"新标准"总体上达到国际领先水平，强调了以人为本的建筑理念，拓展绿色建材的内涵和外延，挖掘新材料的使用，新增基础级，增加了按照星级标准施行不同的强制性的技术水平的要求，拓展了评价方式的要求。

衣食住行，人生大事，在人工智能时代，每一个领域都呈现出了新要求、新标准、新理念和新发展。居住方式自然也不例外，那么如何居住得更好，更健康绿色，更环保节能？

首先就要了解各个国家推行的绿色建筑即节能环保建筑的建设评价标准合基本政策。当然作为普通百姓，还要关注各种在室内空间让自己生活得更舒适一些的小改造方式。我家住北京昌平，自从我 2008 年买房，2010 年底入住，住在这里九年来，我始终在网上关注各种装修方式和新材料的使用，在力所能及和经济能够承担的范围内让自己尽可能住得舒适些。我发现，不与时俱进是不行的，各个领域都是如此。自从我去年 2019 年 9 月份自己重新翻新装修了自己这唯一住房的卫生间和厨房以及局部地面以来，感触更加深刻。节能、环保、舒适、可持续太重要了。十几年来，我看了很多我国的一些装修改造节目，我还一直时不时关注日本的《全能住宅改造王》节目，发现日本人对狭窄住房的改造和对小空间的利用很有值得住小房子的中国人（比如我）可借鉴和学习的地方。当然还有德国的节能环保建筑方式也值得学习，不过那可能更适用于住大房子的人。

（五）航天航海部分

1. 1421，中国发现了美洲？

（写于 2018 年 2 月 10 日）

　　这几天看到了美国人马斯克（Musk）不畏失败，将人类智能极致发挥，并将其付诸实践，发射了低成本重载火箭并送自己的电动汽车遨游天空的新闻，令人类探索太空的步伐前进了一大步，开启了大宇宙探索时代。很有感触。人类对于未知领域的探索和求知欲望令我们具备了步步前进的能力和动力。那今天说说我们国家历史上的一次人类探索壮举：郑和七下西洋。郑和的征程不是太空，是大海。

　　我在慕尼黑大学上博士课程阶段主修的是汉学专业。我的博士导师研究的一个主要方向是中国古代交通史，所以我阅读了大量的相关古代文献，其中就少不了郑和下西洋的史料。明朝永乐年间，明成祖朱棣以及后来的仁宗皇帝朱高炽举全国之力，实现了历史上著名的郑和七下西洋壮举，具有重要的历史经济和政治意义，早于哥伦布的美洲探险。撰写《中国科技史》的李约瑟博士曾经对此做出了精湛的评价："明代海军在历史上可能比任何亚洲国家甚至同时代的任何欧洲国家都出色，以致所有欧洲国家联合起来，可以说都无法与明代海军匹敌。"目前了解的郑和七下西洋史料记载，并不一定是完全的历史。因为在郑和下西洋返航后，当时明政府对郑和下西洋的举措褒贬不一，比如耗资巨大，令国库空虚。所以很多资料没有保存下来，遗失了。

　　郑和的船队是否还去过史料未曾记载的地方？

　　在我在慕尼黑读书时，有一本畅销书非常火，是 Gavin Menzies 所写的 *1421, the year China discovered America*。2003 年这本书的德译本 *1421, als China Amerika entdeckte* 在慕尼黑出版。后来这本书也出了中译本：《1421，中国发现美洲》。这位前英国海军潜水艇指挥官用详尽的地图以及资料提出了一个大胆的假设：1421 年，郑和的一支船队曾经抵达了美洲，早于我们所熟知的哥伦布 1492 年发现美洲大陆的历史定论。虽然有很多学者纷纷提出很多论点表示这一假设不正确。但是这一本书给我们提出了一个很有趣也屡被提出的视角：什么是历史？我们习以为常的历史事实就一定是对的吗？后来我们国家电视里还录制了关于这本书的纪录片——我印象不深了，但我肯定看过——用很多在美洲挖掘出的实物资料去证明 Menzies 的假设。

人类对自身以往和现在以及未来的探索永无止境。对历史的挖掘，对现在的建设，对未来的构想，不论如何，探索和争议都是有益的，我们都是在一步步走近历史真相，探索人类极限。应将人类的智能以及科技发展所带来的与人类智能相辅相成的助力发挥到极致，从而更好地理解人，理解社会，理解人类和环境的关系，理解我们和历史、未来的关系。看最近的新闻有感，感触于人类从未停止过探索星辰大海的脚步和精神以及决心。一点回忆，记录下来。

2. 机器人、火箭和星辰大海

（写于 2018 年 2 月 8 日）

我从小就很喜欢看各种科幻电影、电视和书籍，大概就是 20 世纪 80 年代从风靡无数少年儿童的日本动画片《铁臂阿童木》开始吧。从小到大，我家的居住环境始终局促，一直到现在。虽然我现在身体囿于狭小的住房里，但我始终很喜欢描述遥远太空的所有一切。不为什么，就是向往，对星辰大海的向往，对未知空间的向往。

科幻电影、电视和书籍我从小到大看了很多很多，始终兴趣不减。机器人总是科幻电影和小说中的主角。机器人这个单词的由来呢？1920 年，捷克作家卡雷尔·恰佩克在他的科幻小说《罗萨姆的机器人万能公司》中，根据 Robota（捷克文，"劳役，苦工"的意思）和 Robotnik（波兰文，原意为"工人"）这两个单词，创造出"机器人"（Roboter）这个词。1939 年，美国西屋电气制造出了第一台家用机器人 Elektro，让人类对于家用机器人的向往变得具体可见。等到 1942 年，热爱写作的"机器人学之父"和科普作家以及科幻小说大师阿西莫夫（Isaac Asimov，1920—1992）提出了机器人三原则：

第一条：机器人不得伤害人类，或者看到人类受到伤害而袖手旁观。

第二条：机器人必须服从人类的命令，除非这条命令与第一条相矛盾。

第三条：机器人必须保护自己，除非这种保护与以上两条相矛盾。

除了机器人，阿西莫夫在其所设想及描绘恢宏的宇宙空间时，所展示出来的卓越的洞察力和远见，从 20 世纪 50 年代起至今，仍在深刻影响着人类的宇宙探索及科技经济的发展。2017 年，阿西莫夫的《银河系列》首部曲《银河帝国：基地》被选入我国人教版教材七年级阅读书目，足以证明他作品的通俗易懂以及重要性。1959 年，美国英格伯格和德沃尔制造出世界上第一台工业机器人，宣告机器人从科学幻想变为现实。英格伯格也被称为"工业机器人之父"。于是，后来，阿西莫夫对机器人三原则又增加了一条第零定律：机器人必须保护人类的整体利益不受伤害。

我喜爱机器人。在这个飞速发展，一日千里的人工智能时代，机器人的发展也是一日千里。它们不仅在书本电视电影里生动地生活，而是走进了人类的生活。我去年年底买了一个小雅智能音箱，能播放音乐和有声读物，能聊天。很有趣。但这还不是我理想中的机器人形象。

我希望今年能给我的外甥女买一个机器人玩具，具备学习机功能，给我自己也买一个机器人，能聊天的学习机。我没什么想法去养一只虚拟青蛙当儿子，也觉得养猫狗等宠物需要谨慎，毕竟没时间照料。我在家里飘台上养了一些绿植和一条小鱼，但它们都不会说话，我觉得还是具备聊天及学习功能的机器人比较好。做家务有家务机器人，比如扫地机和厨房各种设备，机器人的发展已经很丰富了，在我这个普通人眼里。

我对机器人的关注和喜爱会永远持续。因为这是人类在用一种持久的激情和创造力在为自己创造伙伴——助手和一定程度上的并行于世的"同类"。就目前的弱人工智能的发展而言，人工智能和机器人在某一方面强于人类，能够大力推动人类智能在更富有创造性的领域发展。这是天大的好事。

但是对人工智能的发展抱有警惕和疑虑的也大有人在。比如昨天，占据各新闻媒体头条的马斯克，这位工程师的创造力、激情和想象力在各个领域均得以实现：互联网领域、清洁能源领域和宇宙探索领域。昨天，这位天才的低成本重型火箭发射成功，并且两个助推器成功回收。在经历了无数所谓聪明人的冷嘲热讽之后，马斯克依旧执着研发，并且终于将不可能变成了可能。神人！无法言喻的牛人和天才！改变世界和历史并开创新的宇宙探索时代的人！让我们普通人仰望星空的眼光更为贴近实际——太空不再遥不可及。

马斯克是著名的对人工智能报以警惕和怀疑态度的人士。前一阵，他和另几位著名人士还获得了有趣的"卢德"奖。这个卢德不是"路德"，不要搞错了。这个"卢德"（Luddite）一词源于 19 世纪的苏格兰，当时的纺织工人反对使用动力织布机和其他节省劳动力的设备。而《韦氏词典》则将卢德定义为阻碍科技进步的人。这实际上是个搞笑奖项。就像搞笑诺贝尔奖似的。据说有人担心将来人工智能大规模占领地球，导致人类丧失生存空间，所以极力主张和推动星际移民。马斯克的成功让星际交通和星际移民变得不再遥不可及。但是马斯克的创造发明离得开人工智能和机器人吗？那是不可能的。

马斯克对于人工智能的担忧其实存在于我们每个人的心里。但是我们知道"奇点"哪那么容易到来。强人工智能的出现才会对人类的存在构成一定的威胁吧。虽然现在人工智能的大发展会令很多人失去了工作，可是和前几次工业革命不也一样吗？有一部分人的工作失去了，却又在新创造出来的工作岗位上获得了新的工作。担忧未免有些杞人忧天。这个奖项的搞笑意味在于，我们寻求将我们人类的梦想逐一实现，却又害怕梦想实现后的结果。

马斯克的担忧是必要的，也是多虑的。他自己是个为了实现个人梦想付出一切的工程师。在他的梦想中，顺利升空，围绕着太阳的小行星带上飞翔的红色特斯拉里坐着的是一位 Starman，这已经是我们能想到的人类与人类智能与人工智能结合的极致了——科技与浪漫情感的完美结合。在某种意义上，Starman 其实也是个机器人的化身。

所以，人类在发展过程中，地球上的万物之灵，从来没有满足过。那么制造出类似自己的"另一种人"的想法有什么奇怪的呢？机器人要比克隆人实在好上千百倍了吧。已经获得沙特阿拉伯国籍的机器人索菲（Sophie）其实还是人类在替她说话，发言，而不是真正意义上的具有自主思维和感情的机器人。所以不必担忧。

很多人相信人类智能以及人工智能在发展过程中，会出现毁灭自身的情况。这也是像马斯克这些身处科技巅峰的人可能会更清醒看到的。比如战争，比如将来可能出现的人类与机器人的"战争"。但是，没有人工智能的时代就没有战争了吗？这一切不足以阻挡人类前行的步伐。

人类的本性就是迁移和好奇。迁移，从陆地迁往星辰大海；好奇，从对自身的好奇，对环境的好奇，到制造类似自身"生物"的好奇。没有这些，我们人类今天可能还在茹毛饮血。所以，感谢，马斯克在多次发射失败后，昨天成功地向宇宙太空发射出了目前载荷量最大的低成本重载火箭，并将自己的一辆电动汽车特斯拉送进了宇宙太空。我知道特斯拉这个伟大的人物就是从这个品牌的名称获悉的。想必这也是马斯克在向自己的偶像特斯拉（Tesla）致敬吧。

还有多少被人为地淹没在历史长河中的伟大人物，不为世人所熟知。我记得我在很小的时候，看过《读书》上朱学勤写的"思想史上的失踪者"。很多才华横溢的人，很多丰功伟业的人，被历史的尘沙给淹没了，甚至吞噬了。所以，像马斯克这样的曾经的"疯子"，曾经的"梦想家"，在将自己吹过的牛一步步变成现实的过程中，也让众人知道了有些人不可能被淹没，比如特斯拉，比如马斯克他自己。

我们每个人都有梦想，是让自己的梦想被吞没，还是去实现它？这取决于你自己。在浩瀚的宇宙中，我们每个人都是自己的星球，微小但不卑微，丰富而有趣。有缺陷，有优点，有创造力，有能力去链接其他的星球，有能力去实现自己的梦想。

3. 人类何时开始尝试用电波和"外星人"联系的？

（写于 2019 年 11 月 3 日）

昨天，我看新闻，才得知，美国政府的"关门"（shutdown）天数已经打破了历史纪录，超过了历史上这个国家政府在 20 世纪九十年代关门时间最长的天数——21 天。看新闻，我才知道，从 20 世纪 80 年代算起，美国政府愤然黯然悄然或无奈"关门"的事已经好多次了。

美国政府关门是常事，诧异之余不说什么了。对这个现在民粹主义和极端保护主义兴起而让世界陷入一片混乱，因为建墙事件的经费问题而导致政府关闭的国家，有些唏嘘。不过可能美国人都习惯了。

另一则新闻我今天想多说说。那就是这几天热火朝天的"外星人"（Ausserirdischer）"联系"地球人的新闻。虽然来自太空深处的 FRB（Fast

Radio Burst）信号，按照科学家的说法，具备多种可能性，但是对我这样从小到大的科幻迷而言，理智告诉我，科学家们的分析是对的，但是还是真的禁不住要想到"外星人"，虽然这种可能性极小，还是禁不住兴奋了一把。

美国是出科幻作家很多的地方，我从小到大看到的各种作品中，经常有各种各样的"外星人"降临美国，然后要么在地球大开杀戒，要么被打得落花流水的故事情节。欧洲人可能比较理性，"与外星人血战"的文学作品我看到的不多。当然，描述我们人类去外太空遨游，与外星人相遇共处或者大打出手的文学作品也很多。我今天不想解释到底有没有"外星人"这个难度极大的问题，想说说我们人类到底什么时候开始尝试着联系"外太空生命"的。

很久之前人类就开始这一尝试了。早在 19 世纪，德国著名医生、天文学家及自然哲学家弗朗茨·冯保拉·格鲁伊图伊森男爵（Franz von Paula Gruithuisen）就曾提出了月球上的环形山是宇宙星体相撞而成。这在当时是了不起的成就，所以为了纪念这位天文学家，月球上有以这位著名天文学家命名的山体。除了这个著名发现外，格鲁伊图伊森还建议尝试着与月球上的"居民"建立联系，开创了人类尝试与"外太空生物"建立联系的先河。人类的好奇心是各种发明创造和发现的源泉！注意，是"寻找联系"（Kontaktsuche），而不是"已经建立联系"（Kontaktaufnahme）。

到了 1919 年，意大利的无线电先锋和无线电企业 Marconi 的创始人 Guglielmo Marconi，开始尝试用无线电与外太空生命建立联系。这位无线电专家曾于 1909 年与德国著名物理学家及电气技术专家共同获得了诺贝尔物理学奖。

卡尔·费迪南德·布劳恩（Karl Ferdinand Braun，1850—1918）在理论方面对无线电技术的飞跃式发展做出了卓越的贡献，而 Morconi 则借助他的企业把这一理论付诸实践，并部分地应用在了对"外太空生命"的寻找中。

到了 20 世纪 60 年代，美国 NASA 开始设立各种寻找外太空文明的项目，其中最知名的就是 SETI 项目"人类寻找外太空生命"（Suche nach intelligentem außerirdischem Leben）。1992 年这一项目在美国这个"任性"而又"有激情"和"丰富想象力"的国家正式开启，一年后就因经费问题不再获得政府拨款。但是这一项目始终没有终止，依靠捐款等经费来源支撑下来，其中，天文学家坚持用射电和光学望远镜观测外太空文明。

2018 年，美国国会专门给 NASA 拨款，用于 SETI 项目的外太空文明寻找计划。也就是说，SETI 项目从民间项目重新被纳入到了政府项目。结合美国准备成立"太空军"，马斯克的 SpaceX 火箭成功发射以及回收猎鹰 9 号火箭对缩减火箭制造费用的开创式研发，这都让人觉得，外太空可能不仅会在将来成为战场，也可能成为未来人类星际移民的目的地。而这其中，对浩瀚的宇宙中到底有没有外星生命（Existenzwahrscheinlichkeit）的研究和探索也成为满足人类好奇心的一个重要的动力源泉吧。

我们国家的外太空探索在最近也开创了一个新的时代。前不久，嫦娥四号的发射成功标志着人类历史上首次开始探索月球背面的秘密。可惜月球背面没有"嫦娥"，这个我国古代神话中的"外星人"形象是从地球"移民"过去的，并在月球上扎根下来，祝福着地球上的人类生活。这是我们古代对外太空文明的美好想象。

宇宙浩瀚无垠，虽然现代著名物理学家霍金等专家对人类尝试联系或接触"外星人"提出了警告，但是我们依旧还是抱着美好的愿望，希望这个无边的宇宙中的可能存在的外星文明有善意与和平。

后　记

未来已来，我们学什么？

学习思维模式，打破惯性思维，拓展世界视野。

我 1976 年出生，跨越两个世纪，而且是瞬息万变、令人目不暇接的两个世纪。二十多年前，我第一次走上讲台。现在，我已经走完了人生的前两个二十年。人至中年，无惧喜悲，更想为自己留些纪念。所以想送自己一份礼物，同时更是应德语教学实践的要求，将对德国和德国与世界的关系的一些感想整理成册，方便我自己和读者。

这本书主题鲜明，时代性强，力争用更为宽广的视野看待德国和德国研究，从人文社科和自然科学的方方面面了解德国，让日常生活深度化，科学化，宽度拓展化，尽量采用通俗易懂的语言进行介绍，增进德语学习者在全面系统了解人与社会与自然的历时性和共时性的进程中对一个国别的深入理解，避免初级外语学习的"幼稚化"所造成的"知识和认知倾斜"，并激发对相关领域的兴趣和学习热情，培养学习者的"思辨能力"和"终身学习思维"。

在全球化的时代，人人都需要学会从不同视角（自己国家的视角、世界视角、比较视角）去看待每一个国家在世界中的定位，并采取合适的契合自身定位的全球本土化策略，来谋求更好的发展。

贯穿我这本书的部分理论基础和脉络是：人类学—文化研究—区域研究—区域科学—地理学—地缘政治等范畴，它们已经基本囊括了人文社科和自然科学的众多领域，并跨越了一些相关领域如经济、政治、法律、天文和数理化，那么这样一来，对一个国家和地区的了解会比较全面；而且充分说明，文理不分家，人文社科和自然科学之间没有壁垒，要会融会贯通。从理论脉络上，我这本书还提出三个问题，并尝试融合人文社科和自然科学的众多领域来分析和阐释，做些粗浅介绍。

一、人类学和文化研究的叠加，就是区域研究吗？

文化人类学（Kulturanthropologie）曾被称为"民族学"（Enthnologie），其研究始于欧洲人对非欧洲人的研究兴趣，开始于 15 世纪地理大发现时代，在 19 世纪时逐渐发展成为一门正式的学科。进入 20 世纪，文化人类学与教育、语言、文化艺术、心理学、社会政治、医疗、生物科学、全球化、环境等现实问题相结合，不断在拓展该学科的内涵和外延。

文化人类学的研究分类有：田野调查（Fieldwork）、方法论、学说史；民族史、民族文化史、语言人类学、涉及语言学研究；自然环境、职业、衣食住、生活用具、技术、艺术等研究，涉及生物学、社会学、技术史、艺术学研究；婚姻制度、家族及亲属结构、社会政治经济结构、集团性、习俗和制度等研究，涉及政治人类学、法人类学、经济人类学研究；宗教、巫术、仪礼、祭礼等研究，涉及宗教学研究；神话、传承、民间传说等研究，涉及神话学、民俗学研究；民谣音乐和舞蹈等研究，涉及文学音乐和身体论研究；都市文化和文明研究，涉及都市人类学研究；教育、人格形成、国民性、文化与心理、精神卫生等研究，涉及心理人类学研究；其他还有医疗人类学、影视人类学、认知人类学等研究领域。

文化研究（cultural studies, Kulturwissenschaft, Kulturstudien）结合了文化人类学、社会学、文学理论、媒体研究等学科来研究工业社会中的文化现象，以及与政治经济、种族、社会阶级或性别等主题的关系。20 世纪 60年代由雷蒙·威廉斯（Raymond Williams）和理查德·霍家特（Richard Hoggart）创立的伯明翰学派（Birmingham School），以创办伯明翰大学当代文化研究中心（the Birmingham Centre for Contemporary Cultural Studies：CCCS）机构为重要标志，并起到了开创文化研究这一领域的重要作用。这一机构成为文化研究建制化的标志。

文化研究的主要分类和研究领域有：文化研究（culture studies, Kulturfor-schung）、文化历史（culture history, Kulturgeschichte）、文化认同（culture i-dentity, Kulturidentitaet）、文化理论（culture theories, Kulturtheorien）、文化再生产（culture reproduction, Kulturreproduktion）、文化工业（cultural industry, Kulturindustrie）、文化战争（cultural wars, Kulturkrieg）、都市文化研究（Kul-turforschung der Grossstaedte）、后现代主义（Postmoderne）、酷儿理论（queer theory, Queer-Theorie）、大众文化研究（popular culture, Populaerkultur）、性

别研究（Gender Studies）、东方主义（orientalism, m Orientalismus）、批判理论（critical theories, Kritische Theorie）、法兰克福学派（the Frankfurter school, die Frankfurter Schule）、新马克思主义（neomarxism, Neomarxismus）、女性主义（Feminism, Feminismus）、符号学（Semiotics, f Semiotik）、社会建构学说（social contructivism, Sozialkonstrutivismus）、罗兰·巴特的神话学（Mythologie von Roland Barthes）等。

文化研究的现代重要理论家：雷蒙·威廉斯（Raymond Williams, 1921—1988）：20 世纪 60—70 年代英语世界最重要的马克思主义文化批评家，文化研究的重要奠基人之一，英国新左派的元老之一；理查德·霍加特（Richard Hoggart, 1918—2014）：是伯明翰文化研究中心奠基人；保罗·吉洛伊（Paul Gilroy, 1956—）：致力于种族和种族研究；阿多诺（Theodor Adorno）；福柯（Michel Foucault）；阿尔都塞（Louis Althusser）；拉康（Jacques Lacan）；德里达（Jacques Derrida）；哈贝马斯（Juergen Habermas）；让·鲍德里亚（Jean Baudrillard）；斯图加特·赫尔（Stuart Hall, 1932—2014）：当代文化研究之父、英国社会学教授、文化理论家、媒体理论家、文化研究批评家、思想家，他开启了学术工作政治化的先河，致力于媒介与大众文化研究，主张"文化平等、种族公正"；罗兰·巴特（Roland Barthes）；本雅明（Walter Benjamin）；布迪厄（Pierre Bourdieu）；朱迪·巴特勒（Judith Butler）；斯皮瓦克（Spivak）等人。

这些理论和这些重要代表人物中的绝大部分我之前都已经写文章介绍过了，不再赘述。加以解释的威廉斯、霍加特、吉洛伊和赫尔，都任职于伯明翰大学当代文化研究中心，并均在文化研究领域做出了很大贡献。

了解一个流派和理论，无须区分和局限于其代表人物的国籍和语言，他们中的不少人均具有多元文化背景，或者在世界各地居住过，跨越和深刻理解几种文化圈类型。如果有外语初学者认为学一门语言就只需要研究相关国家的代表人物和代表理论，那就太狭隘了。学习一门外语是要学会用这门外语不仅仅去研究目标国家，更要学会用这门语言去了解和研究全世界，然后会发现对目标国家的了解会更深刻和全面。

文化研究有时候会被用来当作区域研究（area studies）的同义词，但是区域研究（对国家或地区或洲范围内的民族的分析）不仅仅等同于人类学（对人和人的环境的研究）+文化研究（对文化的研究以及人在文化中起到的作用的研究）。这是些近似概念。人类人文社科和自然科学各领域的历史和现实融合和发展才逐渐成为一个区域的民族发展和国家形成以及国家间交往的基础。

二、地理学（Geographie）和地缘政治（Geopolitik）有什么关系？

地理学是关于地球及其特征、居民以及现象的学问。Geographie 这一单词来自古希腊语，由 geo（大地）和 graphein（写）组成，字面意思是对"大地的描述"。最早使用这一词汇的人是古希腊的埃特拉斯特尼（Eratosthenes），他用这一次词汇来表示研究地表景物的学问。

地理中国古代称舆地。日本在明治维新之后把英语词汇 geography 译成"地理"，之后传入中国。1902 年清政府在向日本考察教育之后，1903 年把史学和舆地科目改称为历史和地理。自此，不再用舆地一词，地理这一名词进入中国教育体系。

一般而言，地理学有以下基本研究范畴：

1. 系统地理学（又被称为普通地理学），包括自然地理学和人文地理学，研究自然以及人文现象的空间分析。自然地理学可以粗略分为：生物地理学、景观生态学、气候学、史前气候学、海洋学、海岸地理学、水文学、水文地理学、土壤学、土壤地理学、物候学、地质学、地图学、环境地理学、环境管理（包括灾害管理、环境管理等）、大地测量学、地形学、冰川学、冻土学、化学地理学、地震学、火山学、古地理学、第四纪学等。人文地理学包括：社会文化地理学、发展地理学、经济地理学、商业地理学、宗教地理学、交通地理学、旅游地理学、行为地理学、地理知识学、文化理论、音乐地理学、食品地理学、战略地理学、环境地理学（包括灾害管理、环境管理、可持续性和生态政治学或政治生态学）、医疗地理学、历史地理学、时间地理学、聚落地理学、都市地理学、军事地理学、人口地理学、人口学、工业地理学、农业地理学、人种地理学、政治地理学、地缘政治学。

2. 区域地理学（又被称为地志学），用地方和区域去阐释地球的特性以及人文关系，包括：行政区域志、国土志、邦域志、景观地理学、地方志、山志学、海洋学、景观形态学、区域生态学、区域变迁学、区域组织学、区域动态学等。区域研究（aera studies）包括城市规划、区域规划（regional planning）等，到了 20 世纪 50 年代，区域学（Regionalforschung）由沃尔特·埃萨德（Walter Isard）创立，成为一门学科，包括区域经济学、资源管理、区位理论、交通运输、通信、人文地理学、人口分布、景观生态学、环境学，还有地缘政治学等。

3. 人地关系（man-land relationship）研究：研究自然界各种现象对人类的影响，或是人类活动对自然界产生的效应，包含自然地理学、人文地理学、区域地理学中的大量学科。地缘政治学也算在其中，是人文地理学的一支，注重人地关系的研究中的政策影响。

4. 地球科学研究：除了包括自然地理学和人文地理学的众多学科之外，还包括行星学，与天文学与宇宙学相关。

伴随着 20 世纪 50 年代出现的地理学计量革命（Quantitative Revolution），地理信息学（Geomatik）出现，包含利用地图学和测绘学所使用的空间技术和电脑应用。地理信息学和其他利用地理信息系统和遥感方法的学科一起成为一门学科，如今，地理信息学包含空间分析、地图学、地理信息系统、遥感测试、全球定位系统等。从方法论上主要分为计量地理学和数理地理学。

地理学还有地名学、方志学、理论地理学、地理学方法论等。

地理学是人类在社会科学和自然科学之间的桥梁，是典型的跨学科，是系统全面覆盖众多学科的重要学科。

现代地理学重点是寻求理解空间，深入探索人类以及自然的复杂性，并要知其然，知其所以然。而这些研究伴随着人类对自身和环境的认识，从很久前就开始了。

古希腊自然科学家从公元前 6 世纪就对地球的形状和大小以及地球在宇宙中所处的位置进行了初步和富有成果的研究。天文学的发展也与人类研究地球科学密切相关。早在古希腊时代，就已经出现了"区域地理学"和"普通地理学"这两大地理学基本观点的源流。米利都的阿纳克西曼德（Anaximandet，约前 610 年到前 546 年）被后期的希腊作家认为是地理学的创始人，据说他是希腊第一个绘制地图的人。泰勒斯（Thales）和他预测过日食。毕达哥拉斯学派提出了地球是一个球体。埃特拉斯特尼是第一个测出了地球大小的地理学家，被称为"普通地理学之父"。与之相比，中国古代最早的地理书籍有《禹贡》和《山海经》等，还有徐霞客等地理学家。古代的地理学主要探索与地球形状、大小相关的测量方法，或者描述已知的地区和国家。

中世纪是地理学发展的停滞时期，直到文艺复兴时期地理学才重新得以复苏和发展。13 世纪写成的《马可·波罗游记》推动了大航海和地理大发现运动。在 15 世纪和 16 世纪地理大发现时代出现的航海大发现活动，以及印刷术的兴起，极大地促进了地图学的发展。

1544 年，塞巴斯蒂安·明斯特（Sebastian Münster，1488—1552）所著的《世界志》（*Kosmographie*）开始尝试对整个世界进行系统的记述，极大地跨越了以往的地志学记述，是一本五百年前的畅销书。明斯特是一个不出门而发现世界的地理学家和地图学家，给当代读者和后世留下了一幅 16 世纪的人对世界的部分准确而又部分奇幻的描述。

到了 18 世纪中期和 19 世纪末，近代地理学以德国为中心得以确立。能称得上是近代地理学先驱并具有划时代意义的书籍是瓦伦纽斯（Bernhardus Varenius，1622—1650）所著的《普通地理学》。他把地理学划分为普通地理学和特殊地理学，并对普通地理学进行了体系化的阐述。伴随着地理大开发的推进、人类对自然界理解的深入以及人口膨胀带来的对资源的需求，地质学迅速发展。布丰和赫顿等早期地质学家已经开始研究起了当今自然地理学所研究的地理现象。18 世纪中期，启蒙运动的发展对科学和理性的追求和探索体现在各行各业，在地理学领域以德国为中心也掀起了一场革新运动，以谋求科学地理学的确立为目标，一直持续到了 19 世纪末，最终推动了近代地理学原理的确立。其中的代表人物就是亚历山大·洪堡（Alexsander Humboldt，1769—1859）和李特尔（Carl Ritter，1779—1859）。他们均被称为"近代地理学之父"。亚历山大·洪堡既是博物学家、地理学家，也是旅行家，主张在观察地表现象时注重其中的联系，认为人文现象也与土地、气候以及植被有着密切的关系，著有《宇宙学》（*Kosmos*）。亚历山大·洪堡创立的近代地理学原理在李特尔的努力下实现了规范化。李特尔（Ritter）所著的《普通比较地理学》（*Die Erdkunde im Verhältnis zur Natur und zur Geschichte des Menschen，oder allgemeine，vergleichende Geographie*）提出了地理学作为一门独立的学科的理论指导和框架。

还有佩舍尔把自然科学方法引入地理学，研究地质学的李希霍芬、赫特纳等人进一步确立和巩固了近代地理学。法国的白兰士（Paul Vidal de la Blache，1845—1918）从生态学角度阐述环境理论。

最早提出"Geopolitik"（地缘政治学）这一概念的是瑞典政治学家哲伦（Johan Rudolf Kjellén，1864—1922），1917 年，他在其著作《论国家》中定义了地缘政治学，把国家作为地理的有机体或一个空间。

地缘政治学这一学科随后在德国得到了突飞猛进的发展，豪斯霍费尔的帝国主义地缘政治学说成为纳粹德国的意识形态。英国的地缘政治学先驱马汉和麦金德等人提出的海权论和"世界岛"以及"心脏地带"等理论，也对西方国家的政治经济政策的制定和实施影响巨大。

20 世纪中期，地理学迎来了地理计量革命。谢弗（F. Schaefer）在其 1953 年的《地理学中的例外论：方法论的验证》中提出了基于定量科学推论的研究方法。这些地理学家把地理学的目标设定为对空间理论的建构，把统计方法引入地理学，克里斯塔勒（Walter Christaller，1893—1969）从经济法则的角度对城市聚落进行分析，提出了中心地理学理论。哈格斯特朗（1916—2004）是地理学理论化、数量化的倡导者之一，对文化的传播进行了理论和理性考察，试图分析人类的空间行为，被称为"行为地理学（Verhaltensgeographie）的先驱者"。经过 20 世纪 60 年代的继续发展后，地理学引入了空间理论和计量学方法（统计学和数学方法），逐渐在全世界得到广泛传播。随着电子计算机的发展，计量地理学也随之成为新的地理学的分支，其探求地理学中的法则性，并日益发挥着重要的作用，极大地推进了人口地理学、经济地理学和社会地理学等学科的发展。技术辅助人类的认知，在任何学科都是极其重要并发挥着越来越重要的作用。地理信息系统（GIS：Geographic Information System）结合了地理学和信息技术，对用可视化方式对地理信息的整合和关联非常重要。同时，对人文地理学的重新认识也得以进一步发展。

西方地理学一些重要代表人物：米利都的阿纳克西曼德（Anaximandet，约前 610 年到前 546 年），被后期的希腊作家认为是地理学的创始人，据说他是希腊第一个绘制地图的人，泰勒斯（Thales）和他预测过日食；希罗多德（Herodotus，约前 484—约前 425 年），著有《历史》（Geschichte）；埃拉托斯特尼（Eratosthenes，前 276 年—前 194 年），计算出了地球的直径大小，设计经纬度系统，发明浑天仪，他是世界上最早有文字记载的、测量出地球周长的人；托勒密（拉丁语 Claudius Ptolemaeus，Ptolemy，约 90 年—168 年），编译希腊以及罗马的知识写成《地理学指南》（*Guide to Geography*）一书。麦卡托（Gerardus Mercator，1512—1594），创新的地图学家，发明的麦卡托投影法（Mercator-Projektion，Mercator projection），又被称为正轴等角圆柱投影；瓦伦纽斯（Bernhardus Varenius，1622—1650），有《普通地理学》（General Geography）；亚历山大·洪堡（Alexander Humboldt，1769—1859），被视为现代地理学之父之一，出版《宇宙学》，并创立地理学分支；卡尔·李特尔（Carl Ritter，1779—1859），被视为现代地理学之父之一，著有《普通比较地理学》；盖奥特（1807—1884），对快速冰流有高度认识；威廉·戴维斯（William Morris Davis，1850—1934），美国地理学之父，发展了侵蚀循环（cycle of erosion）理论；维达尔·白兰士（Paul Vidal de la Blache，1845—1918），法国地质政治学学校的创办人以及近代地理学的奠基人；麦金德（Mackinder，1861—1947），伦敦政治经济学院的创办人之一，并协助创办英国地理协会以及雷丁大学，是英国地理协会会长，《历史的地理枢纽》以及心脏地带（Heartland）理论的作者，与马汉（Mahan）提出的海权论相对应；瓦尔特·克里斯塔勒（Walter Christaller，1893—1969），人文地理学家以及中心理论（System der zentralen Orte）的发明者；F. K. 谢弗（Schaefer，1904—1953），计量地理学创立者；哈格斯特朗（1916—2004），行为地理学创立者；沃尔特·艾萨德（Walter Isard，1919—2010），被誉为西方区域科学、空间经济学创始人，他于1954年创办了世界上第一个区域科学协会、第一个区域科学系、第一个区域科学研究所和第一本区域科学杂志，1960年他又出版了《区域分析方法》一书，书中系统阐述了区域开发的理论和方法，标志着区域科学的正式形成；大卫·哈维（David Harvey，1935—　　），马克思主义地理学家，空间以及城市地理学理论创立者；古特柴尔德（Michael Frank Goodchild，1944—　　），地理信息系统学者；思奈芙特（1949—　　）：非表象理论发起人；等等。

上述地理学家中的一部分我之前已经写文章介绍过。当然还有众多的像马可波罗一样的旅行家，哥伦布、达伽马、麦哲伦一样的航海家，弗拉·毛罗、墨卡托一样的地图绘制学家，还有像李希霍芬一样的考古学家和地质勘探学家我就不一一列举了。

三、世界是如何被展现在人类面前的？

是早期人类一步步丈量出来的，是乘风破浪一点点探索出来的，而这其中就伴随着各个民族和国家之间和平的国际交流，殖民和反殖民统治，民族解放运动和不断的战争。

现在，丈量世界和人与这个世界的关系，可以借助更为先进的工具，从空中，到地面，到深海。无处没有人的踪影和人的延伸——机器；而人与地的关系也是在与时俱进地发展着。

地理学是横跨人文社科和自然科学的核心学科，与人类的生产生活发展息息相关。区域科学和地缘政治仅仅是其中非常小的一部分。而如何用这些学科知识和相关理论去分析一个国家在世界中的发展、定位及影响，需要具有融会贯通，举一反三的视角。我用德国和世界的关系作为切入点，来做一点尝试，希望能有所启发。

（部分内容参考：［日］茂木健一郎：通识——学问的门类，江西人民出版社，2019）

吕　律

2020 年 5 月 15 日

部分外文推荐书目和参考资料

部分外文推荐书目和参考资料：

Guenther Roth：Das historische Verhaeltnis der Weberschen Soziologie zum Marxismus，In：*Koelner Zeitschrift fuer Soziologie und Sozialpsychologie*，vol. 20，1968，pp433ff

Karl Marx：*Das Manifest der kommunistischen Partei*

Karl Marx：*Das Kapital*

Karl Marx：*Oekonomisch – philosophische Manuskripte aus dem Jahr* 1844

MassimoMontanari：*Der Hunger und der Ueberfluss：Kulturgeschichte der Ernaehrung in Europa.* C. H. Beck，1993

UlrichGutmair：*El Nino，das Emoire und der Hunger*

Samuel Huntington：*Kampf der Kulturen*

Max Weber：*Die protestantische Ethik und der Geist des Kapitalismus*

Niklas Luhmann：*Gesellschaft der Gesellschaft*

Niklas Luhmann：*Die Kunst der Gesellschaft.*

Niklas Luhmann：*Die Gesetze der Gesellschaft*

Norbert Werner：*Die Kybernetik oder die Kontrolle und Kommunikation in den Tieren und Maschinen* (Cybernetics or control and communication in the animal and machine)

Wolfgang Ertel：*Grundkurs Kuenstliche Intelligenz：Eine praxisorientierte Einführung.*

Leopold von Ranke：*Weltgeschichte*

NealAscherson：*Schwarzes Meer*

Thomas Nagel：*Was bedeutet das alles? – Eine Einführung in die Philosophie*

Aristotles：*Magna Moralia*

Aristoteles: *Politik*

John Rawls: *Eine Theorie der Gerechtigkeit*

Thomas Kuhn: *Die Struktur wissenschaftlicher Revolutionen*

Henry Kissinger: *Grossmachtdiplomatie*

Joseph Stiglitz: *Die Schatten der Globalisierung*

Knut Borchardt: *Globalisierung in historischer Perspektive* . Verlag der bayerischen Akademie der Wissenschaften, München S. 34.

Olivier Blanchard: *Makrooekonomie*

Paul Krugman: *Volkswirtschaftslehre*

Platon: *Der Staat*

Immanuel Kant: *Metaphysik der Sitten*

Adam Smith: *Der Wohlstand der Nationen*

Adam Smith: Die Theorie der ethischen Gefühle

John Maynard Keynes: Vom Gelde

Sigmund Freud: *Das Unbehagen in der Kultur*

Jean – Jacques Rousseau: *Vom Gesellschaftsvertrag oder Prinzipien des politischen Rechtes*

John Stuart Mill: *Die Freiheit*

Franz Boas: *Anthropologie*

Guenter Grass: *Die Romane der Danziger Trilogie*

Alexander von Humboldt: *Kosmos*

Wilhelm von Humboldt: *Bildung und Sprache*

Bach–Malcolm Boyd: *Johann Sebastian Bach, Leben und Werk*

Brueder Grimm: *Deutsches Woerterbuch*

Brueder Grimm: *Deutsche Sagen*

Joseph Alois Schumpeter: *Theorie der wirtschaftlichen Entwicklung: eine Untersuchung ueber Unternehmergewinn*

Jean Baptiste Say: *Katechismus der National – Oekonomie*

Thomas Robert Malthus: *An essay on the principle of population as it affects the future improvement of society, with remarks on the speculations of Mr. Godwin, M. Condorcet, and other writers.*

David Ricardo: *Die Grundsaetze der politischen Oekonomie oder der Staatswirthschaft und der Besteuerung*

Peter Hupfer, Wilhelm Kuttler: *Witterung und Klima – Eine Einführung in die Meteorologie und Klimatologie*

Hans Juergen Mueller – Beck: *Die Eiszeiten. Naturgeschichte und Menschheitsgeschichte*

Alfred Thayer Mahan: *Der Einfluss der Seemacht auf die Geschichte(The Influence of Sea Power upon the French Revolution and Empire*, 1793—1812.) In: Harper's Magazine.

Juergen Hartmann: *Internationale Beziehungen*

Gert Krell: *Weltbilder und Weltordnung: Einführung in die Theorie der internationalen Beziehungen*

Francis Fukuyama: *Das Ende der Geschichte*

Allan Bloom: *The Closing of the American Mind* (*Der Niedergang des amerikanischen Geistes*)

Arnold Joseph Toynbee: *Der Gang der Weltgeschichte*

Hans Maier, Horst Denzer (Hrsg.): *Klassiker des politischen Denkens.*

DieterNohlen, Rainer – Olaf Schultze (Hrsg.): *Lexikon der Politikwissenschaft. Theorien, Methoden, Begriffe.*

Reinhold Zippelius: *Allgemeine Staatslehre.* Politikwissenschaft

Ulrich Beck: *Was ist Globalisierung?*

Mackinder: Der geographische Drehpunkt der Geschichte

Spykman: The Geography of the Peace

Ruth Reichstein: Die 101 wichtigsten Fragen–Die Europaeische Union

Werner Weidenfeld: Die Europaeische Union

Andreas Wehr: Die Europaeische Union.

Hans–Juergen Bieling: Die Globalisierungs–und Weltordnungspolitik der Europaeischen Union. VS Verlag fuer Sozialwissenschaften

SvenBernbard Gareis, Gunther Hauser, Franz Kernic (Hrsg.): The European Union–A Global Actor?

Jürgen Hartmann: Das politische System der Europaeischen Union. Eine

Einfuehrung.

UlrikeJureit, Nikola Tietze (Hrsg.）：Postsouveraene Territorialität. Die Europäische Union und ihr Raum. Berlin 2016

JürgenRuettgers, Frank Decker (Hrsg.）：Europas Ende, Europas Anfang. Neue Perspektiven für die Europäische Union. Frankfurt/New York 2017

Wolfgang Wessels：Das politische System der Europaeischen Union.

Jens Wissel：Staatsprojekt Europa. Grundzüge einer materialistischen Theorie der Europaeischen Union. Münster 2015

Wilfried Loth：Europas Einigung. Eine unvollendete Geschichte. Campus, Frankfurt am Main 2014

GuidoThiemeyer：Europaeische Integration. Motive, Prozesse, Strukturen. Boehlau / UTB, Koeln 2010

Manfred A. Dauses (Hrsg.）：Handbuch des EU-Wirtschaftsrechts. Beck, Muenchen 2009

Dieter Grimm：Europa ja-aber welches? Zur Verfassung der europäischen Demokratie. Muenchen 2016.

Marcel Haag, Roland Bieber, Astrid Epiney：Die Europaeische Union：Europarecht und Politik. 11. Auflage. Nomos, Banden-Baden / Helbing Lichtenhahn, Basel 2015,

Daniel Cohn-Bendit, Guy Verhofstadt：Fuer Europa. Ein Manifest. Uebersetzt von Philipp Blom. Hanser, Muenchen 2012

Juergen Habermas：Zur Verfassung Europas. Ein Essay. Bonn 2012

Bodo Hombach, Edmund Stoiber (Hrsg.）：Europa in der Krise. Vom Traum zum Feindbild? Marburg 2017

Srecko Horvat, Slavoj Zizek：Was will Europa? Laika, Hamburg 2013

Johnannes Heinrichs：Die Logik des europaeischen Traums. Eine systemtheoretische Vision. Academia Verlag, Sankt Augustin 2014

Thomas Schmidt, Europa ist tot, es lebe Europa! Eine Weltmacht muss sich neu erfinden. Muenchen 2016

Uwe Andersen, WichardWoyke (Hrsg.）：Handwoerterbuch des politischen Systems der Bundesrepublik Deutschland. Springer VS, Heidelberg 2013

Eckart Conze: Die Suche nach Sicherheit. Eine Geschichte der Bundesrepublik von 1949 bis in die Gegenwart

Neil MacGregor: Deutschland. Erinnerungen einer Nation. C. H. Beck, Muenchen 2015

LotharGall (Hrsg): Enzyklopaedie deutscher Geschichte.

Guenther Ammon, MichaelHartmaier: Zentralismus und Foederalismus-die zwei praegenden Strukturprinzipien der europaeischen Raumordnung.

Winfried Boettcher (Hrsg.): Subsidiaritaet-Regionalismus-Foederalismus

Michael Maes: Regionalismus, Nationalismus und Fremdenfeindlichkeit.

Alfred H. Heinekenu. a.: The United States of Europe (a Eurotopia?)

Andrea Albrecht: Kosmopolitismus

Christoph Martin Wieland: Das Geheimnis desKosmopolitenordens

Lessing: Die Erziehung des Menschengeschlechts

Johann Gottfried Herder: Auch eine Philosophie der Geschichte zur Bildung der Menschheit

Immanuel Kant: Zum ewigen Frieden

Juergen Habermas: Staatsbuergerschaft und nationale Identitaet

GuenterBirtsch (Hrsg.): Patriotismus

Roland Erne, AndreasGross, Bruno Kaufmann, Heinz Kleger (Hsg.): Transnationale Demokratie-Impulse fuer ein demokratisch verfasstes Europa Realotopia

Alfred W. Crosby: Ecological Imperialism: The Biological Expansion of Europe, 900 - 1900, Studies in Environment and History, Cambridge University Press,

Alfred W. Crosby: The Columbian Exchange. Biological and cultural consequences of 1492. 1972

Liza Piper und JohnSandlos: A Broken Frontier: Ecological Imperialism in the Canadian North, in: Environmental History

Wuppertal Institut (Hrsg.): Fair Future - Begrenzte Ressourcen und Globale Gerechtigkeit

ChristophGoerg: Oekologischer Imperialismus? Ressourcenkonflikte und oekologische Abhaengigkeiten in der neoliberalen Globalisierung, in: Wider-spruch, Nr. 24 (47), 2004, S. 95-107

Jared Diamond: Kollaps. Warum Gesellschaften ueberleben oder untergehen

Paul K. Driessen: Oeko-Imperialismus-Gruene Politik mit toedlichen Folgen

Robert Nozick: Anarchy, State, and Utopia. Basic Books, New York 1974, Robert Nozick: *Anarchie, Staat, Utopia.* Olzog, München 2011

Wolfgang Kersting: Gerechtigkeit und oeffentliche Vernunft: *Ueber John Rawls' politischen Liberalismus.*

Witte, Egbert: Luhmann beobachtet. Anmerkungen zum Verhältnis von Sys-temtheorie und Pädagogik. In: Rustemeyer, Dirk (Hrsg.):„ Erziehung in der Moderne ", Königshausen und Neumann, S. 387-410. Insbesondere Kapitel 2. 2. 2003

Dietmar Dorn, Rainer Fischbach, VolkerLetzner: Volkswirtschaftslehre. Band 2, 5. Auflage. Oldenbourg Wissenschaftsverlag, 2010

Springer Gabler Verlag (Hrsg): Gabler Wirtschaftslexikon

Dania Neumann: Internet-Zahlungssysteme fuer Haendler und Verbraucher im deutschen Rechtssystem. In: Thomas Lammer: Handbuch E - Money, E - Payment & M-Payment

SoerenWolff: Eine kurze Geschichte des Geldes. Die Entstehung der Ver-tragsform Kredit und nominaler Geldzeichen in Antike und Neuzeit. In: Ökonomische Essays Band 15, Metropolis, Marburg 2010

JackMcIver Weatherford: Eine kurze Geschichte des Geldes und der Wae-hrungen. Von den Anfaengen bis in die Gegenwart

AlexanderSchellinger, Philipp Steinberg (Hrsg.): Die Zukunft der Eurozone. Wie wir den Euro retten und Europa zusammenhalten. Bielefeld 2016

Thomas Piketty: Die Schlacht um den Euro. Interventionen. Uebersetzung: Stefan Lorenzer. C. H. Beck Verlag, Muenchen 2015

Thomas Mayer: Europas unvollendete Waehrung. Wie geht es weiter mit dem Euro? Wiley-VCH, Weinheim 2013

Platon: Der Staat

Aristoteles: Die politischen Dinge.

Cicero：Vom Gemeinwesen.

Augustinus：Vom Gottesstaat.

Thomas von Aquin：Ueber die Herrschaft der Fuersten und ders：Summe der Theologie

Dante Alighieri：Ueber die Monarchie

Marsilius von Padua：Verteidiger des Friedens

Nikolaus von Kues：Ueber die allgemeine Eintracht

Niccolo Machiavelli：Der Fuerst.

Martin Luther：Von weltlicher Obrigkeit.

Jean Bodin：SechsBuecher ueber den Staat.

Thomas Hobbes：Leviathan.

John Locke：Zwei Abhandlungenueber die Regierung.

Montesquieu：Vom Geist der Gesetze

Pierre-Joseph Proudhon：System deroekonomischen Widerspueche oder Philosophie des Elends.

Karl Marx：Zur Judenfrage

Friedrich Engels：Der Ursprung der Familie und des Staats

Michail Bakunin：Staatlichkeit und Anarchie.

Pjotr Kropotkin：Die Eroberung des Brotes

Georg Jellinek：Allgemeine Staatslehre.

Franz Oppenheimer：Der Staat

Lenin：Staat und Revolution

Max Weber：Wirtschaft und Gesellschaft

Hans Kelsen：Allgemeine Staatslehre.

Carl Schmitt：Verfassungslehre.

Eugen Paschukanis：Allgemeine Rechtslehre und Marxismus.

Karl Barth：Christengemeinde undBuergergemeinde

NicosPoulantzas：Staatstheorie. Politischer Ueberbau, Ideologie, Autoritaerer Etatismus

Reinhold Zippelius：Allgemeine Staatslehre. Politikwissenschaft

Ulrich Beck：Was ist Globalisierung?

- Carl Menger: *Grundsaetze der Volkswirtschaftslehre.* Wilhelm Braumueller, Wien 2006

- Eugen von Boehm – Bawerk: *Geschichte und Kritik der Kapitalzinstheorien.* In: *Kapital und Kapitalzins.* Erste Abtheilung. Fischer, Jena 1994,

- Ludwig vonMises: *Theorie des Geldes und der Umlaufmittel.* Duncker & Humblot, Leipzig 2005

- Friedrich von Hayek: *Prices and Production.* Routledge & Kegan, London 1931.

- Murray Rothbard: *Man, Economy, And State: A Treatise On Economic Principles.* D. Van Nostrand Co., Princeton 2004

- IsraelKirzner: *Competition and Entrepreneurship.* Chicago University Press, Chicago 1978

- Nikolai Bucharin: *Die politische Ökonomie des Rentners. Die Wert – und Profittheorie der österreichischen Schule.* Verlag für Literatur und Politik, Wien/ Berlin 1926.

- Frank H. Knight: *Professor Mises and the Theory of Capital.* In: *Economica.* Band 8, Nr. 32, November 1941, S. 409–427.

- Robert Nozick: *On Austrian Methodology.* In: *Synthese – An International Journal for Epistemology, Methodology and Philosophy of Science.* Band 36, 977, S. 353–392.

John Maynard Keynes: *Allgemeine Theorie der Beschaeftigung, des Zinses und des Geldes.* 11. Auflage. Duncker & Humblot, Berlin 2009

Richard Ferdinand Kahn: *The Relation of Home Investment to Unemployment.* In: *Economic Journal.* Band 41, 1931, S. 173–198.

J. R. Hicks: *Mr. Keynes and the Classics: A Suggested Interpretation.* In: *Econometrica.* Band 5, Nr. 2, 1937, S. 147–159

James Tobin: *Price Flexibility and Output Stability. An Old Keynesian View.* In: *Journal of Economic Perspectives.* Band 7, 1993.

Paul A. Samuelson: *Interactions between the Multiplier Analysis and the Principle of Acceleration.* In: *Review of Economics and Statistics.* 1939, S. 75–78.

GottfriedBombach u. a. (Hrsg.): *Der Keynesianismus. 6 Baende.* Springer Verlag, Berlin 1976.

N. Gregory Mankiw & David Romer (Hrsg.): *New Keynesian Economics.* Vol. 1: Imperfect Competition and Sticky Prices. MIT Press, 1991

N. Gregory Mankiw & David Romer (Hrsg.): *New Keynesian Economics.* Vol. 2: Coordination Failures and Real Rigidities. MIT Press, 1991

Paul Davies: *Prinzip Chaos. Die neue Ordnung des Kosmos.* („ Cosmic Blueprint "). Goldmann, München 1991

Bruno Eckhardt: *Chaos.* Fischer, Frankfurt am Main 2004

JamesGleick: *Chaos, die Ordnung des Universums. Vorstoß in Grenzbereiche der modernen Physik.* („ Chaos. Making a new science "). Droemer Knaur, München 1990

GünterKueppers (Hrsg.): *Chaos und Ordnung. Formen der Selbstorganisation in Natur und Gesellschaft.* Reclam, Ditzingen 1996

Peter Smith: *Explaining Chaos.* Cambridge University Press, Cambridge 1994. Standardwerk der Philosophie der Chaostheorie.

Marco Wehr: *Der Schmetterlingsdefekt. Turbulenzen in der Chaostheorie.* Klett-Cotta, Stuttgart 2002

Karin S. Wozonig: *Chaostheorie und Literaturwissenschaft.* Studienverlag, Innsbruck, Wien 2008.

Heinz Georg Schuster: *Deterministisches Chaos.* VCH, Weinheim 1994

Ulrich Beck: Was ist Globalisierung?

Jeffry Frieden: Will Global Capitalism Fall again? In: Bruegel Essay Lecture Series. Buessel Juni 2007

Christoph Henning: *Narrative der Globalisierung* . Zur Marxrenaissance in Globalismus und Globalisierungskritik.

Wolfgang Kubin (Hrsg. /Übers.): *Lu Xun. Werkausgabe in 6 Bänden.* Zürich: Unionsverlag, 1994.

Wolfgang Kubin (Hrsg.): *Moderne chinesische Literatur.* Frankfurt a. M.: Suhrkamp, 1985.

LeoOu-fan Lee. *Voices from the Iron House. A study of Lu Xun.* Bloomington, Indianapolis: Indiana University Press, 1987.

Raoul David Findeisen: *Lu Xun. Texte, Chronik, Bilder, Dokumente.* Stroemfeld, Frankfurt a. M. /Basel, 2001, ISBN 3-86109-119-4.

Wolfgang Kubin: *Literatur als Selbsterlösung. Lu Xun und Vox Clamatis. Die chinesische Literatur im* 20. *Jahrhundert.* In: *Geschichte der chinesischen Literatur.* Band 7 München 2005 S. 33-46.

Gloria Davies: *Lu Xun's Revolution. Writing in a Time of Violence.* Harvard University Press, 2013

Peter Schöttler: *Wer hat Angst vor dem „linguistic turn"?* In: *Geschichte und Gesellschaft.* 23/1997 (1), S. 134-151.

Peter Schöttler: *Nach der Angst. Geschichtswissenschaft vor und nach dem „linguistic turn".* Westfälisches Dampfboot, Münster 2018

Hayden White: *Das Problem der Erzählung in der modernen Geschichtstheorie.* In: Pietro Rossi (Hg.): *Theorie der modernen Geschichtsschreibung.* Frankfurt/ M. 1987.

Karl-Heinz Best: *Spracherwerb, Sprachwandel und Wortschatzwachstum in Texten. Zur Reichweite des Piotrowski – Gesetzes.* In: *Glottometrics.* 6, 2003, S. 9-34.

Karl-Heinz Best, Jörg Kohlhase (Hrsg.): *Exakte Sprachwandelforschung. Theoretische Beiträge, statistische Analysen und Arbeitsberichte.* (= *Göttinger Schriften zur Sprach – und Literaturwissenschaft.* 2). edition herodot, Göttingen 1983

WolfgangDesnizza: *Neurowissenschaftliche Theorie des Sprachwandels. Eine interdisziplinaerer Beitrag zur Theorie des Sprachwandels.* (= *Angewandte Sprachwissenschaft.* 7). P. Lang, Frankfurt am Main u. a. 2001

Rudi Keller: *Sprachwandel. Von der unsichtbaren Hand in der Sprache.* (= *UTB für Wissenschaft – Uni – Taschenbücher – Linguistik.* 1567). 3., überarbeitete und erweiterte Auflage. Francke, Tübingen u. a. 2003

ReinhardKohhler: *Zur linguistischen Synergetik. Struktur und Dynamik der Lexik.* (= *Quantitative linguistics.* 31). Brockmeyer, Bochum 1986

GeorgeLakoff, Elisabeth Wehling: *Auf leisen Sohlen ins Gehirn. Politische*

Sprache und ihre heimliche Macht. 3. Auflage. Carl-Auer Verlag, Heidelberg 2014

Damaris Nübling, AntjeDammel, Janet Duke, Renata Szczepaniak: *Historische Sprachwissenschaft des Deutschen. Eine Einführung in die Prinzipien des Sprachwandels.* 3. Auflage. Narr, Tübingen 2010

Nabil Osman: *Kleines Lexikon untergegangener Wörter. Wortuntergang seit dem Ende des 18. Jahrhunderts.* Beck, München 1999

Hermann Paul: *Prinzipien der Sprachgeschichte* . Niemeyer, Halle 1880

Peter von Polenz: *Deutsche Sprachgeschichte vom Spätmittelalter bis zur Gegenwart* . Band 1: *Einführung. Grundbegriffe. Deutsch in der frühbürgerlichen Zeit.* de Gruyter, Berlin u. a. York 1991

Gerold Schmidt: *Sprachwandel und Sprachneubildung durch die Vereinigung Europas.* In: *Muttersprache.* 84, 1974, S. 409-419.

Ingeborg Weber - Kellermann, Andreas C. Bimmer, Siegfried Becker: *Einführung in die Volkskunde/Europäische Ethnologie. Eine Wissenschaftsgeschichte* 3. Auflage. Metzler, Stuttgart/ Weimar 2003

RichardWeiss: *Volkskunde der Schweiz. Grundriss.* 3., unveränderte Auflage. Rentsch, Zürich/Schwäbisch Hall 1984

GünterWiegelmann, Matthias Zender, Gerhard Heilfurth (Hrsg.): Volkskunde. Eine Einführung. Berlin 1977

Harm - Peer Zimmermann (Hrsg.): *Empirische Kulturwissenschaft, europäische Ethnologie, Kulturanthropologie, Volkskunde. Leitfaden für das Studium einer Kulturwissenschaft an deutschsprachigen Universitaeten. Deutschland - Oesterreich - Schweiz.* Jonas, Marburg 2005

H. Zahn: *Das Haar aus der Sicht des Chemikers.* In: *Chemie in unserer Zeit.* 23. Jahrg. Nr. 5, 1989

RalfJunkerjuergen: *Haarfarben: eine Kulturgeschichte in Europa seit der Antike.* Böhlau, Köln u. a. 2009

Hermann Parzinger: *Die frühen Völker Eurasiens. Vom Neolithikum zum Mittelalter.* C. H. Beck, München 2006

Barry Cunliffe: *By Steppe, Desert, and Ocean. The Birth of Eurasia.* Oxford University Press, Oxford 2015

Herz, John H.: *Idealist Internationalism and the Security Dilemma.* pp. 157-180. 1950

Herz, J. "Idealist Internationalism and the Security Dilemma", *World Politics* vol. 2, no. 2 (1950): 171-201, at p. 157

Pashakhanlou, Arash Heydarian (2018). "Intelligence and Diplomacy in the Security Dilemma: Gauging Capabilities and Intentions". *International Politics* . 55 (5): 519-536.

Gert Krell, Weltbilder und Weltordnung, Einführung in die Theorie der internationalen Beziehungen, 3. erweiterte Auflage, Baden-Baden: Nomos, 2004

ErikAntoncyk, *Das Sicherheitsdilemma* . In: Susanne Feske, Eric Antonczyk, Simon Oerding (Hrsg.), *Einfuehrung in die Internationalen Beziehungen. Ein Lehrbuch* . Budrich, Opladen 2014

Martin List, Maria Behrens, Wolfgang Reichardt*Internationale Politik. Probleme und Grundbegriffe* Opladen 1995

John Herz, *Idealistischer Internationalismus und das Sicherheitsdilemma* , in: ders., *Staatenwelt und Weltpolitik* , Hamburg 1974, S. 39-56.

Franz Nuscheler (Hrsg.): *Entwicklung und Frieden im Zeichen der Globalisierung* . Bonn 2000.

MariaBehrens (Hrsg.): *Globalisierung als politische Herausforderung. Global governance zwischen Utopie und Wirklichkeit* , Wiesbaden 2005.

Ulrich Brand et al.: *Global governance. Alternative zur neoliberalen Globalisierung?* Munster 2000.

Petra C. Gruber (Hrsg.): *Nachhaltige Entwicklung und Global governance. Verantwortung, Macht, Politik.* Opladen 2008

Hans-Juergen Burchardt: *Zeitenwende. Politik nach dem Neoliberalismus* . Hannover 2004.

KlausDingwerth, Philipp Pattberg: *Was ist Global Governance?* In: Leviathan 34. 2006

Hartmut Ihne (2007): Globalgovernance und wissenschaftliche Politikberatung -Tendenzen und Prinzipien, Baden-Baden

Helmut Willke: Global governance. transcript. Bielefeld 2006.

Thomas G. Weiss andRorden Wilkinson：International Organization and Global Governance，New York：Routledge

Joseph S. Nye：Soft Power. In：*Foreign Policy.*（1990），80（3）

Marvin Minsky. *The Emotion Machine：Commonsense Thinking，Artificial Intelligence，and the Future of the Human Mind.* Simon & Schuster. 2006

R. W. Picard：*Affective Computing*，MIT Press，1997

Ernst Peter Fischer：*Die andere Bildung. Was man von den Naturwissen-schaften wissen sollte.* Ullstein，München 2001

Dietrich Schwanitz：*Bildung. Alles，was man wissen muss.* Eichborn，Frankfurt am Main 1999

Ludwig Erhard：*Wohlstand fuer Alle* 1957. 8. Auflage 1964

https：//www. marxists. org

https：//ireon-portal. de/esearcha/index. tt. html

http：//www. worldaffairsjournal. org/

https：//www. gesetze-im-internet. de/bgsg_ 1994/index. html

https：//www. bmi. bund. de/DE/startseite/startseite-node. html

https：//europa. eu/european-union/index_ de/

http：//eur - lex. europa. eu/legal - content/DE/ALL/？ uri = OJ：C：2010：083：TOC

www. deutschland. de

www. bund. de

www. destatis. de

www. baidu. com

www. wikipedia. de

www. zhihu. com

www. douban. com

www. ncpssd. org/

www. zeno. org

www. godic. net/

www. auswaertiges-amt. de

www. zeit. de

www. welt. de

www. spiegel. de

www. ard. de

www. zdf. de

https：//de. statista. com

http：//www. chyxx. com

http：//blog. sina. com. cn/s/blog_ 92a93b0b0102vxmp. html

http：//intl. ce. cn/zhuanti/data/pmid/pmiddata/200911/05/t20091105 _ 1471996. shtml

https：//cn. investing. com/economic-calendar/manufacturing-pmi-202/

https：//unesdoc. unesco. org/search/4d29dedc － 35c2 － 4a18 － 8505 － 2718f4a79f5f

http：//www. aitielu. cn

https：//passipedia. de/grundlagen/was_ ist_ ein_ passivhaus

https：//v. qq. com/x/page/r063242bmpq. html

https：//www. fachzeitungen. de/

https：//www. deutsche-fachpresse. de/startseite/

https：//zdb-katalog. de/index. xhtml

http：//rzblx1. uni-regensburg. de/ezeit/

http：//www. chinanews. com/cj/2017/02-19/8153829. shtml

https：//www. pishu. com. cn/skwx_ ps/bookdetail？ SiteID = 14&ID = 11348733

https：//bundesland24. de

https：//www. yidaiyilu. gov. cn